Platon, Sohn des Ariston, geboren um 427 v. Chr. in Athen, ist ebendort 349 v. Chr. gestorben.

Das umfangreiche und vielschichtige Werk Platons fordert noch heute jeden zur Auseinandersetzung heraus, dem es um philosophische Bildung zu tun ist. Schon seit der Antike genießt Platon den Ruf eines klassischen philosophischen Autors. Seine Schriften haben daher nicht nur in der von ihm gegründeten Akademie zu differenzierten Reaktionen geführt, sondern auch darüber hinaus eine sehr komplexe Wirkungsgeschichte ausgelöst; noch in der Neuzeit hat man sich auf immer wieder neue Weisen mit Platon befaßt. Angesichts einer solch bedeutenden Tradition ist zu wünschen, daß sich auch künftig viele Köpfe an Platon zu schulen versuchen. Die vorliegende insel taschenbuch-Ausgabe in zehn Bänden unterstützt diesen Wunsch, indem sie das gesamte Corpus der Platonischen Schriften im griechischen Originaltext und in einer deutschen Übersetzung einem breiten Publikum zugänglich macht.

insel taschenbuch 1404

Platon

Symposion · Phaidon

PLATON

SÄMTLICHE WERKE

in zehn Bänden
Griechisch und Deutsch
Nach der Übersetzung
Friedrich Schleiermachers,
ergänzt durch Übersetzungen
von Franz Susemihl
und anderen
Herausgegeben von
Karlheinz Hülser

PLATON

HIPPIAS MINOR
SYMPOSION · PHAIDON

Griechisch und Deutsch
Sämtliche Werke IV

Insel Verlag

insel taschenbuch 1404
Erste Auflage 1991

Hinweise zu dieser Ausgabe zu Beginn des ersten Bandes
Vertrieb durch den Suhrkamp Taschenbuch Verlag
Umschlag nach Entwürfen von Willy Fleckhaus
Satz: Pagina GmbH, Tübingen
Druck: Nomos Verlagsgesellschaft, Baden-Baden
Printed in Germany

1 2 3 4 5 6 – 96 95 94 93 92 91

INHALT

Ἱππίας ἐλάττων
Hippias minor
Hippias der Kleinere

GLIEDERUNG

1. Einleitung: Sokrates soll seine Fragen zu Hippias' Homervortrag stellen (363a1)
2. Falschheit und Wahrhaftigkeit (364b1)
2.1. Hippias' These: Achilles ist besser als Odysseus; der Vielgewandte ist der Falsche (364b1)
2.2. Falschheit setzt Einsicht und Klugheit voraus und ist das Vermögen zu lügen (365d6)
2.3. Alle Künste des Hippias beweisen, daß nur wer die Wahrheit kennt, auch lügen kann (366c6)
2.4. Achilles und Odysseus sind daher beide sowohl wahrhaftig als auch falsch. Protest des Hippias; Beweise aus Homer (369a4)
2.5. Hippias: Die Falschheit des Achilles ist unfreiwillig, die des Odysseus freiwillig – Sokrates: Dann ist Odysseus besser (370e5)
2.6. Der Protest des Hippias, die Ratlosigkeit des Sokrates und seine Bitte um weitere Untersuchung (371e9)
3. Wer ist besser: wer vorsätzlich oder wer unvorsätzlich fehlt? (373c6)
3.1. Vorsätzliche Schlechtigkeit beruht auf Wissen und Können, ist vorzuziehen und besser. Wie in anderen Bereichen scheint der Satz auch für unsere Seele zu gelten (373c6)
3.2. Paradoxon: Der Gute und Gerechte tut absichtlich Unrecht, der Böse und Ungerechte unabsichtlich. Wer vorsätzlich Böses tut, ist der Gute. Aporie (375d7)

Ἱππίας ἐλάττων

ΕΥΔΙΚΟΣ ΣΩΚΡΑΤΗΣ ΙΠΠΙΑΣ

ΕΥΔΙΚΟΣ. Σὺ δὲ δὴ τί σιγᾷς, ὦ Σώκρατες, Ἱππίου 363
τοσαῦτα ἐπιδειξαμένου, καὶ οὐχὶ ἢ συνεπαινεῖς τι τῶν
εἰρημένων ἢ καὶ ἐλέγχεις, εἴ τί σοι μὴ καλῶς δοκεῖ εἰρη-
κέναι; ἄλλως τε ἐπειδὴ καὶ αὐτοὶ λελείμμεθα, οἳ μάλιστ' ἂν
ἀντιποιησαίμεθα μετεῖναι ἡμῖν τῆς ἐν φιλοσοφίᾳ διατριβῆς.

ΣΩΚΡΑΤΗΣ. Καὶ μήν, ὦ Εὔδικε, ἔστιν γε ἃ ἡδέως ἂν
πυθοίμην Ἱππίου ὧν νυνδὴ ἔλεγεν περὶ Ὁμήρου. Καὶ γὰρ
τοῦ σοῦ πατρὸς Ἀπημάντου ἤκουον ὅτι ἡ Ἰλιὰς κάλλιον εἴη b
ποίημα τῷ Ὁμήρῳ ἢ ἡ Ὀδύσσεια, τοσούτῳ δὲ κάλλιον ὅσῳ
ἀμείνων Ἀχιλλεὺς Ὀδυσσέως εἴη· ἑκάτερον γὰρ τῶν ποιη-
μάτων τὸ μὲν εἰς Ὀδυσσέα ἔφη πεποιῆσθαι, τὸ δ' εἰς
Ἀχιλλέα. Περὶ ἐκείνου οὖν ἡδέως ἄν, εἰ βουλομένῳ ἐστὶν
Ἱππίᾳ, ἀναπυθοίμην ὅπως αὐτῷ δοκεῖ περὶ τοῖν ἀνδροῖν
τούτοιν, πότερον ἀμείνω φησὶν εἶναι, ἐπειδὴ καὶ ἄλλα πολλὰ
καὶ παντοδαπὰ ἡμῖν ἐπιδέδεικται καὶ περὶ ποιητῶν τε c
ἄλλων καὶ περὶ Ὁμήρου.

ΕΥ. Ἀλλὰ δῆλον ὅτι οὐ φθονήσει Ἱππίας, ἐάν τι αὐτὸν
ἐρωτᾷς, ἀποκρίνεσθαι· ἦ γάρ, ὦ Ἱππία, ἐάν τι ἐρωτᾷ σε
Σωκράτης, ἀποκρινῇ; ἢ πῶς ποιήσεις;

ΙΠΠΙΑΣ. Καὶ γὰρ ἂν δεινὰ ποιοίην, ὦ Εὔδικε, εἰ
Ὀλυμπίαζε μὲν εἰς τὴν τῶν Ἑλλήνων πανήγυριν, ὅταν τὰ
Ὀλύμπια ᾖ, ἀεὶ ἐπανιὼν οἴκοθεν ἐξ Ἤλιδος εἰς τὸ ἱερὸν
παρέχω ἐμαυτὸν καὶ λέγοντα ὅ τι ἂν τις βούληται ὧν ἂν d
μοι εἰς ἐπίδειξιν παρεσκευασμένον ᾖ, καὶ ἀποκρινόμενον
τῷ βουλομένῳ ὅ τι ἄν τις ἐρωτᾷ, νῦν δὲ τὴν Σωκράτους
ἐρώτησιν φύγοιμι.

Hippias der Kleinere

EUDIKOS SOKRATES HIPPIAS

1. Einleitung: Sokrates soll seine Fragen zu Hippias' Homervortrag stellen

EUDIKOS: Du aber, Sokrates, warum schweigst du, nach- 363a
dem Hippias uns so vieles ausgestellt, und lobst nicht entweder mit uns etwas von dem Gesagten, oder tadelst auch, wenn dir etwas nicht gut gesagt zu sein scheint? Zumal auch nur wir übrig geblieben sind, die wir uns doch vorzüglich bestreben teilzuhaben an wissenschaftlicher Beschäftigung.

SOKRATES: Allerdings, Eudikos, habe ich einiges, was ich ganz gern erfragen möchte vom Hippias, über das was er eben
sprach vom Homeros. Denn auch von deinem Vater Apeman- b
tos habe ich gehört, die Ilias wäre ein schöneres Gedicht als die Odysseia, und zwar um soviel schöner als Achilleus besser wäre dann Odysseus. Jedes nämlich von diesen Gedichten, sagte er, wäre auf Einen, das eine auf den Odysseus gedichtet, das andere auf den Achilleus. Darüber nun möchte ich mich gern, wenn es dem Hippias gelegen ist, weiter befragen, was ihn wohl dünkt von diesen beiden Männern, welchen er für
den besseren hält; da er uns ja doch so viel und vielerlei anderes c
vorgetragen hat über andere Dichter sowohl als über den Homeros.

EUDIKOS: Offenbar wird dir ja Hippias nicht abschlagen, wenn du ihn etwas fragst zu antworten. Nicht wahr, Hippias, wenn Sokrates dich etwas fragt wirst du antworten? oder was wirst du tun?

HIPPIAS: Das wäre ja arg, o Eudikos, wenn ich nach Olympia zwar in die Festversammlung der Hellenen, wenn die Spiele gefeiert werden, jedesmal von Hause aus Elis hinaufginge
nach dem Tempel und mich anböte, sowohl was nur einer will d
von allem zur Prunkrede mir schon vorbereiteten vorzutragen, als auch Jedem zu antworten, der mich nur was immer fragt, jetzt aber des Sokrates Frage ausweichen wollte!

ΣΩ. Μακάριόν γε, ὦ Ἱππία, πάθος πέπονθας, εἰ ἑκάστης 364
Ὀλυμπιάδος οὕτως εὔελπις ὢν περὶ τῆς ψυχῆς εἰς
σοφίαν ἀφικνῇ εἰς τὸ ἱερόν· καὶ θαυμάσαιμ' ἂν εἴ τις τῶν
περὶ τὸ σῶμα ἀθλητῶν οὕτως ἀφόβως τε καὶ πιστευτικῶς
ἔχων τῷ σώματι ἔρχεται αὐτόσε ἀγωνιούμενος, ὥσπερ σὺ
φῂς τῇ διανοίᾳ.

ΙΠ. Εἰκότως, ὦ Σώκρατες, ἐγὼ τοῦτο πέπονθα· ἐξ οὗ
γὰρ ἦργμαι Ὀλυμπίασιν ἀγωνίζεσθαι, οὐδενὶ πώποτε κρείτ-
τονι εἰς οὐδὲν ἐμαυτοῦ ἐνέτυχον.

ΣΩ. Καλόν γε λέγεις, ὦ Ἱππία, καὶ τῇ Ἠλείων πόλει b
τῆς σοφίας ἀνάθημα τὴν δόξαν εἶναι τὴν σὴν καὶ τοῖς
γονεῦσι τοῖς σοῖς. Ἀτὰρ τί δὴ λέγεις ἡμῖν περὶ τοῦ Ἀχιλλέως
τε καὶ τοῦ Ὀδυσσέως; πότερον ἀμείνω καὶ κατὰ τί φῂς
εἶναι; ἡνίκα μὲν γὰρ πολλοὶ ἔνδον ἦμεν καὶ σὺ τὴν ἐπίδειξιν
ἐποιοῦ, ἀπελείφθην σου τῶν λεγομένων· ὤκνουν γὰρ ἐπαν-
ερέσθαι, διότι ὄχλος τε πολὺς ἔνδον ἦν, καὶ μή σοι ἐμποδὼν
εἴην ἐρωτῶν τῇ ἐπιδείξει· νυνὶ δὲ ἐπειδὴ ἐλάττους τέ ἐσμεν
καὶ Εὔδικος ὅδε κελεύει ἐρέσθαι, εἰπέ τε καὶ δίδαξον ἡμᾶς c
σαφῶς τί ἔλεγες περὶ τούτοιν τοῖν ἀνδροῖν; πῶς διέκρινες
αὐτούς;

ΙΠ. Ἀλλ' ἐγώ σοι, ὦ Σώκρατες, ἐθέλω ἔτι σαφέστερον
ἢ τότε διελθεῖν ἃ λέγω καὶ περὶ τούτων καὶ ἄλλων· φημὶ γὰρ
Ὅμηρον πεποιηκέναι ἄριστον μὲν ἄνδρα Ἀχιλλέα τῶν εἰς
Τροίαν ἀφικομένων, σοφώτατον δὲ Νέστορα, πολυτρο-
πώτατον δὲ Ὀδυσσέα.

ΣΩ. Βαβαῖ, ὦ Ἱππία· ἆρ' ἄν τί μοι χαρίσαιο τοιόνδε,
μή μου καταγελᾶν, ἐὰν μόγις μανθάνω τὰ λεγόμενα καὶ
πολλάκις ἀνερωτῶ; ἀλλά μοι πειρῶ πρᾴως τε καὶ εὐκόλως d
ἀποκρίνεσθαι.

ΙΠ. Αἰσχρὸν γὰρ ἂν εἴη, ὦ Σώκρατες, εἰ ἄλλους μὲν
αὐτὰ ταῦτα παιδεύω καὶ ἀξιῶ διὰ ταῦτα χρήματα λαμβάνειν,

SOKRATES: In einem glückseligen Zustande befindest du dich, Hippias, wenn du jede Olympiade, so guter Zuversicht für deine Seele was Weisheit betrifft, zum Feste kommst; und es sollte mich wundern, wenn irgend einer von denen, die sich dort in Leibesübungen zeigen, so furchtlos und fest vertrauend auf seinen Leib dort hinginge zum Kampf, wie du sagst auf deinen Verstand. 364a

HIPPIAS: Ganz natürlich, o Sokrates, daß es mir so ergeht. Denn seitdem ich angefangen bei den Olympischen Spielen mich im Wettkampf zu zeigen, bin ich noch auf keinen jemals getroffen, der in irgend etwas vortrefflicher gewesen wäre als ich.

2. *Falschheit und Wahrhaftigkeit*

2.1. *Hippias' These: Achilles ist besser als Odysseus; der Vielgewandte ist der Falsche*

SOKRATES: Ein schönes Denkmal der Weisheit, o Hippias, b
muß dieser dein Ruhm sowohl der Stadt Elis sein als auch deinen Eltern. Allein was sagst du uns wegen des Achilleus und des Odysseus? welchen hältst du, und worin, für besser? Denn als unserer so viele drin waren und du deine Schaurede hieltest, blieb ich zurück hinter deiner Rede. Denn ich trug Bedenken dich weiter zu fragen, weil viel Volks drinnen war, und um dir nicht Störung zu machen durch mein Fragen in deiner Prunkrede. Nun wir aber weniger sind und Eudikos mir zuredet zu fragen: so sprich doch und lehre uns deutlicher, was c
du sagtest von diesen beiden Männern? wie unterschiedest du sie?

HIPPIAS: Ich will dir also noch deutlicher als damals erklären, was ich meine von diesen und andern. Ich behaupte nämlich, Homeros habe in seinen Gedichten als den besten unter den nach Troja gekommenen den Achilleus dargestellt, als den weisesten aber den Nestor, und als den vielgewandtesten den Odysseus.

SOKRATES: Weh mir Hippias! Tätest du mir wohl soviel zu Liebe mich nicht auszulachen, wenn ich nur mit Mühe begreife was du meinst, und oft weiter frage? so versuche denn mir gern d
und sanftmütig zu antworten.

αὐτὸς δὲ ὑπὸ σοῦ ἐρωτώμενος μή συγγνώμην τ' ἔχοιμι καὶ πρᾴως ἀποκρινοίμην.

ΣΩ. Πάνυ καλῶς λέγεις· ἐγὼ γάρ τοι, ἡνίκα μὲν ἄριστον τὸν Ἀχιλλέα ἔφησθα πεποιῆσθαι, ἐδόκουν σου μανθάνειν ὅ τι ἔλεγες, καὶ ἡνίκα τὸν Νέστορα σοφώτατον· ἐπειδὴ δὲ τὸν e
Ὀδυσσέα εἶπες ὅτι πεποιηκὼς εἴη ὁ ποιητὴς πολυτροπώτατον, τοῦτο δ', ὥς γε πρὸς σὲ τἀληθῆ εἰρῆσθαι, παντάπασιν οὐκ οἶδ' ὅ τι λέγεις. Καί μοι εἰπέ, ἄν τι ἐνθένδε μᾶλλον μάθω· ὁ Ἀχιλλεὺς οὐ πολύτροπος τῷ Ὁμήρῳ πεποίηται;

ΙΠ. Ἥκιστά γε, ὦ Σώκρατες, ἀλλ' ἁπλούστατος καὶ ἀληθέστατος, ἐπεὶ καὶ ἐν Λιταῖς, ἡνίκα πρὸς ἀλλήλους ποιεῖ αὐτοὺς διαλεγομένους, λέγει αὐτῷ ὁ Ἀχιλλεὺς πρὸς τὸν Ὀδυσσέα·

Διογενὲς Λαερτιάδη, πολυμήχαν' Ὀδυσσεῦ, 365
χρὴ μὲν δὴ τὸν μῦθον ἀπηλεγέως ἀποειπεῖν,
ὥσπερ δὴ κρανέω τε καὶ ὡς τελέεσθαι δίω·
ἐχθρὸς γάρ μοι κεῖνος ὁμῶς Ἀΐδαο πύλῃσιν,
ὅς χ' ἕτερον μὲν κεύθῃ ἐνὶ φρεσίν, ἄλλο δὲ εἴπῃ. b
Αὐτὰρ ἐγὼν ἐρέω ὡς καὶ τετελεσμένον ἔσται.

Ἐν τούτοις δηλοῖ τοῖς ἔπεσιν τὸν τρόπον ἑκατέρου τοῦ ἀνδρός, ὡς ὁ μὲν Ἀχιλλεὺς εἴη ἀληθής τε καὶ ἁπλοῦς, ὁ δὲ Ὀδυσσεὺς πολύτροπός τε καὶ ψευδής· ποιεῖ γὰρ τὸν Ἀχιλλέα εἰς τὸν Ὀδυσσέα λέγοντα ταῦτα τὰ ἔπη.

ΣΩ. Νῦν ἤδη, ὦ Ἱππία, κινδυνεύω μανθάνειν ὃ λέγεις· τὸν πολύτροπον ψευδῆ λέγεις, ὥς γε φαίνεται.

ΙΠ. Μάλιστα, ὦ Σώκρατες· τοιοῦτον γὰρ πεποίηκεν c
τὸν Ὀδυσσέα Ὅμηρος πολλαχοῦ καὶ ἐν Ἰλιάδι καὶ ἐν Ὀδυσσείᾳ.

ΣΩ. Ἐδόκει ἄρα, ὡς ἔοικεν, Ὁμήρῳ ἕτερος μὲν εἶναι ἀνὴρ ἀληθής, ἕτερος δὲ ψευδής, ἀλλ' οὐχ ὁ αὐτός.

ΙΠ. Πῶς γὰρ οὐ μέλλει, ὦ Σώκρατες;

ΣΩ. Ἦ καὶ σοὶ δοκεῖ αὐτῷ, ὦ Ἱππία;

HIPPIAS: Das wäre ja schändlich, Sokrates, wenn ich Andere zwar eben hierin unterwiese und mir Geld dafür geben ließe, selbst aber von dir befragt keine Nachsicht beweisen und dir nicht sanftmütig antworten wollte.

SOKRATES: Sehr schön gesprochen! Ich also, wie du sagtest; Achilleus werde als der beste dargestellt, glaubte ich zu verstehen was du meintest, so auch wie Nestor als der weiseste. e
Hernach aber als du vom Odysseus sagtest, der Dichter habe ihn als den vielgewandtesten dargestellt, dieses, um dir die Wahrheit zu sagen, weiß ich ganz und gar nicht wie du es meinst. Sage mir also, ob ich es vielleicht hieraus besser verstehn werde, wird Achilleus nicht als vielgewandt vom Homeros dargestellt?

HIPPIAS: Ganz und gar nicht, Sokrates, sondern als höchst einfach. Denn gleich in der Bittgesandtschaft wo er sie mit einander redend vorstellt, sagt sein Achilleus zum Odysseus:
Edler Laertiad', erfindungsreicher Odysseus, Sieh ich muß die 365a
Rede nur grad' und frank dir verweigern, So wie im Herzen ich denk und wie's zu vollenden ich meine. Denn mir verhaßt ist
Jener so sehr wie des Aïdes Pforten, Wer ein Andres im Herzen b
verbirgt, ein Anderes redet. Aber ich selbst will sagen, so wie's unfehlbar geschehn wird. In diesen Versen offenbart er die Gemütsart jedes der beiden Männer, daß nämlich Achilleus wahr sei und einfach, Odysseus aber vielgewandt und falsch. Denn den Achilleus läßt er ja diese Verse dem Odysseus sagen.

SOKRATES: Jetzt mag ich wohl beinahe verstehen, Hippias, was du meinst. Unter dem vielgewandten nämlich meinst du einen falschen, wie sich ja zeigt.

HIPPIAS: Allerdings, Sokrates. Denn als einen solchen stellt c
Homeros den Odysseus dar an vielen Orten, sowohl in der Ilias als in der Odysseia.

SOKRATES: Also dünkte, wie es scheint, den Homeros ein anderer Mann wahrhaft zu sein, und wieder ein anderer falsch, nicht aber derselbe?

HIPPIAS: Wie sollte es auch nicht Sokrates?

SOKRATES: Dünkt es etwa dich auch selbst so, Hippias?

ΙΠ. Πάντων μάλιστα· καὶ γὰρ ἂν δεινὸν εἴη, εἰ μή.

ΣΩ. Τὸν μὲν Ὅμηρον τοίνυν ἐάσωμεν, ἐπειδὴ καὶ ἀδύνατον ἐπανερέσθαι τί ποτε νοῶν ταῦτα ἐποίησεν τὰ ἔπη· d
σὺ δ᾽ ἐπειδὴ φαίνῃ ἀναδεχόμενος τὴν αἰτίαν, καὶ σοὶ συνδοκεῖ ταῦτα ἅπερ φῂς Ὅμηρον λέγειν, ἀπόκριναι κοινῇ ὑπὲρ Ὁμήρου τε καὶ σαυτοῦ.

ΙΠ. Ἔσται ταῦτα· ἀλλ᾽ ἐρώτα ἔμβραχυ ὅ τι βούλει.

ΣΩ. Τοὺς ψευδεῖς λέγεις οἷον ἀδυνάτους τι ποιεῖν, ὥσπερ τοὺς κάμνοντας, ἢ δυνατούς τι ποιεῖν;

ΙΠ. Δυνατοὺς ἔγωγε καὶ μάλα σφόδρα ἄλλα τε πολλὰ καὶ ἐξαπατᾶν ἀνθρώπους.

ΣΩ. Δυνατοὶ μὲν δή, ὡς ἔοικεν, εἰσὶ κατὰ τὸν σὸν λόγον e
καὶ πολύτροποι· ἦ γάρ;

ΙΠ. Ναί.

ΣΩ. Πολύτροποι δ᾽ εἰσὶ καὶ ἀπατεῶνες ὑπὸ ἠλιθιότητος καὶ ἀφροσύνης ἢ ὑπὸ πανουργίας καὶ φρονήσεώς τινος;

ΙΠ. Ὑπὸ πανουργίας πάντων μάλιστα καὶ φρονήσεως.

ΣΩ. Φρόνιμοι μὲν ἄρα εἰσίν, ὡς ἔοικεν.

ΙΠ. Ναὶ μὰ Δία, λίαν γε.

ΣΩ. Φρόνιμοι δὲ ὄντες οὐκ ἐπίστανται ὅ τι ποιοῦσιν ἢ ἐπίστανται;

ΙΠ. Καὶ μάλα σφόδρα ἐπίστανται· διὰ ταῦτα καὶ κακουργοῦσιν.

ΣΩ. Ἐπιστάμενοι δὲ ταῦτα ἃ ἐπίστανται, πότερον ἀμαθεῖς εἰσιν ἢ σοφοί;

ΙΠ. Σοφοὶ μὲν οὖν αὐτά γε ταῦτα, ἐξαπατᾶν. 366

ΣΩ. Ἔχε δή· ἀναμνησθῶμεν τί ἐστιν ὃ λέγεις· τοὺς ψευδεῖς φῂς εἶναι δυνατοὺς καὶ φρονίμους καὶ ἐπιστήμονας καὶ σοφοὺς εἰς ἅπερ ψευδεῖς;

ΙΠ. Φημὶ γὰρ οὖν.

HIPPIAS: Vor allen Dingen freilich! Es wäre ja auch arg, wenn nicht.

SOKRATES: So wollen wir dann den Homeros jetzt lassen, da es ohnedies unmöglich ist ihn zu befragen, was er sich wohl d dachte, als er diese Verse dichtete. Da du aber dich der Sache offenbar annimmst, und du selbst das glaubst, was du behauptest daß Homeros meine: so antworte gemeinschaftlich für den Homeros und für dich selbst.

HIPPIAS: Das soll geschehen, und frage nur in kurzem was du willst.

2.2. *Falschheit setzt Einsicht und Klugheit voraus und ist das Vermögen zu lügen*

SOKRATES: Meinst du unter den Falschen solche die untüchtig sind etwas zu tun, wie die Kranken, oder die tüchtig sind etwas zu tun?

HIPPIAS: Tüchtige meine ich, und zwar gar sehr zu vielem Andern sowohl als auch dazu die Menschen zu hintergehen.

SOKRATES: Tüchtig sind sie also nach deiner Rede wie es e scheint und vielgewandt. Nicht wahr?

HIPPIAS: Ja.

SOKRATES: Vielgewandt nun und betrügerisch sind sie das etwa aus Albernheit und Unklugheit, oder aus einer gewissen List und Klugheit?

HIPPIAS: Aus List allerdings und aus Klugheit.

SOKRATES: Klug sind sie also wie es scheint.

HIPPIAS: Ja beim Zeus gar sehr.

SOKRATES: Und als Kluge sollten sie nicht dessen kundig sein, was sie tun? oder sind sie es?

HIPPIAS: Wohl sind sie dessen gar sehr kundig; darum eben tun sie ja übel.

SOKRATES: Und als dessen Kundige, sind sie Unverständige oder Weise?

HIPPIAS: Weise allerdings, eben darin im Betrügen. 366a

SOKRATES: Komm denn, laß uns noch einmal wiederholen, was das ist, was du sagst. Die Falschen behauptest du sind tüchtig und klug und kundig und weise, worin sie falsch sind?

HIPPIAS: Das behaupte ich freilich.

ΣΩ. Ἄλλους δὲ τοὺς ἀληθεῖς τε καὶ ψευδεῖς, καὶ ἐναντιωτάτους ἀλλήλοις;

ΙΠ. Λέγω ταῦτα.

ΣΩ. Φέρε δή· τῶν μὲν δυνατῶν τινὲς καὶ σοφῶν, ὡς ἔοικεν, εἰσὶν οἱ ψευδεῖς κατὰ τὸν σὸν λόγον.

ΙΠ. Μάλιστά γε.

ΣΩ. Ὅταν δὲ λέγῃς δυνατοὺς καὶ σοφοὺς εἶναι τοὺς b ψευδεῖς, εἰς αὐτὰ ταῦτα πότερον λέγεις δυνατοὺς εἶναι ψεύδεσθαι, ἐὰν βούλωνται, ἢ ἀδυνάτους εἰς ταῦτα ἅπερ ψεύδονται;

ΙΠ. Δυνατοὺς ἔγωγε.

ΣΩ. Ὡς ἐν κεφαλαίῳ ἄρα εἰρῆσθαι, οἱ ψευδεῖς εἰσιν οἱ σοφοί τε καὶ δυνατοὶ ψεύδεσθαι.

ΙΠ. Ναί.

ΣΩ. Ἀδύνατος ἄρα ψεύδεσθαι ἀνὴρ καὶ ἀμαθὴς οὐκ ἂν εἴη ψευδής.

ΙΠ. Ἔχει οὕτως.

ΣΩ. Δυνατὸς δέ γ' ἐστὶν ἕκαστος ἄρα ὃς ἂν ποιῇ τότε ὃ ἂν βούληται, ὅταν βούληται· οὐχ ὑπὸ νόσου λέγω ἐξειργόμενον c οὐδὲ τῶν τοιούτων, ἀλλὰ ὥσπερ σὺ δυνατὸς εἶ γράψαι τοὐμὸν ὄνομα, ὅταν βούλῃ, οὕτω λέγω· ἢ οὐχ ὃς ἂν οὕτως ἔχῃ καλεῖς σὺ δυνατόν;

ΙΠ. Ναί.

ΣΩ. Λέγε δή μοι, ὦ Ἱππία, οὐ σὺ μέντοι ἔμπειρος εἶ λογισμῶν καὶ λογιστικῆς;

ΙΠ. Πάντων μάλιστα, ὦ Σώκρατες.

ΣΩ. Οὐκοῦν εἴ καί τίς σε ἔροιτο τὰ τρίς ἑπτακόσια ὁπόσος ἐστὶν ἀριθμός, εἰ βούλοιο, πάντων τάχιστα καὶ μάλιστ' ἂν εἴποις τἀληθῆ περὶ τούτου; d

ΙΠ. Πάνυ γε.

ΣΠ. Ἆρα ὅτι δυνατώτατός τε εἶ καὶ σοφώτατος κατὰ ταῦτα;

ΙΠ. Ναί.

SOKRATES: Und Andere sind die Wahren und die Falschen, ganz einander entgegengesetzt.

HIPPIAS: Das meine ich.

SOKRATES: Wohlan also von den Tüchtigen und Weisen sind die Falschen welche, nach deiner Rede?

HIPPIAS: Ganz gewiß.

SOKRATES: Wenn du nun sagst, tüchtig und weise wären b
auch die Falschen eben darin: meinst du daß sie tüchtig sind zu lügen, wann sie wollen darin, worin sie eben lügen, oder untüchtig?

HIPPIAS: Tüchtig, meine ich.

SOKRATES: Um es also kurz zusammen zu fassen, die Falschen sind weise und tüchtig zu lügen?

HIPPIAS: Ja.

SOKRATES: Ein zum Lügen untüchtiger und unverständiger Mann wäre also nicht falsch?

HIPPIAS: So ist es.

SOKRATES: Tüchtig aber ist doch wohl Jeder, der das was er will alsdann tut wann er es will; ich meine aber nicht wenn c
einer aus Krankheit daran verhindert wird, oder des etwas; sondern so wie du vermögend bist meinen Namen zu schreiben, wann immer du willst, so meine ich. Nennst du nicht den tüchtig, mit dem es so steht?

HIPPIAS: Ja.

2.3. Alle Künste des Hippias beweisen, daß nur wer die Wahrheit kennt, auch lügen kann

SOKRATES: Sage mir also, Hippias, bist du nicht wohl erfahren im Rechnen und der Rechenkunst?

HIPPIAS: Ganz vorzüglich, Sokrates.

SOKRATES: Also wenn auch dich Jemand fragte nach dreimal Siebenhundert, welche Zahl das ist, so würdest du, wenn du nur wolltest, ganz vorzüglich und geschwind das Richtige hierüber sagen? d

HIPPIAS: Allerdings.

SOKRATES: Etwa weil du der tüchtigste und weiseste bist hierin?

HIPPIAS: Ja.

ΣΠ. Πότερον οὖν σοφώτατός τ' εἶ καὶ δυνατώτατος μόνον, ἢ καὶ ἄριστος ταῦτα ἅπερ δυνατώτατός τε καὶ σοφώτατος, τὰ λογιστικά;

ΙΠ. Καὶ ἄριστος δήπου, ὦ Σώκρατες.

ΣΩ. Τὰ μὲν δὴ ἀληθῆ σὺ ἂν δυνατώτατα εἴποις περὶ τούτων· ἢ γάρ;

ΙΠ. Οἶμαι ἔγωγε.

ΣΩ. Τί δὲ τὰ ψευδῆ περὶ τῶν αὐτῶν τούτων; καί μοι, e
ὥσπερ τὰ πρότερα, γενναίως καὶ μεγαλοπρεπῶς ἀπόκριναι, ὦ Ἱππία· εἴ τίς σε ἔροιτο τὰ τρὶς ἑπτακόσια πόσα ἐστί, πότερον σὺ ἂν μάλιστα ψεύδοιο καὶ ἀεὶ κατὰ ταὐτὰ ψευδῆ λέγοις περὶ τούτων, βουλόμενος ψεύδεσθαι καὶ μηδέποτε ἀληθῆ ἀποκρίνεσθαι, ἢ ὁ ἀμαθὴς εἰς λογισμοὺς δύναιτ' ἂν σοῦ μᾶλλον ψεύδεσθαι βουλομένου; ἢ ὁ μὲν ἀμαθὴς πολλά- 367
κις ἂν βουλόμενος ψευδῆ λέγειν τἀληθῆ ἂν εἴποι ἄκων, εἰ τύχοι, διὰ τὸ μὴ εἰδέναι, σὺ δὲ ὁ σοφός, εἴπερ βούλοιο ψεύδεσθαι, ἀεὶ ἂν κατὰ τὰ αὐτὰ ψεύδοιο;

ΙΠ. Ναί, οὕτως ἔχει, ὡς σὺ λέγεις.

ΣΩ. Ὁ ψευδὴς οὖν πότερον περὶ μὲν τἆλλα ψευδής ἐστιν, οὐ μέντοι περὶ ἀριθμὸν οὐδὲ ἀριθμῶν ἂν ψεύσαιτο;

ΙΠ. Καὶ ναὶ μὰ Δία περὶ ἀριθμόν.

ΖΩ. Θῶμεν ἄρα καὶ τοῦτο, ὦ Ἱππία, περὶ λογισμὸν καὶ ἀριθμὸν εἶναί τινα ἄνθρωπον ψευδῆ. b

ΙΠ. Ναί.

ΣΩ. Τίς οὖν ἂν εἴη οὗτος; οὐχὶ δεῖ ὑπάρχειν αὐτῷ, εἴπερ μέλλει ψευδὴς ἔσεσθαι, ὡς σὺ ἄρτι ὡμολόγεις, δυνατὸν εἶναι ψεύδεσθαι; ὁ γὰρ ἀδύνατος ψεύδεσθαι, εἰ μέμνησαι, ὑπὸ σοῦ ἐλέγετο ὅτι οὐκ ἂν ποτε ψευδὴς γένοιτο.

ΙΠ. Ἀλλὰ μέμνημαι, καὶ ἐλέχθη οὕτως.

ΣΩ. Οὐκοῦν ἄρτι ἐφάνης σὺ δυνατώτατος ὢν ψεύδεσθαι περὶ λογισμῶν;

ΙΠ. Ναί, ἐλέχθη γέ τοι καὶ τοῦτο.

ΣΩ. Ἆρ' οὖν καὶ δυνατώτατος εἶ ἀληθῆ λέγειν περὶ λο- c
γισμῶν;

SOKRATES: Bist du aber wohl nur der weiseste und tüchtigste, oder auch der beste eben darin, worin der tüchtigste und weiseste, im Rechnen?

HIPPIAS: Auch der beste offenbar, Sokrates.

SOKRATES: Das wahre also hierüber zu sagen wärst du der tüchtigste; nicht wahr?

HIPPIAS: Ich denke wenigstens.

SOKRATES: Wie aber das Falsche eben hierin? Und beantworte mir das wie das vorige o Hippias unverholen und edelmütig. Wenn dich Jemand fragte nach dreimal Siebenhundert wieviel das ist, würdest du wohl auch am besten lügen, und jedesmal auf gleiche Weise das Falsche hierüber sagen können, wenn du lügen und niemals richtig antworten wolltest; oder könnte der Unverständige im Rechnen besser lügen als du wenn du wolltest? Oder würde der Unverständige oft, wenn er auch falsches sagen wollte, das Richtige vorbringen unvorsätzlich wenn es sich eben träfe, weil er es nämlich nicht weiß? Du aber der Unterrichtete würdest, wenn du doch lügen wolltest, jedesmal gleich gut lügen?

e

367a

HIPPIAS: Ja, so verhält es sich, wie du sagst.

SOKRATES: Ist nun wohl der Falsche in andern Dingen zwar falsch, aber nicht in Zahlen? und könnte er im Zählen nicht lügen?

HIPPIAS: Beim Zeus auch in Zahlen.

SOKRATES: Setzen wir also auch dies, Hippias, es sei ein Mensch falsch in Rechnungen und Zahlen? b

HIPPIAS: Ja.

SOKRATES: Wer also wäre dieser? Muß ihm nicht, wenn er falsch sein soll, das zukommen, wie du eben eingestandest, daß er tüchtig ist im Lügen? Denn von dem Untüchtigen im Lügen sagtest du, wenn du dich noch erinnerst, daß er nie falsch sein könne.

HIPPIAS: Dessen erinnere ich mich, und so wurde gesagt.

SOKRATES: Und zeigtest du dich nicht eben, als der allertüchtigste zum Lügen im Rechnen?

HIPPIAS: Ja, auch das wurde gesagt.

SOKRATES: Und bist du nicht auch der tüchtigste das Richtige zu sagen in Rechnungen? c

ΙΠ. Πάνυ γε.

ΣΩ. Οὐκοῦν ὁ αὐτὸς ψευδῆ καὶ ἀληθῆ λέγειν περὶ λογισμῶν δυνατός; οὗτος δ' ἐστὶν ὁ ἀγαθὸς περὶ τούτων, ὁ λογιστικός.

ΙΠ. Ναί.

ΣΩ. Τίς οὖν ψευδὴς περὶ λογισμῶν γίγνεται, ὦ Ἱππία, ἄλλος ἢ ὁ ἀγαθός; οὗτος γὰρ καὶ δυνατός· οὗτος δὲ καὶ ἀληθής.

ΙΠ. Φαίνεται.

ΣΩ. Ὁρᾷς οὖν, ὅτι ὁ αὐτὸς ψευδής τε καὶ ἀληθὴς περὶ τούτων καὶ οὐδὲν ἀμείνων ὁ ἀληθὴς τοῦ ψευδοῦς; ὁ αὐτὸς
γὰρ δήπου ἐστὶ καὶ οὐκ ἐναντιώτατα ἔχει, ὥσπερ σὺ ᾤου ἄρτι. d

ΙΠ. Οὐ φαίνεται ἐνταῦθά γε.

ΣΩ. Βούλει οὖν σκεψώμεθα καὶ ἄλλοθι;

ΙΠ. Εἰ [ἄλλως] γε σὺ βούλει.

ΣΩ. Οὐκοῦν καὶ γεωμετρίας ἔμπειρος εἶ;

ΙΠ. Ἔγωγε.

ΣΩ. Τί οὖν; οὐ καὶ ἐν γεωμετρίᾳ οὕτως ἔχει; ὁ αὐτὸς δυνατώτατος ψεύδεσθαι καὶ ἀληθῆ λέγειν περὶ τῶν διαγραμμάτων, ὁ γεωμετρικός;

ΙΠ. Ναί.

ΣΩ. Περὶ ταῦτα οὖν ἀγαθὸς ἄλλος τις ἢ οὗτος;

ΙΠ. Οὐκ ἄλλος. e

ΣΩ. Οὐκοῦν ὁ ἀγαθὸς καὶ σοφὸς γεωμέτρης δυνατώτατός γε ἀμφότερα; καὶ εἴπερ τις ἄλλος ψευδὴς περὶ διαγράμματα, οὗτος ἂν εἴη, ὁ ἀγαθός; οὗτος γὰρ δυνατός, ὁ δὲ κακὸς ἀδύνατος ἦν ψεύδεσθαι· ὥστε οὐκ ἂν γένοιτο ψευδὴς ὁ μὴ δυνάμενος ψεύδεσθαι, ὡς ὡμολόγηται.

ΙΠ. Ἔστι ταῦτα.

ΣΩ. Ἔτι τοίνυν καὶ τὸν τρίτον ἐπισκεψώμεθα, τὸν ἀστρονόμον· ἧς αὖ σὺ τέχνης ἔτι μᾶλλον ἐπιστήμων οἴει
εἶναι ἢ τῶν ἔμπροσθεν· ἦ γάρ, ὦ Ἱππία; 368

ΙΠ. Ναί.

HIPPIAS: Allerdings.

SOKRATES: Also derselbe ist der tüchtigste das Wahre und auch das Falsche zu sagen im Rechnen? Dies aber ist der gute hierin, der Rechner?

HIPPIAS: Ja.

SOKRATES: Wer anders wird uns also falsch im Rechnen, Hippias, als der gute? Denn der ist auch der tüchtige, der aber ist auch der wahre?

HIPPIAS: So zeigt es sich.

SOKRATES: Siehst du also, daß derselbe der Falsche ist und auch der Wahre hierin? Und der Wahre um nichts besser als der Falsche? Denn er ist ja derselbe, und keinesweges verhalten sie d sich ganz entgegengesetzt, wie du vorhin meintest.

HIPPIAS: Es scheint nicht, hierin wenigstens.

SOKRATES: Willst du, daß wir es auch anderwärts betrachten?

HIPPIAS: Wenn anders auch du es willst.

SOKRATES: Bist du nicht auch in der Meßkunst erfahren?

HIPPIAS: Das bin ich.

SOKRATES: Wie nun? verhält es sich in der Meßkunst nicht eben so? derselbe ist der tüchtigste zu lügen und auch das Richtige zu sagen über die Umrisse, der Meßkünstler?

HIPPIAS: Ja.

SOKRATES: Ist nun hierin ein Anderer gut, als eben dieser?

HIPPIAS: Kein anderer. e

SOKRATES: Also der gute und weise Meßkünstler ist der geschickteste zu beidem. Und wenn irgend Einer falsch ist in dem was Umrisse betrifft; so ist er es, der gute. Denn dieser ist tüchtig. Der Schlechte aber war untüchtig zum Lügen, so daß er nie falsch sein kann, da er untüchtig ist zum Lügen, wie wir waren einig geworden.

HIPPIAS: So ist es.

SOKRATES: Nun auch noch den dritten, laß uns betrachten den Sternkundigen, in welcher Kunst du noch mehr ein Meister zu sein glaubst als in den vorigen. Nicht wahr, Hippias? 368a

HIPPIAS: Ja.

ΣΩ. Οὐκοῦν καὶ ἐν ἀστρονομίᾳ ταὐτὰ ταῦτά ἐστιν;

ΙΠ. Εἰκός γε, ὦ Σώκρατες.

ΣΩ. Καὶ ἐν ἀστρονομίᾳ ἄρα εἴπερ τις καὶ ἄλλος ψευδής, ὁ ἀγαθὸς ἀστρονόμος ψευδὴς ἔσται, ὁ δυνατὸς ψεύδεσθαι· οὐ γάρ ὅ γε ἀδύνατος· ἀμαθὴς γάρ.

ΙΠ. Φαίνεται οὕτως.

ΣΩ. Ὁ αὐτὸς ἄρα καὶ ἐν ἀστρονομίᾳ ἀληθής τε καὶ ψευδὴς ἔσται.

ΙΠ. Ἔοικεν.

ΣΩ. Ἴθι δή, ὦ Ἱππία, ἀνέδην οὑτωσὶ ἐπίσκεψαι κατὰ πασῶν τῶν ἐπιστημῶν, εἴ πού ἐστιν ἄλλως ἔχον ἢ οὕτως. b
Πάντως δὲ πλείστας τέχνας πάντων σοφώτατος εἶ ἀνθρώπων, ὡς ἐγώ ποτέ σου ἤκουον μεγαλαυχουμένου, πολλὴν σοφίαν καὶ ζηλωτὴν σαυτοῦ διεξιόντος ἐν ἀγορᾷ ἐπὶ ταῖς τραπέζαις· ἔφησθα δὲ ἀφικέσθαι ποτὲ εἰς Ὀλυμπίαν ἃ εἶχες περὶ τὸ σῶμα ἅπαντα σαυτοῦ ἔργα ἔχων· πρῶτον μὲν δακτύλιον — ἐντεῦθεν γὰρ ἤρχου — ὃν εἶχες σαυτοῦ ἔχειν ἔργον, ὡς ἐπιστάμενος δακτυλίους γλύφειν, καὶ ἄλλην σφρα- c
γῖδα σὸν ἔργον, καὶ στλεγγίδα καὶ λήκυθον, ἃ αὐτὸς εἰργάσω· ἔπειτα ὑποδήματα ἃ εἶχες ἔφησθα αὐτὸς σκυτοτομῆσαι, καὶ τὸ ἱμάτιον ὑφῆναι καὶ τὸν χιτωνίσκον· καὶ ὅ γε πᾶσιν ἔδοξεν ἀτοπώτατον καὶ σοφίας πλείστης ἐπίδειγμα, ἐπειδὴ τὴν ζώνην ἔφησθα τοῦ χιτωνίσκου ἣν εἶχες εἶναι μὲν οἷαι αἱ Περσικαὶ τῶν πολυτελῶν, ταύτην δὲ αὐτὸς πλέξαι· πρὸς δὲ τούτοις ποιήματα ἔχων ἐλθεῖν, καὶ ἔπη καὶ τραγῳδίας καὶ διθυράμβους, καὶ καταλογάδην πολλοὺς λόγους καὶ παντο- d
δαποὺς συγκειμένους· καὶ περὶ τῶν τεχνῶν δὴ ὧν ἄρτι ἐγὼ ἔλεγον ἐπιστήμων ἀφικέσθαι διαφερόντως τῶν ἄλλων, καὶ περὶ ῥυθμῶν καὶ ἁρμονιῶν καὶ γραμμάτων ὀρθότητος, καὶ ἄλλα ἔτι πρὸς τούτοις πάνυ πολλά, ὡς ἐγὼ δοκῶ μνημονεύειν· καίτοι τό γε μνημονικὸν ἐπελαθόμην σου, ὡς ἔοικε, τέχνημα, ἐν ᾧ σὺ οἴει λαμπρότατος εἶναι· οἶμαι δὲ καὶ ἄλλα πάμπολλα ἐπιλελῆσθαι. Ἀλλ' ὅπερ ἐγὼ λέγω, καὶ εἰς τὰς e

SOKRATES: Ist es nun nicht in der Sternkunde ganz dasselbe?

HIPPIAS: Wahrscheinlich wohl Sokrates.

SOKRATES: Auch in der Sternkunde also, wenn irgend einer falsch ist wird es der gute Sternkundige sein, der tüchtig ist zum Lügen. Denn der Untüchtige nicht, der ist unverständig.

HIPPIAS: So ergibt es sich.

SOKRATES: Derselbe also wird auch in der Sternkunde der Wahrhafte sein und der Falsche.

HIPPIAS: Das scheint so.

SOKRATES: Komm also, Hippias, und erwäge es überall so
in allen Erkenntnissen, ob es sich irgendwo anders verhält oder b
so. Denn du bist ja in den meisten Künsten unter allen Menschen der weiseste. Wie ich dich auch einmal habe rühmen gehört und deine vielfältige beneidenswerte Weisheit beschreiben auf dem Markt an den Wechseltischen. Du sagtest nämlich, du wärest einmal so nach Olympia gekommen, daß alles was du an deinem Leibe hattest deine Arbeit gewesen wäre. Zuerst der Ring den du anhattest, damit fingst du an, wäre deine
Arbeit gewesen, daß du also auch Steine zu schneiden verstän- c
dest, und noch ein anderes Siegel deine Arbeit, und einen Badekratzer und ein Ölfläschchen, die du selbst gemacht. Hernach auch die Schuhe, die du anhattest behauptetest du selbst geschnitten zu haben, und den Mantel gewebt und das Unterkleid, und was Allen das sonderbarste schien und der größten Geschicklichkeit Ausstellung, als du sagtest, der Gürtel deines Unterkleides sehe zwar aus wie die Persischen der vornehmen, diesen aber hättest du selbst geflochten. Überdies hättest du Gedichte bei dir gehabt, epische und Tragödien und Dithyram-
ben und ungebunden gar viele und mancherlei ausgearbeitete d
Vorträge. Und so wärest du in jenen Künsten also, deren ich vorhin erwähnte, als ein Meister hingekommen ausgezeichnet vor den andern, und auch im Tonmaß und Wohllaut und der Sprachrichtigkeit, und noch überdies in vielen andern, wie ich mich gar wohl zu erinnern glaube. Wiewohl dein Erinnerungskunststück habe ich ganz vergessen, wie es scheint, worin du glaubtest am meisten zu glänzen. Ich glaube aber auch noch
viel anderes vergessen zu haben. Also, was ich eigentlich mei- e

σαυτοῦ τέχνας βλέψας — ἱκαναὶ δέ — καὶ εἰς τὰς τῶν ἄλλων εἰπέ μοι, ἐάν που εὕρῃς ἐκ τῶν ὡμολογημένων ἐμοί τε καὶ σοί, ὅπου ἐστὶν ὁ μὲν ἀληθής, ὁ δὲ ψευδής, χωρὶς καὶ οὐχ ὁ αὐτός; Ἐν ᾗ τινι βούλει σοφίᾳ τοῦτο σκέψαι ἢ πανουργίᾳ ἢ ὁτιοῦν χαίρεις ὀνομάζων· ἀλλ' οὐχ εὑρήσεις, 369 ὦ ἑταῖρε· οὐ γάρ ἐστιν· ἐπεὶ σὺ εἰπέ.

ΙΠ. Ἀλλ' οὐκ ἔχω, ὦ Σώκρατες, νῦν γε οὕτως.

ΣΩ. Οὐδέ γε ἕξεις, ὡς ἐγὼ οἶμαι· εἰ δ' ἐγὼ ἀληθῆ λέγω, μέμνησαι ὃ ἡμῖν συμβαίνει ἐκ τοῦ λόγου, ὦ Ἱππία.

ΙΠ. Οὐ πάνυ τι ἐννοῶ, ὦ Σώκρατες, ὃ λέγεις.

ΣΩ. Νυνὶ γὰρ ἴσως οὐ χρῇ τῷ μνημονικῷ τεχνήματι· δῆλον γὰρ ὅτι οὐκ οἴει δεῖν· ἀλλὰ ἐγώ σε ὑπομνήσω· οἶσθα ὅτι τὸν μὲν Ἀχιλλέα ἔφησθα ἀληθῆ εἶναι, τὸν δὲ Ὀδυσσέα ψευδῆ καὶ πολύτροπον; b

ΙΠ. Ναί.

ΣΩ. Νῦν οὖν αἰσθάνῃ ὅτι ἀναπέφανται ὁ αὐτὸς ὢν ψευδής τε καὶ ἀληθής, ὥστε εἰ ψευδὴς ὁ Ὀδυσσεὺς ἦν, καὶ ἀληθὴς γίγνεται, καὶ εἰ ἀληθὴς ὁ Ἀχιλλεύς, καὶ ψευδής, καὶ οὐ διάφοροι ἀλλήλων οἱ ἄνδρες οὐδ' ἐναντίοι, ἀλλ' ὅμοιοι;

ΙΠ. Ὦ Σώκρατες, ἀεὶ σύ τινας τοιούτους πλέκεις λόγους, καὶ ἀπολαμβάνων ὃ ἂν ᾖ δυσχερέστατον τοῦ λόγου, τούτου ἔχῃ κατὰ σμικρὸν ἐφαπτόμενος, καὶ οὐχ ὅλῳ ἀγωνίζῃ τῷ πράγματι περὶ ὅτου ἂν ὁ λόγος ᾖ· ἐπεὶ καὶ νῦν, c ἐὰν βούλῃ, ἐπὶ πολλῶν τεκμηρίων ἀποδείξω σοι ἱκανῷ λόγῳ Ὅμηρον Ἀχιλλέα πεποιηκέναι ἀμείνω Ὀδυσσέως καὶ ἀψευδῆ, τὸν δὲ δολερόν τε καὶ πολλὰ ψευδόμενον καὶ χείρω Ἀχιλλέως. Εἰ δὲ βούλει, σὺ αὖ ἀντιπαράβαλλε λόγον παρὰ

ne, sowohl in Hinsicht auf deine eignen Künste, denn auch die sind schon hinreichend, als auch auf Anderer ihre, sage mir, ob du irgend findest nach dem bisher unter uns eingestandenen, worin der Wahrhafte und der Falsche getrennt sind, und nicht derselbe. Erwäge dies an welcher Geschicklichkeit oder Kunststück oder wie du es am liebsten nennen magst, du nur immer 369a willst. Gewiß, du wirst keine finden, Freund, denn es gibt keine. Aber sage selbst.

HIPPIAS: Ich weiß nichts, Sokrates, so jetzt gleich.

2.4. Achilles und Odysseus sind daher beide sowohl wahrhaftig als auch falsch. Protest des Hippias; Beweise aus Homer

SOKRATES: Du wirst auch niemals, wie ich glaube. Wenn ich aber Recht habe: so erinnerst du dich doch was uns aus der Rede folgt.

HIPPIAS: Noch merke ich nicht recht, Sokrates, was du willst.

SOKRATES: Jetzt vielleicht bedienest du dich eben nicht deines Erinnerungs-Kunststückes, offenbar weil du glaubst daß du nicht darfst. Ich will dich aber wohl erinnern. Du weißt doch, daß du sagtest, Achilleus sei wahrhaft, Odysseus aber falsch und vielgewandt? b

HIPPIAS: Ja.

SOKRATES: Jetzt aber, merkst du doch, hat sich gezeigt, daß der Wahre und der Falsche derselbe ist: so daß, wenn Odysseus falsch war, er auch wahr wird, und Achilleus der wahre auch falsch, und daß die Männer nicht verschieden sind oder entgegengesetzt, sondern ähnlich.

HIPPIAS: O Sokrates, jedesmal flichtst du solcherlei Reden zusammen, und aufnehmend was nur das schwierigste an einer Sache ist, bleibst du an diesem hängen und greifst es immer nur c bei wenigem an; niemals aber streitest du gegen die ganze Sache von der die Rede ist. Denn auch jetzt, wenn du willst, will ich dir durch viele Beweisstellen in einer tüchtigen Rede dartun, daß Homeros in seinen Gedichten am Achilleus einen Besseren darstellt als Odysseus, und ohne Falsch, diesen aber als listig und vieles erlügend und schlechter als Achilleus. Wenn du nun willst: so stelle dieser Rede eine andere entgegen, daß

λόγον, ὡς ὁ ἕτερος ἀμείνων ἐστί· καὶ μᾶλλον εἴσονται οὗτοι ὁπότερος ἄμεινον λέγει.

ΣΩ. Ὦ Ἱππία, ἐγώ τοι οὐκ ἀμφισβητῶ μὴ οὐχὶ σὲ εἶναι d
σοφώτερον ἢ ἐμέ· ἀλλ' ἀεὶ εἴωθα, ἐπειδάν τις λέγῃ τι,
προσέχειν τὸν νοῦν, ἄλλως τε καὶ ἐπειδάν μοι δοκῇ σοφὸς
εἶναι ὁ λέγων, καὶ ἐπιθυμῶν μαθεῖν ὅ τι λέγει διαπυνθά-
νομαι καὶ ἐπανασκοπῶ καὶ συμβιβάζω τὰ λεγόμενα, ἵνα
μάθω· ἐὰν δὲ φαῦλος δοκῇ μοι εἶναι ὁ λέγων, οὔτε ἐπαν-
ερωτῶ οὔτε μοι μέλει ὧν λέγει· καὶ γνώσῃ τούτῳ οὓς ἂν ἐγὼ
ἡγῶμαι σοφοὺς εἶναι· εὑρήσεις γάρ με λιπαρῆ ὄντα περὶ τὰ
λεγόμενα ὑπὸ τούτου καὶ πυνθανόμενον παρ' αὐτοῦ, ἵνα e
μαθών τι ὠφεληθῶ. Ἐπεὶ καὶ νῦν ἐννενόηκα σοῦ λέγοντος
ὅτι ἐν τοῖς ἔπεσιν οἷς σὺ ἄρτι ἔλεγες, ἐνδεικνύμενος τὸν
Ἀχιλλέα εἰς τὸν Ὀδυσσέα λέγειν ὡς ἀλαζόνα ὄντα, ἄτοπόν
μοι δοκεῖ εἶναι, εἰ σὺ ἀληθῆ λέγεις, ὅτι ὁ μὲν Ὀδυσσεὺς
οὐδαμοῦ φαίνεται ψευσάμενος, ὁ πολύτροπος, ὁ δὲ Ἀχιλλεὺς 370
πολύτροπός τις φαίνεται κατὰ τὸν σὸν λόγον· ψεύδεται
γοῦν· προειπὼν γὰρ ταῦτα τὰ ἔπη, ἅπερ καὶ σὺ εἶπες ἄρτι·

ἐχθρὸς γάρ μοι κεῖνος ὁμῶς Ἀΐδαο πύλῃσιν,
ὅς χ' ἕτερον μὲν κεύθῃ ἐνὶ φρεσίν, ἄλλο δὲ εἴπῃ,

ὀλίγον ὕστερον λέγει ὡς οὔτ' ἂν ἀναπεισθείη ὑπὸ τοῦ b
Ὀδυσσέως τε καὶ τοῦ Ἀγαμέμνονος οὔτε μένοι τὸ παράπαν
ἐν τῇ Τροίᾳ, ἀλλ'·

αὔριον ἱρὰ Διὶ ῥέξας, φησί, καὶ πᾶσι θεοῖσιν,
νηήσας εὖ νῆας, ἐπὴν ἅλαδε προερύσσω,
ὄψεαι, αἴ κ' ἐθέλῃσθα καὶ αἴ κέν τοι τὰ μεμήλῃ,
ἦρι μάλ' Ἑλλήσποντον ἐπ' ἰχθυόεντα πλεούσας
νῆας ἐμάς, ἐν δ' ἄνδρας ἐρεσσέμεναι μεμαῶτας· c
εἰ δέ κεν εὐπλοΐην δώῃ κλυτὸς Ἐννοσίγαιος,
ἤματί κεν τριτάτῳ Φθίην ἐρίβωλον ἱκοίμην.

Ἔτι δὲ πρότερον τούτων πρὸς τὸν Ἀγαμέμνονα λοιδορούμενος εἶπεν·

νῦν δ' εἶμι Φθίηνδ', ἐπεὶ ἦ πολὺ λώϊόν ἐστιν

jener der bessere ist. Dann werden die hier Anwesenden leichter erfahren, welcher von uns besser spricht.

SOKRATES: O Hippias, ich bestreite das ja gar nicht, daß du nicht weiser wärest als ich. Aber ich pflege jedesmal wenn Jemand etwas sagt recht Acht zu geben, zumal wenn ich den für weise halte, der da redet; und aus Verlangen zu verstehen was er meint, forsche ich nach, und überlege die Sache weiter, und vergleiche das Gesagte um es zu verstehen. Wenn mir aber der Sprechende unbedeutend vorkommt: so frage ich weder weiter, noch kümmere ich mich überhaupt um das was er sagt. Und hieran eben kannst du erkennen, wen ich für weise halte. Denn du wirst mich immer gar emsig darüber her finden, was ein solcher sagt, und forschend von ihm, damit ich etwas lerne und gefördert werde dadurch. Daher habe ich auch itzt während deiner Rede mir bedacht, daß in Absicht der Verse, welche du vorhin anführtest und zeigtest Achilleus sage sie gegen den Odysseus als gegen einen der leere Worte mache, wie wunderbar es mich bedünken würde, wenn du Recht haben solltest; weil Odysseus, der vielgewandte, nirgends als ein Lügner erscheint, Achilleus aber erscheint als ein vielgewandter nach deiner Rede; er lügt wenigstens. Denn nachdem er jene Verse gesprochen, welche auch du vorhin anführtest, Denn mir verhaßt ist jener so sehr wie des Aïdes Pforten Wer ein Andres im Herzen verbirgt ein Anderes redet: so sagt er bald darauf, er würde sich weder vom Odysseus und Agamemnon herumbringen lassen, noch überhaupt vor Troja bleiben, sondern Morgen, spricht er, bringe ich ein Opfer für Zeus und die anderen Götter, Wohl dann belad' ich die Schiffe und wann ich ins Meer sie gezogen, Wirst du schaun so wie du willst, und solcherlei Dinge dich kümmern Schwimmen im Morgenrot auf dem flutenden Hellespontos Meine Schiff' und darin die eiferig rudernden Männer; Und wenn glückliche Fahrt der Gestaderschütterer gönnet, Möcht ich am dritten Tag in die schollige Phthia gelangen. Und noch vor diesem hatte er zankend zum Agamemnon gesagt: Doch nun geh ich gen Phthia! Denn weit

οἴκαδ' ἴμεν σὺν νηυσὶ κορωνίσιν, οὐδέ σ' ὀΐω
ἐνθάδ' ἄτιμος ἐὼν ἄφενος καὶ πλοῦτον ἀφύξειν. d

Ταῦτα εἰπὼν τοτὲ μὲν ἐναντίον τῆς στρατιᾶς ἁπάσης, τοτὲ δὲ πρὸς τοὺς ἑαυτοῦ ἑταίρους, οὐδαμοῦ φαίνεται οὔτε παρασκευασάμενος οὔτ' ἐπιχειρήσας καθέλκειν τὰς ναῦς ὡς ἀποπλευσούμενος οἴκαδε, ἀλλὰ πάνυ γενναίως ὀλιγωρῶν τοῦ τἀληθῆ λέγειν. Ἐγὼ μὲν οὖν, ὦ Ἱππία, καὶ ἐξ ἀρχῆς σε ἠρόμην ἀπορῶν ὁπότερος τούτοιν τοῖν ἀνδροῖν ἀμείνων πεποίηται τῷ ποιητῇ, καὶ ἡγούμενος ἀμφοτέρω ἀρίστω e εἶναι καὶ δύσκριτον ὁπότερος ἀμείνων εἴη καὶ περὶ ψεύδους καὶ ἀληθείας καὶ τῆς ἄλλης ἀρετῆς· ἀμφοτέρω γὰρ καὶ κατὰ τοῦτο παραπλησίω ἐστόν.

ΙΠ. Οὐ γὰρ καλῶς σκοπεῖς, ὦ Σώκρατες· ἃ μὲν γὰρ ὁ Ἀχιλλεὺς ψεύδεται, οὐκ ἐξ ἐπιβουλῆς φαίνεται ψευδόμενος, ἀλλ' ἄκων, διὰ τὴν συμφορὰν τὴν τοῦ στρατοπέδου ἀναγκασθεὶς καταμεῖναι καὶ βοηθῆσαι· ἃ δὲ ὁ Ὀδυσσεύς, ἑκών τε καὶ ἐξ ἐπιβουλῆς.

ΣΩ. Ἐξαπατᾷς με, ὦ φίλτατε Ἱππία, καὶ αὐτὸς τὸν Ὀδυσσέα μιμῇ.

ΙΠ. Οὐδαμῶς, ὦ Σώκρατες· λέγεις δὴ τί καὶ πρὸς τί; 371

ΣΩ. Ὅτι οὐκ ἐξ ἐπιβουλῆς φῂς τὸν Ἀχιλλέα ψεύδεσθαι, ὃς ἦν οὕτω γόης καὶ ἐπίβουλος πρὸς τῇ ἀλαζονείᾳ, ὡς πεποίηκεν Ὅμηρος, ὥστε καὶ τοῦ Ὀδυσσέως τοσοῦτον φαίνεται φρονεῖν πλέον πρὸς τὸ ῥᾳδίως λανθάνειν αὐτὸν ἀλαζονευόμενος, ὥστε ἐναντίον αὐτοῦ αὐτὸς ἑαυτῷ ἐτόλμα ἐναντία λέγειν καὶ ἐλάνθανεν τὸν Ὀδυσσέα· οὐδὲν γοῦν φαίνεται εἰπὼν πρὸς αὐτὸν ὡς αἰσθανόμενος αὐτοῦ φευδομένου ὁ Ὀδυσσεύς. b

ΙΠ. Ποῖα δὴ ταῦτα λέγεις, ὦ Σώκρατες;

ΣΩ. Οὐκ οἶσθα ὅτι λέγων ὕστερον ἢ ὡς πρὸς τὸν Ὀδυσ-

zuträglicher ist es, Heim mit den Schiffen zu gehn, den gebogenen! Schwerlich auch wirst du Weil du allhier mich entehrst d
noch Schätz' und Güter dir häufen. Ohnerachtet er nun dieses gesprochen das eine Mal vor dem ganzen Heer, das andere Mal zu seinen Freunden: so zeigt sich doch nirgend, daß er weder die geringste Zurüstung gemacht, noch irgend versucht die Schiffe in See zu lassen um nach Hause zu segeln, sondern vielmehr daß er sehr vornehm sich wenig daraus macht ob er wahr redet. Deshalb nun Hippias fragte ich dich von Anfang an, zweifelhaft welchen von diesen Männern der Dichter als den besseren gedichtet hat, und in der Meinung, daß beide sehr e
vortrefflich wären, und schwer zu entscheiden, welcher der bessere sowohl in Absicht auf Wahrheit und Falschheit als in jeder andern Tugend. Denn beide sind auch hierin einander fast gleich.

2.5. Hippias: Die Falschheit des Achilles ist unfreiwillig, die des Odysseus freiwillig – Sokrates: Dann ist Odysseus besser

HIPPIAS: Du untersuchst eben die Sache gar nicht ordentlich, Sokrates. Denn was Achilleus lügt, das lügt er offenbar gar nicht hinterlistig sondern unvorsätzlich, weil er durch die Unglücksfälle des Heeres genötiget ward zu bleiben und Hülfe zu leisten, Odysseus aber tut es vorsätzlich und hinterlistig.

SOKRATES: Du betrügst mich, liebster Hippias, und ahmest selbst den Odysseus nach.

HIPPIAS: Keinesweges, Sokrates! Was meinst du aber, und 371a
worin?

SOKRATES: Weil du behauptest, Achilleus lüge nicht mit böser Absicht, der doch so listig und tückisch ist noch außer seinen leeren Worten, wie ihn nämlich Homeros gedichtet hat, daß er sich um so viel klüger zeigt als Odysseus in der Kunst leicht und unentdeckt mit seinen Worten zu spielen, daß er es sogar wagte in jenes Gegenwart sich selbst zu widersprechen, ohne daß Odysseus es bemerkt. Wenigstens findet sich nirgend, daß Odysseus so mit ihm spricht, als habe er bemerkt, daß jener gelogen. b

HIPPIAS: Was meinst du nur hiemit, Sokrates?

SOKRATES: Weißt du nicht, daß nachher einmal redend er

σέα ἔφη ἅμα τῇ ἠοῖ ἀποπλευσεῖσθαι, πρὸς τὸν Αἴαντα οὐκ αὖ φησιν ἀποπλευσεῖσθαι, ἀλλὰ ἄλλα λέγει;

ΙΠ. Ποῦ δή;

ΣΩ. Ἐν οἷς λέγει·

οὐ γὰρ πρὶν πολέμοιο μεδήσομαι αἱματόεντος,
πρίν γ' υἱὸν Πριάμοιο δαΐφρονος, Ἕκτορα δῖον, c
Μυρμιδόνων ἐπί τε κλισίας καὶ νῆας ἱκέσθαι
κτείνοντ' Ἀργείους, κατά τε φλέξαι πυρὶ νῆας.
ἀμφὶ δέ μιν τῇ 'μῇ κλισίῃ καὶ νηὶ μελαίνῃ
Ἕκτορα καὶ μεμαῶτα μάχης σχήσεσθαι ὀίω.

Σὺ δὴ οὖν, ὦ Ἱππία, πότερον οὕτως ἐπιλήσμονα οἴει εἶναι τὸν τῆς Θέτιδός τε καὶ ὑπὸ τοῦ σοφωτάτου Χείρωνος πεπαι- d δευμένον, ὥστε ὀλίγον πρότερον λοιδοροῦντα τοὺς ἀλαζόνας τῇ ἐσχάτῃ λοιδορίᾳ αὐτὸν παραχρῆμα πρὸς μὲν τὸν Ὀδυσσέα φάναι ἀποπλευσεῖσθαι, πρὸς δὲ τὸν Αἴαντα μενεῖν, ἀλλ' οὐκ ἐπιβουλεύοντά τε καὶ ἡγούμενον ἀρχαῖον εἶναι τὸν Ὀδυσσέα καὶ αὐτοῦ αὐτῷ τούτῳ τῷ τεχνάζειν τε καὶ ψεύδεσθαι περιέσεσθαι.

ΙΠ. Οὔκουν ἔμοιγε δοκεῖ, ὦ Σώκρατες· ἀλλὰ καὶ αὐτὰ ταῦτα ὑπὸ εὐηθείας ἀναπεισθεὶς πρὸς τὸν Αἴαντα ἄλλα e εἶπεν ἢ πρὸς τὸν Ὀδυσσέα· ὁ δὲ Ὀδυσσεὺς ἅ τε ἀληθῆ λέγει, ἐπιβουλεύσας ἀεὶ λέγει, καὶ ὅσα ψεύδεται ὡσαύτως.

ΣΠ. Ἀμείνων ἄρ' ἐστίν, ὡς ἔοικεν, ὁ Ὀδυσσεὺς Ἀχιλλέως.

ΙΠ. Ἥκιστά γε δήπου, ὦ Σώκρατες.

ΣΩ. Τί δέ; οὐκ ἄρτι ἐφάνησαν οἱ ἑκόντες ψευδόμενοι βελτίους ἢ οἱ ἄκοντες;

ΙΠ. Καὶ πῶς ἄν, ὦ Σώκρατες, οἱ ἑκόντες ἀδικοῦντες καὶ ἑκόντες ἐπιβουλεύσαντες καὶ κακὰ ἐργασάμενοι βελτίους 372 ἂν εἶεν τῶν ἀκόντων, οἷς πολλὴ δοκεῖ συγγνώμη εἶναι, ἐὰν μὴ εἰδώς τις ἀδικήσῃ ἢ ψεύσηται ἢ ἄλλο τι κακὸν ποιήσῃ; Καὶ οἱ νόμοι δήπου πολὺ χαλεπώτεροί εἰσι τοῖς ἑκοῦσι κακὰ ἐργαζομένοις καὶ ψευδομένοις ἢ τοῖς ἄκουσιν.

zum Odysseus zwar gesagt hatte, er werde mit der Morgenröte absegeln, zum Ajas aber sagt, er werde nicht absegeln, sondern ganz andere Dinge redet?

HIPPIAS: Wo denn?

SOKRATES: Wo er sagt: Denn nicht werd' ich eher des blutigen Kampfes gedenken Ehe des waltenden Priamos Sohn der c göttliche Hektor Schon die Gezelt' und Schiffe der Myrmidonen erreicht hat Agos Volk hinmordend, und Glut in den Schiffen entflammet. Doch wird hoff' ich bei meinem Gezelt und dunkelen Schiffen Hektor wie eifrig er ist, sich wohl enthalten des Kampfes. Du also Hippias glaubst, der Sohn der Thetis und des so sehr weisen Cheiron Zögling sei so vergeß- d lich gewesen, daß nachdem er kurz zuvor diejenigen aufs heftigste geschmäht die leere Worte machen, er unmittelbar darauf zum Odysseus gesagt habe, er werde schiffen, zum Ajas aber er werde bleiben, es aber doch nicht aus böser Absicht getan habe, noch in der Meinung Odysseus sei einfältig, und er selbst werde ihn im Ränkemachen und Lügen weit übertreffen?

HIPPIAS: Nicht so dünkt mich, Sokrates; sondern auch hier spricht er, weil er sich anders besonnen aus Einfalt zum Ajas e anders als zum Odysseus. Odysseus aber, wenn er wo die Wahrheit sagt tut er es in böser Absicht, und wenn er lügt eben so.

SOKRATES: So ist, wie es scheint, Odysseus besser als Achilleus.

HIPPIAS: Keinesweges doch wohl, Sokrates.

SOKRATES: Wie denn? sind uns nicht eben die vorsätzlich Lügenden besser erschienen als die unvorsätzlich?

2.6. Der Protest des Hippias, die Ratlosigkeit des Sokrates und seine Bitte um weitere Untersuchung

HIPPIAS: Und wie sollten doch, o Sokrates, die welche vorsätzlich beleidigen und Andern Unheil bereiten und Übles zu- 372a fügen besser sein, als die es unvorsätzlich tun, gegen die man ja viel Nachsicht pflegt zu haben, wenn Jemand ohne Wissen beleidigt oder hintergeht oder sonst etwas Übles tut. Wie denn auch die Gesetze weit härter sind gegen die, welche vorsätzlich etwas Böses tun oder lügen, als gegen die Andern.

ΣΩ. Ὁρᾷς, ὦ Ἱππία, ὅτι ἐγὼ ἀληθῆ λέγω, λέγων ὡς
λιπαρής εἰμι πρὸς τὰς ἐρωτήσεις τῶν σοφῶν; καὶ κινδυ- b
νεύω ἓν μόνον ἔχειν τοῦτο ἀγαθόν, τἆλλα ἔχων πάνυ φαῦλα·
τῶν μὲν γὰρ πραγμάτων ᾗ ἔχει ἔσφαλμαι, καὶ οὐκ οἶδ' ὅπῃ
ἐστί. Τεκμήριον δέ μοι τούτου ἱκανόν, ὅτι ἐπειδὰν συγγέ-
νωμαί τῳ ὑμῶν τῶν εὐδοκιμούντων ἐπὶ σοφίᾳ καὶ οἷς οἱ
Ἕλληνες πάντες μάρτυρές εἰσι τῆς σοφίας, φαίνομαι οὐδὲν
εἰδώς· οὐδὲν γάρ μοι δοκεῖ τῶν αὐτῶν καὶ ὑμῖν, ὡς ἔπος
εἰπεῖν· καίτοι τί μεῖζον ἀμαθίας τεκμήριον ἢ ἐπειδάν τις c
σοφοῖς ἀνδράσι διαφέρηται; ἓν δὲ τοῦτο θαυμάσιον ἔχω
ἀγαθόν, ὅ με σῴζει· οὐ γὰρ αἰσχύνομαι μανθάνων, ἀλλὰ πυν-
θάνομαι καὶ ἐρωτῶ καὶ χάριν πολλὴν ἔχω τῷ ἀποκρινομένῳ,
καὶ οὐδένα πώποτε ἀπεστέρησα χάριτος· οὐ γὰρ πώποτε
ἔξαρνος ἐγενόμην μαθών τι, ἐμαυτοῦ ποιούμενος τὸ μάθημα
εἶναι ὡς εὕρημα· ἀλλ' ἐγκωμιάζω τὸν διδάξαντά με ὡς
σοφὸν ὄντα, ἀποφαίνων ἃ ἔμαθον παρ' αὐτοῦ. Καὶ δὴ καὶ
νῦν ἃ σὺ λέγεις οὐχ ὁμολογῶ σοι, ἀλλὰ διαφέρομαι πάνυ d
σφόδρα· καὶ τοῦτ' εὖ οἶδα ὅτι δι' ἐμὲ γίγνεται, ὅτι τοιοῦτός
εἰμι οἷός πέρ εἰμι, ἵνα μηδὲν ἐμαυτὸν μεῖζον εἴπω. Ἐμοὶ
γὰρ φαίνεται, ὦ Ἱππία, πᾶν τοὐναντίον ἢ ὃ σὺ λέγεις· οἱ
βλάπτοντες τοὺς ἀνθρώπους καὶ ἀδικοῦντες καὶ ψευδόμενοι
καὶ ἐξαπατῶντες καὶ ἁμαρτάνοντες ἑκόντες, ἀλλὰ μὴ ἄκον-
τες, βελτίους εἶναι ἢ οἱ ἄκοντες. Ἐνίοτε μέντοι καὶ τοὐναν-
τίον δοκεῖ μοι τούτων καὶ πλανῶμαι περὶ ταῦτα, δῆλον ὅτι
διὰ τὸ μὴ εἰδέναι· νυνὶ δὲ ἐν τῷ παρόντι μοι ὥσπερ κατη- e
βολὴ περιελήλυθεν καὶ δοκοῦσί μοι οἱ ἑκόντες ἐξαμαρτά-
νοντες περί τι βελτίους εἶναι τῶν ἀκόντων. Αἰτιῶμαι δὲ τοῦ
νῦν παρόντος παθήματος τοὺς ἔμπροσθεν λόγους αἰτίους
εἶναι, ὥστε φαίνεσθαι νῦν ἐν τῷ παρόντι τοὺς ἄκοντας
τούτων ἕκαστα ποιοῦντας πονηροτέρους ἢ τοὺς ἑκόντας.
Σὺ οὖν χάρισαι καὶ μὴ φθονήσῃς ἰάσασθαι τὴν ψυχήν μου·
πολὺ γάρ τοι μεῖζόν με ἀγαθὸν ἐργάσῃ ἀμαθίας παύσας τὴν 373
ψυχὴν ἢ νόσου τὸ σῶμα. Μακρὸν μὲν οὖν λόγον εἰ 'θέλεις

SOKRATES: Siehst du, Hippias, daß ich Recht habe, wenn
ich sage daß ich emsig bin im Fragen der Weisen? Und ich mag b
wohl nur dies Eine Gute haben, übrigens aber es schlecht genug um mich stehen. Denn wie die Dinge sich eigentlich verhalten, das entgeht mir und ich weiß davon nichts. Das ist daraus zur Genüge abzunehmen, daß wenn ich mit einem von euch zusammenkomme, die ihr gepriesen werdet um eure Weisheit, und denen alle Hellenen ihre Weisheit bezeugen, ich immer als einer erscheine der nichts weiß. Denn ich bin, um es gerade heraus zu sagen, fast über gar nichts derselben Meinung
mit euch. Und welchen größeren Beweis des Unverstandes c
könnte es wohl geben, als wenn Jemand mit weisen Männern uneins ist. Nur dies Eine sonderbare Gute habe ich an mir, was mich noch erhält; ich schäme mich nämlich nicht zu lernen, sondern ich forsche und frage und bin Jedem sehr dankbar der mir antwortet, und habe noch nie Jemanden diesen Dank entzogen. Denn ich habe noch nie verleugnet wo ich etwas gelernt hatte, und etwa das Gelernte für das Meinige ausgegeben als hätte ich es erfunden. Sondern ich lobpreise meinen Lehrer als einen Weisen und zeige was ich von ihm gelernt. So auch jetzt
in dem was du sagst, stimme ich dir nicht bei, sondern weiche d
gar sehr weit von dir ab. Und soviel weiß ich sehr gut, daß die Schuld davon ganz an mir liegt, weil ich eben ein solcher bin wie ich bin, um nichts größeres auf mich selbst zu sagen. Denn mir, o Hippias, scheint ganz das Gegenteil von dem, was du sagst, daß nämlich wer Andern Schaden tut und sie beleidigt belügt betrügt und sonst sich vorsätzlich vergeht, und nicht unvorsätzlich, besser ist als wer unvorsätzlich. Bisweilen freilich dünkt mich auch wieder das Gegenteil davon, und ich schwanke also über die Sache, offenbar weil ich sie nicht weiß.
Jetzt nun in diesem Augenblick habe ich jenen Anfall bekom- e
men, daß mich die vorsätzlich in etwas fehlenden besser dünken als die unvorsätzlich. Ich beschuldige aber die bisherigen Reden an dem jetzigen Zufall Ursache zu sein, daß mir eben jetzt die, welche dies Alles unvorsätzlich tun, schlechter erscheinen als welche vorsätzlich. Du also nimm dich meiner an, und schlage mir nicht ab meine Seele zu heilen. Denn weit
größere Wohltat erzeigst du mir ja, wenn du meine Seele von 373a

λέγειν, προλέγω σοι ὅτι οὐκ ἄν με ἰάσαιο — οὐ γὰρ ἂν ἀκολουθήσαιμι —· ὥσπερ δὲ ἄρτι εἰ 'θέλεις μοι ἀποκρίνεσθαι, πάνυ ὀνήσεις, οἶμαι δὲ οὐδ' αὐτὸν σὲ βλαβήσεσθαι. Δικαίως δ' ἂν καὶ σὲ παρακαλοίην, ὦ παῖ 'Απημάντου· σὺ γάρ με ἐπῆρας Ἱππίᾳ διαλέγεσθαι· καὶ νῦν, ἐὰν μή μοι ἐθέλῃ Ἱππίας ἀποκρίνεσθαι, δέου αὐτοῦ ὑπὲρ ἐμοῦ.

ΕΥ. 'Αλλ', ὦ Σώκρατες, οἶμαι οὐδὲν δεήσεσθαι Ἱππίαν τῆς ἡμετέρας δεήσεως· οὐ γὰρ τοιαῦτα αὐτῷ ἔστι τὰ b
προειρημένα, ἀλλ' ὅτι οὐδενὸς ἂν φύγοι ἀνδρὸς ἐρώτησιν. Ἦ γάρ, ὦ Ἱππία ; οὐ ταῦτα ἦν ἃ ἔλεγες ;

ΙΠ. Ἔγωγε· ἀλλὰ Σωκράτης, ὦ Εὔδικε, ἀεὶ ταράττει ἐν τοῖς λόγοις καὶ ἔοικεν ὥσπερ κακουργοῦντι.

ΣΩ. Ὦ βέλτιστε Ἱππία, οὔτι ἑκών γε ταῦτα ἐγὼ ποιῶ, σοφὸς γὰρ ἂν ἦ καὶ δεινὸς κατὰ τὸν σὸν λόγον, ἀλλὰ ἄκων, ὥστε μοι συγγνώμην ἔχε· φῂς γὰρ αὖ δεῖν, ὃς ἂν κακουργῇ ἄκων, συγγνώμην ἔχειν.

ΕΥ. Καὶ μηδαμῶς γε, ὦ Ἱππία, ἄλλως ποίει, ἀλλὰ καὶ c
ἡμῶν ἕνεκα καὶ τῶν προειρημένων σοι λόγων ἀποκρίνου ἃ ἄν σε ἐρωτᾷ Σωκράτης.

ΙΠ. 'Αλλ' ἀποκρινοῦμαι, σοῦ γε δεομένου· ἀλλ' ἐρώτα ὅ τι βούλει.

ΣΩ. Καὶ μὴν σφόδρα γε ἐπιθυμῶ, ὦ Ἱππία, διασκέψασθαι τὸ νυνδὴ λεγόμενον, πότεροί ποτε ἀμείνους, οἱ ἑκόντες ἢ οἱ ἄκοντες ἁμαρτάνοντες. Οἶμαι οὖν ἐπὶ τὴν σκέψιν ὀρθότατ' ἂν ὧδε ἐλθεῖν· ἀλλ' ἀπόκριναι· καλεῖς τινα δρομέα ἀγαθόν ;

ΙΠ. Ἔγωγε.

ihrem Unverstande befreist, als wenn meinen Leib von einer Krankheit. Willst du nun eine lange Rede sprechen: so sage ich dir voraus, daß du mich nicht heilen wirst; denn ich könnte dir nicht folgen. Willst du mir aber so wie bisher antworten: so wirst du mir großen Nutzen schaffen, und auch selbst, glaube ich, keinen Schaden davon haben. Mit Recht auch könnte ich dich zu Hülfe rufen, o Sohn des Apemantos. Denn du hast mich aufgeregt mit dem Hippias zu reden. Wenn er mir also nun nicht antworten will, so bitte du ihn für mich.

EUDIKOS: Gewiß, Sokrates, ich glaube, daß es bei dem Hippias unserer Bitte gar nicht bedürfen wird. Denn so lautet b
gar nicht, was er uns vorher gesagt, sondern daß er keines Menschen Frage ausweichen wollte. Nicht wahr, Hippias sagtest du das nicht?

HIPPIAS: Das habe ich gesagt. Aber Sokrates verwirrt einen immer im Gespräch, Eudikos, und tut recht wie einer der auf Beleidigung ausgeht.

SOKRATES: O bester Hippias, nicht vorsätzlich tue ich das, sonst wäre ich ja gar weise und gewaltig nach deiner Rede, sondern unvorsätzlich, so daß du mir Nachsicht zu beweisen hast. Denn du sagst ja, man müsse, wenn Jemand unvorsätzlich beleidigt, Nachsicht beweisen.

EUDIKOS: Tue auch nur ja nicht anders, Hippias; sondern c
sowohl deiner vorigen Reden als auch unserntwegen antworte was dich Sokrates fragt.

HIPPIAS: Gut ich will antworten, da auch du mich bittest. Frage also was du willst.

3. Wer ist besser: wer vorsätzlich oder wer unvorsätzlich fehlt?

3.1. Vorsätzliche Schlechtigkeit beruht auf Wissen und Können, ist vorzuziehen und besser. Wie in anderen Bereichen scheint der Satz auch für unsere Seele zu gelten

SOKRATES: Ich trage eben großes Verlangen, o Hippias, das itzt besprochene zu erforschen, wer wohl besser ist die vorsätzlich oder die unvorsätzlich fehlenden. Nun, glaube ich, so am besten der Untersuchung beizukommen; antworte mir also. Nennst du einen Läufer gut?

HIPPIAS: Ja.

ΣΩ. Καὶ κακόν; d

ΙΠ. Ναί.

ΣΩ. Οὐκοῦν ἀγαθὸς μὲν ὁ εὖ θέων, κακὸς δὲ ὁ κακῶς;

ΙΠ. Ναί.

ΣΩ. Οὐκοῦν ὁ βραδέως θέων κακῶς θεῖ, ὁ δὲ ταχέως εὖ;

ΙΠ. Ναί.

ΣΩ. Ἐν δρόμῳ μὲν ἄρα καὶ τῷ θεῖν τάχος μὲν ἀγαθόν, βραδυτὴς δὲ κακόν;

ΙΠ. Ἀλλὰ τί μέλλει;

ΣΩ. Πότερος οὖν ἀμείνων δρομεύς, ὁ ἑκὼν βραδέως θέων ἢ ὁ ἄκων;

ΙΠ. Ὁ ἑκών.

ΣΩ. Ἆρ' οὖν οὐ ποιεῖν τί ἐστι τὸ θεῖν;

ΙΠ. Ποιεῖν μὲν οὖν.

ΣΩ. Εἰ δὲ ποιεῖν, οὐ καὶ ἐργάζεσθαί τι;

ΙΠ. Ναί. e

ΣΩ. Ὁ κακῶς ἄρα θέων κακὸν καὶ αἰσχρὸν ἐν δρόμῳ τοῦτο ἐργάζεται;

ΙΠ. Κακόν· πῶς γὰρ οὔ;

ΣΩ. Κακῶς δὲ θεῖ ὁ βραδέως θέων;

ΙΠ. Ναί.

ΣΩ. Οὐκοῦν ὁ μὲν ἀγαθὸς δρομεὺς ἑκὼν τὸ κακὸν τοῦτο ἐργάζεται καὶ τὸ αἰσχρόν, ὁ δὲ κακὸς ἄκων;

ΙΠ. Ἔοικέν γε.

ΣΩ. Ἐν δρόμῳ μὲν ἄρα πονηρότερος ὁ ἄκων κακὰ ἐργαζόμενος ἢ ὁ ἑκών;

ΙΠ. Ἐν δρόμῳ γε.

ΣΩ. Τί δ' ἐν πάλῃ; πότερος παλαιστὴς ἀμείνων, ὁ ἑκὼν 374
πίπτων ἢ ὁ ἄκων;

ΙΠ. Ὁ ἑκών, ὡς ἔοικεν.

ΣΩ. Πονηρότερον δὲ καὶ αἴσχιον ἐν πάλῃ τὸ πίπτειν ἢ τὸ καταβάλλειν;

ΙΠ. Τὸ πίπτειν.

SOKRATES: Auch schlecht? d

HIPPIAS: Ja.

SOKRATES: Nicht wahr, gut ist der gut läuft schlecht aber der schlecht?

HIPPIAS: Ja.

SOKRATES: Und der langsam laufende läuft schlecht, der geschwind laufende gut?

HIPPIAS: Ja.

SOKRATES: Im Laufen also und für den Läufer ist die Geschwindigkeit das Gute, die Langsamkeit das Schlechte?

HIPPIAS: Wie sollte es nicht.

SOKRATES: Welcher ist nun der bessere Läufer, der vorsätzlich langsam läuft, oder der unvorsätzlich?

HIPPIAS: Der vorsätzlich.

SOKRATES: Heißt nun nicht Laufen doch etwas verrichten?

HIPPIAS: Ja.

SOKRATES: Und wenn verrichten, dann doch auch tun?

HIPPIAS: Ja. e

SOKRATES: Wer also schlecht läuft, der tut schlechtes und unrühmliches im Lauf?

HIPPIAS: Schlechtes. Wie sollte er nicht?

SOKRATES: Und schlecht läuft der langsam laufende?

HIPPIAS: Ja.

SOKRATES: Der gute Läufer also tut dieses schlechte und unrühmliche vorsätzlich, der schlechte unvorsätzlich?

HIPPIAS: So scheint es wenigstens.

SOKRATES: Im Laufen also ist der nichtsnutziger, der das schlechte unvorsätzlich, als der es vorsätzlich tut?

HIPPIAS: Im Laufen, ja.

SOKRATES: Und wie im Ringen? welcher ist der bessere 374a
Ringer? der vorsätzlich fällt oder unvorsätzlich?

HIPPIAS: Der vorsätzlich, scheint es.

SOKRATES: Und was ist doch schlechter und unrühmlicher beim Ringen, das Fallen oder das Niederwerfen?

HIPPIAS: Das Fallen.

ΣΩ. Καὶ ἐν πάλῃ ἄρα ὁ ἑκὼν τὰ πονηρὰ καὶ αἰσχρὰ ἐργαζόμενος βελτίων παλαιστὴς ἢ ὁ ἄκων;

ΙΠ. Ἔοικεν.

ΣΩ. Τί δὲ ἐν τῇ ἄλλῃ πάσῃ τῇ τοῦ σώματος χρείᾳ; οὐχ ὁ βελτίων τὸ σῶμα δύναται ἀμφότερα ἐργάζεσθαι, καὶ τὰ ἰσχυρὰ καὶ τὰ ἀσθενῆ, καὶ τὰ αἰσχρὰ καὶ τὰ καλά; ὥστε b ὅταν κατὰ τὸ σῶμα πονηρὰ ἐργάζηται, ἑκὼν ἐργάζεται ὁ βελτίων τὸ σῶμα, ὁ δὲ πονηρότερος ἄκων:

ΙΠ. Ἔοικεν καὶ τὰ κατὰ τὴν ἰσχὺν οὕτως ἔχειν.

ΣΩ. Τί δὲ κατ' εὐσχημοσύνην, ὦ Ἱππία; οὐ τοῦ βελτίονος σώματός ἐστιν ἑκόντος τὰ αἰσχρὰ καὶ πονηρὰ σχήματα σχηματίζειν, τοῦ δὲ πονηροτέρου ἄκοντος; ἢ πῶς σοι δοκεῖ;

ΙΠ. Οὕτως.

ΣΩ. Καὶ ἀσχημοσύνη ἄρα ἡ μὲν ἑκούσιος πρὸς ἀρετῆς ἐστιν, ἡ δὲ ἀκούσιος πρὸς πονηρίας σώματος. c

ΙΟ. Φαίνεται.

ΣΩ. Τί δὲ φωνῆς πέρι λέγεις; ποτέραν φῇς εἶναι βελτίω, τὴν ἑκουσίως ἀπᾴδουσαν ἢ τὴν ἀκουσίως;

ΙΠ. Τὴν ἑκουσίως.

ΣΩ. Μοχθηροτέραν δὲ τὴν ἀκουσίως;

ΙΠ. Ναί.

ΣΩ. Δέξαιο δ' ἂν πότερον τἀγαθὰ κεκτῆσθαι ἢ τὰ κακά;

ΙΠ. Τἀγαθά.

ΣΩ. Πότερον οὖν ἂν δέξαιο πόδας κεκτῆσθαι ἑκουσίως χωλαίνοντας ἢ ἀκουσίως;

ΙΠ. Ἑκουσίως.

ΣΩ. Χωλεία δὲ ποδῶν οὐχὶ πονηρία καὶ ἀσχημοσύνη d ἐστίν;

ΙΠ. Ναί.

ΣΩ. Τί δέ; ἀμβλυωπία οὐ πονηρία ὀφθαλμῶν;

SOKRATES: Auch im Ringen also ist der vorsätzlich das schlechte und unrühmliche tut der bessere Ringer als der unvorsätzlich?

HIPPIAS: Es scheint.

SOKRATES: Und wie in jeder andern Tätigkeit des Leibes? Kann nicht der dem Leibe nach Bessere beides hervorbringen, das starke und das schwache, das häßliche und das schöne? So b daß, was sie schlechtes in Beziehung auf den Leib verrichten, der dem Leibe nach Bessere vorsätzlich verrichtet, der schlechtere aber unvorsätzlich?

HIPPIAS: Es scheint auch in Absicht auf die Stärke sich so zu verhalten.

SOKRATES: Und wie in Absicht auf die Schönheit der Bewegungen, Hippias? wird nicht der schönere Leib sich nur vorsätzlich in schlechte und häßliche Stellungen gestalten, der schlechtere aber unvorsätzlich? oder wie dünkt dich?

HIPPIAS: Eben so.

SOKRATES: Also auch von der Häßlichkeit der Bewegungen steht die vorsätzliche auf Seiten der Güte, die unvorsätzliche aber auf Seiten der Schlechtigkeit des Leibes. c

HIPPIAS: So zeigt es sich.

SOKRATES: Und was meinst du von der Stimme? Welche hältst du für besser, die vorsätzlich mißtönende oder die unvorsätzlich?

HIPPIAS: Die vorsätzlich.

SOKRATES: Und untauglicher, die es unvorsätzlich tut?

HIPPIAS: Ja.

SOKRATES: Und möchtest du lieber das Gute besitzen oder das Schlechte?

HIPPIAS: Das Gute.

SOKRATES: Möchtest du also lieber daß deine Füße vorsätzlich hinkten oder unvorsätzlich?

HIPPIAS: Vorsätzlich.

SOKRATES: Und ist nicht das Hinken eine Schlechtigkeit d und Ungestaltheit der Füße?

HIPPIAS: Ja.

SOKRATES: Und wie? ist nicht die Blödsichtigkeit eine Schlechtigkeit der Augen?

ΙΠ. Ναί.

ΣΩ. Ποτέρους οὖν ἂν βούλοιο ὀφθαλμοὺς κεκτῆσθαι καὶ ποτέροις συνεῖναι; οἷς ἑκὼν ἄν τις ἀμβλυώττοι καὶ παρορῴη ἢ οἷς ἄκων;

ΙΠ. Οἷς ἑκών.

ΣΩ. Βελτίω ἄρα ἥγησαι τῶν σαυτοῦ τὰ ἑκουσίως πονηρὰ ἐργαζόμενα ἢ τὰ ἀκουσίως;

ΙΠ. Τὰ γοῦν τοιαῦτα.

ΣΩ. Οὐκοῦν πάντα, οἷον καὶ ὦτα καὶ ῥῖνας καὶ στόμα
καὶ πάσας τὰς αἰσθήσεις, εἷς λόγος συνέχει, τὰς μὲν
ἀκουσίως κακὰ ἐργαζομένας ἀκτήτους εἶναι ὡς πονηρὰς e
οὔσας, τὰς δὲ ἑκουσίως κτητὰς ὡς ἀγαθὰς οὔσας.

ΙΠ. Ἔμοιγε δοκεῖ.

ΣΩ. Τί δέ; ὀργάνων ποτέρων βελτίων ἡ κοινωνία, οἷς ἑκών τις κακὰ ἐργάζεται ἢ οἷς ἄκων; οἷον πηδάλιον, ᾧ ἄκων κακῶς τις κυβερνήσει, βέλτιον, ἢ ᾧ ἑκών;

ΙΠ. Ὧι ἑκών.

ΣΩ. Οὐ καὶ τόξον ὡσαύτως καὶ λύρα καὶ αὐλοὶ καὶ τἆλλα ξύμπαντα;

ΙΠ. Ἀληθῆ λέγεις.

ΣΩ. Τί δέ; ψυχὴν κεκτῆσθαι ἵππου, ᾗ ἑκών τις κακῶς 375
ἱππεύσει, ἄμεινον ἢ <ᾗ> ἄκων;

ΙΠ. Ἧι ἑκών.

ΣΩ. Ἀμείνων ἄρα ἐστίν.

ΙΠ. Ναί.

ΣΩ. Τῇ ἀμείνονι ἄρα ψυχῇ ἵππου τὰ τῆς ψυχῆς ἔργα ταύτης τὰ πονηρὰ ἑκουσίως ἂν ποιοῖ, τῇ δὲ τῆς πονηρᾶς ἀκουσίως;

ΙΠ. Πάνυ γε.

ΣΩ. Οὐκοῦν καὶ κυνὸς καὶ τῶν ἄλλων ζῴων πάντων;

ΙΠ. Ναί.

ΣΩ. Τί δὲ δή; ἀνθρώπου ψυχὴν ἐκτῆσθαι τοξότου ἄμεινόν ἐστιν, ἥτις ἑκουσίως ἁμαρτάνει τοῦ σκοποῦ, ἢ ἥτις ἀκουσίως;

HIPPIAS: Ja.

SOKRATES: Was für Augen also möchtest du haben, und mit was für welchen zufrieden sein? mit denen einer vorsätzlich etwas undeutlich sieht und übersieht, oder unvorsätzlich.

HIPPIAS: Mit denen vorsätzlich.

SOKRATES: Besser also achtest du an dir selbst dasjenige was vorsätzlich etwas schlecht verrichtet als was unvorsätzlich?

HIPPIAS: Ja in solchen Dingen.

SOKRATES: Nicht auch über Alles wie Ohren Nase und Mund und alle Sinne erstreckt sich diese eine Erklärung, daß man die unvorsätzlich schlechtes verrichtenden nicht zu haben e
begehrt weil sie schlecht sind; die es aber vorsätzlich tun wohl zu haben wünscht weil sie gut sind?

HIPPIAS: Mich dünkt es.

SOKRATES: Und welche Werkzeuge im Gebrauch zu haben ist besser, mit denen einer vorsätzlich die Sache schlecht verrichtet oder unvorsätzlich? Wie ein Steuerruder womit Einer unvorsätzlich schlecht steuert, ist das besser, oder womit vorsätzlich?

HIPPIAS: Womit vorsätzlich.

SOKRATES: Und Bogen eben so, und Leier und Flöte, und Alles zusammen?

HIPPIAS: Du hast Recht.

SOKRATES: Und wie? ist es besser ein Pferd mit einer sol- 375a
chen Seele zu haben, daß es Einer nur vorsätzlich schlecht reitet, oder unvorsätzlich?

HIPPIAS: Vorsätzlich.

SOKRATES: Diese also ist die bessere?

HIPPIAS: Ja.

SOKRATES: Mit der besseren Pferdeseele also wird Einer die Geschäfte dieser Seele vorsätzlich schlecht verrichten, mit der schlechten unvorsätzlich?

HIPPIAS: Allerdings.

SOKRATES: Nicht auch eben so bei Hunden und allen andern Tieren?

HIPPIAS: Ja.

SOKRATES: Und wie, ist es besser einen Schützen mit einer solchen Seele zu haben, welche vorsätzlich das Ziel verfehlt, oder welche unvorsätzlich?

ΙΠ. Ἥτις ἑκουσίως. b

ΣΩ. Οὐκοῦν αὕτη ἀμείνων εἰς τοξικήν ἐστιν;

ΙΠ. Ναί.

ΣΩ. Καὶ ψυχὴ ἄρα ἀκουσίως ἁμαρτάνουσα πονηροτέρα ἢ ἑκουσίως;

ΙΠ. Ἐν τοξικῇ γε.

ΣΩ. Τί δ' ἐν ἰατρικῇ; οὐχὶ ἡ ἑκοῦσα κακὰ ἐργαζομένη περὶ τὰ σώματα ἰατρικωτέρα;

ΙΠ. Ναί.

ΣΩ. Ἀμείνων ἄρα αὕτη ἐν ταύτῃ τῇ τέχνῃ τῆς μὴ [ἰατρικῆς].

ΙΠ. Ἀμείνων.

ΣΩ. Τί δέ; ἡ κιθαριστικωτέρα καὶ αὐλητικωτέρα καὶ τἆλλα πάντα τὰ κατὰ τὰς τέχνας τε καὶ τὰς ἐπιστήμας, c οὐχὶ ἡ ἀμείνων ἑκοῦσα τὰ κακὰ ἐργάζεται καὶ τὰ αἰσχρὰ καὶ ἐξαμαρτάνει, ἡ δὲ πονηροτέρα ἄκουσα;

ΙΠ. Φαίνεται.

ΣΩ. Ἀλλὰ μήν που τάς γε τῶν δούλων ψυχὰς κεκτῆσθαι δεξαίμεθ' ἂν μᾶλλον τὰς ἑκουσίως ἢ τὰς ἀκουσίως ἁμαρτανούσας τε καὶ κακουργούσας, ὡς ἀμείνους οὔσας εἰς ταῦτα.

ΙΠ. Ναί.

ΣΩ. Τί δέ; τὴν ἡμετέραν αὐτῶν οὐ βουλοίμεθ' ἂν ὡς βελτίστην ἐκτῆσθαι;

ΙΠ. Ναί.

ΣΩ. Οὐκοῦν βελτίων ἔσται ἐὰν ἑκοῦσα κακουργῇ τε καὶ ἐξαμαρτάνῃ, ἢ ἐὰν ἄκουσα; d

ΙΠ. Δεινὸν μεντἂν εἴη, ὦ Σώκρατες, εἰ οἱ ἑκόντες ἀδικοῦντες βελτίους ἔσονται ἢ οἱ ἄκοντες.

ΣΩ. Ἀλλὰ μὴν φαίνεταί γε ἐκ τῶν εἰρημένων.

ΙΠ. Οὔκουν ἔμοιγε.

ΣΩ. Ἐγὼ δ' ᾤμην, ὦ Ἱππία, καὶ σοὶ φανῆναι. Πάλιν δ' ἀπόκριναι· ἡ δικαιοσύνη οὐχὶ ἢ δύναμίς τίς ἐστιν ἢ

HIPPIAS: Welche vorsätzlich. b

SOKRATES: Also ist diese die bessere zum Schießen?

HIPPIAS: Ja.

SOKRATES: Also auch die unvorsätzlich fehlende Seele ist schlechter als die vorsätzlich?

HIPPIAS: Im Schießen, ja.

SOKRATES: Wie aber in der Heilkunde! Ist nicht die welche vorsätzlich Übles an Leibern anrichtet, heilkundiger?

HIPPIAS: Ja.

SOKRATES: Besser also ist sie in dieser Kunst als die nicht heilkundige?

HIPPIAS: Besser.

SOKRATES: Und wie die tonkundigere, sei es auf der Leier oder Flöte und so in allem übrigen was Künste und Wissen- c schaften betrifft, wird nicht überall die bessere vorsätzlich das schlechte und unrühmliche tun und also fehlen, die schlechtere aber unvorsätzlich?

HIPPIAS: So zeigt es sich.

SOKRATES: Also unserer Knechte Seelen möchten wir wohl lieber so haben daß sie vorsätzlich als daß sie unvorsätzlich fehlen und übel tun, weil jene besser sind hiezu?

HIPPIAS: Ja.

SOKRATES: Und wie, unsere eigene wollten wir nicht so gut als möglich haben?

HIPPIAS: Ja.

SOKRATES: Und wird sie nun nicht besser sein wenn sie d vorsätzlich übel tut und fehlt als wenn unvorsätzlich?

HIPPIAS: Arg wäre das aber doch, Sokrates, wenn die vorsätzlich Unrechttuenden besser sein sollten als die unvorsätzlich.

SOKRATES: Aber es zeigt sich doch so aus dem Gesagten.

HIPPIAS: Mir doch nicht.

3.2. Paradoxon: Der Gute und Gerechte tut absichtlich Unrecht, der Böse und Ungerechte unabsichtlich. Wer vorsätzlich Böses tut, ist der Gute. Aporie

SOKRATES: Ich glaubte doch, Hippias, es habe sich dir auch gezeigt. Antworte mir aber noch einmal. Die Gerechtigkeit, ist

ἐπιστήμη ἢ ἀμφότερα; ἢ οὐκ ἀνάγκη ἕν γέ τι τούτων εἶναι τὴν δικαιοσύνην;

ΙΠ. Ναί.

ΣΩ. Οὐκοῦν εἰ μὲν δύναμίς ἐστι τῆς ψυχῆς ἡ δικαιο- e
σύνη, ἡ δυνατωτέρα ψυχὴ δικαιοτέρα ἐστι; βελτίων γάρ που ἡμῖν ἐφάνη, ὦ ἄριστε, ἡ τοιαύτη.

ΙΠ. Ἐφάνη γάρ.

ΣΩ. Τί δ' εἰ ἐπιστήμη; οὐχ ἡ σοφωτέρα ψυχὴ δικαιοτέρα; ἡ δ' ἀμαθεστέρα ἀδικωτέρα;

<ΙΠ. Ναί.>

ΣΩ. Τί δ' εἰ ἀμφότερα; οὐχ ἡ ἀμφοτέρας ἔχουσα, ἐπιστήμην καὶ δύναμιν, δικαιοτέρα, ἡ δ' ἀμαθεστέρα ἀδικωτέρα; οὐχ οὕτως ἀνάγκη ἔχειν;

ΙΠ. Φαίνεται.

ΣΩ. Οὐκοῦν ἡ δυνατωτέρα καὶ σοφωτέρα αὕτη ἀμείνων οὖσα ἐφάνη καὶ ἀμφότερα μᾶλλον δυναμένη ποιεῖν, καὶ τὰ
καλὰ καὶ τὰ αἰσχρά, περὶ πᾶσαν ἐργασίαν; 376

ΙΠ. Ναί.

ΣΩ. Ὅταν ἄρα τὰ αἰσχρὰ ἐργάζηται, ἑκοῦσα ἐργάζεται διὰ δύναμιν καὶ τέχνην· ταῦτα δὲ δικαιοσύνης φαίνεται, ἤτοι ἀμφότερα ἢ τὸ ἕτερον.

ΙΠ. Ἔοικεν.

ΣΩ. Καὶ τὸ μέν γε ἀδικεῖν κακὰ ποιεῖν ἐστιν, τὸ δὲ μὴ ἀδικεῖν καλά.

ΙΠ. Ναί.

ΣΩ. Οὐκοῦν ἡ δυνατωτέρα καὶ ἀμείνων ψυχή, ὅτανπερ ἀδικῇ, ἑκοῦσα ἀδικήσει, ἡ δὲ πονηρὰ ἄκουσα;

ΙΠ. Φαίνεται.

ΣΩ. Οὐκοῦν ἀγαθὸς ἀνὴρ ὁ τὴν ἀγαθὴν ψυχὴν ἔχων, b
κακὸς δὲ ὁ τὴν κακήν;

ΙΠ. Ναί.

ΣΩ. Ἀγαθοῦ μὲν ἄρα ἀνδρός ἐστιν ἑκόντα ἀδικεῖν, κακοῦ δὲ ἄκοντα, εἴπερ ὁ ἀγαθὸς ἀγαθὴν ψυχὴν ἔχει.

sie nicht entweder eine Kraft oder eine Erkenntnis oder beides? Oder ist nicht notwendig daß die Gerechtigkeit eines von diesen ist?

HIPPIAS: Ja.

SOKRATES: Also wenn die Gerechtigkeit eine Kraft der e
Seele ist: so ist doch die tüchtigere Seele die gerechtere. Denn als besser war uns eben diese erschienen, Bester.

HIPPIAS: So war sie uns erschienen.

SOKRATES: Und wie wenn eine Erkenntnis, ist dann nicht die weisere Seele die gerechtere? und die ungelehrigere die ungerechtere?

HIPPIAS: Ja.

SOKRATES: Und wie wenn beides, ist dann nicht die welche beides hat, Erkenntnis und Kraft, die gerechtere? und die unverständigere auch die ungerechtere? Verhält es sich nicht notwendig so?

HIPPIAS: Es scheint.

SOKRATES: Und die tüchtigere und weisere, hatte sich die nicht auch als die bessere gezeigt und die mehr im Stande ist
beides zu verrichten das Schöne sowohl als das Schlechte in 376a
jedem Geschäft?

HIPPIAS: Ja.

SOKRATES: Wenn sie also schlechtes verrichtet: so verrichtet sie es vorsätzlich durch Kraft und Kunst. Und dieses scheint zur Gerechtigkeit zu gehören entweder beides oder eins von beiden.

HIPPIAS: Das scheint.

SOKRATES: Und Unrecht tun heißt schlechtes verrichten, nicht Unrecht tun aber Schönes?

HIPPIAS: Ja.

SOKRATES: Also die tüchtigere und bessere Seele, wenn sie Unrecht tut, wird sie vorsätzlich Unrecht tun, die schlechtere aber unvorsätzlich?

HIPPIAS: Es scheint.

SOKRATES: Und der gute Mann ist doch der die gute Seele b
hat, der schlechte aber der die schlechte.

HIPPIAS: Ja.

SOKRATES: Der gute Mann also wird vorsätzlich Unrecht

ΙΠ. Ἀλλὰ μὴν ἔχει γε.

ΣΩ. Ὁ ἄρα ἑκὼν ἁμαρτάνων καὶ αἰσχρὰ καὶ ἄδικα ποιῶν, ὦ Ἱππία, εἴπερ τίς ἐστιν οὗτος, οὐκ ἂν ἄλλος εἴη ἢ ὁ ἀγαθός.

ΙΠ. Οὐκ ἔχω ὅπως σοι συγχωρήσω, ὦ Σώκρατες, ταῦτα.

ΣΩ. Οὐδὲ γὰρ ἐγὼ ἐμοί, ὦ Ἱππία, ἀλλ' ἀναγκαῖον οὕτω φαίνεσθαι νῦν γε ἡμῖν ἐκ τοῦ λόγου. Ὅπερ μέντοι πάλαι c ἔλεγον, ἐγὼ περὶ ταῦτα ἄνω καὶ κάτω πλανῶμαι καὶ οὐδέποτε ταὐτά μοι δοκεῖ· καὶ ἐμὲ μὲν οὐδὲν θαυμαστὸν πλανᾶσθαι οὐδὲ ἄλλον ἰδιώτην· εἰ δὲ καὶ ὑμεῖς πλανήσεσθε οἱ σοφοί, τοῦτο ἤδη καὶ ἡμῖν δεινόν, εἰ μηδὲ παρ' ὑμᾶς ἀφικόμενοι παυσόμεθα τῆς πλάνης.

tun, der schlechte aber unvorsätzlich, wenn doch der gute die gute Seele hat.

HIPPIAS: Die hat er freilich.

SOKRATES: Der also vorsätzlich fehlt und das schlechte und unrechte tut, o Hippias, wenn es einen solchen gibt, wäre kein anderer als der gute.

HIPPIAS: Auf keine Weise kann ich dir dieses doch einräumen, o Sokrates.

SOKRATES: Auch ich nicht mir selbst, Hippias. Aber es erscheint uns doch itzt notwendig so aus unserer Rede. Indes wie c
ich schon gesagt habe, ich schwanke hierüber bald so bald so und bleibe mir niemals gleich in meiner Meinung. Und daß ich schwanke, ist wohl nichts wunderbares, und jeder Ungelehrte: wenn aber auch ihr schwanken wollt, ihr Weisen, das ist dann ein großes Unglück auch für uns, wenn wir nicht einmal bei euch zur Ruhe kommen können von unserm Schwanken.

Συμπόσιον

Symposion · Das Gastmahl

GLIEDERUNG

2.6.2. Die Wohltaten des Eros (197c1)
3. Sokrates' philosophischer Beitrag über die Liebe (198a1)
3.1. Die Intervention des Sokrates (198a1)
3.1.1. Die Verschiedenheit des sokratischen Interesses an Wahrheit vom Scheinlob der Vorredner (198a1)
3.1.2. Widerlegendes Vorgespräch mit Agathon: Eros ist weder schön noch gut (199b6)
3.2. Was Sokrates von Diotima gehört hat (201d1)
3.2.1. Das Zwischen-Sein des Eros: weder schön noch häßlich, weder gut noch schlecht, weder Gott noch Mensch: ein Dämon (201d1)
3.2.2. Die Herkunft des Eros und seine Beziehung zur Philosophie (203a9)
3.2.3. Eros ist Liebe zum Guten und möchte es immer besitzen, strebt nach Zeugung im Schönen (204c7)
3.2.4. Der Grund der Liebe: Sterbliches verlangt nach Unsterblichkeit. Die Formen der Bemühung um Unsterblichkeit (207a5)
3.2.5. Der Stufenweg zur Vollendung in der Schau des Schönen (209e6)
4. Der Beitrag des Alkibiades (212c4)
4.1. Seine überraschende Ankunft; Bekränzung Agathons und des Sokrates. Vereinbarungen für das weitere Gelage; Ankündigung einer Lobrede auf Sokrates (212c4)
4.2. Alkibiades' Rede über Sokrates (215a4)
4.2.1. Sokrates' Ähnlichkeit mit dem Satyr Marsyas wegen der Macht seiner Reden (215a4)
4.2.2. Sokrates ein Silen auch wegen seiner Liebe zum Schönen; Alkibiades' Bemühungen um die Schönheit des Sokrates (216c5)
4.2.3. Sokrates' unabhängiges Auftreten im Krieg (219e6)
4.2.4. Die silenenhafte Art der sokratischen Reden (221c2)
4.2.5. Sokrates und die Liebe der jungen Leute (222a7)
4.3. Die Wirkung der Rede (222c1)
5. Ausklang des Gelages. Komödie und Tragödie (223b1)

Συμπόσιον

ΑΠΟΛΛΟΔΩΡΟΣ ΕΤΑΙΡΟΣ

ΑΠΟΛΛΟΔΩΡΟΣ. Δοκῶ μοι περὶ ὧν πυνθάνεσθε οὐκ 172
ἀμελέτητος εἶναι. Καὶ γὰρ ἐτύγχανον πρῴην εἰς ἄστυ οἴκοθεν ἀνιὼν Φαληρόθεν· τῶν οὖν γνωρίμων τις ὄπισθεν κατιδών με πόρρωθεν ἐκάλεσε, καί παίζων ἅμα τῇ κλήσει· « Ὦ Φαληρεύς, ἔφη, οὗτος Ἀπολλόδωρος, οὐ περιμενεῖς; » Κἀγὼ ἐπιστὰς περιέμεινα. Καὶ ὅς· « Ἀπολλόδωρε, ἔφη, καὶ μὴν καὶ ἔναγχός σε ἐζήτουν, βουλόμενος διαπυθέσθαι τὴν Ἀγάθωνος συνουσίαν καὶ Σωκράτους καὶ
Ἀλκιβιάδου καὶ τῶν ἄλλων τῶν τότε ἐν τῷ συνδείπνῳ b
παραγενομένων, περὶ τῶν ἐρωτικῶν λόγων τίνες ἦσαν. Ἄλλος γάρ τίς μοι διηγεῖτο, ἀκηκοὼς Φοίνικος τοῦ Φιλίππου· ἔφη δὲ καὶ σὲ εἰδέναι. Ἀλλὰ γὰρ οὐδὲν εἶχε σαφὲς λέγειν· σὺ οὖν μοι διήγησαι, δικαιότατος γὰρ εἶ τοὺς τοῦ ἑταίρου λόγους ἀπαγγέλλειν. Πρότερον δέ μοι, ἦ δ' ὅς, εἰπέ· σὺ αὐτὸς παρεγένου τῇ συνουσίᾳ ταύτῃ ἢ οὔ; » Κἀγὼ εἶπον ὅτι· « Παντάπασιν ἔοικέ σοι οὐδὲν
διηγεῖσθαι σαφὲς ὁ διηγούμενος, εἰ νεωστὶ ἡγεῖ τὴν συνου- c
σίαν γεγονέναι ταύτην ἣν ἐρωτᾷς, ὥστε καὶ ἐμὲ παραγενέσθαι. — Ἔγωγε δή. — Πόθεν, ἦν δ' ἐγώ, ὦ Γλαύκων; οὐκ οἶσθ' ὅτι πολλῶν ἐτῶν Ἀγάθων ἐνθάδε οὐκ ἐπιδεδήμηκεν, ἀφ' οὗ δ' ἐγὼ Σωκράτει συνδιατρίβω καὶ ἐπιμελὲς πεποίημαι ἑκάστης ἡμέρας εἰδέναι ὅ τι ἂν λέγῃ ἢ πράττῃ, οὐδέπω τρία ἔτη ἐστίν; Πρὸ τοῦ δὲ περιτρέχων ὅπῃ
τύχοιμι καὶ οἰόμενος τὶ ποιεῖν, ἀθλιώτερος ἦ ὁτουοῦν, οὐχ 173
ἧττον ἢ σὺ νυνί, οἰόμενος δεῖν πάντα μᾶλλον πράττειν ἢ φιλοσοφεῖν. » Καὶ ὅς· « Μὴ σκῶπτ', ἔφη, ἀλλ' εἰπέ μοι πότε ἐγένετο ἡ συνουσία αὕτη. » Κἀγὼ εἶπον ὅτι· « Παίδων

Das Gastmahl

APOLLODOROS FREUNDE

1. Einleitung

1.1. Rahmendialog: Der Erzähler und woher er sein Wissen hat

APOLLODOROS: Ich glaube auf das wonach Ihr jetzt fragt 172a
nicht unvorbereitet zu sein. Denn nur neulich erst ging ich eben nach der Stadt von Hause aus Phaleron, als ein Bekannter, der mich von hinten gewahr wurde, mir von weitem scherzend zurief, Du Phalerier Apollodoros, wirst du nicht warten? – Da blieb ich stehn und erwartete ihn. – Und er sagte darauf, Apollodoros, noch vor kurzem suchte ich dich, weil ich etwas näheres zu erfahren wünsche von der Unterhaltung des Agathon
und Sokrates und Alkibiades und der übrigen damals bei dem b
Gastmahl gegenwärtigen wegen der Liebesreden wie es mit denen war. Ein Anderer hat mir zwar schon davon erzählt, der es von Phoinix dem Sohn des Philippos hatte; er sagte aber du wissest es auch, und er konnte nichts ordenliches davon sagen. Also erzähle du es mir. Denn dir gebührt es auch am meisten deines Freundes Reden zu berichten. Zuvor aber sage mir, sprach er, warest du selbst bei jener Gesellschaft zugegen oder nicht? – Darauf sagte ich Auf alle Weise muß derjenige dir gar
nichts ordentliches erzählt haben, der es dir erzählt hat, wenn c
du glaubst diese Gesellschaft habe neuerlich Statt gehabt nach der du fragst, so daß auch ich dabei gewesen sei. – Das glaube ich doch. – Woher doch, sprach ich, o Glaukon? Weißt du nicht, daß Agathon schon seit vielen Jahren sich hier nicht aufgehalten hat? Daß ich aber mit dem Sokrates lebe und es mir angelegen sein lasse jeden Tag zu wissen was er redet oder tut, das ist noch nicht drei Jahre her. Bis dahin trieb ich mich umher wo
es sich traf und glaubte etwas zu schaffen, war aber schlechter 173a
daran als irgend jemand, kaum besser als du jetzt, der du glaubst eher alles tun zu müssen als zu philosophieren. – Spotte nur nicht, erwiderte jener, sondern sage mir wenn doch jene Gesellschaft gewesen ist. – Als wir noch Kinder waren, sagte

ὄντων ἡμῶν ἔτι, ὅτε τῇ πρώτῃ τραγῳδίᾳ ἐνίκησεν Ἀγάθων,
τῇ ὑστεραίᾳ ᾗ ᾗ τὰ ἐπινίκια ἔθυεν αὐτός τε καὶ οἱ
χορευταί. — Πάνυ, ἔφη, ἄρα πάλαι, ὡς ἔοικεν. Ἀλλὰ τίς
σοι διηγεῖτο; ἢ αὐτὸς Σωκράτης; — Οὐ μὰ τὸν Δία, ἦν
δ' ἐγώ, ἀλλ' ὅσπερ Φοίνικι· Ἀριστόδημος ἦν τις, Κυδαθη- b
ναιεύς, σμικρός, ἀνυπόδητος ἀεί. Παρεγεγόνει δ' ἐν τῇ
συνουσίᾳ, Σωκράτους ἐραστὴς ὢν ἐν τοῖς μάλιστα τῶν
τότε, ὡς ἐμοὶ δοκεῖ. Οὐ μέντοι ἀλλὰ καὶ Σωκράτη γε ἔνια
ἤδη ἀνηρόμην ὧν ἐκείνου ἤκουσα, καί μοι ὡμολόγει καθάπερ
ἐκεῖνος διηγεῖτο. — Τί οὖν, ἔφη, οὐ διηγήσω μοι; Πάντως
δὲ ἡ ὁδὸς ἡ εἰς ἄστυ ἐπιτηδεία πορευομένοις καὶ λέγειν
καὶ ἀκούειν. »

Οὕτω δὴ ἰόντες ἅμα τοὺς λόγους περὶ αὐτῶν ἐποιού-
μεθα, ὥστε, ὅπερ ἀρχόμενος εἶπον, οὐκ ἀμελετήτως ἔχω· c
εἰ οὖν δεῖ καὶ ὑμῖν διηγήσασθαι, ταῦτα χρὴ ποιεῖν. Καὶ
γὰρ ἔγωγε καὶ ἄλλως, ὅταν μέν τινας περὶ φιλοσοφίας
λόγους ἢ αὐτὸς ποιῶμαι ἢ ἄλλων ἀκούω, χωρὶς τοῦ οἴεσθαι
ὠφελεῖσθαι, ὑπερφυῶς ὡς χαίρω· ὅταν δὲ ἄλλους τινάς,
ἄλλως τε καὶ τοὺς ὑμετέρους τοὺς τῶν πλουσίων καὶ
χρηματιστικῶν, αὐτός τε ἄχθομαι ὑμᾶς τε τοὺς ἑταίρους
ἐλεῶ, ὅτι οἴεσθε τὶ ποιεῖν οὐδὲν ποιοῦντες. Καὶ ἴσως αὖ
ὑμεῖς ἐμὲ ἡγεῖσθε κακοδαίμονα εἶναι, καὶ οἴομαι ὑμᾶς d
ἀληθῆ οἴεσθαι· ἐγὼ μέντοι ὑμᾶς οὐκ οἴομαι, ἀλλ' εὖ οἶδα.

ΕΤΑΙ. Ἀεὶ ὅμοιος εἶ, ὦ Ἀπολλόδωρε· ἀεὶ γὰρ σαυτόν
τε κακηγορεῖς καὶ τοὺς ἄλλους, καὶ δοκεῖς μοι ἀτεχνῶς
πάντας ἀθλίους ἡγεῖσθαι πλὴν Σωκράτους, ἀπὸ σαυτοῦ
ἀρξάμενος. Καὶ ὁπόθεν ποτὲ ταύτην τὴν ἐπωνυμίαν ἔλαβες
τὸ μανικὸς καλεῖσθαι, οὐκ οἶδα ἔγωγε· ἐν μὲν γὰρ τοῖς
λόγοις ἀεὶ τοιοῦτος εἶ, σαυτῷ τε καὶ τοῖς ἄλλοις ἀγριαίνεις
πλὴν Σωκράτους.

ΑΠΟΛ. Ὦ φίλτατε, καὶ δῆλόν γε δὴ ὅτι οὕτω δια- e
νοούμενος, καὶ περὶ ἐμαυτοῦ καὶ περὶ ὑμῶν, μαίνομαι καὶ
παραπαίω;

ich darauf, da Agathon mit der ersten Tragödie den Sieg davon trug, und zwar Tages darauf, nachdem er schon das eigentliche Siegesfest mit seiner Chorgesellschaft begangen hatte. – Also, sprach er, schon ganz lange her wie es scheint. Aber wer hat dir davon erzählt? etwa Sokrates selbst? – Nein, beim Zeus, sagte ich, sondern derselbe von dem es auch Phoinix hat; es war b nämlich ein gewisser Aristodemos, ein Kydathenaier, ein kleiner Mensch, immer unbeschuht, der war bei der Gesellschaft zugegen gewesen und einer der eifrigsten Verehrer des Sokrates damaliger Zeit wie mich dünkt. Indes auch den Sokrates habe ich schon nach einigem gefragt, was ich von jenem gehört hatte, und der hat es mir gerade so bestätiget, wie jener es erzählte. – Wie nun, sprach er, willst du es mir nicht erzählen? zumal auch der Weg nach der Stadt so gut geeignet ist im Gehen zu reden und zu hören. – So gingen wir also und sprachen darüber; daher ich denn, wie schon anfänglich gesagt, c nicht unvorbereitet bin. Soll ich es also euch auch erzählen, so muß ich das wohl tun. Zumal ich auch sonst, wenn ich irgend philosophische Reden selbst führe oder von Andern höre, außer daß ich denke dadurch gefördert zu werden, mich ausnehmend daran erfreue; wenn aber andere, besonders auch die eurigen, die der Reichen und der Geldmänner, das macht mir selbst Verdruß, und auch Euch Freunde bedaure ich, weil ihr glaubt etwas zu schaffen, da ihr doch nichts schafft. Vielleicht nun haltet auch Ihr wieder eurerseits dafür, daß ich übel daran d bin, und ich glaube Ihr mögt ganz richtig glauben; ich aber glaube es nicht von Euch, sondern weiß es.

EIN FREUND: Du bist immer derselbe, Apollodoros! Immer nämlich schmähst du dich selbst und die Andern, und scheinst mir ordentlich Alle dich selbst mit eingeschlossen, für ganz elend zu halten außer dem Sokrates. Woher du nun eigentlich den Beinamen bekommen hast, daß man dich den tollen nennt, weiß ich nicht; in deinen Reden aber bist du freilich immer so, ergrimmt auf dich selbst und alle Andern außer dem Sokrates.

APOLLODOROS: O Liebster, so ist es ja klar, wenn ich so e denke von mir und euch, daß ich toll bin und von Sinnen.

ΕΤΑΙ. Οὐκ ἄξιον περὶ τούτων, Ἀπολλόδωρε, νῦν
ἐρίζειν. Ἀλλ' ὅπερ ἐδεόμεθά σου, μὴ ἄλλως ποιήσῃς, ἀλλὰ
διήγησαι τίνες ἦσαν οἱ λόγοι.

ΑΠΟΛ. Ἦσαν τοίνυν ἐκεῖνοι τοιοίδε τινές... Μᾶλλον δ'
ἐξ ἀρχῆς ὑμῖν ὡς ἐκεῖνος διηγεῖτο καὶ ἐγὼ πειράσομαι 174
διηγήσασθαι.

Ἔφη γάρ οἱ Σωκράτη ἐντυχεῖν λελουμένον τε καὶ τὰς
βλαύτας ὑποδεδεμένον, ἃ ἐκεῖνος ὀλιγάκις ἐποίει· καὶ
ἐρέσθαι αὐτὸν ὅποι ἴοι οὕτω καλὸς γεγενημένος. Καὶ τὸν
εἰπεῖν ὅτι· « Ἐπὶ δεῖπνον εἰς Ἀγάθωνος. Χθὲς γὰρ αὐτὸν
διέφυγον τοῖς ἐπινικίοις, φοβηθεὶς τὸν ὄχλον. Ὡμολόγησα
δ' εἰς τήμερον παρέσεσθαι· ταῦτα δὴ ἐκαλλωπισάμην, ἵνα
καλὸς παρὰ καλὸν ἴω. Ἀλλὰ σύ, ἦ δ' ὅς, πῶς ἔχεις πρὸς
τὸ ἐθέλειν ἂν ἰέναι ἄκλητος ἐπὶ δεῖπνον ; » Κἀγώ, ἔφη, b
εἶπον ὅτι· « Οὕτως ὅπως ἂν σὺ κελεύῃς. — Ἕπου τοίνυν,
ἔφη, ἵνα καὶ τὴν παροιμίαν διαφθείρωμεν μεταβαλόντες,
ὡς ἄρα καὶ ἀγαθῶν ἐπὶ δαῖτας ἴασιν αὐτόματοι
ἀγαθοί. Ὅμηρος μὲν γὰρ κινδυνεύει οὐ μόνον διαφθεῖραι,
ἀλλὰ καὶ ὑβρίσαι εἰς ταύτην τὴν παροιμίαν· ποιήσας γὰρ
τὸν Ἀγαμέμνονα διαφερόντως ἀγαθὸν ἄνδρα τὰ πολεμικά,
τὸν δὲ Μενέλεων μαλθακὸν αἰχμητήν, θυσίαν ποιου- c
μένου καὶ ἑστιῶντος τοῦ Ἀγαμέμνονος ἄκλητον ἐποίησεν
ἐλθόντα τὸν Μενέλεων ἐπὶ τὴν θοίνην, χείρω ὄντα ἐπὶ τὴν
τοῦ ἀμείνονος. » Ταῦτ' ἀκούσας εἰπεῖν ἔφη· « Ἴσως μέντοι
κινδυνεύσω καὶ ἐγώ, οὐχ ὡς σὺ λέγεις, ὦ Σώκρατες, ἀλλά,
καθ' Ὅμηρον, φαῦλος ὢν ἐπὶ σοφοῦ ἀνδρὸς ἰέναι θοίνην
ἄκλητος. Ὅρα οὖν, ἄγων με, τί ἀπολογήσει, ὡς ἐγὼ μὲν
οὐχ ὁμολογήσω ἄκλητος ἥκειν, ἀλλ' ὑπὸ σοῦ κεκλημένος d
— Σύν τε δύ', ἔφη, ἐρχομένω πρὸ ὁ τοῦ, βουλευσό-
μεθα ὅ τι ἐροῦμεν. Ἀλλ' ἴωμεν. »

EIN FREUND: Es lohnt nicht, Apollodoros, jetzt hierüber zu streiten. Warum wir dich aber gebeten haben, darin sei uns ja nicht entgegen, sondern erzähle uns, was für Reden dort sind gewechselt worden.

APOLLODOROS: Das waren also ungefähr folgende. Oder
vielmehr laßt mich versuchen euch die Sache von Anfang an 174a
wie jener sie mir erzählte wiederzuerzählen.

1.2. Apollodoros erzählt die Begebenheiten vor den Reden

1.2.1. Sokrates auf dem Weg zum Gastmahl bei Agathon

Er sagte nämlich Sokrates sei ihm begegnet gebadet und die
Sohlen untergebunden was er selten tat. Daher habe er ihn
gefragt, wohin er doch ginge, daß er sich so schön gemacht
hätte. – Und jener habe geantwortet Zum Gastmahl beim Aga-
thon. Denn gestern als am Siegesfest bin ich ihm ausgewichen
aus Furcht vor dem Gewühl; ich sagte ihm aber zu auf heute zu
kommen. Und nun habe ich mich so herausgeschmückt um
doch schön zu einem Schönen zu kommen. Aber du, setzte er
hinzu, Aristodemos, was hältst du davon ungeladen mitzu- b
gehn zum Gastmahl? – Darauf, sprach er, antwortete ich, Das
was du wünschest. – So begleite mich denn, sagte er, damit wir
auch dem Sprichwort etwas antun durch eine andere Wen-
dung, daß auch Gute freiwillig zum Mahl erscheinen beim Gu-
ten. Denn Homeros scheint diesem Sprichwort nicht nur etwas
ähnliches angetan sondern es gar gemißhandelt zu haben.
Denn obwohl in seinem Gedicht Agamemnon ein ausgezeich-
net tüchtiger Mann ist im Kriege, Menelaos aber weichlich war
in der Schlacht, so dichtet er doch, daß als Agamemnon ein c
Opfer veranstaltet und ein festliches Mahl, Menelaos ungeru-
fen gekommen sei, der Schlechtere zu dem Mahle des Besseren.
– Als er dies gehört, sagte er, habe er geantwortet Vielleicht
aber wird es auch mit mir die Bewandtnis haben, daß ich nicht
so wie du sagst Sokrates, sondern nach dem Homeros ein
schlechter bei eines kunstreichen Mannes Fest ungeladen er-
scheine. Wirst du mich also auch etwas entschuldigen wenn du
mich einführst? Denn ich werde nicht eingestehen, daß ich un-
geladen erscheine, sondern geladen durch dich. – Nun Zwei, d
habe jener gesagt, wandelnd zugleich wollen wir Einer den

Τοιαῦτ᾽ ἄττα σφᾶς ἔφη διαλεχθέντας ἰέναι. Τὸν οὖν
Σωκράτη, ἑαυτῷ πως προσέχοντα τὸν νοῦν κατὰ τὴν ὁδὸν
πορεύεσθαι ὑπολειπόμενον, καὶ περιμένοντος οὗ κελεύειν
προϊέναι εἰς τὸ πρόσθεν. Ἐπειδὴ δὲ γενέσθαι ἐπὶ τῇ οἰκίᾳ
τῇ Ἀγάθωνος, ἀνεῳγμένην καταλαμβάνειν τὴν θύραν, καί e
τι ἔφη αὐτόθι γελοῖον παθεῖν. Οἷ μὲν γὰρ εὐθὺς παῖδά
τινα ἔνδοθεν ἀπαντήσαντα, ἄγειν οὗ κατέκειντο οἱ ἄλλοι,
καὶ καταλαμβάνειν ἤδη μέλλοντας δειπνεῖν· εὐθὺς δ᾽ οὖν
ὡς ἰδεῖν τὸν Ἀγάθωνα· « Ὦ, φάναι, Ἀριστόδημε, εἰς
καλὸν ἥκεις ὅπως συνδειπνήσῃς· εἰ δ᾽ ἄλλου τινὸς ἕνεκα
ἦλθες, εἰς αὖθις ἀναβαλοῦ, ὡς καί, χθὲς ζητῶν σε ἵνα
καλέσαιμι, οὐχ οἷός τ᾽ ἦ ἰδεῖν. Ἀλλὰ Σωκράτη ἡμῖν πῶς
οὐκ ἄγεις ; » Καὶ ἐγώ, ἔφη, μεταστρεφόμενος οὐδαμοῦ ὁρῶ
Σωκράτη ἑπόμενον· εἶπον οὖν ὅτι καὶ αὐτὸς μετὰ Σωκρά-
τους ἥκοιμι, κληθεὶς ὑπ᾽ ἐκείνου δεῦρ᾽ ἐπὶ δεῖπνον.
« Καλῶς γ᾽, ἔφη, ποιῶν σύ· ἀλλὰ ποῦ ἔστιν οὗτος ; —
Ὄπισθεν ἐμοῦ ἄρτι εἰσῄει· ἀλλὰ θαυμάζω καὶ αὐτὸς ποῦ 175
ἂν εἴη. — Οὐ σκέψει, ἔφη, παῖ, φάναι τὸν Ἀγάθωνα, καὶ
εἰσάξεις Σωκράτη ; Σὺ δ᾽, ἦ δ᾽ ὅς, Ἀριστόδημε, παρ᾽
Ἐρυξίμαχον κατακλίνου. » Καὶ ἓ μὲν ἔφη ἀπονίζειν τὸν
παῖδα, ἵνα κατακέοιτο· ἄλλον δέ τινα τῶν παίδων ἥκειν
ἀγγέλλοντα ὅτι· « Σωκράτης οὗτος ἀναχωρήσας ἐν τῷ τῶν
γειτόνων προθύρῳ ἕστηκεν, κἀμοῦ καλοῦντος οὐκ ἐθέλει
εἰσιέναι. — Ἄτοπόν γ᾽, ἔφη, λέγεις· οὔκουν καλεῖς αὐτὸν
καὶ μὴ ἀφήσεις ; » Καὶ ὃς ἔφη εἰπεῖν· « Μηδαμῶς, ἀλλ᾽ b
ἐᾶτε αὐτόν· ἔθος γάρ τι τοῦτ᾽ ἔχει· ἐνίοτε ἀποστὰς ὅποι
ἂν τύχῃ ἕστηκεν. Ἥξει δ᾽ αὐτίκα, ὡς ἐγὼ οἶμαι. Μὴ οὖν
κινεῖτε, ἀλλ᾽ ἐᾶτε. — Ἀλλ᾽ οὕτω χρὴ ποιεῖν, εἰ σοὶ δοκεῖ,
ἔφη φάναι τὸν Ἀγάθωνα. Ἀλλ᾽ ἡμᾶς, ὦ παῖδες, τοὺς
ἄλλους ἑστιᾶτε. Πάντως παρατίθετε ὅ τι ἂν βούλησθε
ἐπειδάν τις ὑμῖν μὴ ἐφεστήκῃ, ὃ ἐγὼ οὐδεπώποτε ἐποίησα·
νῦν οὖν, νομίζοντες καὶ ἐμὲ ὑφ᾽ ὑμῶν κεκλῆσθαι ἐπὶ
δεῖπνον καὶ τούσδε τοὺς ἄλλους, θεραπεύετε, ἵν᾽ ὑμᾶς c
ἐπαινῶμεν. »

Andern beraten, was wir sagen wollen. Laß uns nur gehen. – So ohngefähr, sagte er, hätten sie zusammen gesprochen und wären dann gegangen. Sokrates aber sei über irgend etwas bei sich nachsinnend unterweges zurückgeblieben und als er auf ihn gewartet, habe er ihn geheißen immer vorangehn. Als er nun an des Agathon Haus gekommen habe er die Türe offen e
gefunden, und es sei ihm dort, sagte er, etwas ganz lächerliches begegnet. Nämlich es sei ihm drinnen gleich ein Knabe entgegengekommen und habe ihn hingeführt wo die Andern sich niedergelassen, die er auch schon im Begriff gefunden zu speisen. Sobald ihn nun Agathon gesehen, habe er gesagt, Schön daß du kommst, Aristodemos, um mit uns zu essen. Bist du aber etwa andertwegen gekommen: so laß das auf einandermal; denn auch gestern suchte ich dich um dich einzuladen, konnte dich aber nicht finden. Aber wie so bringst du uns den Sokrates nicht mit? – Darauf, sprach er, drehe ich mich um, und sehe den Sokrates nirgends nachkommen. Ich sagte also, ich wäre mit dem Sokrates und von ihm geladen hieher zum Mahle gegangen. – Sehr wohl, habe er gesagt, hast du daran getan; aber wo ist denn jener? – Hinter mir ging er eben herein, und ich 175a
wundere mich selbst wo er wohl sein mag. – Willst du nicht nachsehn, Knabe, habe darauf Agathon gesagt, und den Sokrates hereinbringen? Du aber, Aristodemos, habe er gesagt, laß dich neben den Eryximachos nieder. Und da habe ihn ein Knabe, sagte er, abgewaschen, damit er sich legen konnte. Darauf sei ein anderer Diener gekommen meldend, der Sokrates ist abseits gegangen und steht in dem Vorhofe des Nachbarn, und als ich ihn rief, wollte er nicht hereinkommen. – Wunderlicher Bericht, habe Agathon gesagt, so rufe ihn doch und laß nicht ab. – Darauf habe er selbst aber gesagt, Nicht doch sondern b
laßt ihn nur. Den er hat das so in der Gewohnheit, bisweilen hält er an wo es sich eben trifft und bleibt stehn. Er wird aber gleich kommen, denke ich; stört ihn nur nicht, sondern laßt ihn. – So wollen wir es so halten, wenn du meinst, habe Agathon gesagt. Uns Andere aber, ihr Leute, bedient nun; in alle Wege tragt auf was ihr wollt, wenn euch doch niemand Befehl erteilt, was ich noch niemals getan habe. Denkt also auch ich wäre von euch zum Gastmahle geladen so wie die Andern, und c

Μετὰ ταῦτα ἔφη σφᾶς μὲν δειπνεῖν, τὸν δὲ Σωκράτη οὐκ εἰσιέναι· τὸν οὖν Ἀγάθωνα πολλάκις κελεύειν μεταπέμψασθαι τὸν Σωκράτη, ἓ δὲ οὐκ ἐᾶν. Ἥκειν οὖν αὐτόν, οὐ πολὺν χρόνον ὡς εἰώθει διατρίψαντα, ἀλλὰ μάλιστα σφᾶς μεσοῦν δειπνοῦντας. Τὸν οὖν Ἀγάθωνα (τυγχάνειν γὰρ ἔσχατον κατακείμενον μόνον)· « Δεῦρ', ἔφη φάναι, Σώκρατες, παρ' ἐμὲ κατάκεισο, ἵνα καὶ τοῦ σοφοῦ, d
ἁπτόμενός σου, ἀπολαύσω ὅ σοι προσέστη ἐν τοῖς προθύροις· δῆλον γὰρ ὅτι εὗρες αὐτὸ καὶ ἔχεις· οὐ γὰρ ἂν προαπέστης. » Καὶ τὸν Σωκράτη καθίζεσθαι καὶ εἰπεῖν ὅτι· « Εὖ ἂν ἔχοι, φάναι, ὦ Ἀγάθων, εἰ τοιοῦτον εἴη ἡ σοφία ὥστ' ἐκ τοῦ πληρεστέρου εἰς τὸ κενώτερον ῥεῖν, ἡμῶν ἐὰν ἁπτώμεθα ἀλλήλων, ὥσπερ τὸ ἐν ταῖς κύλιξιν ὕδωρ τὸ διὰ τοῦ ἐρίου ῥέον ἐκ τῆς πληρεστέρας εἰς τὴν κενωτέραν. Εἰ γὰρ οὕτως ἔχει καὶ ἡ σοφία, πολλοῦ τιμῶμαι e
τὴν παρὰ σοὶ κατάκλισιν· οἶμαι γάρ με παρὰ σοῦ πολλῆς καὶ καλῆς σοφίας πληρωθήσεσθαι· ἡ μὲν γὰρ ἐμὴ φαύλη τις ἂν εἴη, ἢ καὶ ἀμφισβητήσιμος ὥσπερ ὄναρ οὖσα, ἡ δὲ σὴ λαμπρά τε καὶ πολλὴν ἐπίδοσιν ἔχουσα, ἥ γε παρὰ σοῦ νέου ὄντος οὕτω σφόδρα ἐξέλαμψε καὶ ἐκφανὴς ἐγένετο πρῴην ἐν μάρτυσι τῶν Ἑλλήνων πλέον ἢ τρισμυρίοις. — Ὑβριστὴς εἶ, ἔφη, ὦ Σώκρατες, ὁ Ἀγάθων. Καὶ ταῦτα μὲν καὶ ὀλίγον ὕστερον διαδικασόμεθα, ἐγώ τε καὶ σύ, περὶ τῆς σοφίας, δικαστῇ χρώμενοι τῷ Διονύσῳ· νῦν δὲ πρὸς τὸ δεῖπνον πρῶτα τρέπου.

Μετὰ ταῦτα, ἔφη, κατακλινέντος τοῦ Σωκράτους καὶ 176
δειπνήσαντος καὶ τῶν ἄλλων, σπονδάς τε σφᾶς ποιήσασθαι καὶ ᾄσαντας τὸν θεόν, καὶ τἆλλα τὰ νομιζόμενα, τρέπεσθαι πρὸς τὸν πότον. Τὸν οὖν Παυσανίαν ἔφη λόγου τοιούτου τινὸς κατάρχειν· « Εἶεν, ἄνδρες, φάναι, τίνα τρόπον ῥᾷστα πιόμεθα ; Ἐγὼ μὲν οὖν λέγω ὑμῖν ὅτι τῷ ὄντι πάνυ χαλεπῶς ἔχω ὑπὸ τοῦ χθὲς πότου καὶ δέομαι ἀναψυχῆς τινος·

bedient uns so, daß wir euch loben können. – Darauf, sagte er, hätten sie angefangen zu speisen, Sokrates aber wäre noch nicht gekommen. Agathon nun habe oftmals Befehl gegeben den Sokrates zu holen, er aber habe es nicht zugegeben. Endlich sei er doch gekommen, nachdem er sich nicht gar lange Zeit wie er pflegte, verweilt sondern als sie etwa bei der halben Mahlzeit gewesen. Agathon also der zuunterst allein gelegen habe gesagt Hieher Sokrates, lege dich zu mir, damit ich durch d
deine Nähe auch mein Teil bekomme von der Weisheit, die sich dir dort gestellt hat im Vorhofe. Denn offenbar hast du es gefunden und hast es nun, du hättest ja sonst nicht abgelassen. – Da habe sich Sokrates gesetzt und gesagt, Das wäre vortrefflich, Agathon, wenn es mit der Weisheit so wäre: daß sie wenn wir einander nahten aus dem volleren in den leereren überflösse, wie das Wasser in den Bechern durch ein Wollenstreif aus dem vollen in den leeren fließt. Denn ist es mit der Weisheit auch so, so ist es mir viel wert neben dir zu liegen; e
denn ich denke mich bei dir mit mancherlei schöner Weisheit anzufüllen. Denn die meinige ist wohl nur etwas gar schlechtes und unsicheres da sie wie ein Traum ist; die deinige aber glänzend und hat großes Gedeihen, da sie von dir so jung du auch noch bist so gewaltig ausgestrahlt und offenbar geworden ist noch neuerlich vor mehr als dreißigtausend Zeugen. – Du bist ein Spötter, Sokrates, habe Agathon gesagt. Aber das von der Weisheit wollen wir hernach bald mit einander ausmachen, ich und du, und den Dionysos zum Schiedsrichter nehmen. Jetzt aber begib dich nur zunächst ans Speisen. –

1.2.2. Verabredungen über den Verlauf des Gelages; man will Reden auf Eros halten

Nachdem nun, sagte er, Sokrates sich hierauf niedergelassen 176a
und abgespeist hatte und die Andern auch, hätten sie das Trankopfer gebracht und nach gehaltenem Lobgesang auf den Gott und was sonst Sitte ist, sich ans Trinken begeben. Hierauf sagte er, habe Pausanias eine solche Rede begonnen. Wohlan, Freunde, habe er gesagt, wie werden wir nun am behaglichsten trinken? Ich meines Teils erkläre euch, daß ich mich in Wahrheit ziemlich unwohl befinde vom gestrigen Trinken und einiger

οἶμαι δὲ καὶ ὑμῶν τοὺς πολλούς· παρῆστε γὰρ χθές. Σκο-
πεῖσθε οὖν τίνι τρόπῳ ἂν ὡς ῥᾷστα πίνοιμεν. » Τὸν οὖν b
᾿Αριστοφάνη εἰπεῖν· « Τοῦτο μέντοι εὖ λέγεις, ὦ Παυσα-
νία, τὸ παντὶ τρόπῳ παρασκευάσασθαι ῥᾳστώνην τινὰ τῆς
πόσεως· καὶ γὰρ αὐτός εἰμι τῶν χθὲς βεβαπτισμένων. »
᾿Ακούσαντα οὖν αὐτῶν ἔφη ᾿Ερυξίμαχον τὸν ᾿Ακουμενοῦ·
« Ἦ καλῶς, φάναι, λέγετε. Καὶ ἔτι ἑνὸς δέομαι ὑμῶν
ἀκοῦσαι· πῶς ἔχεις πρὸς τὸ ἐρρῶσθαι πίνειν, ᾿Αγάθων;
— Οὐδαμῶς, φάναι, οὐδ᾿ αὐτὸς ἔρρωμαι. — Ἕρμαιον c
ἂν εἴη ἡμῖν, ἦ δ᾿ ὅς, ὡς ἔοικεν, ἐμοί τε καὶ ᾿Αριστοδήμῳ
καὶ Φαίδρῳ καὶ τοῖσδε, εἰ ὑμεῖς οἱ δυνατώτατοι πίνειν
νῦν ἀπειρήκατε· ἡμεῖς μὲν γὰρ ἀεὶ ἀδύνατοι. Σωκράτη
δ᾿ ἐξαιρῶ λόγου· ἱκανὸς γὰρ καὶ ἀμφότερα, ὥστ᾿ ἐξαρκέσει
αὐτῷ ὁπότερ᾿ ἂν ποιῶμεν. ᾿Επειδὴ οὖν μοι δοκεῖ οὐδεὶς
τῶν παρόντων προθύμως ἔχειν πρὸς τὸ πολὺν πίνειν
οἶνον, ἴσως ἂν ἐγώ, περὶ τοῦ μεθύσκεσθαι οἷόν ἐστι τἀληθῆ
λέγων, ἧττον ἂν εἴην ἀηδής· ἐμοὶ γὰρ δὴ τοῦτό γε οἶμαι
κατάδηλον γεγονέναι ἐκ τῆς ἰατρικῆς, ὅτι χαλεπὸν τοῖς d
ἀνθρώποις ἡ μέθη ἐστίν· καὶ οὔτε αὐτὸς ἑκὼν εἶναι πόρρω
ἐθελήσαιμι ἂν πιεῖν, οὔτε ἄλλῳ συμβουλεύσαιμι, ἄλλως τε
καὶ κραιπαλῶντα ἔτι ἐκ τῆς προτεραίας. — ᾿Αλλὰ μήν,
ἔφη φάναι ὑπολαβόντα Φαῖδρον τὸν Μυρρινούσιον, ἔγωγέ
σοι εἴωθα πείθεσθαι ἄλλως τε καὶ ἅττ᾿ ἂν περὶ ἰατρικῆς
λέγῃς· νῦν δ᾿, ἂν εὖ βουλεύωνται, καὶ οἱ λοιποί. » Ταῦτα
δὴ ἀκούσαντας, συγχωρεῖν πάντας μὴ διὰ μέθης ποιή- e
σασθαι τὴν ἐν τῷ παρόντι συνουσίαν, ἀλλ᾿ οὕτω πίνοντας
πρὸς ἡδονήν.

« ᾿Επειδὴ τοίνυν, φάναι τὸν ᾿Ερυξίμαχον, τοῦτο μὲν
δέδοκται πίνειν ὅσον ἂν ἕκαστος βούληται, ἐπάναγκες δὲ
μηδὲν εἶναι, τὸ μετὰ τοῦτο εἰσηγοῦμαι τὴν μὲν ἄρτι
εἰσελθοῦσαν αὐλητρίδα χαίρειν ἐᾶν, αὐλοῦσαν ἑαυτῇ ἤ, ἂν
βούληται, ταῖς γυναιξὶ ταῖς ἔνδον, ἡμᾶς δὲ διὰ λόγων

Erholung bedarf; und ich glaube auch die mehresten von euch,
denn ihr waret gestern ebenfalls zugegen. Überlegt also wie
wir so bequem als möglich trinken können. – Darauf habe b
Aristophanes gesagt, Daran hast du wohl gesprochen, Pausa-
nias, daß wir auf alle Weise suchen müssen es uns bequem zu
machen mit dem Trinken, denn auch ich gehöre zu denen die
gestern etwas stark sind benetzt worden. – Als nun dies Ery-
ximachos der Sohn des Akumenos gehört, habe er gesagt, Ge-
wiß sehr wohl gesprochen. Nur von Einem unter euch möchte
ich noch hören wie er bei Kräften ist zum Trinken? Agathon. –
Gar nicht sonderlich, habe jener gesagt, bin auch ich bei Kräf- c
ten. – Das wäre ja ein herrlicher Fund, habe Eryximachos er-
widert, für uns, ich meine mich und den Aristodemos und
Phaidros, wenn ihr die stärksten Trinker es jetzt aufgebt; denn
wir sind immer Schwächlinge darin. Den Sokrates nehme ich
aus; denn der ist auf beides eingerichtet, so daß es ihm gleich
gelten wird, wie wir es machen. Da es mir also scheint, daß
keiner von den Anwesenden große Lust hat viel Wein zu trin-
ken: so wird es vielleicht weniger übel aufgenommen werden,
wenn ich aufrichtig sage, was es eigentlich auf sich hat mit dem
Berauschtsein. Mir nämlich ist das, glaube ich, ganz klar ge-
worden durch die Heilkunde, daß der Rausch den Leuten gar d
nachteilig ist, und ich möchte weder selbst gern zu weit gehn
im Trinken, noch einen Andern dazu bereden, zumal wer noch
schwer ist vom vorigen Tage. – Wohl dann, habe Phaidros der
Myrrhinusier das Wort genommen, ich pflege dir schon immer
zu gehorchen, zumal wenn du etwas in die Heilkunde ein-
schlagendes sagst; nun aber wollen es ja auch die Übrigen. –
Hierauf also wären alle übereingekommen es bei ihrem dies- e
maligen Zusammensein nicht auf den Rausch anzulegen, son-
dern nur so zu trinken zum Vergnügen. – Nachdem nun dieses
schon beschlossen ist, habe Eryximachos fortgefahren, daß je-
der nur trinken soll soviel er will und gar kein Zwang statt
finden: so bringe ich nächstdem in Vorschlag, daß wir die eben
hereingetretene Flötenspielerin gehen lassen, mag sie nun sich
selbst spielen oder wenn sie will den Frauen drinnen, und daß
wir für heute uns unter einander mit Reden unterhalten. Auch
darüber mit was für Reden will ich euch, wenn ihr es verlangt,

ἀλλήλοις συνεῖναι τὸ τήμερον· καὶ δι᾽ οἵων λόγων, εἰ βού-
λεσθε, ἐθέλω ὑμῖν εἰσηγήσασθαι. » Φάναι δὴ πάντας καὶ 177
βούλεσθαι καὶ κελεύειν αὐτὸν εἰσηγεῖσθαι. Εἰπεῖν οὖν τὸν
Ἐρυξίμαχον ὅτι· « Ἡ μέν μοι ἀρχὴ τοῦ λόγου ἐστὶ κατὰ
τὴν Εὐριπίδου Μελανίππην· οὐ γὰρ ἐμὸς ὁ μῦθος, ἀλλὰ
Φαίδρου τοῦδε, ὃν μέλλω λέγειν. Φαῖδρος γὰρ ἑκάστοτε
πρός με ἀγανακτῶν λέγει· « Οὐ δεινόν, φησίν, ὦ Ἐρυξί-
« μαχε, ἄλλοις μέν τισι θεῶν ὕμνους καὶ παίωνας εἶναι
« ὑπὸ τῶν ποιητῶν πεποιημένους, τῷ δὲ Ἔρωτι, τηλι-
« κούτῳ ὄντι καὶ τοσούτῳ θεῷ, μηδὲ ἕνα πώποτε τοσούτων
« γεγονότων ποιητῶν πεποιηκέναι μηδὲν ἐγκώμιον ; Εἰ δὲ b
« βούλει αὖ σκέψασθαι τοὺς χρηστοὺς σοφιστάς, Ἡρα-
« κλέους μὲν καὶ ἄλλων ἐπαίνους καταλογάδην συγγράφειν,
« ὥσπερ ὁ βέλτιστος Πρόδικος. Καὶ τοῦτο μὲν ἧττον καὶ
« θαυμαστόν, ἀλλ᾽ ἔγωγε ἤδη τινὶ ἐνέτυχον βιβλίῳ ἀνδρὸς
« σοφοῦ, ἐν ᾧ ἐνῆσαν ἅλες ἔπαινον θαυμάσιον ἔχοντες
« πρὸς ὠφελίαν· καὶ ἄλλα τοιαῦτα συχνὰ ἴδοις ἂν ἐγκεκω- c
« μιασμένα. Τὸ οὖν τοιούτων μὲν πέρι πολλὴν σπουδὴν
« ποιήσασθαι, Ἔρωτα δὲ μηδένα πω ἀνθρώπων τετολμη-
« κέναι εἰς ταυτηνὶ τὴν ἡμέραν ἀξίως ὑμνῆσαι· ἀλλ᾽
« οὕτως ἠμέληται τοσοῦτος θεός. » Ταῦτα δή μοι δοκεῖ εὖ
λέγειν Φαῖδρος. Ἐγὼ οὖν ἐπιθυμῶ ἅμα μὲν τούτῳ ἔρανον
εἰσενεγκεῖν καὶ χαρίσασθαι, ἅμα δ᾽ ἐν τῷ παρόντι πρέπον
μοι δοκεῖ εἶναι ἡμῖν τοῖς παροῦσι κοσμῆσαι τὸν θεόν. Εἰ
οὖν ξυνδοκεῖ καὶ ὑμῖν, γένοιτ᾽ ἂν ἡμῖν ἐν λόγοις ἱκανὴ d
διατριβή· δοκεῖ γάρ μοι χρῆναι ἕκαστον ἡμῶν λόγον εἰπεῖν
ἔπαινον Ἔρωτος, ἐπὶ δεξιά, ὡς ἂν δύνηται κάλλιστον,
ἄρχειν δὲ Φαῖδρον πρῶτον, ἐπειδὴ καὶ πρῶτος κατάκειται
καὶ ἔστιν ἅμα πατὴρ τοῦ λόγου. — Οὐδείς σοι, ὦ Ἐρυξι-
μαχε, φάναι τὸν Σωκράτη, ἐναντία ψηφιεῖται· οὔτε γὰρ
ἄν που ἐγὼ ἀποφήσαιμι, ὃς οὐδέν φημι ἄλλο ἐπίστασθαι ἢ
τὰ ἐρωτικά, οὔτε που Ἀγάθων καὶ Παυσανίας, οὐδὲ μὴν e
Ἀριστοφάνης, ᾧ περὶ Διόνυσον καὶ Ἀφροδίτην πᾶσα ἡ

einen Vorschlag tun. – Darauf hätten Alle bejaht sie wollten 177a
das, und ihm aufgetragen einen Vorschlag zu tun. – Also habe Eryximachos gesagt, Der Anfang meiner Rede soll mir sein aus des Euripides Melanippe, denn nicht mein ist die Rede, sondern des Phaidros hier, die ich sprechen will, Phaidros nämlich pflegt unwillig mir zu sagen Ist es nicht arg, o Eryximachos, daß auf alle Götter Lobgesänge und Anrufungen gedichtet sind von den Dichtern, dem Eros aber einem so großen und herrlichen Gotte auch nicht einer jemals von so vielen Dichtern
die es gegeben ein Lobgedicht gesungen hat? und willst du b
dich auch unter den edeln Sophisten umsehn, daß die auf den Herakles und Andere in ungebundener Rede Lobschriften verfertigen, wie der vortreffliche Prodikos; doch das ist wohl weniger zu verwundern; aber mir selbst ist neulich ein Buch eines weisen Mannes vorgekommen, worin das Salz eine wundervolle Lobrede erhielt seines Nutzens wegen, und noch ver-
schiedenes dergleichen kannst du gepriesen finden. Daß sie c
nun an solche Dinge vielen Fleiß gewendet, den Eros aber noch kein Mensch bis auf den heutigen Tag gewagt hat würdig zu besingen, sondern ein solcher Gott so gänzlich vernachlässiget ist, darin scheint mir Phaidros ganz recht zu haben. Daher nun wünsche ich teils ihm einen Beitrag einzulegen und ihm gefällig zu sein, teils auch dünkt mich daß es gegenwärtig uns die wir hier zugegen sind gar wohl gezieme diesen Gott zu
verherrlichen. Dünkt euch nun dieses auch: so hätten wir in d
Reden eine hinlängliche Unterhaltung. Ich meine nämlich es solle jeder von uns rechtsum eine Lobrede auf den Eros vortragen so schön er nur immer kann, und Phaidros solle zuerst anfangen da er ja auch den ersten Platz einnimmt und überdies der Urheber ist von der ganzen Sache. – Niemand, o Eryximachos, habe Sokrates gesagt, wird dir entgegenstimmen; denn weder ich dürfte mich weigern, der ich ja geständig bin nichts als Liebessachen zu verstehen, noch auch wohl Agathon
oder Pausanias, auch nicht Aristophanes der es ja immer mit e
dem Dionysos und der Aphrodite zu tun hat, noch sonst ir-

διατριβή, οὐδὲ ἄλλος οὐδεὶς τουτωνὶ ὧν ἐγὼ ὁρῶ. Καίτοι οὐκ ἐξ ἴσου γίγνεται ἡμῖν τοῖς ὑστάτοις κατακειμένοις· ἀλλ' ἐὰν οἱ πρόσθεν ἱκανῶς καὶ καλῶς εἴπωσιν, ἐξαρκέσει ἡμῖν. Ἀλλὰ τύχῃ ἀγαθῇ καταρχέτω Φαῖδρος καὶ ἐγκωμιαζέτω τὸν Ἔρωτα. »

Ταῦτα δὴ καὶ οἱ ἄλλοι πάντες ἄρα ξυνέφασάν τε καὶ ἐκέλευον ἅπερ ὁ Σωκράτης. Πάντων μὲν οὖν ἃ ἕκαστος 178
εἶπεν, οὔτε πάνυ ὁ Ἀριστόδημος ἐμέμνητο, οὔτ' αὖ ἐγὼ ἃ ἐκεῖνος ἔλεγε πάντα. Ἃ δὲ μάλιστα καὶ ὧν ἔδοξέ μοι ἀξιομνημόνευτον, τούτων ὑμῖν ἐρῶ ἑκάστου τὸν λόγον.

Πρῶτον μὲν γάρ, ὥσπερ λέγω, ἔφη Φαῖδρον ἀρξάμενον, ἐνθένδε ποθὲν λέγειν, ὅτι μέγας θεὸς εἴη ὁ Ἔρως καὶ θαυμαστὸς ἐν ἀνθρώποις τε καὶ θεοῖς, πολλαχῇ μὲν καὶ ἄλλῃ, οὐχ ἥκιστα δὲ κατὰ τὴν γένεσιν.

« Τὸ γὰρ ἐν τοῖς πρεσβύτατον εἶναι τὸν θεόν, τίμιον, ἦ b
δ' ὅς· τεκμήριον δὲ τούτου, γονῆς γὰρ Ἔρωτος οὔτ' εἰσὶν οὔτε λέγονται ὑπ' οὐδενὸς οὔτε ἰδιώτου οὔτε ποιητοῦ. Ἀλλ' Ἡσίοδος πρῶτον μὲν Χάος φησὶ γενέσθαι,

αὐτὰρ ἔπειτα
Γαῖ' εὐρύστερνος, πάντων ἕδος ἀσφαλὲς αἰεί,
ἠδ' Ἔρος...

Ἡσιόδῳ δὲ καὶ Ἀκουσίλεως σύμφησιν μετὰ τὸ Χάος δύο τούτω γενέσθαι, Γῆν τε καὶ Ἔρωτα. Παρμενίδης δὲ τὴν γένεσιν λέγει·

πρώτιστον μὲν Ἔρωτα θεῶν μητίσατο πάντων...

Οὕτω πολλαχόθεν ὁμολογεῖται ὁ Ἔρως ἐν τοῖς c
πρεσβύτατος εἶναι.

« Πρεσβύτατος δὲ ὤν, μεγίστων ἀγαθῶν ἡμῖν αἴτιός ἐστιν. Οὐ γὰρ ἔγωγ' ἔχω εἰπεῖν ὅτι μεῖζόν ἐστιν ἀγαθόν, εὐθὺς νέῳ ὄντι, ἢ ἐραστὴς χρηστός, καὶ ἐραστῇ παιδικά. Ὃ γὰρ χρὴ ἀνθρώποις ἡγεῖσθαι παντὸς τοῦ βίου τοῖς μέλλουσι καλῶς βιώσεσθαι, τοῦτο οὔτε συγγένεια οἵα τε ἐμποιεῖν οὕτω καλῶς, οὔτε τιμαί, οὔτε πλοῦτος, οὔτ' ἄλλο

gend einer von allen übrigen, die ich sehe. Wiewohl wir nicht gleich gut dabei bedacht sind, die wir zu unterst liegen; indessen wenn nur die vor uns gründlich und schön reden, soll uns das genügen. Also mit gutem Glück beginne Phaidros und verherrliche uns den Eros. – Hiemit nun stimmten dann auch die übrigen alle überein und foderten dasselbe wie Sokrates. 178a
An alles aber, was Jeder von ihnen geredet, erinnerte sich schon Aristodemos nicht mehr genau, noch auch ich an Alles was er mir sagte; was aber und wessen Reden mir vorzüglich behaltenswert geschienen, diese will ich euch alle einzeln mitteilen.

2. Nicht-philosophische Konzeptionen der Liebe

2.1. Die Rede des jungen Phaidros: Die Größe von Eros; er ist Beweggrund für tugendhafte Taten

Zuerst also wie gesagt, erzählte er, habe Phaidros den Anfang seiner Rede von daher genommen, Daß Eros ein großer Gott sei und bewundernswürdig Menschen und Göttern, sowohl von vielen andern Seiten als auch besonders seines Ursprunges wegen. Denn daß der Gott zu den ältesten gehört, b
sagte er, ist ehrenvoll. Hievon aber ist dies ein Beweis. Eros nämlich hat keine Eltern noch werden deren angeführt von irgend einem Dichter oder andern Erzähler. Sondern Hesiodos, welcher sagt, zuerst sei das Chaos gewesen, aber nach diesem breit gebrüstet die Erde ein Sitz unwandelbar Allen, Eros auch, sagt nach dem Chaos wären diese beiden gewesen, die Erde und Eros. Und Parmenides sagt von seinem Ursprung, Aller Götter den ersten erhob ins Leben sie Eros. Dem Hesiodos stimmt auch Akusilaos bei. Von so vielen Seiten her c
wird dem Eros zugestanden unter die ältesten zu gehören. Wie nun der älteste, so ist er uns auch der größten Güter Urheber. Denn ich meines Teiles weiß nicht zu sagen was ein größeres Gut wäre für einen Jüngling als gleich ein wohlmeindender Liebhaber, oder dem Liebhaber ein Liebling. Denn was diejenigen in ihrem ganzen Leben leiten muß, welche schön und recht leben wollen, dieses vermag weder die Verwandtschaft ihnen so vollkommen zuzuwenden noch das Ansehn noch der Reichtum noch sonst irgend etwas als die Liebe. Was meine ich

οὐδέν, ὡς ἔρως. Λέγω δὲ δή· τί τοῦτο; τὴν ἐπὶ μὲν τοῖς d
αἰσχροῖς αἰσχύνην, ἐπὶ δὲ τοῖς καλοῖς φιλοτιμίαν· οὐ
γὰρ ἔστιν ἄνευ τούτων οὔτε πόλιν οὔτε ἰδιώτην μεγάλα
καὶ καλὰ ἔργα ἐξεργάζεσθαι. Φημὶ τοίνυν ἐγὼ ἄνδρα ὅστις
ἐρᾷ, εἴ τι αἰσχρὸν ποιῶν κατάδηλος γίγνοιτο ἢ πάσχων
ὑπό του δι᾽ ἀνανδρίαν μὴ ἀμυνόμενος, οὔτ᾽ ἂν ὑπὸ πατρὸς
ὀφθέντα οὕτως ἀλγῆσαι, οὔτε ὑπὸ ἑταίρων, οὔτε ὑπ᾽ ἄλλου
οὐδενός, ὡς ὑπὸ παιδικῶν. Ταὐτὸν δὲ τοῦτο καὶ τὸν ἐρώ- e
μενον ὁρῶμεν, ὅτι διαφερόντως τοὺς ἐραστὰς αἰσχύνεται,
ὅταν ὀφθῇ ἐν αἰσχρῷ τινι ὤν. Εἰ οὖν μηχανή τις γένοιτο
ὥστε πόλιν γενέσθαι ἢ στρατόπεδον ἐραστῶν τε καὶ παι-
δικῶν, οὐκ ἔστιν ὅπως ἂν ἄμεινον οἰκήσειαν τὴν ἑαυτῶν ἢ
ἀπεχόμενοι πάντων τῶν αἰσχρῶν καὶ φιλοτιμούμενοι πρὸς
ἀλλήλους· καί, μαχόμενοί γ᾽ ἂν μετ᾽ ἀλλήλων, οἱ τοιοῦτοι 179
νικῷεν ἄν, ὀλίγοι ὄντες, ὡς ἔπος εἰπεῖν πάντας ἀνθρώ-
πους. Ἐρῶν γὰρ ἀνὴρ ὑπὸ παιδικῶν ὀφθῆναι, ἢ λιπὼν τάξιν,
ἢ ὅπλα ἀποβαλὼν ἧττον ἂν δήπου δέξαιτο, ἢ ὑπὸ πάντων
τῶν ἄλλων, καὶ πρὸ τούτου τεθνάναι ἂν πολλάκις ἕλοιτο·
καὶ μὴν ἐγκαταλιπεῖν γε τὰ παιδικὰ ἢ μὴ βοηθῆσαι κινδυ-
νεύοντι, οὐδεὶς οὕτω κακὸς ὅντινα οὐκ ἂν αὐτὸς ὁ Ἔρως
ἔνθεον ποιήσειε πρὸς ἀρετήν, ὥστε ὅμοιον εἶναι τῷ ἀρίστῳ
φύσει. Καὶ ἀτεχνῶς, ὃ ἔφη Ὅμηρος, μένος ἐμπνεῦσαι b
ἐνίοις τῶν ἡρώων τὸν θεόν, τοῦτο ὁ Ἔρως τοῖς ἐρῶσι
παρέχει γιγνόμενον παρ᾽ αὑτοῦ.

« Καὶ μὴν ὑπεραποθνῄσκειν γε μόνοι ἐθέλουσιν οἱ
ἐρῶντες, οὐ μόνον ὅτι ἄνδρες, ἀλλὰ καὶ αἱ γυναῖκες. Τούτου
δὲ καὶ ἡ Πελίου θυγάτηρ Ἄλκηστις ἱκανὴν μαρτυρίαν
παρέχεται ὑπὲρ τοῦδε τοῦ λόγου εἰς τοὺς Ἕλληνας,
ἐθελήσασα μόνη ὑπὲρ τοῦ αὑτῆς ἀνδρὸς ἀποθανεῖν, ὄντων
αὐτῷ πατρός τε καὶ μητρός, οὓς ἐκείνη τοσοῦτον ὑπερε- c
βάλετο τῇ φιλίᾳ διὰ τὸν ἔρωτα, ὥστε ἀποδεῖξαι αὐτοὺς
ἀλλοτρίους ὄντας τῷ υἱεῖ καὶ ὀνόματι μόνον προσήκοντας,
καὶ τοῦτ᾽ ἐργασαμένη τὸ ἔργον οὕτω καλὸν ἔδοξεν ἐργά-

aber hiemit? Die Scham vor dem schändlichen und das Be- d
streben nach dem schönen. Denn ohne dieses vermag weder
ein Staat noch ein Einzelner große und schöne Taten zu ver-
richten. Ich behaupte nämlich, daß einem Manne, welcher liebt,
wenn er dabei betroffen würde daß er etwas schändliches ent-
weder täte, oder aus Unmännlichkeit ohne Gegenwehr von
einem andern erduldete, weder von seinem Vater gesehen zu
werden soviel Schmerz verursachen würde noch von seinen
Freunden noch von sonst irgend jemand als von seinem Lieb-
ling. Und dasselbige sehen wir von dem Geliebten, daß er sich e
vorzüglich vor den Liebhabern schämt, wenn er bei etwas
schlechtem gesehen wird. Könnte man also irgend bewirken,
daß ein Staat oder ein Heer aus Liebhabern und Lieblingen
bestände: so wäre es ja unmöglich beides besser zu verwalten,
als indem alle sich alles schändlichen enthalten und sich ge-
genseitig um einander beeifern. Und mit einander fechtend 179a
würden solcher auch nur Wenige, um es gerade heraus zu sa-
gen, alle Menschen besiegen. Denn weniger möchte wohl von
seinem Liebling ein Liebender, daß er seine Reihe verließe
oder die Waffen wegwürfe, gesehen werden wollen, als von
allen übrigen, und dafür würde er lieber oftmals sterben wol-
len. Gar aber den Liebling zu verlassen oder ihm nicht beizu-
stehn in der Gefahr; so feige ist wohl keiner, den da nicht Eros
selbst zur Tapferkeit begeistern sollte, so daß er dem gleich-
käme, der die beste Anlage dazu hat von Natur. Ja gewiß was b
Homeros sagt, daß einige der Helden ein Gott mit Mut beseel-
te, das leistet Eros den Liebenden. Ja gar für einander sterben
mögen Liebende allein, und nicht Männer nur, sondern sogar
Frauen. Und dessen gibt uns schon Alkestis die Tochter des
Pelias hinlänglichen Beweis für diese Wahrheit vor allen Hel-
lenen, da sie allein für ihren Gatten sterben wollte, der doch
noch Vater und Mutter hatte, welche sie aber soweit übertraf an c
Freundschaft vermöge der Liebe, daß mit ihr verglichen sie
ihrem Sohne fremd zu sein schienen, und nur dem Namen nach
ihm angehörig. Und diese Tat, welche sie verrichtet, wurde für

σασθαι, οὐ μόνον ἀνθρώποις ἀλλὰ καὶ θεοῖς, ὥστε πολλῶν
πολλὰ καὶ καλὰ ἐργασαμένων εὐαριθμήτοις δή τισιν ἔδοσαν
τοῦτο γέρας οἱ θεοί, ἐξ Ἅιδου ἀνεῖναι πάλιν τὴν ψυχήν,
ἀλλὰ τὴν ἐκείνης ἀνεῖσαν, ἀγασθέντες τῷ ἔργῳ· οὕτω καὶ d
θεοὶ τὴν περὶ τὸν ἔρωτα σπουδήν τε καὶ ἀρετὴν μάλιστα
τιμῶσιν. Ὀρφέα δέ, τὸν Οἰάγρου, ἀτελῆ ἀπέπεμψαν ἐξ
Ἅιδου, φάσμα δείξαντες τῆς γυναικὸς ἐφ' ἣν ἧκεν, αὐτὴν
δὲ οὐ δόντες, ὅτι μαλθακίζεσθαι ἐδόκει, ἅτε ὢν κιθαρῳδός,
καὶ οὐ τολμᾶν ἕνεκα τοῦ ἔρωτος ἀποθνῄσκειν ὥσπερ
Ἄλκηστις, ἀλλὰ διαμηχανᾶσθαι ζῶν εἰσιέναι εἰς Ἅιδου.
Τοιγάρτοι διὰ ταῦτα δίκην αὐτῷ ἐπέθεσαν, καὶ ἐποίησαν
τὸν θάνατον αὐτοῦ ὑπὸ γυναικῶν γενέσθαι, οὐχ ὥσπερ e
Ἀχιλλέα τὸν τῆς Θέτιδος ὑιὸν ἐτίμησαν καὶ εἰς μακάρων
νήσους ἀπέπεμψαν, ὅτι, πεπυσμένος παρὰ τῆς μητρὸς
ὡς ἀποθανοῖτο ἀποκτείνας Ἕκτορα, μὴ ἀποκτείνας δὲ τοῦ-
τον οἴκαδε ἐλθὼν γηραιὸς τελευτήσοι, ἐτόλμησεν ἑλέσθαι,
βοηθήσας τῷ ἐραστῇ Πατρόκλῳ καὶ τιμωρήσας, οὐ μόνον
ὑπεραποθανεῖν ἀλλὰ καὶ ἐπαποθανεῖν τετελευτηκότι· ὅθεν 180
δὴ καὶ ὑπεραγασθέντες οἱ θεοὶ διαφερόντως αὐτὸν ἐτίμη-
σαν, ὅτι τὸν ἐραστὴν οὕτω περὶ πολλοῦ ἐποιεῖτο.

« Αἰσχύλος δὲ φλυαρεῖ, φάσκων Ἀχιλλέα Πατρόκλου
ἐρᾶν, ὃς ἦν καλλίων οὐ μόνον Πατρόκλου ἀλλ' ἄρα καὶ τῶν
ἡρώων ἁπάντων, καὶ ἔτι ἀγένειος, ἔπειτα νεώτερος πολύ,
ὥς φησιν Ὅμηρος. Ἀλλὰ γὰρ τῷ ὄντι μάλιστα μὲν ταύτην
τὴν ἀρετὴν οἱ θεοὶ τιμῶσι τὴν περὶ τὸν ἔρωτα, μᾶλλον
μέντοι θαυμάζουσι καὶ ἄγανται καὶ εὖ ποιοῦσιν, ὅταν ὁ b
ἐρώμενος τὸν ἐραστὴν ἀγαπᾷ ἢ ὅταν ὁ ἐραστὴς τὰ παιδικά·
θειότερον γὰρ ἐραστὴς παιδικῶν, ἔνθεος γάρ ἐστι· διὰ
ταῦτα καὶ τὸν Ἀχιλλέα τῆς Ἀλκήστιδος μᾶλλον ἐτίμησαν,
εἰς μακάρων νήσους ἀποπέμψαντες.

« Οὕτω δὴ ἔγωγέ φημι Ἔρωτα θεῶν καὶ πρεσβύτατον
καὶ τιμιώτατον καὶ κυριώτατον εἶναι εἰς ἀρετῆς καὶ εὐδαι-
μονίας κτῆσιν ἀνθρώποις, καὶ ζῶσι καὶ τελευτήσασιν. »

so schön gehalten von den Menschen nicht nur sondern auch den Göttern, daß da unter Vielen welche viele schöne Taten verrichtet doch nur Wenigen leicht zu überzählenden die Götter diese Gabe verliehen aus der Unterwelt ihre Seele wieder loszulassen, sie doch auch die ihrige losließen aus Freude an der d
Tat. So wollen auch die Götter den Eifer und die Tüchtigkeit in der Liebe vorzüglich ehren. Orpheus aber den Sohn des Öagros schickten sie unverrichteter Sache aus der Unterwelt zurück, indem sie nur die Erscheinung der Frau ihn zeigten um derentwillen er gekommen war, nicht aber sie selbst ihn gaben, weil er ihnen weichlich zu sein schien wie ein Spielmann, und nicht das Herz zu haben der Liebe wegen zu sterben wie Alkestis, sondern sich lieber ausgedacht hatte lebend in die Unterwelt einzugehen. Deshalb auch haben sie ihm Strafe aufgelegt und veranstaltet daß sein Tod durch Weiber erfogte, nicht e
ihn wie den Achilleus den Sohn der Thetis geehrt und in der Seligen Inseln geschickt, weil dieser da er von seiner Mutter erkundet daß er sterben würde wenn er den Hektor tötete, täte er aber dies nicht, nach Hause zurückkehren und wohlbetagt enden würde, dennoch es wagte lieber seinem Liebhaber Patroklos helfend und ihn rächend nicht nur für ihn zu sterben sondern auch nachzusterben dem Verstorbenen. Weshalb auch 180a
die Götter höchlich erfreut ihn ausgezeichnet geehrt haben, weil er seinen Liebhaber so hoch achtete. Aischylos aber fabelt wenn er sagt Achilleus sei des Patroklos Liebhaber gewesen, er der schöner war nicht nur als Patroklos sondern auch als sämtliche Heroen und noch unbärtig, dann auch bei weitem jünger wie Homeros sagt. Sondern in der Tat ehren die Götter zwar überhaupt ganz vorzüglich diese Tugend, die in der Liebe, weit mehr jedoch bewundern und loben und vergelten sie es, wenn b
so der Geliebte dem Liebhaber anhängt, als wenn der Liebhaber dem Liebling. Denn göttlicher ist der Liebhaber als der Liebling, weil in ihm der Gott ist. Deshalb haben sie auch den Achilleus höher als die Alkestis geehrt durch Absendung in die Inseln der Seligen. So behaupte demnach auch ich, daß unter den Göttern Eros der älteste und herrlichste und der hülfreichste ist für die Menschen zum Besitz der Tugend und Glückseligkeit im Leben und im Tode.

Φαῖδρον μὲν τοιοῦτόν τινα λόγον ἔφη εἰπεῖν, μετὰ δὲ c
Φαῖδρον ἄλλους τινὰς εἶναι ὧν οὐ πάνυ διεμνημόνευεν· οὓς παρείς, τὸν Παυσανίου λόγον διηγεῖτο. Εἰπεῖν δ' αὐτὸν ὅτι· « Οὐ καλῶς μοι δοκεῖ, ὦ Φαῖδρε, προβεβλῆσθαι ἡμῖν ὁ λόγος, τὸ ἁπλῶς οὕτως παρηγγέλθαι ἐγκωμιάζειν Ἔρωτα. Εἰ μὲν γὰρ εἷς ἦν ὁ Ἔρως, καλῶς ἂν εἶχε· νῦν δὲ οὐ γάρ ἐστιν εἷς· μὴ ὄντος δὲ ἑνός, ὀρθότερόν ἐστι πρότερον προρ-
ρηθῆναι ὁποῖον δεῖ ἐπαινεῖν. Ἐγὼ οὖν πειράσομαι τοῦτο d
ἐπανορθώσασθαι, πρῶτον μὲν Ἔρωτα φράσαι ὃν δεῖ ἐπαινεῖν, ἔπειτα ἐπαινέσαι ἀξίως τοῦ θεοῦ.

« Πάντες γὰρ ἴσμεν ὅτι οὐκ ἔστιν ἄνευ Ἔρωτος Ἀφροδίτη. Μιᾶς μὲν οὖν οὔσης, εἷς ἂν ἦν Ἔρως· ἐπεὶ δὲ δὴ δύο ἐστόν, δύο ἀνάγκη καὶ Ἔρωτε εἶναι. Πῶς δ' οὐ δύο τὼ θεά; ἡ μέν γέ που πρεσβυτέρα καὶ ἀμήτωρ Οὐρανοῦ θυγάτηρ, ἣν δὴ καὶ Οὐρανίαν ἐπονομάζομεν· ἡ δὲ νεωτέρα
Διὸς καὶ Διώνης, ἣν δὴ Πάνδημον καλοῦμεν. Ἀναγκαῖον e
δὴ καὶ Ἔρωτα, τὸν μὲν τῇ ἑτέρᾳ συνεργὸν Πάνδημον ὀρθῶς καλεῖσθαι, τὸν δὲ Οὐράνιον. Ἐπαινεῖν μὲν οὖν δεῖ πάντας θεούς· ἃ δ' οὖν ἑκάτερος εἴληχε πειρατέον εἰπεῖν. Πᾶσα γὰρ πρᾶξις ὧδ' ἔχει· αὐτὴ ἐφ' ἑαυτῆς πραττομένη,
οὔτε καλὴ οὔτε αἰσχρά· οἷον ὃ νῦν ἡμεῖς ποιοῦμεν, ἢ 181
πίνειν ἢ ᾄδειν ἢ διαλέγεσθαι, οὐκ ἔστι τούτων αὐτὸ καλὸν οὐδέν· ἀλλ' ἐν τῇ πράξει, ὡς ἂν πραχθῇ τοιοῦτον ἀπέβη· καλῶς μὲν γὰρ πραττόμενον καὶ ὀρθῶς καλὸν γίγνεται, μὴ ὀρθῶς δὲ αἰσχρόν. Οὕτω δὴ καὶ τὸ ἐρᾶν, καὶ ὁ Ἔρως οὐ πᾶς ἐστι καλὸς οὐδὲ ἄξιος ἐγκωμιάζεσθαι, ἀλλὰ ὁ καλῶς προτρέπων ἐρᾶν.

« Ὁ μὲν οὖν τῆς Πανδήμου Ἀφροδίτης ὡς ἀληθῶς πάν-
δημός ἐστι, καὶ ἐξεργάζεται ὅ τι ἂν τύχῃ· καὶ οὗτός ἐστιν b
ὃν οἱ φαῦλοι τῶν ἀνθρώπων ἐρῶσιν. Ἐρῶσι δὲ οἱ τοιοῦτοι, πρῶτον μὲν οὐχ ἧττον γυναικῶν ἢ παίδων, ἔπειτα ὧν καὶ ἐρῶσι τῶν σωμάτων μᾶλλον ἢ τῶν ψυχῶν, ἔπειτα ὡς ἂν δύνωνται ἀνοητοτάτων, πρὸς τὸ διαπράξασθαι μόνον βλέ-

2.2. Die Rede des Pausanias

2.2.1. Der himmlische und der gemeine Eros – Die zwei Arten der Liebe

Diese Rede ohngefähr, sagte er, habe Phaidros gesprochen, c
nach dem Phaidros aber einige andere, deren er sich nicht mehr recht erinnere, die er daher auch überging und die Rede des Pausanias mitteilte.

Dieser also habe gesagt Nicht recht gut, o Phaidros, scheint der Gegenstand unserer Reden bestimmt zu sein, daß es uns so schlechthin aufgegeben ist den Eros zu beloben. Denn wenn es nur einen Eros gäbe, dann wäre das ganz schön. Nun aber gibt es eben nicht nur Einen. Gibt es aber nicht nur Einen, so ist wohl richtiger daß zuvor bestimmt werde, welchen man loben
soll. Ich also will versuchen dies zu berichtigen, zuerst den d
Eros beschreiben, welcher zu loben ist, und dann auch ihn loben des Gottes würdig. Wir wissen nämlich Alle, daß es ohne Eros keine Aphrodite gibt; wenn also diese nur Eine wäre, so würde auch Ein Eros sein, da nun aber deren zweie sind, muß es auch einen zwiefachen Eros geben. Wie sollten aber nicht der Göttinnen zweie sein? Die eine ist ja die ältere die mutterlose Tochter des Uranos, welcher wir auch den Beinamen der himmlischen geben, und dann die jüngere, des Zeus und der
Dione Tochter, welche wir auch die gemeine nennen. Notwen- e
dig also wird auch der eine Eros, der Gehülfe der letzteren, mit Recht der gemeine genannt, der andere der himmlische. Preisen nun muß man zwar alle Götter, was aber jedem von diesen beigelegt ist will ich versuchen zu zeigen. Mit jeder Handlung nämlich verhält es sich so: an und für sich selbst ist sie zu
verrichten weder schön noch häßlich. Wie was wir jetzt tun, 181a
trinken singen sprechen, davon ist nichts an und für sich schön; sondern wie es in der Ausübung gerät, so wird es. Denn schön und recht gemacht wird es schön; unrecht aber wird es schlecht. So auch das Lieben, und der Eros; nicht jeder ist schön und wert verherrlicht zu werden, sondern nur der uns anreizt schön zu lieben. Der der gemeinen Aphrodite also ist
auch in Wahrheit gemein, und bewirkt was sich eben trifft, und b
dieser ist es nach welchem die schlechten unter den Menschen lieben. Es lieben aber solche zuerst nicht minder Frauen als

ποντες, ἀμελοῦντες δὲ τοῦ καλῶς ἢ μή· ὅθεν δὴ συμβαίνει
αὐτοῖς ὅ τι ἂν τύχωσι τοῦτο πράττειν, ὁμοίως μὲν ἀγαθόν,
ὁμοίως δὲ τοὐναντίον. Ἔστι γὰρ καὶ ἀπὸ τῆς θεοῦ, νεωτέρας
τε οὔσης πολὺ ἢ τῆς ἑτέρας, καὶ μετεχούσης ἐν τῇ γενέσει c
καὶ θήλεος καὶ ἄρρενος. Ὁ δὲ τῆς Οὐρανίας, πρῶτον μὲν
οὐ μετεχούσης θήλεος ἀλλ᾽ ἄρρενος [καὶ ἔστιν οὗτος ὁ τῶν
παίδων ἔρως], ἔπειτα πρεσβυτέρας, ὕβρεως ἀμοίρου·
ὅθεν δὴ ἐπὶ τὸ ἄρρεν τρέπονται οἱ ἐκ τούτου τοῦ Ἔρωτος
ἔπιπνοι, τὸ φύσει ἐρρωμενέστερον καὶ νοῦν μᾶλλον ἔχον
ἀγαπῶντες. Καί τις ἂν γνοίη, καὶ ἐν αὐτῇ τῇ παιδε-
ραστίᾳ, τοὺς εἰλικρινῶς ὑπὸ τούτου τοῦ Ἔρωτος ὡρμη- d
μένους· οὐ γὰρ ἐρῶσι παίδων ἀλλ᾽ ἐπειδὰν ἤδη ἄρχωνται
νοῦν ἴσχειν· τοῦτο δὲ πλησιάζει τῷ γενειάσκειν. Παρε-
σκευασμένοι γάρ, οἶμαι, εἰσιν οἱ ἐντεῦθεν ἀρχόμενοι ἐρᾶν
ὡς τὸν βίον ἅπαντα ξυνεσόμενοι καὶ κοινῇ συμβιωσόμενοι,
ἀλλ᾽ οὐκ ἐξαπατήσαντες, ἐν ἀφροσύνῃ λαβόντες ὡς νέον,
καταγελάσαντες οἰχήσεσθαι ἐπ᾽ ἄλλον ἀποτρέχοντες. Χρῆν
δὲ καὶ νόμον εἶναι μὴ ἐρᾶν παίδων, ἵνα μὴ εἰς ἄδηλον e
πολλὴ σπουδὴ ἀνηλίσκετο· τὸ γὰρ τῶν παίδων τέλος ἄδηλον
οἷ τελευτᾷ κακίας καὶ ἀρετῆς ψυχῆς τε πέρι καὶ σώματος.
Οἱ μὲν οὖν ἀγαθοὶ τὸν νόμον τοῦτον αὐτοὶ αὑτοῖς ἑκόντες
τίθενται· χρῆν δὲ καὶ τούτους τοὺς πανδήμους ἐραστὰς
προσαναγκάζειν τὸ τοιοῦτον, ὥσπερ καὶ τῶν ἐλευθέρων
γυναικῶν προσαναγκάζομεν αὐτοὺς καθ᾽ ὅσον δυνάμεθα
μὴ ἐρᾶν. Οὗτοι γάρ εἰσιν οἱ καὶ τὸ ὄνειδος πεποιηκότες, 182
ὥστε τινὰς τολμᾶν λέγειν ὡς αἰσχρὸν χαρίζεσθαι ἐρασταῖς·
λέγουσι δὲ εἰς τούτους ἀποβλέποντες, ὁρῶντες αὐτῶν τὴν
ἀκαιρίαν καὶ ἀδικίαν, ἐπεὶ οὐ δήπου κοσμίως γε καὶ
νομίμως ὁτιοῦν πρᾶγμα πραττόμενον ψόγον ἂν δικαίως
φέροι.

Knaben; dann, welche sie nun eben lieben, an denen mehr den Leib als die Seele; dann soviel sie immer können die unvernünftigsten, indem sie nur auf die Befriedigung sehn, unbekümmert ob auf schöne Weise oder nicht. Daher ihnen denn begegnet daß sie tun was ihnen eben vorkommt gleichermaßen wie das Gute eben so auch das Gegenteil. Wie denn auch dieser Eros von der Göttin abstammt, welche teils weit jünger ist als die andere, teils auch ihren Ursprung schon beidem weibli- c
chem sowohl als männlichem verdankt. Der der himmlischen aber gehört zuerst einer, welche nicht von weiblichem sondern nur von männlichem abstammt, und dies ist die Liebe der Knaben; dann auch welche älter ist und keinen Anteil irgend hat an Frevel. Daher denn wenden sich zu dem männlichen die von diesem Eros angewehten, indem sie das von Natur stärkere und mehr Vernunft in sich habende lieben. Und es unterscheidet einer wohl leicht auch in der Knabenliebe selbst die ganz rein von diesem Eros getriebenen. Denn sie lieben nicht Kin- d
der, sondern solche die schon anfangen Vernunft zu zeigen. Dies trifft aber nahe zusammen mit dem ersten Bartwuchs. Und die alsdann anfangen zu lieben sind denke ich darauf eingerichtet, für das ganze Leben vereiniget zu sein und es in Gemeinschaft hinzubringen, nicht aber den Jüngling, nachdem sie seinem Unverstand etwas entlockt, hernach zu verlachen und von ihm zu einem anderen zu entlaufen. Es sollte aber auch ein Gesetz sein nicht Kinder zu lieben, damit nicht aufs ungewisse e
hin so viele Bemühungen verwendet würden. Denn bei den Kindern ist der Ausgang ungewiß, wo es hinaus will, ob zur Schlechtigkeit oder Tugend der Seele und des Leibes. Die Besseren nun setzen sich dieses Gesetz selbst freiwillig, man soll aber auch jene gemeinen Liebhaber hiezu nötigen, wie wir sie auch von edeln Frauen soviel wir nur vermögen abhalten, daß sie sie nicht lieben dürfen. Denn diese sind es welche auch der 182a
Sache die Schmach zugefügt haben, daß manche sagen durften, es sei schändlich willfahren den Liebhabern. Dies sagen sie aber nur mit Hinsicht auf diese, weil sie ihre Unzeitigkeit und Unrechtlichkeit sehen. Denn anständig und sittig betrieben kann keine Handlung, welche es auch sei, gerechter Tadel treffen.

« Καὶ δὴ καὶ ὁ περὶ τὸν ἔρωτα νόμος ἐν μὲν ταῖς ἄλλαις
πόλεσι νοῆσαι ῥᾴδιος· ἁπλῶς γὰρ ὥρισται, ὁ δ' ἐνθάδε
[καὶ ἐν Λακεδαίμονι] ποικίλος. Ἐν Ἤλιδι μὲν γὰρ καὶ ἐν b
Βοιωτοῖς, καὶ οὗ μὴ σοφοὶ λέγειν, ἁπλῶς νενομοθέτηται
καλὸν τὸ χαρίζεσθαι ἐρασταῖς, καὶ οὐκ ἄν τις εἴποι, οὔτε
νέος οὔτε παλαιός, ὡς αἰσχρόν· ἵνα, οἶμαι, μὴ πράγματ'
ἔχωσι λόγῳ πειρώμενοι πείθειν τοὺς νέους, ἅτε ἀδύνα-
τοι λέγειν. Τῆς δὲ Ἰωνίας καὶ ἄλλοθι πολλαχοῦ, αἰσχρὸν
νενόμισται, ὅσοι ὑπὸ βαρβάροις οἰκοῦσιν· τοῖς γὰρ βαρ-
βάροις διὰ τὰς τυραννίδας αἰσχρὸν τοῦτό γε, καὶ ἥ γε
φιλοσοφία καὶ ἡ φιλογυμναστία· οὐ γάρ, οἶμαι, συμφέρει c
τοῖς ἄρχουσι φρονήματα μεγάλα ἐγγίγνεσθαι τῶν ἀρχο-
μένων οὐδὲ φιλίας ἰσχυρὰς καὶ κοινωνίας, ὃ δὴ μάλιστα
φιλεῖ τά τε ἄλλα πάντα καὶ ὁ ἔρως ἐμποιεῖν. Ἔργῳ δὲ
τοῦτο ἔμαθον καὶ οἱ ἐνθάδε τύραννοι· ὁ γὰρ Ἀριστογεί-
τονος ἔρως καὶ ἡ Ἁρμοδίου φιλία, βέβαιος γενομένη, κατ-
έλυσεν αὐτῶν τὴν ἀρχήν. Οὕτως, οὗ μὲν αἰσχρὸν ἐτέθη
χαρίζεσθαι ἐρασταῖς, κακίᾳ τῶν θεμένων κεῖται, τῶν μὲν d
ἀρχόντων πλεονεξίᾳ, τῶν δὲ ἀρχομένων ἀνανδρίᾳ· οὗ δὲ
καλὸν ἁπλῶς ἐνομίσθη, διὰ τὴν τῶν θεμένων τῆς ψυχῆς
ἀργίαν.

« Ἐνθάδε δὲ πολὺ τούτων κάλλιον νενομοθέτηται καί,
ὅπερ εἶπον, οὐ ῥᾴδιον κατανοῆσαι. Ἐνθυμηθέντι γὰρ ὅτι
λέγεται κάλλιον τὸ φανερῶς ἐρᾶν τοῦ λάθρᾳ, καὶ μάλιστα
τῶν γενναιοτάτων καὶ ἀρίστων κἂν αἰσχίους ἄλλων ὦσι, καὶ
ὅτι αὖ ἡ παρακέλευσις τῷ ἐρῶντι παρὰ πάντων θαυμαστή
οὐχ ὥς τι αἰσχρὸν ποιοῦντι, καὶ ἑλόντι τε καλὸν δοκεῖ εἶναι
καὶ μὴ ἑλόντι αἰσχρόν, καὶ πρὸς τὸ ἐπιχειρεῖν ἑλεῖν ἐξου- e
σίαν ὁ νόμος δέδωκε τῷ ἐραστῇ θαυμαστὰ ἔργα ἐργαζομένῳ

2.2.2. Die Knabenliebe in Athen

Was nun aber eigentlich Sitte ist in bezug auf die Liebe, ist in andern Staaten wohl gar sehr leicht zu erkennen; denn ganz einfach ist es bestimmt, die hiesige aber und die in Lakedämon ist schwierig und verwickelt. In Elis nämlich und unter den b
Böotern und wo sonst man nicht geschickt ist im Reden, da ist es schlechthin zur Sitte geworden, daß man für schön hält zu willfahren den Liebhabern, und keiner weder jung noch alt wird sagen es sei schändlich, damit sie, meine ich, nicht erst Mühe haben, wenn sie versuchen müßten durch Reden die Jünglinge zu bewegen, weil sie nämlich unvermögend sind zu reden. In Ionien aber und sonst an vielen Orten erklärt es die Sitte für schändlich, wo man nämlich unter Barbaren wohnt. Denn den Barbaren gilt der unumschränkten Gewalt wegen dies für schändlich, so wie auch die Lust zur Wissenschaft und zu den Leibesübungen. Denn den Herrschenden meine ich, ist c
es nicht zuträglich, daß große Einsichten sich unter den Beherrschten hervortun noch auch starke Freundschaften und Verbindungen, was doch vornehmlich pflegt sowohl durch jenes andere alles als auch durch die Liebe gebildet zu werden. Durch die Tat aber haben dies auch die hiesigen Tyrannen erfahren; denn des Aristogeiton und Harmodios zu einer festen Freundschaft gediehene Liebe zerstörte ihre Herrschaft. Also, wo es für schändlich geachtet ist den Liebhabern zu willfahren, da besteht diese Sitte durch Schlechtigkeit, derer welche sie d
aufgestellt, nämlich durch der Herrschenden Begehrlichkeit und der Beherrschten Unmännlichkeit; wo es aber schlechthin als schön festgestellt ist, da durch die Trägheit der Seele derer welche sie aufgestellt. Hier aber ist eine weit schönere Sitte als jene eingeführt, nur die, wie ich sagte, nicht leicht ist zu verstehen. Denn bedenkt einer, daß gesagt wird, es sei schöner öffentlich lieben als verstohlen, und zwar vorzüglich die edelsten und besten, wären sie auch minder schön als andere, und was für sonderliche Aufmunterung dem Liebenden von Allen widerfährt, gar nicht als ob er etwas schändliches täte; und daß den Geliebten zu gewinnen für schön gehalten wird, ihn nicht zu gewinnen aber für schimpflich, und daß um den Versuch zu e
machen ob er gewinnen könne die Sitte dem Liebhaber frei-

ἐπαινεῖσθαι· ἃ εἴ τις τολμῴη ποιεῖν ἄλλ' ὁτιοῦν διώκων καὶ
βουλόμενος διαπράξασθαι πλὴν τοῦτο [φιλοσοφίας] τὰ 183
μέγιστα καρποῖτ' ἂν ὀνείδη· εἰ γάρ, ἢ χρήματα βουλόμενος
παρά του λαβεῖν, ἢ ἀρχὴν ἄρξαι ἤ τινα ἄλλην δύναμιν,
ἐθέλοι ποιεῖν οἷάπερ οἱ ἐρασταὶ πρὸς τὰ παιδικά, ἱκετείας
τε καὶ ἀντιβολήσεις ἐν ταῖς δεήσεσι ποιούμενοι, καὶ ὅρκους
ὀμνύντες, καὶ κοιμήσεις ἐπὶ θύραις, καὶ ἐθέλοντες δουλείας
δουλεύειν οἵας οὐδ' ἂν δοῦλος οὐδείς, ἐμποδίζοιτο ἂν μὴ
πράττειν οὕτω τὴν πρᾶξιν καὶ ὑπὸ φίλων καὶ ὑπὸ ἐχθρῶν,
τῶν μὲν ὀνειδιζόντων κολακείας καὶ ἀνελευθερίας, τῶν δὲ b
νουθετούντων καὶ αἰσχυνομένων ὑπὲρ αὐτῶν· τῷ δ' ἐρῶντι,
πάντα ταῦτα ποιοῦντι, χάρις ἔπεστι καὶ δέδοται ὑπὸ τοῦ
νόμου ἄνευ ὀνείδους πράττειν, ὡς πάγκαλόν τι πρᾶγμα
διαπραττομένου. Ὃ δὲ δεινότατον, ὥς γε λέγουσιν οἱ πολ-
λοί, ὅτι καὶ ὀμνύντι μόνῳ συγγνώμη παρὰ θεῶν ἐκβάντι
τῶν ὅρκων· ἀφροδίσιον γὰρ ὅρκον οὔ φασιν εἶναι. Οὕτω
καὶ οἱ θεοὶ καὶ οἱ ἄνθρωποι πᾶσαν ἐξουσίαν πεποιήκασι τῷ c
ἐρῶντι, ὡς ὁ νόμος φησὶν ὁ ἐνθάδε· ταύτῃ μὲν οὖν οἰηθείη
ἄν τις πάγκαλον νομίζεσθαι ἐν τῇδε τῇ πόλει καὶ τὸ ἐρᾶν
καὶ τὸ φίλους γίγνεσθαι τοῖς ἐρασταῖς. Ἐπειδὰν δὲ παι-
δαγωγοὺς ἐπιστήσαντες οἱ πατέρες τοῖς ἐρωμένοις μὴ ἐῶσι
διαλέγεσθαι τοῖς ἐρασταῖς καὶ τῷ παιδαγωγῷ ταῦτα προσ-
τεταγμένα ᾖ, ἡλικιῶται δὲ καὶ ἑταῖροι ὀνειδίζωσιν ἐάν τι
ὁρῶσι τοιοῦτο γιγνόμενον, καὶ τοὺς ὀνειδίζοντας αὖ οἱ
πρεσβύτεροι μὴ διακωλύωσι μηδὲ λοιδορῶσιν ὡς οὐκ ὀρθῶς d
λέγοντας, εἰς δὲ ταῦτά τις αὖ βλέψας ἡγήσαιτ' ἂν πάλιν
αἴσχιστον τὸ τοιοῦτον ἐνθάδε νομίζεσθαι.

« Τὸ δέ, οἶμαι, ὧδ' ἔχει· οὐχ ἁπλοῦν ἐστιν, ὅπερ ἐξ ἀρχῆς
ἐλέχθη, οὔτε καλὸν εἶναι αὐτὸ καθ' αὑτὸ οὔτε αἰσχρόν,
ἀλλά, καλῶς μὲν πραττόμενον, καλόν, αἰσχρῶς δέ, αἰσχρόν·
αἰσχρῶς μὲν οὖν ἐστι πονηρῷ τε καὶ πονηρῶς χαρίζεσθαι,

gestellt hat gar vielerlei verwundernswürdige Dinge zu unternehmen und dafür gelobt zu werden, wofür wenn jemand wagen wollte sie zu tun, indem er sonst irgend etwas verfolgte und erreichen wollte als nur dieses, er den schärfsten Tadel 183a
ernten würde; denn wer etwa um Geld von jemand zu bekommen oder zu einem Amt und sonstiger Gewalt zu gelangen, das tun wollte, was Liebhaber ihren Lieblingen tun, mit demütig flehenden Stellungen und Gebärden bitten, Eide schwören, sich vor die Türe lagern, und freiwillig Dienstleistungen verrichten wie sie nicht einmal ein Knecht verrichtet: so würde es verhindert werden die Sache so zu betreiben von Freunden und Feinden, indem diese ihm Schmeichelei und Niedrigkeit b
vorwerfen, jene ihn zurechtweisen und sich darüber schämen würden; dem Liebenden aber, wenn er dies alles tut, wird es gutgeheißen, und es ist ihm herkömmlich zugestanden dies ohne Schande zu tun, weil er nämlich eine gar herrliche Sache betreibe. Ja das stärkste ist, wie man doch insgemein sagt, daß auch wenn er geschworen hat für ihn allein Verzeihung bei den Göttern ist, wenn er den Schwur bricht; denn ein Liebesschwur, sagen sie, sei keiner. So haben Götter sowohl als Menschen dem Liebenden gar viele Freiheit gestattet, wie die hie- c
sige Sitte besagt. Hiernach nun sollte man glauben, es gelte in dieser Stadt für etwas gar schönes sowohl zu lieben als den Liebhabern Freund zu werden. Wenn aber wiederum die Väter Aufseher bestellen für die Geliebten, um nicht zuzugeben, daß sie sich mit den Liebhabern unterhalten, und dem Aufseher gerade dies vorzüglich aufgetragen wird, ja auch die Gespielen und Andere es ihnen zum Vorwurf machen, wenn sie sehen daß so etwas geschieht, und die Älteren diesen Vorwürfen nicht Einhalt tun noch sie dafür schelten als täten sie Unrecht daran, d
auf dieses also wiederum sehend sollte man im Gegenteil glauben, daß eben dies hier für das schändlichste gelte.

2.2.3. Die schöne Form der Liebe richtet sich auf Tugend und Weisheit

Es verhält sich aber damit, glaube ich, folgendergestalt. Nämlich es ist nicht einerlei in allen Fällen, nicht schlechthin, wie ich schon anfangs sagte, daß es an und für sich weder schön noch schändlich sei, sondern schön behandelt ist es schön, anders

καλῶς δὲ χρηστῷ τε καὶ καλῶς. Πονηρὸς δ' ἐστὶν ἐκεῖνος ὁ ἐραστὴς ὁ πάνδημος, ὁ τοῦ σώματος μᾶλλον ἢ τῆς e
ψυχῆς ἐρῶν· καὶ γὰρ οὐδὲ μόνιμός ἐστιν, ἅτε οὐδὲ μονίμου ἐρῶν πράγματος· ἅμα γὰρ τῷ τοῦ σώματος ἄνθει λήγοντι, οὗπερ ἤρα, οἴχεται ἀποπτάμενος, πολλοὺς λόγους καὶ ὑποσχέσεις καταισχύνας. Ὁ δὲ τοῦ ἤθους, χρηστοῦ ὄντος, ἐραστὴς διὰ βίου μένει, ἅτε μονίμῳ συντακείς. Τούτους δὴ βούλεται ὁ ἡμέτερος νόμος εὖ καὶ καλῶς βασανίζειν, 184
καὶ τοῖς μὲν χαρίσασθαι, τοὺς δὲ διαφεύγειν· διὰ ταῦτα οὖν τοῖς μὲν διώκειν παρακελεύεται, τοῖς δὲ φεύγειν, ἀγωνοθετῶν καὶ βασανίζων ποτέρων ποτέ ἐστιν ὁ ἐρῶν καὶ ποτέρων ὁ ἐρώμενος. Οὕτω δὴ ὑπὸ ταύτης τῆς αἰτίας, πρῶτον μὲν τὸ ἁλίσκεσθαι ταχὺ αἰσχρὸν νενόμισται, ἵνα χρόνος ἐγγένηται, ὃς δὴ δοκεῖ τὰ πολλὰ καλῶς βασανίζειν· ἔπειτα τὸ ὑπὸ χρημάτων καὶ ὑπὸ πολιτικῶν δυνάμεων ἁλῶναι αἰσχρόν, ἐάν τε κακῶς πάσχων πτήξῃ καὶ μὴ καρτερήσῃ, ἄν τ' εὐεργετούμενος εἰς χρήματα ἢ εἰς b
διαπράξεις πολιτικὰς μὴ καταφρονήσῃ· οὐδὲν γὰρ δοκεῖ τούτων οὔτε βέβαιον οὔτε μόνιμον εἶναι, χωρὶς τοῦ μηδὲ πεφυκέναι ἀπ' αὐτῶν γενναίαν φιλίαν.

« Μία δὴ λείπεται τῷ ἡμετέρῳ νόμῳ ὁδός, εἰ μέλλει καλῶς χαριεῖσθαι ἐραστῇ παιδικά. Ἔστι γὰρ ἡμῖν νόμος, ὥσπερ ἐπὶ τοῖς ἐρασταῖς ἦν δουλεύειν ἐθέλοντα ἡντινοῦν δουλείαν παιδικοῖς μὴ κολακείαν εἶναι μηδὲ ἐπονείδιστον, c
οὕτω δὴ καὶ ἄλλη μία μόνη δουλεία ἑκούσιος λείπεται οὐκ ἐπονείδιστος· αὕτη δ' ἐστὶν ἡ περὶ τὴν ἀρετήν. Νενόμισται γὰρ δὴ ἡμῖν, ἐάν τις ἐθέλῃ τινὰ θεραπεύειν ἡγούμενος δι' ἐκεῖνον ἀμείνων ἔσεσθαι, ἢ κατὰ σοφίαν τινὰ ἢ κατ' ἄλλο ὁτιοῦν μέρος ἀρετῆς, αὕτη αὖ ἡ ἐθελοδουλεία οὐκ αἰσχρὰ εἶναι οὐδὲ κολακεία. Δεῖ δὴ τὼ νόμω τούτω συμβαλεῖν εἰς ταὐτό, τόν τε περὶ τὴν παιδεραστίαν καὶ

aber schändlich. Schändlich nämlich ist es einem Schlechten
und auf schlechte Art gefällig werden; schön aber einem Guten
und auf schöne Art. Und schlecht ist eben jener gemeine Lieb-
haber, der den Leib mehr liebt als die Seele; wie er auch nicht e
einmal beständig ist, da er ja keinen beständigen Gegenstand
liebt. Denn mit der entfliehenden Blüte des Leibes den er liebte
verschwindet auch er und flattert davon viele Reden und Ver-
sprechungen zu Schanden machend. Der Liebhaber eines Ge-
mütes aber welches gut ist bleibt zeitlebens, denn mit dem
bleibenden hat er sich verschmolzen. Diese also will unsere
Sitte daß man wohl und recht prüfe, und dem einen gefällig sei, 184a
den andern aber meide. Deshalb ermuntert sie den Liebhaber
zum Nachjagen, den Geliebten zum Fliehen, indem sie einen
Kampf anstellt und eine Prüfung, zu welchen von beiden wohl
der Liebhaber gehöre und zu welchen der Geliebte. So dem-
nach und aus dieser Ursache wird zuerst sich schnell gewinnen
zu lassen für schimpflich gehalten, damit es an der Zeit nicht
fehle, welche ja scheint das meiste am besten zu prüfen; dann
auch durch Reichtum oder Gewalt im Staate gewonnen werden
ist schimpflich, mag nun einer unter übler Begegnung sich
beugen und nicht aushalten, oder wenn man ihm zu Reichtü- b
mern und zu seinen Absichten im Staate verhilft, dies nicht
verschmähen. Denn nichts dergleichen scheint sehr sicher und
beständig zu sein, ungerechnet noch daß auch nicht einmal eine
wahre Freundschaft daraus entstehen kann. Ein Weg also ist
nach unseren Sitten noch übrig, wie es schön sein kann, daß ein
Liebling seinem Liebhaber gefällig werde. Denn es ist unter
uns Sitte, daß so wie die Liebhaber durften ihren Lieblingen
freiwillig jeglichen Dienst leisten ohne daß es ihnen als c
Schmeichelei angerechnet wurde oder als sonst etwas schimpf-
liches so noch eine einzige freiwillige Dienstbarkeit übrig ist,
welche nicht schimpflich ist, und das ist die um die Tugend.
Denn das ist bei uns Sitte, wenn jemand will einem Andern
ergeben sein, weil er glaubt besser durch ihn zu werden es sei in
irgend einer Einsicht oder in einem andern Teile der Tugend,
daß ein solcher freiwilliger Dienst nicht schändlich sei noch
eine Niedrigkeit. Diese beiden Satzungen nun muß man zu-
sammenbringen in eins, jene über die Knabenliebe und diese

τὸν περὶ τὴν φιλοσοφίαν τε καὶ τὴν ἄλλην ἀρετήν, εἰ d
μέλλει ξυμβῆναι καλὸν γενέσθαι τὸ ἐραστῇ παιδικὰ χαρί-
σασθαι. Ὅταν γὰρ εἰς τὸ αὐτὸ ἔλθωσιν ἐραστής τε καὶ
παιδικά, νόμον ἔχων ἑκάτερος, ὁ μὲν χαρισαμένοις παι-
δικοῖς ὑπηρετῶν ὁτιοῦν δικαίως ἂν ὑπηρετεῖν, ὁ δὲ τῷ
ποιοῦντι αὐτὸν σοφόν τε καὶ ἀγαθὸν δικαίως αὖ ὁτιοῦν ἂν
ὑπουργῶν ⟨ὑπουργεῖν⟩, καὶ ὁ μὲν δυνάμενος εἰς φρόνησιν καὶ
τὴν ἄλλην ἀρετὴν ξυμβάλλεσθαι, ὁ δὲ δεόμενος εἰς παί- e
δευσιν καὶ τὴν ἄλλην σοφίαν κτᾶσθαι, τότε δή, τούτων
ξυνιόντων εἰς ταὐτὸν τῶν νόμων, μοναχοῦ ἐνταῦθα
ξυμπίπτει τὸ καλὸν εἶναι παιδικὰ ἐραστῇ χαρίσασθαι·
ἄλλοθι δὲ οὐδαμοῦ. Ἐπὶ τούτῳ καὶ ἐξαπατηθῆναι οὐδὲν
αἰσχρόν· ἐπὶ δὲ τοῖς ἄλλοις πᾶσι καὶ ἐξαπατωμένῳ
αἰσχύνην φέρει καὶ μή. Εἰ γάρ τιῳ, ἐραστῇ ὡς πλουσίῳ 185
πλούτου ἕνεκα χαρισάμενος, ἐξαπατηθείη καὶ μὴ λάβοι
χρήματα ἀναφανέντος τοῦ ἐραστοῦ πένητος, οὐδὲν ἧττον
αἰσχρόν· δοκεῖ γὰρ ὁ τοιοῦτος τό γε αὑτοῦ ἐπιδεῖξαι, ὅτι
ἕνεκα χρημάτων ὁτιοῦν ἂν ὁτῳοῦν ὑπηρετοῖ· τοῦτο δὲ οὐ
καλόν. Κατὰ τὸν αὐτὸν δὴ λόγον κἂν εἴ τις, ὡς ἀγαθῷ
χαρισάμενος καὶ αὐτὸς ὡς ἀμείνων ἐσόμενος διὰ τὴν
φιλίαν ἐραστοῦ, ἐξαπατηθείη ἀναφανέντος ἐκείνου κακοῦ
καὶ οὐ κεκτημένου ἀρετήν, ὅμως καλὴ ἡ ἀπάτη· δοκεῖ γὰρ b
αὖ καὶ οὗτος τὸ καθ' αὑτὸν δεδηλωκέναι, ὅτι ἀρετῆς
γ' ἕνεκα καὶ τοῦ βελτίων γενέσθαι πᾶν ἂν παντὶ προ-
θυμηθείη· τοῦτο δὲ αὖ πάντων κάλλιστον. Οὕτω πάντως γε
καλὸν ἀρετῆς γ' ἕνεκα χαρίζεσθαι. Οὗτός ἐστιν ὁ τῆς
Οὐρανίας θεοῦ Ἔρως καὶ Οὐράνιος, καὶ πολλοῦ ἄξιος
καὶ πόλει καὶ ἰδιώταις, πολλὴν ἐπιμέλειαν ἀναγκάζων
ποιεῖσθαι πρὸς ἀρετὴν τόν τε ἐρῶντα αὐτὸν αὑτοῦ καὶ c
τὸν ἐρώμενον. Οἱ δ' ἕτεροι πάντες τῆς ἑτέρας, τῆς
Πανδήμου.

« Ταῦτά σοι, ἔφη, ὡς ἐκ τοῦ παραχρῆμα, ὦ Φαῖδρε,
περὶ Ἔρωτος συμβάλλομαι. »

über die Philosophie und die Tugend, wenn es sich fügen soll, d
daß es schön sei, ein Liebling werde seinem Liebhaber gefällig.
Denn wenn so beide zusammentreffen, Liebhaber und Lieb-
ling, daß jeder die Meinung für sich hat, jener die, daß er Recht
daran tue, dem Liebling der ihm gefällig geworden jeglichen
Dienst zu erzeigen, dieser aber die, daß es recht sei dem der ihn
weise und gut macht, was es auch immer sei, zu erweisen, und
dann jener auch wirklich vermag zur Weisheit und Tugend
behülflich zu sein, dieser aber begehrt zur Bildung und zu e
jeglicher Art der Weisheit Hülfe zu erlangen, dann also wenn
diese beiden Satzungen in eins zusammenkommen, da allein
trifft es auch zu, daß es schön ist für den Liebling dem Lieb-
haber gefällig zu sein, sonst aber nirgends. Und in diesem Falle
ist selbst getäuscht zu werden nichts schändliches; in jedem
andern aber bringt es Schande mag nun einer getäuscht werden
oder auch nicht. Denn wenn einer einem Liebhaber als einem 185a
Reichen um des Reichtums willen gefällig geworden und damit
hintergangen wäre, daß er kein Geld bekäme, weil sich eben
zeigte daß der Liebhaber arm ist, so bliebe die Sache doch um
nichts minder schlecht. Denn ein solcher, denkt man, hat doch
das seinige gezeigt, daß er um des Geldes willen jedem jedes
tun würde, und das ist nicht schön. Aus demselben Grunde
nun, wenn jemand Einem als einem Guten gefällig geworden,
und um selbst besser zu werden durch die Freundschaft seines
Liebhabers, hierin aber hintergangen wäre, indem es sich zeig-
te, daß jener schlecht ist und selbst keine Tugend besitzt: so ist b
doch auch die Täuschung schön. Denn auch dieser wiederum
scheint doch soviel an ihm lag gezeigt zu haben, daß er der
Tugend wegen und um besser zu werden Allen zu allen Dingen
bereit wäre, und dies wiederum ist unter allem das schönste. So
ist es doch auf alle Weise schön der Tugend wegen sich hin-
zugeben. Dieses ist der Eros der himmlischen Göttin und
selbst himmlisch und viel wert dem Staat und den Einzelnen,
indem er den Liebenden nötiget viel Sorgfalt auf seine eigene c
Tugend zu wenden und auch den Geliebten; jeder andere Eros
aber gehört der anderen, der gemeinen. Dieses, sagte er, ist es,
o Phaidros, was ich dir so im Augenblick über den Eros dar-
bieten kann.

Παυσανίου δὲ παυσαμένου (διδάσκουσι γάρ με ἴσα λέγειν οὑτωσὶ οἱ σοφοί), ἔφη ὁ Ἀριστόδημος δεῖν μὲν Ἀριστοφάνη λέγειν, τυχεῖν δὲ αὐτῷ τινα, ἢ ὑπὸ πλησμονῆς ἢ ὑπό τινος ἄλλου, λύγγα ἐπιπεπτωκυῖαν καὶ οὐχ οἷόν τε εἶναι λέγειν· ἀλλ' εἰπεῖν αὐτόν (ἐν τῇ κάτω γὰρ αὐτοῦ τὸν d
ἰατρὸν Ἐρυξίμαχον κατακεῖσθαι)· « Ὦ Ἐρυξίμαχε, δίκαιος εἶ, ἢ παῦσαί με τῆς λυγγός, ἢ λέγειν ὑπὲρ ἐμοῦ ἕως ἂν ἐγὼ παύσωμαι. » Καὶ τὸν Ἐρυξίμαχον εἰπεῖν· « Ἀλλὰ ποιήσω ἀμφότερα ταῦτα. Ἐγὼ μὲν γὰρ ἐρῶ ἐν τῷ σῷ μέρει, σὺ δ' ἐπειδὰν παύσῃ ἐν τῷ ἐμῷ. Ἐν ᾧ δ' ἂν ἐγὼ λέγω, ἐὰν μέν σοι ἐθέλῃ ἀπνευστὶ ἔχοντι πολὺν χρόνον παύεσθαι ἡ λύγξ· εἰ δὲ μή, ὕδατι ἀνακογχυλίασον· εἰ δ' ἄρα πάνυ ἰσχυρά ἐστιν, ἀναλαβών τι τοιοῦτο οἵῳ e
κνήσαις ἂν τὴν ῥῖνα, πτάρε, καὶ ἐὰν τοῦτο ποιήσῃς ἅπαξ ἢ δίς, καὶ εἰ πάνυ ἰσχυρά ἐστι, παύσεται. — Οὐκ ἂν φθάνοις λέγων, φάναι τὸν Ἀριστοφάνη, ἐγὼ δὲ ταῦτα ποιήσω. »

Εἰπεῖν δὴ τὸν Ἐρυξίμαχον· « Δοκεῖ τοίνυν μοι ἀναγκαῖον εἶναι, ἐπειδὴ Παυσανίας, ὁρμήσας ἐπὶ τὸν λόγον καλῶς, οὐχ ἱκανῶς ἀπετέλεσεν, δεῖν ἐμὲ πειρᾶσθαι τέλος 186
ἐπιθεῖναι τῷ λόγῳ. Τὸ μὲν γὰρ διπλοῦν εἶναι τὸν ἔρωτα δοκεῖ μοι καλῶς διελέσθαι· ὅτι δὲ οὐ μόνον ἐστὶν ἐπὶ ταῖς ψυχαῖς τῶν ἀνθρώπων πρὸς τοὺς καλούς, ἀλλὰ καὶ πρὸς ἄλλα πολλὰ καὶ ἐν τοῖς ἄλλοις, τοῖς τε σώμασι τῶν πάντων ζῴων καὶ τοῖς ἐν τῇ γῇ φυομένοις καί, ὡς ἔπος εἰπεῖν, ἐν πᾶσι τοῖς οὖσιν, καθεωρακέναι μοι δοκῶ ἐκ τῆς ἰατρικῆς, τῆς ἡμετέρας τέχνης, ὡς μέγας καὶ θαυμαστὸς καὶ b
ἐπὶ πᾶν ὁ θεὸς τείνει, καὶ κατ' ἀνθρώπινα καὶ κατὰ θεῖα πράγματα.

« Ἄρξομαι δὲ ἀπὸ τῆς ἰατρικῆς λέγων, ἵνα καὶ πρεσβεύωμεν τὴν τέχνην. Ἡ γὰρ φύσις τῶν σωμάτων τὸν διπλοῦν ἔρωτα τοῦτον ἔχει· τὸ γὰρ ὑγιὲς τοῦ σώματος καὶ τὸ νοσοῦν ὁμολογουμένως ἕτερόν τε καὶ ἀνόμοιόν ἐστι·

2.3. Die Rede des Arztes Eryximachos

2.3.1. Warum Eryximachos vor Aristophanes sprach

Als nun Pausanias ausgesagt hatte, denn so lehren mich die Kunstkenner die gleichen Töne suchen, sollte, wie Aristodemos sprach, Aristophanes reden. Es hätte ihn aber eben, sei es nun aus Überfüllung oder sonst einer Ursache ein Schlucken überfallen und er sei nicht im Stande gewesen zu reden, sondern habe gesagt, zunächst neben ihm habe nämlich der Arzt d
Eryximachos gelegen, O Eryximachos, dir kommt es zu, mir entweder den Schlucken zu vertreiben, oder für mich zu reden bis er mir vorgeht. Darauf habe Eryximachos geantwortet Das will ich beides tun; ich will nämlich an deiner Stelle reden, und du hernach wenn es vorüber ist an der meinigen. Und indes ich rede wird dir vielleicht wenn du nur recht lange den Atem an dich halten willst der Schlucken vergehen, wo nicht so spüle ihn mit Wasser hinunter. Wenn er aber recht hartnäckig ist, so e
nimm etwas womit du die Nase reizen kannst und niese; und wenn du dies ein oder zwei Mal getan hast, wird er vergehen, wenn er auch noch so heftig ist. – So fange nun an zu reden, habe Aristophanes gesagt, und ich will dieses tun. –

2.3.2. Die Rede: Die beiden Arten des Eros wirken nach Ausweis der Wissenschaften überall in der Natur

Darauf habe Eryximachos so gesprochen.

Es scheint mir nötig zu sein, da Pausanias zwar einen schönen Ansatz genommen zu seiner Rede, sie aber nicht befriedigend zu Ende geführt hat, daß ich versuchen müsse der Rede 186a
ihren Schluß zu geben. Denn daß es einen zwiefachen Eros gibt, dünkt er mich sehr richtig unterschieden zu haben; daß er aber nicht allein über die Seelen der Menschen waltet in Beziehung auf die Schönen, sondern auch auf vieles andere, und auch in allen andern Dingen, in den Leibern aller Tiere sowohl als in den Gewächsen der Erde, und kurz in allem was ist, das glaube ich ersehen zu haben aus unserer Kunst, der Heilkunde, b
wie groß und bewunderungswürdig der Gott ist und über alles sich erstreckt in menschlichen sowohl als göttlichen Dingen. Anfangen aber will ich meine Rede mit der Heilkunde, um doch meiner Kunst Ehre zu erzeigen. Auch die Natur der Lei-

τὸ δὲ ἀνόμοιον ἀνομοίων ἐπιθυμεῖ καὶ ἐρᾷ· ἄλλος μὲν οὖν ὁ ἐπὶ τῷ ὑγιεινῷ ἔρως, ἄλλος δὲ ὁ ἐπὶ τῷ νοσώδει. Ἔστι δή, ὥσπερ ἄρτι Παυσανίας ἔλεγε τοῖς μὲν ἀγαθοῖς καλὸν χαρίζεσθαι τῶν ἀνθρώπων, τοῖς δὲ ἀκολάστοις αἰσχρόν, c
οὕτω, καὶ ἐν αὐτοῖς τοῖς σώμασι, τοῖς μὲν ἀγαθοῖς ἑκάστου τοῦ σώματος καὶ ὑγιεινοῖς καλὸν χαρίζεσθαι καὶ δεῖ, καὶ τοῦτό ἐστιν ᾧ ὄνομα τὸ ἰατρικόν, τοῖς δὲ κακοῖς καὶ νοσώδεσιν αἰσχρόν τε καὶ δεῖ ἀχαριστεῖν εἰ μέλλει τις τεχνικὸς εἶναι· ἔστι γὰρ ἰατρική, ὡς ἐν κεφαλαίῳ εἰπεῖν, ἐπιστήμη τῶν τοῦ σώματος ἐρωτικῶν πρὸς πλησμονὴν καὶ κένωσιν· καὶ ὁ διαγιγνώσκων ἐν τούτοις τὸν καλόν τε καὶ αἰσχρὸν ἔρωτα, οὗτός ἐστιν ὁ ἰατρικώτατος· καὶ ὁ μετα- d
βάλλειν ποιῶν, ὥστε ἀντὶ τοῦ ἑτέρου ἔρωτος τὸν ἕτερον κτᾶσθαι, καὶ οἷς μὴ ἔνεστιν ἔρως δεῖ δ' ἐγγενέσθαι ἐπιστάμενος ἐμποιῆσαι, καὶ ἐνόντα ἐξελεῖν, ἀγαθὸς ἂν εἴη δημιουργός. Δεῖ γὰρ δὴ τὰ ἔχθιστα ὄντα ἐν τῷ σώματι φίλα οἷόν τ' εἶναι ποιεῖν καὶ ἐρᾶν ἀλλήλων· ἔστι δὲ ἔχθιστα τὰ ἐναντιώτατα, ψυχρὸν θερμῷ, πικρὸν γλυκεῖ, ξηρὸν ὑγρῷ, πάντα τὰ τοιαῦτα· τούτοις ἐπιστηθεὶς ἔρωτα e
ἐμποιῆσαι καὶ ὁμόνοιαν, ὁ ἡμέτερος πρόγονος Ἀσκληπιός, ὥς φασιν οἵδε οἱ ποιηταὶ καὶ ἐγὼ πείθομαι, συνέστησε τὴν ἡμετέραν τέχνην.

« Ἥ τε οὖν ἰατρική, ὥσπερ λέγω, πᾶσα διὰ τοῦ θεοῦ τούτου κυβερνᾶται. Ὡσαύτως δὲ καὶ γυμναστικὴ καὶ 187
γεωργία. Μουσικὴ δὲ καὶ παντὶ κατάδηλος, τῷ καὶ σμικρὸν προσέχοντι τὸν νοῦν, ὅτι κατὰ ταὐτὰ ἔχει τούτοις, ὥσπερ ἴσως καὶ Ἡράκλειτος βούλεται λέγειν, ἐπεὶ τοῖς γε ῥήμασιν οὐ καλῶς λέγει. Τὸ ἓν γάρ φησι διαφερόμενον αὐτὸ αὑτῷ ξυμφέρεσθαι, ὥσπερ ἁρμονίαν τόξου τε καὶ λύρας. Ἔστι δὲ πολλὴ ἀλογία ἁρμονίαν φάναι διαφέρεσθαι, ἢ ἐκ διαφερομένων ἔτι εἶναι. Ἀλλὰ ἴσως τόδε ἐβούλετο λέγειν ὅτι, ἐκ διαφερομένων πρότερον τοῦ

ber nämlich hat diese zwiefache Liebe. Denn der gesunde Zustand des Leibes und der kranke sind eingestandenermaßen verschieden und unähnlich; und das unähnliche begehrt auch und liebt unähnliches. Ein anderer Eros also ist der über den Gesunden und ein anderer der über den Kranken. Und es ist, wie auch eben Pausanias sagte, den guten unter den Menschen
zu willfahren schön; den Ungebändigten aber häßlich. So ist es c
auch mit den Leibern selbst; dem was gut ist an einem jeden Leibe und gesund, ist es schön zu willfahren, und es gehört sich, und dies ist eben das was wir heilkundig nennen; dem schlechten aber und krankhaften wäre es schändlich, und dem muß sich verweigern wer irgend kunstverständig sein will. Denn die Heilkunde ist um es in kurzem zu sagen die Erkenntnis der Liebesregungen des Leibes in Bezug auf Anfüllung und Ausleerung; und wer in diesen Dingen die schöne und die
schlechte Liebe unterscheidet, dieser ist der heilkundigste, und d
wer zum Tauschen bewegt, daß man statt der einen Liebe die andere sich aneigne, und wer, denen keine Liebe einwohnt und doch einwohnen sollte, sie beizubringen versteht, oder eine einwohnende zu benehmen, der wäre der treffliche Künstler. Denn dieser muß das feindseligste im Leibe einander zu befreunden wissen, daß es sich liebe. Das feindseligste aber ist das entgegengesetzteste, das kalte dem warmen, das bittre dem
süßen, das trockne dem nassen, und alles dergleichen. Daß e
diesen Liebe und Wohlwollen unser Ahnherr Asklepios einzuflößen verstand, dadurch hat er, wie die Dichter hier sagen und ich es glaube, unsere Kunst gegründet. Die Heilkunde also
wird wie gesagt ganz von diesem Gott geleitet, eben so auch 187a
die Gymnastik und der Landbau. Von der Tonkunst aber muß jedem offenbar sein, der nur ein wenig Nachdenken daran wendet, daß es sich mit ihr eben so verhält wie mit jenen, was vielleicht auch Herakleitos sagen will, denn den Worten nach hat er es nicht richtig ausgedrückt. Er sagt nämlich, daß das Eins in sich entzweit sich mit sich einige wie die Stimmung einer Lyra oder eines Bogens. Es ist aber große Unvernunft zu sagen eine Harmonie sei in sich entzweit oder könne aus noch entzweitem bestehen. Vielleicht aber wollte er dieses sagen, daß sie aus dem vorher entzweiten höheren und tieferen her-

ὀξέος καὶ βαρέος, ἔπειτα, ὕστερον ὁμολογησάντων, γέγονεν b
ὑπὸ τῆς μουσικῆς τέχνης· οὐ γὰρ δήπου ἐκ διαφερομένων
γε ἔτι τοῦ ὀξέος καὶ βαρέος ἁρμονία ἂν εἴη. Ἡ γὰρ
ἁρμονία συμφωνία ἐστίν, συμφωνία δὲ ὁμολογία τις· ὁμο-
λογίαν δὲ ἐκ διαφερομένων, ἕως ἂν διαφέρωνται, ἀδύνατον
εἶναι, διαφερόμενον δὲ αὖ καὶ μὴ ὁμολογοῦν ἀδύνατον
ἁρμόσαι, ὥσπερ γε καὶ ὁ ῥυθμὸς ἐκ τοῦ ταχέος καὶ βρα-
δέος, ἐκ διενηνεγμένων πρότερον ὕστερον δὲ ὁμολογη- c
σάντων, γέγονε. Τὴν δὲ ὁμολογίαν πᾶσι τούτοις, ὥσπερ
ἐκεῖ ἡ ἰατρική, ἐνταῦθα ἡ μουσικὴ ἐντίθησιν, ἔρωτα καὶ
ὁμόνοιαν ἀλλήλων ἐμποιήσασα· καὶ ἔστιν αὖ μουσική, περὶ
ἁρμονίαν καὶ ῥυθμόν, ἐρωτικῶν ἐπιστήμη. Καί, ἐν μέν γε
αὐτῇ τῇ συστάσει ἁρμονίας τε καὶ ῥυθμοῦ, οὐδὲν χαλεπὸν
τὰ ἐρωτικὰ διαγιγνώσκειν, οὐδὲ ὁ διπλοῦς ἔρως ἐνταῦθά
πω ἔστιν. Ἀλλ᾽ ἐπειδὰν δέῃ πρὸς τοὺς ἀνθρώπους
καταχρῆσθαι ῥυθμῷ τε καὶ ἁρμονίᾳ, ἢ ποιοῦντα (ὃ δὴ d
μελοποιίαν καλοῦσιν), ἢ χρώμενον ὀρθῶς τοῖς πεποιημένοις
μέλεσί τε καὶ μέτροις (ὃ δὴ παιδεία ἐκλήθη), ἐνταῦθα δὴ
καὶ χαλεπὸν καὶ ἀγαθοῦ δημιουργοῦ δεῖ. Πάλιν γὰρ ἥκει ὁ
αὐτὸς λόγος, ὅτι τοῖς μὲν κοσμίοις τῶν ἀνθρώπων, καὶ ὡς
ἂν κοσμιώτεροι γίγνοιντο οἱ μήπω ὄντες, δεῖ χαρίζεσθαι
καὶ φυλάττειν τὸν τούτων ἔρωτα· καὶ οὗτός ἐστιν ὁ
καλός, ὁ Οὐράνιος, ὁ τῆς Οὐρανίας μούσης ἔρως· ὁ δὲ e
Πολυμνίας, ὁ Πάνδημος, ὃν δεῖ εὐλαβούμενον προσφέρειν
οἷς ἂν προσφέρῃ, ὅπως ἂν τὴν μὲν ἡδονὴν αὐτοῦ καρ-
πώσηται, ἀκολασίαν δὲ μηδεμίαν ἐμποιήσῃ· ὥσπερ ἐν τῇ
ἡμετέρᾳ τέχνῃ μέγα ἔργον ταῖς περὶ τὴν ὀψοποιικὴν
τέχνην ἐπιθυμίαις καλῶς χρῆσθαι, ὥστ᾽ ἄνευ νόσου τὴν
ἡδονὴν καρπώσασθαι. Καὶ ἐν μουσικῇ δὴ καὶ ἐν ἰατρικῇ
καὶ ἐν τοῖς ἄλλοις πᾶσι, καὶ τοῖς ἀνθρωπείοις καὶ τοῖς
θείοις, καθ᾽ ὅσον παρείκει φυλακτέον ἑκάτερον τὸν ἔρωτα·
ἔνεστον γάρ.

« Ἐπεὶ καὶ ἡ τῶν ὡρῶν τοῦ ἐνιαυτοῦ σύστασις μεστή 188

nach aber einig gewordenen durch die Tonkunst entstanden b
sei. Denn unmöglich kann aus noch entzweitem höheren und tieferen eine Harmonie bestehen. Denn Harmonie ist Zusammenstimmung, Zusammenstimmung aber ist eine Eintracht; Eintracht aber kann unter entzweitem so lange es entzweit ist unmöglich sein; und das entzweite und nicht einträchtige kann wiederum unmöglich zusammenstimmen. Wie auch das Zeitmaß aus dem schnellen und langsamen vorher freilich ent- c
zweiten hernach aber einig gewordenen entsteht. Eintracht nun weiß allem diesem wie dort die Heilkunst so hier die Tonkunst einzuflößen, indem sie gegenseitig jedem Liebe und Wohlwollen einbildet. Und so ist wiederum die Tonkunst eine Wissenschaft der Liebe in Bezug auf Harmonie und Zeitmaß. Und in dem Aufstellen des Wohllautes und des Zeitmaßes selbst ist es wohl nicht schwer die Liebesregungen zu erkennen, noch findet sich hierin jener zwiefache Eros. Allein wenn man vor den Menschen Wohllaut und Zeitmaß in Anwendung d
bringen soll, es sei nun dichtend was man das Tonsetzen nennt, oder nur bereits gedichtete Gesänge und Silbenmaße recht gebrauchend, was die Ausübung heißt, alsdann ist es schwer und bedarf eines tüchtigen Meisters. Denn hier tritt wieder dasselbe Verhältnis ein, daß man den sittlichen Menschen, und damit auch die sittlicher werden, die es noch nicht sind, gefällig sein und ihre Liebe wohl in Acht nehmen muß; und dies eben ist der schöne himmlische Eros, der der Muse Urania angehört, der e
andere aber der Polyhymnia ist der Gemeine, den man mit großer Vorsicht anwenden muß, bei wem man ihn ja anwendet, damit man die Lust von ihm zwar einernte, er aber doch keine Ungebundenheit hervorbringe, so wie es in unserer Kunst gar schwer ist mit den Gelüsten die sich auf die Kochkunst beziehn richtig zu verfahren, um die Lust davon zu genießen ohne Krankheit. Also in der Tonkunst wie in der Heilkunst und in allen übrigen menschlichen und göttlichen Dingen muß man soweit es vergönnt ist auf den zwiefachen Eros wohl Acht haben; denn vorhanden sind beide darin. Dann auch die Anordnung der Jahreszeiten und der Witterung ist 188a

ἐστιν ἀμφοτέρων τούτων καὶ ἐπειδὰν μὲν πρὸς ἄλληλα τοῦ κοσμίου τύχῃ ἔρωτος ἃ νῦν δὴ ἐγὼ ἔλεγον, τά τε θερμὰ καὶ τὰ ψυχρὰ καὶ ξηρὰ καὶ ὑγρά, καὶ ἁρμονίαν καὶ κρᾶσιν λάβῃ σώφρονα, ἥκει φέροντα εὐετηρίαν τε καὶ ὑγίειαν ἀνθρώποις καὶ τοῖς ἄλλοις ζῴοις τε καὶ φυτοῖς· καὶ οὐδὲν ἠδίκησεν. Ὅταν δὲ ὁ μετὰ τῆς ὕβρεως ἔρως ἐγκρατέστερος περὶ τὰς τοῦ ἐνιαυτοῦ ὥρας γένηται, διέφθειρέ τε πολλὰ καὶ ἠδίκησεν· οἵ τε γὰρ λοιμοὶ φιλοῦσι b γίγνεσθαι ἐκ τῶν τοιούτων καὶ ἄλλα ἀνόμοια πολλὰ νοσήματα, καὶ τοῖς θηρίοις καὶ τοῖς φυτοῖς· καὶ γὰρ πάχναι καὶ χάλαζαι καὶ ἐρυσῖβαι ἐκ πλεονεξίας καὶ ἀκοσμίας περὶ ἄλληλα τῶν τοιούτων γίγνεται ἐρωτικῶν· ὧν ἐπιστήμη περὶ ἄστρων τε φορὰς καὶ ἐνιαυτῶν ὥρας ἀστρονομία καλεῖται.

« Ἔτι τοίνυν καὶ αἱ θυσίαι πᾶσαι καὶ οἷς μαντικὴ ἐπιστατεῖ (ταῦτα δ' ἐστὶν ἡ περὶ θεούς τε καὶ ἀνθρώπους πρὸς ἀλλήλους κοινωνία) οὐ περὶ ἄλλο τί ἐστιν ἢ περὶ c ἔρωτος φυλακήν τε καὶ ἴασιν· πᾶσα γὰρ ἀσέβεια φιλεῖ γίγνεσθαι, ἐὰν μή τις τῷ κοσμίῳ ἔρωτι χαρίζηται μηδὲ τιμᾷ τε αὐτὸν καὶ πρεσβεύῃ ἐν παντὶ ἔργῳ ἀλλὰ τὸν ἕτερον, καὶ περὶ γονέας, καὶ ζῶντας καὶ τετελευτηκότας, καὶ περὶ θεούς. Ἃ δὴ προστέτακται τῇ μαντικῇ ἐπισκοπεῖν τοὺς ἐρῶντας καὶ ἰατρεύειν· καὶ ἔστιν αὖ ἡ μαντικὴ φιλίας θεῶν καὶ ἀνθρώπων δημιουργὸς τῷ ἐπίστασθαι τὰ κατ' d ἀνθρώπους ἐρωτικά, ὅσα τείνει πρὸς θέμιν καὶ εὐσέβειαν.

« Οὕτω πολλὴν καὶ μεγάλην, μᾶλλον δὲ πᾶσαν δύναμιν ἔχει ξυλλήβδην μὲν ὁ πᾶς Ἔρως· ὁ δὲ περὶ τἀγαθὰ μετὰ σωφροσύνης καὶ δικαιοσύνης ἀποτελούμενος καὶ παρ' ἡμῖν καὶ παρὰ θεοῖς, οὗτος τὴν μεγίστην δύναμιν ἔχει καὶ πᾶσαν ἡμῖν εὐδαιμονίαν παρασκευάζει καὶ ἀλλήλοις δυναμένους ὁμιλεῖν καὶ φίλους εἶναι καὶ τοῖς κρείττοσιν ἡμῶν, θεοῖς. Ἴσως μὲν οὖν καὶ ἐγώ, τὸν Ἔρωτα ἐπαινῶν, πολλὰ e παραλείπω, οὐ μέντοι ἑκών γε. Ἀλλ' εἴ τι ἐξέλιπον, σὸν

voll von beiden. Wenn nämlich der sittige Eros gegenseitig in dem schon erwähnten waltet, dem warmen und kalten, trocknen und feuchten, und sie zu einer wohlgeordneten Stimmung und Mischung gelangen, dann bringen sie Gedeihen und Gesundheit den Menschen und den übrigen Tieren sowohl als Pflanzen und beschädigen nichts. Wenn aber der frevelhafte Eros die Oberhand gewinnt in den abwechselnden Zeiten des Jahres, so verderbt und beschädigt er das Meiste. Die Seuchen b
nämlich pflegen aus dergleichen zu entstehen und vielerlei andere Krankheiten unter den Tieren und den Gewächsen. Denn auch Reif und Hagel und Mehltau entstehen aus Unmäßigkeit und Unordnung der Liebesregungen dieser Art, deren Erkenntnis im Lauf der Gestirne und im Wechsel der Jahreszeiten die Sternkunde heißt. Ferner auch alle Opferungen und was sonst die Wahrsagekunst unter sich hat, denn dies insgesamt ist die Gemeinschaft der Götter und Menschen unter einander, c
haben es mit nichts anderem zu tun als mit Pflege und Heilung der Liebe. Denn alle Ruchlosigkeit pflegt zu entstehn, wenn jemand nicht dem sittigen Eros willfahrt noch ihm Ehre und Vorrang einräumt in allen Dingen, sondern dem andern sowohl im Verhältnis gegen die Eltern, sie mögen leben oder abgeschieden sein, als gegen die Götter, worin eben der Wahrsagekunst obliegt beiderlei Eros zu beaufsichten und zu heilen. Und so ist wiederum auch die Wahrsagekunst die Stifterin der Freundschaft zwischen Göttern und Menschen ver- d
möge der Erkenntnis derjenigen Liebesregungen unter den Menschen, welche auf Gottesfurcht und Ruchlosigkeit ausgehn. So vielfache und große oder vielmehr alle Kraft besitzt Eros überhaupt; der aber an dem Guten mit Besonnenheit und Gerechtigkeit sich erweiset, der hat bei uns und bei den Göttern die meiste Gewalt und bereitet uns jede Glückseligkeit, daß wir sowohl mit einander umgehn können und befreundet sein als auch mit den herrlicheren als wir, den Göttern. Vielleicht nun habe auch ich den Eros lobpreisend vieles e
vorbeigelassen, wiewohl gewiß nicht gern. Habe ich aber et-

ἔργον, ὦ Ἀριστόφανες, ἀναπληρῶσαι· ἤ, εἴ πως ἄλλως ἐν νῷ ἔχεις ἐγκωμιάζειν τὸν θεόν, ἐγκωμίαζε, ἐπειδὴ καὶ τῆς λυγγὸς πέπαυσαι. »

Ἐκδεξάμενον οὖν ἔφη εἰπεῖν τὸν Ἀριστοφάνη ὅτι· 189
« Καὶ μάλ' ἐπαύσατο, οὐ μέντοι πρίν γε τὸν πταρμὸν προσενεχθῆναι αὐτῇ, ὥστε με θαυμάζειν εἰ τὸ κόσμιον τοῦ σώματος ἐπιθυμεῖ τοιούτων ψόφων καὶ γαργαλισμῶν, οἷον καὶ ὁ πταρμός ἐστιν. Πάνυ γὰρ εὐθὺς ἐπαύσατο ἐπειδὴ αὐτῷ τὸν πταρμὸν προσήνεγκα. » Καὶ τὸν Ἐρυξίμαχον· « Ὠγαθέ, φάναι, Ἀριστόφανες, ὅρα τί ποιεῖς· γελωτοποιεῖς μέλλων λέγειν, καὶ φύλακά με τοῦ λόγου ἀναγκάζεις b
γίγνεσθαι τοῦ σεαυτοῦ ἐάν τι γελοῖον εἴπῃς, ἐξόν σοι ἐν εἰρήνῃ λέγειν. » Καὶ τὸν Ἀριστοφάνη, γελάσαντα, εἰπεῖν· « Εὖ λέγεις, ὦ Ἐρυξίμαχε, καί μοι ἔστω ἄρρητα τὰ εἰρημένα. Ἀλλὰ μή με φύλαττε, ὡς ἐγὼ φοβοῦμαι περὶ τῶν μελλόντων ῥηθήσεσθαι, οὔ τι μὴ γελοῖα εἴπω (τοῦτο μὲν γὰρ ἂν κέρδος εἴη καὶ τῆς ἡμετέρας μούσης ἐπιχώριον), ἀλλὰ μὴ καταγέλαστα. — Βαλών γε, φάναι, ὦ Ἀριστόφανες, οἴει ἐκφεύξεσθαι. Ἀλλὰ πρόσεχε τὸν νοῦν καὶ οὕτως λέγε ὡς δώσων λόγον· ἴσως μέντοι, ἂν δόξῃ μοι, c
ἀφήσω σε.

— Καὶ μήν, ὦ Ἐρυξίμαχε, εἰπεῖν τὸν Ἀριστοφάνη, ἄλλῃ γέ πῃ ἐν νῷ ἔχω λέγειν ἢ ᾗ σύ τε καὶ Παυσανίας εἰπέτην. Ἐμοὶ γὰρ δοκοῦσιν ἄνθρωποι παντάπασι τὴν τοῦ Ἔρωτος δύναμιν οὐκ ᾐσθῆσθαι, ἐπεὶ αἰσθανόμενοί γε μέγιστ' ἂν αὐτοῦ ἱερὰ κατασκευάσαι καὶ βωμούς, καὶ θυσίας ἂν ποιεῖν μεγίστας, οὐχ ὥσπερ νῦν τούτων οὐδὲν γίγνεται περὶ αὐτόν, δέον πάντων μάλιστα γίγνεσθαι. Ἔστι γὰρ θεῶν φιλανθρωπότατος, ἐπίκουρός τε ὢν τῶν d
ἀνθρώπων καὶ ἰατρὸς τούτων ὧν ἰαθέντων μεγίστη εὐδαιμονία ἂν τῷ ἀνθρωπείῳ γένει εἴη. Ἐγὼ οὖν πειράσομαι

was ausgelassen: so ist nun deine Sache, Aristophanes, es zu ergänzen. Oder hast du auch im Sinne noch auf eine andere Weise den Gott zu preisen, so preise ihn, zumal du auch des Schluckens ledig bist.

2.4. Die Rede des Komödiendichters Aristophanes

2.4.1. Über das Ende seines Schluckens. Die Absicht der Rede

Darauf habe, sagte er, Aristophanes das Wort genommen, 189a
und gesagt Freilich hat er aufgehört, aber doch nicht eher bis er mit dem Niesen behandelt worden ist, so daß mich auch wundert habe er hinzugefügt, wie doch das Wohlgeordnete des Leibes solches Geräusch und solchen Kitzel begehren mag wie doch das Niesen ist; denn er hörte gleich auf sobald ich nur das Niesen anwendete. Darauf habe Eryximachos gesagt, Guter Aristophanes, siehe wohl zu was du tust! Du ziehst mich auf,
indem du im Begriff bist zu reden, und nötigest mich also selbst b
der Aufpasser deiner Rede zu werden, ob du nicht auch etwas lächerliches sagst, da du sonst könntest ganz in Frieden geredet haben. – Darauf habe Aristophanes lachend entgegnet, Wohl gesprochen, Eryximachos, und das Gesagte soll mir ungesagt sein. Also laure mir nicht auf, da ich ohnehin schon besorgt bin um das was ich zu sagen denke, nicht ob ich nicht lächerliches sagen werde, denn das wäre ja ein Gewinn und meiner Muse einheimisch, sondern ob nicht belachenswertes. – Nachdem du abgeschossen, habe jener gesagt, denkst du zu entkommen Aristophanes? Gib nur wohl Achtung, und rede wie einer der
sich wird verantworten müssen. Vielleicht indes, wenn es mir c
ansteht, lasse ich dich auch durch.

Allerdings, habe also Arisophanes gesagt, habe ich im Sinne ganz anders zu reden als ihr beide du und Pausanias gesprochen habt. Denn mir scheinen die Menschen durchaus die wahre Kraft des Eros nicht inne geworden zu sein. Denn wären sie es: so würden sie ihm die herrlichsten Heiligtümer und Altäre errichten und die größten Opfer bereiten, und es würde nicht wie jetzt gar nichts dergleichen für ihn geschehen, dem es doch ganz vorzüglich geschehen sollte. Denn er ist der menschen-
freundlichste unter den Göttern, da er der Menschen Beistand d
und Arzt ist in demjenigen aus dessen Heilung die größte

ὑμῖν εἰσηγήσασθαι τὴν δύναμιν αὐτοῦ, ὑμεῖς δὲ τῶν ἄλλων
διδάσκαλοι ἔσεσθε.

« Δεῖ δὲ πρῶτον ὑμᾶς μαθεῖν τὴν ἀνθρωπίνην φύσιν καὶ
τὰ παθήματα αὐτῆς· ἡ γὰρ πάλαι ἡμῶν φύσις οὐχ αὑτὴ ἦν
ἥπερ νῦν, ἀλλ' ἀλλοία. Πρῶτον μὲν γὰρ τρία ἦν τὰ γένη
τὰ τῶν ἀνθρώπων, οὐχ ὥσπερ νῦν δύο, ἄρρεν καὶ θῆλυ·
ἀλλὰ καὶ τρίτον προσῆν, κοινὸν ὂν ἀμφοτέρων τούτων, οὗ e
νῦν ὄνομα λοιπόν, αὐτὸ δὲ ἠφάνισται· ἀνδρόγυνον γὰρ ἓν
τότε μὲν ἦν, καὶ εἶδος καὶ ὄνομα ἐξ ἀμφοτέρων κοινὸν τοῦ
τε ἄρρενος καὶ θήλεος· νῦν δ' οὐκ ἔστιν ἀλλ' ἢ ἐν ὀνείδει
ὄνομα κείμενον.

Ἔπειτα ὅλον ἦν ἑκάσρου τοῦ ἀνθρώπου τὸ εἶδος,
στρογγύλον νῶτον καὶ πλευρὰς κύκλῳ ἔχον· χεῖρας δὲ
τέτταρας εἶχε καὶ σκέλη τὰ ἴσα ταῖς χεπσί· καὶ πρό-
σωπα δύο ἐπ' αὐχένι κυκλοτερεῖ, ὅμοια πάντῃ, κεφαλὴν 190
δ' ἐπ' ἀμφοτέροις τοῖς προσώποις ἐναντίοις κειμένοις
μίαν· καὶ ὦτα τέτταρα, καὶ αἰδοῖα δύο, καὶ τἆλλα πάντα
ὡς ἀπὸ τούτων ἄν τις εἰκάσειεν. Ἐπορεύετο δέ, καὶ ὀρθὸν
ὥσπερ νῦν ὁποτέρωσε βουληθείη, καὶ ὁπότε ταχὺ ὁρμή-
σειε θεῖν ὥσπερ οἱ κυβιστῶντες [καὶ] εἰς ὀρθὸν τὰ σκέλη
περιφερόμενοι [κυβιστῶσι κύκλῳ], ὀκτὼ τότε οὖσι τοῖς
μέλεσιν ἀπερειδόμενοι, ταχὺ ἐφέροντο κύκλῳ. Ἦν δὲ διὰ
ταῦτα τρία τὰ γένη καὶ τοιαῦτα, ὅτι τὸ μὲν ἄρρεν ἦν τοῦ b
ἡλίου τὴν ἀρχὴν ἔκγονον, τὸ δὲ θῆλυ τῆς γῆς, τὸ δὲ ἀμφο-
τέρων μετέχον τῆς σελήνης, ὅτι καὶ ἡ σελήνη ἀμφοτέρων
μετέχει· περιφερῆ δὲ δὴ ἦν, καὶ αὐτὰ καὶ ἡ πορεία αὐτῶν,
διὰ τὸ τοῖς γονεῦσιν ὅμοια εἶναι. Ἦν οὖν τὴν ἰσχὺν δεινὰ
καὶ τὴν ῥώμην, καὶ τὰ φρονήματα μεγάλα εἶχον· ἐπε-
χείρησαν δὲ τοῖς θεοῖς, καὶ ὃ λέγει Ὅμηρος περὶ Ἐφιάλ-
του τε καὶ Ὤτου, περὶ ἐκείνων λέγεται, τὸ εἰς τὸν
οὐρανὸν ἀνάβασιν ἐπιχειρεῖν ποιεῖν, ὡς ἐπιθησομένων c
τοῖς θεοῖς.

Glückseligkeit für das menschliche Geschlecht erwachsen würde. Ich also will versuchen Euch seine Kraft zu erklären und ihr sollt dann die Lehrer der übrigen sein.

2.4.2. Die ursprüngliche Verfassung des Menschengeschlechts. Ihr Verlust als Quelle der Liebe

Zuerst aber müßt ihr die menschliche Natur und deren Begegnisse recht kennen lernen. Nämlich unsere ehemalige Natur war nicht dieselbige wie jetzt, sondern ganz eine andere. Denn erstlich gab es drei Geschlechter von Menschen, nicht wie jetzt nur zwei männliches und weibliches, sondern es gab noch ein drittes dazu welches das gemeinschaftliche war von diesen bei- e
den, dessen Name auch noch übrig ist, es selbst aber ist verschwunden. Mannweiblich nämlich war damals das eine, Gestalt und Benennung zusammengesetzt aus jenen beiden, dem männlichen und weiblichen, jetzt aber ist es nur noch ein Name der zum Schimpf gebraucht wird. Ferner war die ganze Gestalt eines jeden Menschen rund, so daß Rücken und Brust im Kreise herumgingen. Und vier Hände hatte jeder und Schenkel ebenso viel als Hände, und zwei Angesichter auf einem kreisrunden Halse einander genau ähnlich, und einen gemeinschaft- 190a
lichen Kopf für beide einander gegenüberstehende Angesichter, und vier Ohren, auch zweifache Schamteile, und alles übrige wie es sich hieraus ein Jeder weiter ausbilden kann. Er ging aber nicht nur aufrecht wie jetzt, nach welcher Seite er wollte, sondern auch wenn er schnell wohin strebte, so konnte er, wie die Radschlagenden jetzt noch indem sie die Beine gerade im Kreise herumdrehen das Rad schlagen, eben so auf seine acht Gliedmaßen gestützt sich sehr schnell im Kreise fortbewegen. Diese drei Geschlechter gab es aber deshalb weil das männliche b
ursprünglich der Sonne Ausgeburt war, und das weibliche der Erde, das an beidem teilhabende aber des Mondes, der ja auch selbst an beiden Teil hat. Und kreisförmig waren sie selbst und ihr Gang, um ihren Erzeugern ähnlich zu sein. An Kraft und Stärke nun waren sie gewaltig und hatten auch große Gedanken, und was Homeros vom Ephialtes und Otos sagt, das ist von ihnen zu verstehen, daß sie sich einen Zugang zum Himmel bahnen wollten um die Götter anzugreifen. Zeus also und c

« Ὁ οὖν Ζεὺς καὶ οἱ ἄλλοι θεοὶ ἐβουλεύοντο ὅ τι χρὴ
αὐτοὺς ποιῆσαι, καὶ ἠπόρουν· οὔτε γὰρ ὅπως ἀποκτείναιεν
εἶχον καί, ὥσπερ τοὺς Γίγαντας, κεραυνώσαντες τὸ γένος
ἀφανίσαιεν (αἱ τιμαὶ γὰρ αὐτοῖς καὶ ἱερὰ τὰ παρὰ τῶν
ἀνθρώπων ἠφανίζετο), οὔτε ὅπως ἐῷεν ἀσελγαίνειν. Μόγις
δὴ ὁ Ζεὺς ἐννοήσας λέγει ὅτι· « Δοκῶ μοι, ἔφη, ἔχειν
« μηχανὴν ὡς ἂν εἶέν τε ἄνθρωποι καὶ παύσαιντο τῆς
« ἀκολασίας, ἀσθενέστεροι γενόμενοι. Νῦν μὲν γὰρ αὐτούς, d
« ἔφη, διατεμῶ δίχα ἕκαστον, καὶ ἅμα μὲν ἀσθενέστεροι
« ἔσονται, ἅμα δὲ χρησιμώτεροι ἡμῖν διὰ τὸ πλείους τὸν
« ἀριθμὸν γεγονέναι. Καὶ βαδιοῦνται ὀρθοὶ ἐπὶ δυοῖν σκε-
« λοῖν· ἐὰν δ' ἔτι δοκῶσιν ἀσελγαίνειν καὶ μὴ θέλωσιν
« ἡσυχίαν ἄγειν, πάλιν αὖ, ἔφη, τεμῶ δίχα, ὥστ' ἐφ' ἑνὸς
« πορεύσονται σκέλους ἀσκωλιάζοντες. » Ταῦτα εἰπών,
ἔτεμνε τοὺς ἀνθρώπους δίχα, ὥσπερ οἱ τὰ ὄα τέμνοντες
καὶ μέλλοντες ταριχεύειν, ἢ ὥσπερ οἱ τὰ ᾠὰ ταῖς θριξίν. e
Ὅντινα δὲ τέμοι, τὸν Ἀπόλλω ἐκέλευε τό τε πρόσωπον
μεταστρέφειν καὶ τὸ τοῦ αὐχένος ἥμισυ πρὸς τὴν τομήν,
ἵνα, θεώμενος τὴν αὑτοῦ τμῆσιν, κοσμιώτερος εἴη ὁ
ἄνθρωπος· καὶ τἆλλα ἰᾶσθαι ἐκέλευεν. Ὁ δὲ τό τε πρόσω-
πον μετέστρεφε καί, συνέλκων πανταχόθεν τὸ δέρμα ἐπὶ
τὴν γαστέρα νῦν καλουμένην, ὥσπερ τὰ σύσπαστα βαλλάν-
τια, ἓν στόμα ποιῶν ἀπέδει κατὰ μέσην τὴν γαστέρα, ὃ δὴ
τὸν ὀμφαλὸν καλοῦσιν. Καὶ τὰς μὲν ἄλλας ῥυτίδας τὰς
πολλὰς ἐξελέαινε καὶ τὰ στήθη διήρθρου, ἔχων τι τοιοῦτον 191
ὄργανον οἷον οἱ σκυτοτόμοι περὶ τὸν καλάποδα λεαίνοντες
τὰς τῶν σκυτῶν ῥυτίδας· ὀλίγας δὲ κατέλιπε, τὰς περὶ
αὐτὴν τὴν γαστέρα καὶ τὸν ὀμφαλόν, μνημεῖον εἶναι τοῦ
παλαιοῦ πάθους.

« Ἐπειδὴ οὖν ἡ φύσις δίχα ἐτμήθη, ποθοῦν ἕκαστον τὸ
ἥμισυ τὸ αὑτοῦ, ξυνῄει. Καὶ περιβάλλοντες τὰς χεῖρας καὶ
συμπλεκόμενοι ἀλλήλοις, ἐπιθυμοῦντες συμφῦναι, ἀπέθνῃ-
σκον ὑπὸ λιμοῦ καὶ τῆς ἄλλης ἀργίας, διὰ τὸ μηδὲν ἐθέλειν b

die anderen Götter ratschlagten, was sie ihnen tun sollten, und
wußten nicht was. Denn es war weder tunlich sie zu töten, und
wie die Giganten sie niederdonnernd das ganze Geschlecht
wegzuschaffen, denn so wären ihnen auch die Ehrenbezeugung
und die Opfer der Menschen mit weggeschaft worden, noch
konnten sie sie lassen weiter freveln. Mit Mühe endlich hatte
sich Zeus etwas ersonnen und sagte, Ich glaube nun ein Mittel
zu haben wie es noch weiter Menschen geben kann, und sie
doch aufhören müssen mit ihrer Ausgelassenheit, wenn sie
nämlich schwächer geworden sind. Denn jetzt, sprach er, will d
ich sie jeden in zwei Hälften zerschneiden, so werden sie
schwächer sein, und doch zugleich uns nützlicher, weil ihrer
mehr geworden sind, und aufrecht sollen sie gehn auf zwei
Beinen. Sollte ich aber merken, daß sie noch weiter freveln und
nicht Ruhe halten wollen, so will ich sie, sprach er, noch einmal
zerschneiden, und sie mögen dann auf einem Beine fortkom-
men wie Kreisel. Dies gesagt zerschnitt er die Menschen in
zwei Hälften, wie wenn man Früchte zerschneidet um sie ein-
zumachen, oder wenn sie Eier mit Haaren zerschneiden. So- e
bald er aber einen zerschnitten hatte befahl er dem Apollon
ihm das Gesicht und den halben Hals herumzudrehen nach
dem Schnitte hin, damit der Mensch seine Zerschnittenheit vor
Augen habend sittsamer würde, und das übrige befahl er ihm
auch zu heilen. Dieser also drehte ihm das Gesicht herum, zog
ihm die Haut von allen Seiten über das was wir jetzt den Bauch
nennen herüber, und wie wenn man einen Beutel zusammen-
zieht faßte er es in eine Mündung zusammen, und band sie
mitten auf dem Bauche ab, was wir jetzt den Nabel nennen. Die
übrigen Runzeln glättete er meistenteils aus und fügte die 191a
Brust einpassend zusammen, mit einem solchen Werkzeuge, als
womit die Schuster über dem Leisten die Falten aus dem Leder
ausglätten, und nur wenige ließ er stehen um den Bauch und
Nabel zum Denkzeichen des alten Unfalls. Nachdem nun die
Gestalt entzweigeschnitten war, sehnte sich jedes nach seiner
andern Hälfte und so kamen sie zusammen, umfaßten sich mit
den Armen und schlangen sich in einander, und über dem Be-
gehren zusammen zu wachsen, starben sie aus Hunger und
sonstiger Fahrlässigkeit, weil sie nichts getrennt von einander b

χωρὶς ἀλλήλων ποιεῖν. Καί, ὁπότε τι ἀποθάνοι τῶν ἡμίσεων, τὸ δὲ λειφθείη, τὸ λειφθὲν ἄλλο ἐζήτει καὶ συνεπλέκετο, εἴτε γυναικὸς τῆς ὅλης ἐντύχοι ἡμίσει (ὃ δὴ νῦν γυναῖκα καλοῦμεν), εἴτε ἀνδρός· καὶ οὕτως ἀπώλλυντο. Ἐλεήσας δὲ ὁ Ζεύς, ἄλλην μηχανὴν πορίζεται καὶ μετατίθησιν αὐτῶν τὰ αἰδοῖα εἰς τὸ πρόσθεν· τέως γὰρ καὶ ταῦτα ἐκτὸς εἶχον, καὶ ἐγέννων καὶ ἔτικτον, οὐκ εἰς ἀλλήλους, ἀλλ᾽ εἰς c
γῆν ὥσπερ οἱ τέττιγες. Μετέθηκέ τε οὖν οὕτω αὐτῶν εἰς τὸ πρόσθεν καὶ διὰ τούτων τὴν γένεσιν ἐν ἀλλήλοις ἐποίησεν, διὰ τοῦ ἄρρενος ἐν τῷ θήλει· τῶνδε ἕνεκα ἵνα, ἐν τῇ συμπλοκῇ ἅμα μέν, εἰ ἀνὴρ γυναικὶ ἐντύχοι, γεννῷεν καὶ γίγνοιτο τὸ γένος, ἅμα δ᾽, εἰ καὶ ἄρρην ἄρρενι, πλησμονὴ γοῦν γίγνοιτο τῆς συνουσίας καὶ διαπαύοιντο καὶ ἐπὶ τὰ ἔργα τρέποιντο καὶ τοῦ ἄλλου βίου ἐπιμελοῖντο. Ἔστι δὴ οὖν ἐκ τόσου ὁ ἔρως ἔμφυτος ἀλλήλων τοῖς d
ἀνθρώποις, καὶ τῆς ἀρχαίας φύσεως συναγωγεύς, καὶ ἐπιχειρῶν ποιῆσαι ἓν ἐκ δυοῖν καὶ ἰάσασθαι τὴν φύσιν τὴν ἀνθρωπίνην.

« Ἕκαστος οὖν ἡμῶν ἐστιν ἀνθρώπου σύμβολον, ἅτε τετμημένος, ὥσπερ αἱ ψῆτται, ἐξ ἑνὸς δύο· ζητεῖ δὴ ἀεὶ τὸ αὑτοῦ ἕκαστος σύμβολον. Ὅσοι μὲν οὖν τῶν ἀνδρῶν τοῦ κοινοῦ τμῆμά εἰσιν ὃ δὴ τότε ἀνδρόγυνον ἐκαλεῖτο, φιλογύναικές τέ εἰσι καὶ οἱ πολλοὶ τῶν μοιχῶν ἐκ τούτου τοῦ γένους γεγόνασιν, καὶ ὅσαι αὖ γυναῖκες φίλανδροί τε e
καὶ μοιχεύτριαι ἐκ τούτου τοῦ γένους γίγνονται. Ὅσαι δὲ τῶν γυναικῶν γυναικὸς τμῆμά εἰσιν, οὐ πάνυ αὗται τοῖς ἀνδράσι τὸν νοῦν προσέχουσιν· ἀλλὰ μᾶλλον πρὸς τὰς γυναῖκας τετραμμέναι εἰσί, καὶ αἱ ἑταιρίστριαι ἐκ τούτου τοῦ γένους γίγνονται. Ὅσοι δὲ ἄρρενος τμῆμά εἰσι, τὰ ἄρρενα διώκουσι καί, τέως μὲν ἂν παῖδες ὦσιν, ἅτε τεμάχια ὄντα τοῦ ἄρρενος, φιλοῦσι τοὺς ἄνδρας καὶ χαίρουσι συγκατακείμενοι καὶ συμπεπλεγμένοι τοῖς ἀνδράσιν. 192
Καί εἰσιν οὗτοι βέλτιστοι τῶν παίδων καὶ μειρακίων, ἅτε

tun wollten. War nun die eine Hälfte tot und die andere blieb
übrig, so suchte sich die übrig gebliebene eine andere und um-
schlang sie, mochte sie nun auf die Hälfte einer ehemaligen
ganzen Frau treffen, was wir jetzt eine Frau nennen, oder auf
die eines Mannes, und so kamen sie um. Da erbarmte sich
Zeus, und gab ihnen ein anderes Mittel an die Hand, indem er
ihnen die Schamteile nach vorne verlegte, denn vorher trugen
sie auch diese nach außen, und erzeugten nicht eines in dem c
andern sondern in die Erde wie die Zikaden. Nun aber verlegte
er sie ihnen nach vorne, und bewirkte vermittelst ihrer das
Erzeugen in einander, in dem weiblichen durch das männliche,
deshalb damit in der Umarmung, wenn der Mann eine Frau
träfe, sie zugleich erzeugten und Nachkommenschaft entstän-
de, wenn aber ein Mann den andern, sie doch eine Befriedi-
gung hätten durch ihr Zusammensein und erquickt sich zu
ihren Geschäften wenden und was sonst zum Leben gehört
besorgen könnten. Von so langem her also ist die Liebe zu d
einander den Menschen angeboren, um die ursprüngliche Na-
tur wiederherzustellen, und versucht aus zweien eins zu ma-
chen und die menschliche Natur zu heilen.

2.4.3. Die Formen der Liebe, bestimmt durch das Verlangen nach Rückkehr zur ursprünglichen Einheit. Eros als Führer

Jeder von uns ist also ein Stück von einem Menschen, da wir ja
zerschnitten, wie die Schollen, aus einem zwei geworden sind.
Also sucht nun immer jedes sein anderes Stück. Welche Män-
ner nun von einem solchen gemeinschaftlichen ein Schnitt sind,
was damals Mannweib hieß, die sind weiberliebend und die
meisten Ehebrecher gehören zu diesem Geschlecht, und so
auch welche Weiber männerliebend sind und ehebrecherisch, e
die kommen aus diesem Geschlecht. Welche Weiber aber Ab-
schnitte eines Weibes sind, die kümmern sich nicht viel um die
Männer, sondern sind mehr den Weibern zugewendet und die
Tribaden kommen aus diesem Geschlecht; die aber Schnitte
eines Mannes sind suchen das männliche auf, und so lange sie
noch Knaben sind, lieben sie als Schnittstücke des Mannes die
Männer, und bei Männern zu liegen und sich mit ihnen zu 192a

ἀνδρειότατοι ὄντες φύσει· φασὶ δὲ δή τινες αὐτοὺς ἀναισ-
χύντους εἶναι, ψευδόμενοι· οὐ γὰρ ὑπ' ἀναισχυντίας τοῦτο
δρῶσιν, ἀλλ' ὑπὸ θάρρους καὶ ἀνδρείας καὶ ἀρρενωπίας, τὸ
ὅμοιον αὐτοῖς ἀσπαζόμενοι. Μέγα δὲ τεκμήριον· καὶ γὰρ
τελεωθέντες μόνοι ἀποβαίνουσιν εἰς τὰ πολιτικὰ ἄνδρες οἱ
τοιοῦτοι. Ἐπειδὰν δὲ ἀνδρωθῶσι, παιδεραστοῦσι καὶ πρὸς b
γάμους καὶ παιδοποιίας οὐ προσέχουσι τὸν νοῦν φύσει,
ἀλλ' ὑπὸ τοῦ νόμου ἀναγκάζονται· ἀλλ' ἐξαρκεῖ αὐτοῖς
μετ' ἀλλήλων καταζῆν ἀγάμοις. Πάντως μὲν οὖν ὁ τοιοῦτος
παιδεραστής τε καὶ φιλεραστὴς γίγνεται, ἀεὶ τὸ ξυγγενὲς
ἀσπαζόμενος.

« Ὅταν μὲν οὖν καὶ αὐτῷ ἐκείνῳ ἐντύχῃ τῷ αὐτοῦ
ἡμίσει, καὶ ὁ παιδεραστὴς καὶ ἄλλος πᾶς, τότε καὶ θαυ-
μαστὰ ἐκπλήττονται φιλίᾳ τε καὶ οἰκειότητι καὶ ἔρωτι, c
οὐκ ἐθέλοντες, ὡς ἔπος εἰπεῖν, χωρίζεσθαι ἀλλήλων οὐδὲ
σμικρὸν χρόνον. Καὶ οἱ διατελοῦντες μετ' ἀλλήλων διὰ βίου,
οὗτοί εἰσιν οἳ οὐδ' ἂν ἔχοιεν εἰπεῖν ὅ τι βούλονται σφίσι
παρ' ἀλλήλων γίγνεσθαι· οὐδενὶ γὰρ ἂν δόξειε τοῦτ' εἶναι
ἡ τῶν ἀφροδισίων συνουσία, ὡς ἄρα τούτου ἕνεκα ἕτερος
ἑτέρῳ χαίρει ξυνὼν οὕτως ἐπὶ μεγάλης σπουδῆς· ἀλλ' ἄλλο
τι βουλομένη ἑκατέρου ἡ ψυχὴ δήλη ἐστὶν ὃ οὐ δύναται d
εἰπεῖν, ἀλλὰ μαντεύεται ὃ βούλεται καὶ αἰνίττεται. Καὶ εἰ
αὐτοῖς ἐν τῷ αὐτῷ κατακειμένοις ἐπιστὰς ὁ Ἥφαιστος,
ἔχων τὰ ὄργανα, ἔροιτο· « Τί ἔσθ' ὃ βούλεσθε, ὦ ἄνθρωποι,
« ὑμῖν παρ' ἀλλήλων γενέσθαι ; » Καὶ εἰ ἀποροῦντας
αὐτοὺς πάλιν ἔροιτο· « Ἆρά γε τοῦδε ἐπιθυμεῖτε ἐν τῷ
« αὐτῷ γενέσθαι ὅτι μάλιστα ἀλλήλοις, ὥστε καὶ νύκτα
« καὶ ἡμέραν μὴ ἀπολείπεσθαι ἀλλήλων ; Εἰ γὰρ τούτου
« ἐπιθυμεῖτε, θέλω ὑμᾶς συντῆξαι καὶ συμφυσῆσαι εἰς τὸ e
« αὐτό, ὥστε δύ' ὄντας ἕνα γεγονέναι καί, ἕως τ' ἂν
« ζῆτε, ὡς ἕνα ὄντα κοινῇ ἀμφοτέρους ζῆν, καί, ἐπειδὰν
« ἀποθάνητε, ἐκεῖ αὖ ἐν Ἅιδου ἀντὶ δυοῖν ἕνα εἶναι, κοινῇ
« τεθνεῶτε. Ἀλλ' ὁρᾶτε εἰ τούτου ἐρᾶτε καὶ ἐξαρκεῖ ὑμῖν

umschlingen ergötzt sie, und dies sind die trefflichsten unter den Knaben und heranwachsenden Jünglingen, weil sie die männlichsten sind von Natur. Einige nun nennen sie zwar schamlos, aber mit Unrecht. Denn nicht aus Schamlosigkeit tun sie dies, sondern weil sie mit Mut und Kühnheit und Mannhaftigkeit das ihnen ähnliche lieben. Davon ist ein großer Beweis, daß wenn sie vollkommen ausgebildet sind, solche Männer vorzüglich für die Angelegenheiten des Staates gedei-
hen. Sind sie aber mannbar geworden, so werden sie Knaben- b
liebe haben; zur Ehe aber und Kinderzeugung haben sie von Natur keine Lust, sondern nur durch das Gesetz werden sie dazu genötiget, ihnen selbst wäre es genug unter einander zu leben unverehelicht. Auf alle Weise also wird ein solcher ein Knabenliebhaber und ein Liebhaberfreund, indem er immer dem verwandten anhängt. Wenn aber einmal einer seine wahre eigne Hälfte antrifft, ein Knabenfreund oder jeder andere,
dann werden sie wunderbar entzückt zu freundschaftlicher c
Einigung und Liebe, und wollen, so zu sagen, auch nicht die kleinste Zeit voneinander lassen; und die ihr ganzes Leben lang mit einander verbunden bleiben, diese sind es, welche auch nicht einmal zu sagen wüßten was sie von einander wollen. Denn dies kann doch wohl nicht die Gemeinschaft des Liebesgenusses sein, daß um deswillen jeder mit so großem Eifer trachtete mit dem andern zusammen zu sein; sondern offenbar
ist daß die Seele beider etwas anderes wollend was sie aber d
nicht aussprechen kann es nur andeutet und zu raten gibt. Und wenn indem sie zusammenliegen Hephaistos vor sie hinträte seine Werkzeuge in der Hand und sie fragte, Was ist es denn eigentlich was ihr wollt, ihr Leute von einander, und wenn sie dann nicht zu antworten wüßten, sie weiter fragte Begehret ihr etwa dieses soviel als möglich zusammen zu sein, daß ihr euch Tag und Nacht nicht verlassen dürftet? Denn wenn das euer
Begehren ist: so will ich euch zusammenschmelzen und in eins e
zusammenschweißen, so daß ihr statt zweier Einer seid, und so lange ihr lebt beide zusammen als Einer lebt, und wenn ihr gestorben seid, auch dort in der Unterwelt nicht zwei sondern gemeinsam gestorben Ein Toter seid. Also seht zu, ob ihr dies liebt, und zufrieden sein werdet wenn ihr es erreicht. Dies

« ἂν τούτου τύχητε. » Ταῦτ' ἀκούσας, ἴσμεν ὅτι οὐδ' ἂν εἷς ἐξαρνηθείη οὐδ' ἄλλο τι ἂν φανείη βουλόμενος, ἀλλ' ἀτεχνῶς οἴοιτ' ἂν ἀκηκοέναι τοῦτο ὃ πάλαι ἄρα ἐπεθύμει, συνελθὼν καὶ συντακεὶς τῷ ἐρωμένῳ, ἐκ δυοῖν εἷς γενέσθαι.

« Τοῦτο γάρ ἐστι τὸ αἴτιον, ὅτι ἡ ἀρχαία φύσις ἡμῶν ἦν αὕτη καὶ ἦμεν ὅλοι· τοῦ ὅλου οὖν τῇ ἐπιθυμίᾳ καὶ διώξει ἔρως ὄνομα. Καὶ πρὸ τοῦ, ὥσπερ λέγω, ἓν ἦμεν· νυνὶ δέ, 193
διὰ τὴν ἀδικίαν, διῳκίσθημεν ὑπὸ τοῦ θεοῦ, καθάπερ Ἀρκάδες ὑπὸ Λακεδαιμονίων. Φόβος οὖν ἔστιν, ἐὰν μὴ κόσμιοι ὦμεν πρὸς τοὺς θεούς, ὅπως μὴ καὶ αὖθις διασχισθησόμεθα, καὶ περίιμεν ἔχοντες ὥσπερ οἱ ἐν ταῖς στήλαις καταγραφὴν ἐκτετυπωμένοι, διαπεπρισμένοι κατὰ τὰς ῥῖνας, γεγονότες ὥσπερ λίσπαι. Ἀλλὰ τούτων ἕνεκα πάντ' ἄνδρα χρὴ ἅπαντα παρακελεύεσθαι εὐσεβεῖν περὶ θεούς, ἵνα τὰ μὲν ἐκφύγωμεν, τῶν δὲ τύχωμεν ὡς ὁ Ἔρως ἡμῖν ἡγεμὼν b
καὶ στρατηγός. Ὧι μηδεὶς ἐναντία πραττέτω (πράττει δ' ἐναντία ὅστις θεοῖς ἀπεχθάνεται)· φίλοι γὰρ γενόμενοι καὶ διαλλαγέντες τῷ θεῷ, ἐξευρήσομέν τε καὶ ἐντευξόμεθα τοῖς παιδικοῖς τοῖς ἡμετέροις αὐτῶν, ὃ τῶν νῦν ὀλίγοι ποιοῦσι. Καὶ μή μοι ὑπολάβῃ Ἐρυξίμαχος, κωμῳδῶν τὸν λόγον, ὡς Παυσανίαν καὶ Ἀγάθωνα λέγω (ἴσως μὲν γὰρ καὶ οὗτοι τούτων τυγχάνουσιν ὄντες, καί εἰσιν ἀμφό- c
τεροι τὴν φύσιν ἄρρενες. Λέγω δὲ οὖν ἔγωγε καθ' ἁπάντων καὶ ἀνδρῶν καὶ γυναικῶν, ὅτι οὕτως ἂν ἡμῶν τὸ γένος εὔδαιμον γένοιτο, εἰ ἐκτελέσαιμεν τὸν ἔρωτα καὶ τῶν παιδικῶν τῶν αὑτοῦ ἕκαστος τύχοι, εἰς τὴν ἀρχαίαν ἀπελθὼν φύσιν. Εἰ δὲ τοῦτο ἄριστον, ἀναγκαῖον καὶ τῶν νῦν παρόντων τὸ τούτου ἐγγυτάτω ἄριστον εἶναι· τοῦτο δ' ἐστὶ παιδικῶν τυχεῖν κατὰ νοῦν αὐτῷ πεφυκότων.

« Οὗ δὴ τὸν αἴτιον θεὸν ὑμνοῦντες δικαίως ἂν ὑμνοῖμεν d
Ἔρωτα, ὃς ἔν τε τῷ παρόντι ἡμᾶς πλεῖστα ὀνίνησιν εἰς τὸ οἰκεῖον ἄγων, καὶ εἰς τὸ ἔπειτα ἐλπίδας μεγίστας παρέ-

hörend, das wissen wir gewiß, würde auch nicht Einer sich weigern, oder zu erkennen geben, daß er etwas anderes wolle, sondern jeder würde eben das gehört zu haben glauben, wonach er immer schon strebte, durch Nahesein und Verschmelzung mit dem Geliebten aus Zweien Einer zu werden. Hievon ist nun dies die Ursache, daß unsere ursprüngliche Beschaffenheit diese war und wir ganz waren, und dies Verlangen eben und Trachten nach dem Ganzen heißt Liebe. Und vor diesem 193a
wie gesagt waren wir Eins, jetzt aber sind wir der Ungerechtigkeit wegen von dem Gott auseinander gelegt und verteilt worden wie die Arkadier von den Lakedaimoniern. Es steht also zu besorgen, wenn wir uns nicht sittsam betragen gegen die Götter, daß wir nicht noch einmal zerspalten werden und so herumgehn müssen wie die auf den Grabsteinen ausgeschnittenen die mitten durch die Nase gespalten sind, und daß wir dann werden wie die geteilten Würfel von denen die andere Hälfte der andere hat. Aber aus dieser Ursache sollte nun jeder Mann jedem zureden den Göttern Ehrfurcht zu beweisen, damit wir diesem entgehen jenes aber erlangen, wozu Eros b
uns führt und befehliget. Dem nun wolle ja niemand entgegenhandeln; es handelt dem aber entgegen, wer sich den Göttern verhaßt macht. Denn sind wir diesen befreundet und mit dem Gotte in gutem Vernehmen: so werden wir jeder unsern eignen Liebling finden und besitzen, was jetzt nur Wenigen begegnet. Und Eryximachos lege es mir nicht um meine Rede auf Spott zu ziehen so aus, als meinte ich den Pausanias und Agathon. Denn vielleicht gehören auch sie zu diesen und sind c
beide von Natur männlich. Sondern ich meine es von Allen insgesamt Männern und Frauen, daß so unser Geschlecht glückselig würde, wenn es uns in der Liebe gelänge und jeder seinen eigentümlichen Liebling gewönne um so zur ursprünglichen Natur zurückzukehren. Wenn nun dieses das Beste ist: so wird notwendig unter dem uns jetzt zu Gebote stehenden das beste sein was jenem am nächsten kommt, und das heißt einen Liebling zu finden, der jedem nach seinem Sinne geartet ist. Und wollen wir dafür den Gott, von dem es uns herkommt, d
besingen, so müssen wir ja allerdings den Eros besingen, der uns jetzt schon soviel Gutes erzeiget, indem er uns zu dem

χεται, ἡμῶν παρεχομένων πρὸς θεοὺς εὐσέβειαν, καταστήσας ἡμᾶς εἰς τὴν ἀρχαίαν φύσιν καὶ ἰασάμενος, μακαρίους καὶ εὐδαίμονας ποιῆσαι.

« Οὗτος, ἔφη, ὦ Ἐρυξίμαχε, ὁ ἐμὸς λόγος ἐστὶ περὶ Ἔρωτος, ἀλλοῖος ἢ ὁ σός. Ὥσπερ οὖν ἐδεήθην σου, μὴ κωμῳδήσῃς αὐτόν, ἵνα καὶ τῶν λοιπῶν ἀκούσωμεν τί
ἕκαστος ἐρεῖ, μᾶλλον δὲ τί ἑκάτερος· Ἀγάθων γὰρ καὶ e
Σωκράτης λοιποί. — Ἀλλὰ πείσομαί σοι, ἔφη φάναι τὸν Ἐρυξίμαχον. Καὶ γάρ μοι ὁ λόγος ἡδέως ἐρρήθη· καί, εἰ μὴ ξυνῄδη Σωκράτει τε καὶ Ἀγάθωνι δεινοῖς οὖσι περὶ τὰ ἐρωτικά, πάνυ ἂν ἐφοβούμην μὴ ἀπορήσωσι λόγων διὰ τὸ πολλὰ καὶ παντοδαπὰ εἰρῆσθαι. Νῦν δὲ ὅμως θαρρῶ. »
Τὸν οὖν Σωκράτη εἰπεῖν· « Καλῶς γὰρ αὐτὸς ἠγώνισαι, 194
ὦ Ἐρυξίμαχε· εἰ δὲ γένοιο οὗ νῦν ἐγώ εἰμι, μᾶλλον δὲ ἴσως οὗ ἔσομαι ἐπειδὰν καὶ Ἀγάθων εἴπῃ εὖ, καὶ μάλ' ἂν φοβοῖο καὶ ἐν παντὶ εἴης ὥσπερ ἐγὼ νῦν. — Φαρμάττειν βούλει με, ὦ Σώκρατες, εἰπεῖν τὸν Ἀγάθωνα, ἵνα θορυβηθῶ διὰ τὸ οἴεσθαι τὸ θέατρον προσδοκίαν μεγάλην ἔχειν, ὡς εὖ ἐροῦντος ἐμοῦ. — Ἐπιλήσμων μεντἂν εἴην, ὦ
Ἀγάθων, εἰπεῖν τὸν Σωκράτη, εἰ, ἰδὼν τὴν σὴν ἀνδρείαν b
καὶ μεγαλοφροσύνην, ἀναβαίνοντος ἐπὶ τὸν ὀκρίβαντα μετὰ τῶν ὑποκριτῶν, καὶ βλέψαντος ἐναντία τοσούτῳ θεάτρῳ μέλλοντος ἐπιδείξεσθαι σαυτοῦ λόγους, καὶ οὐδ' ὁπωστιοῦν ἐκπλαγέντος, νῦν οἰηθείην σε θορυβηθήσεσθαι ἕνεκα ἡμῶν ὀλίγων ἀνθρώπων. — Τί δέ, ὦ Σώκρατες; τὸν Ἀγάθωνα φάναι. Οὐ δήπου με οὕτω θεάτρου μεστὸν ἡγεῖ, ὥστε καὶ ἀγνοεῖν ὅτι νοῦν ἔχοντι ὀλίγοι ἔμφρονες πολλῶν ἀφρόνων
φοβερώτεροι; — Οὐ μεντἂν καλῶς ποιοίην, φάναι, ὦ c
Ἀγάθων, περὶ σοῦ τι ἐγὼ ἄγροικον δοξάζων. Ἀλλ' εὖ οἶδα ὅτι, εἴ τισιν ἐντύχοις οὓς ἡγοῖο σοφούς, μᾶλλον ἂν αὐτῶν φροντίζοις ἢ τῶν πολλῶν· ἀλλὰ μὴ οὐχ οὗτοι ἡμεῖς ὦμεν.

verwandten hinführt, für die Zukunft aber uns die größte Hoffnung gibt, uns, wenn wir nur Ehrfurcht den Göttern beweisen, zur ursprünglichen Natur herstellend und heilend glücklich und selig zu machen.

2.5. Zwischendialog

Dies, o Eryximachos, sprach er, ist meine Rede vom Eros, eine ganz andere als die deinige. Wie ich dich nun schon gebeten habe, ziehe sie nicht auf Spott, damit wir auch die übrigen hören, was sie Alle sagen werden oder vielmehr beide, e
denn nur Agathon und Sokrates sind noch zurück. Wohl, ich will dir folgen, habe Eryximachos gesagt, denn auch mir ist die Rede ganz zu Danke gewesen, und wenn ich nicht wüßte daß Sokrates und Agathon Meister sind in Liebessachen, würde mir gar bange sein ob es ihnen nicht fehlen möchte, da schon so viel und vielerlei ist geredet worden. Nun aber habe ich doch guten Mut. – Darauf habe Sokrates gesagt, Du hast eben deine 194a
Sache gut bestanden, Eryximachos; wenn du aber wärest wo ich bin, oder vielmehr wo ich sein werde wenn auch Agathon erst noch geredet hat: so würde dir gewiß gar bange sein und du wärest in allen Nöten wie ich jetzt bin. – Du willst mich verzaubern, Sokrates, habe darauf Agathon gesagt, daß ich in Verwirrung geraten soll, wenn ich glaube das Haus habe eine große Erwartung von mir daß ich gut sprechen würde. – Sehr vergeßlich müßte ich dann sein o Agathon, habe Sokrates gesagt, da ich deine Herzhaftigkeit und Hochsinnigkeit gesehen b
habe, als du mit den Schauspielern die Bühne bestiegest, und auf ein so großes Haus hinübersahest, vor welchem du deine Reden darstellen solltest ohne doch im mindesten bestürzt zu sein, wenn ich glauben sollte du würdest jetzt in Verwirrung geraten vor uns wenigen Leutlein! – Wie doch Sokrates, habe Agathon gesagt, du glaubst doch nicht, die Bühne habe mir den Kopf so eingenommen, daß ich nicht wüßte wie dem Verständigen wenige Einsichtsvolle bänger machen als noch so viele Unwissende. – Freilich wäre es nicht wohl getan o Aga- c
thon, habe Sokrates gesagt, wenn ich von dir etwas unfeines glauben wollte; vielmehr weiß ich wohl, daß wenn du auf solche träfest die du für weise hieltest, du mehr aus ihnen machen

Ἡμεῖς μὲν γὰρ καὶ ἐκεῖ παρῆμεν καὶ ἦμεν τῶν πολλῶν. Εἰ δὲ ἄλλοις ἐντύχοις σοφοῖς, τάχ' ἂν αἰσχύνοιο αὐτούς, εἴ τι ἴσως οἴοιο αἰσχρὸν ὂν ποιεῖν· ἢ πῶς λέγεις; — Ἀληθῆ λέγεις, φάναι. — Τοὺς δὲ πολλοὺς οὐκ ἂν αἰσχύνοιο, εἴ τι οἴοιο αἰσχρὸν ποιεῖν; » Καὶ τὸν Φαῖδρον ἔφη ὑπολαβόντα d
εἰπεῖν· « Ὦ φίλε Ἀγάθων, ἐὰν ἀποκρίνῃ Σωκράτει, οὐδὲν ἔτι διοίσει αὐτῷ ὁπῃοῦν τῶν ἐνθάδε ὁτιοῦν γίγνεσθαι, ἐὰν μόνον ἔχῃ ὅτῳ διαλέγηται, ἄλλως τε καὶ καλῷ. Ἐγὼ δὲ ἡδέως μὲν ἀκούω Σωκράτους διαλεγομένου· ἀναγκαῖον δέ μοι ἐπιμεληθῆναι τοῦ ἐγκωμίου τῷ Ἔρωτι καὶ ἀποδέξασθαι παρ' ἑνὸς ἑκάστου ὑμῶν τὸν λόγον. Ἀποδοὺς οὖν ἑκάτερος τῷ θεῷ, οὕτως ἤδη διαλεγέσθω.

— Ἀλλὰ καλῶς λέγεις, ὦ Φαῖδρε, φάναι τὸν Ἀγάθωνα, e
καὶ οὐδέν με κωλύει λέγειν· Σωκράτει γὰρ καὶ αὖθις ἔσται πολλάκις διαλέγεσθαι.

« Ἐγὼ δὲ δὴ βούλομαι, πρῶτον μὲν εἰπεῖν ὡς χρή με εἰπεῖν, ἔπειτα εἰπεῖν. Δοκοῦσι γάρ μοι πάντες οἱ πρόσθεν εἰρηκότες, οὐ τὸν θεὸν ἐγκωμιάζειν, ἀλλὰ τοὺς ἀνθρώπους εὐδαιμονίζειν τῶν ἀγαθῶν ὧν ὁ θεὸς αὐτοῖς αἴτιος· ὁποῖος δέ τις αὐτὸς ὢν ταῦτα ἐδωρήσατο, οὐδεὶς εἴρηκεν. Εἷς δὲ 195
τρόπος ὀρθὸς παντὸς ἐπαίνου περὶ παντός, λόγῳ διελθεῖν οἷος οἵων αἴτιος ὢν τυγχάνει περὶ οὗ ἂν ὁ λόγος ᾖ· οὕτω δὴ τὸν Ἔρωτα καὶ ἡμᾶς δίκαιον ἐπαινέσαι, πρῶτον αὐτὸν οἷός ἐστιν, ἔπειτα τὰς δόσεις.

« Φημὶ οὖν ἐγὼ πάντων θεῶν, εὐδαιμόνων ὄντων, Ἔρωτα (εἰ θέμις καὶ ἀνεμέσητον εἰπεῖν) εὐδαιμονέστατον εἶναι αὐτῶν, κάλλιστον ὄντα καὶ ἄριστον. Ἔστι δὲ κάλλιστος ὢν τοιόσδε. Πρῶτον μὲν νεώτατος θεῶν, ὦ Φαῖδρε. Μέγα δὲ τεκμήριον τῷ λόγῳ αὐτὸς παρέχεται, φεύγων φυγῇ τὸ b

würdest als aus der Menge. Aber wir mögen nur gar nicht solche sein. Denn wir waren ja auch dort zugegen und gehörten mit zu der Menge. Wenn du also auf andere weise Männer träfest, so würdest du dich wohl vor ihnen schämen, wenn du etwa glaubtest etwas schlecht zu machen. Oder wie meinst du es? – Ganz recht, habe jener geantwortet. – Vor der Menge aber würdest du dich nicht schämen, wenn du glaubtest etwas schlecht zu machen? – Darauf sei aber Phaidros eingefallen und d
habe gesagt, Lieber Agathon, wenn du dem Sokrates Antwort gibst, so wird er sich gar nichts daraus machen, wie es hier sonst noch weiter geht, wenn er nur einen hat, mit dem er Gespräch führen kann, zumal einen Schönen. Nun höre zwar auch ich gar gern den Sokrates Gespräch führen; jetzt aber muß ich dem Eros für seine Lobreden Sorge tragen und von jedem unter euch seine Rede in Empfang nehmen. Habt ihr nun beide dem Gotte das eurige dargebracht, dann mag er immer Gespräch führen. – Wohl gesprochen Phaidros, habe Agathon e
gesagt, und nichts hindert mich zu reden. Denn mit dem Sokrates kann ich ja auch nachher gar oft mich unterhalten.

2.6. Die Rede des Tragödiendichters Agathon

2.6.1. Die glückselige Natur des Eros: seine Schönheit und seine Tugend

Ich also will zuerst sagen wie ich zu reden gedenke und dann reden. Denn Alle, welche bis jetzt gesprochen haben, schienen mir nicht den Gott zu loben, sondern die Menschen selig zu preisen um das Gute, dessen Urheber ihnen der Gott ist; was für einer er aber selbst ist der ihnen dies alles gewährt hat, das 195a
hat keiner gesagt. Die einzige richtige Weise aber eines jeden Lobes für jeden ist in der Rede zu zeigen, welchartig und welchartiger Dinge Urheber der ist von dem geredet wird. Auf diese Weise also gebührt auch uns den Eros zu loben, zuerst ihn selbst wie er beschaffen ist, und dann seine Gaben. Daher behaupte ich, daß da alle Götter glückselig sind, Eros, wenn es verstattet und unfrevelhaft ist zu sagen, der glückseligste unter ihnen ist, weil der schönste und beste. Er ist aber der schönste, in wiefern ein solcher. Zuerst als der jüngste unter den Göttern o Phaidros. Einen großen Beweis für diese Behauptung gibt er b

γῆρας, ταχὺ ὂν δῆλον ὅτι, θᾶττον γοῦν τοῦ δέοντος ἡμῖν
προσέρχεται· ὃ δὴ πέφυκεν Ἔρως μισεῖν καὶ οὐδ' ἐντὸς
πολλοῦ πλησιάζειν. Μετὰ δὲ νέων ἀεὶ ξύνεστί τε καὶ
ἔστιν· ὁ γὰρ παλαιὸς λόγος εὖ ἔχει, ὡς ὅμοιον ὁμοίῳ ἀεὶ
πελάζει. Ἐγὼ δὲ Φαίδρῳ, πολλὰ ἄλλα ὁμολογῶν, τοῦτο οὐχ
ὁμολογῶ ὡς Ἔρως Κρόνου καὶ Ἰαπετοῦ ἀρχαιότερός ἐστιν.
Ἀλλά φημι νεώτατον αὐτὸν εἶναι θεῶν, καὶ ἀεὶ νέον, τὰ δὲ c
παλαιὰ πράγματα περὶ θεούς, ἃ Ἡσίοδος καὶ Παρμενίδης
λέγουσιν, Ἀνάγκῃ καὶ οὐκ Ἔρωτι γεγονέναι, εἰ ἐκεῖνοι
ἀληθῆ ἔλεγον· οὐ γὰρ ἂν ἐκτομαὶ οὐδὲ δεσμοὶ ἀλλήλων
ἐγίγνοντο καὶ ἄλλα πολλὰ καὶ βίαια, εἰ Ἔρως ἐν αὐτοῖς
ἦν, ἀλλὰ φιλία καὶ εἰρήνη ὥσπερ νῦν, ἐξ οὗ Ἔρως τῶν
θεῶν βασιλεύει.

« Νέος μὲν οὖν ἐστι· πρὸς δὲ τῷ νέῳ, ἁπαλός. Ποιητοῦ
δ' ἔστιν ἐνδεὴς οἷος ἦν Ὅμηρος πρὸς τὸ ἐπιδεῖξαι θεοῦ d
ἁπαλότητα· Ὅμηρος γὰρ Ἄτην θεόν τέ φησιν εἶναι καὶ
ἁπαλήν (τοὺς γοῦν πόδας αὐτῆς ἁπαλοὺς εἶναι), λέγων·

τῆς μένθ' ἁπαλοὶ πόδες· οὐ γὰρ ἐπ' οὔδεος
πίλναται, ἀλλ' ἄρα ἥ γε κατ' ἀνδρῶν κράατα βαίνει.

Καλῷ οὖν δοκεῖ μοι τεκμηρίῳ τὴν ἁπαλότητα ἀποφαίνειν,
ὅτι οὐκ ἐπὶ σκληροῦ βαίνει, ἀλλ' ἐπὶ μαλθακοῦ. Τῷ αὐτῷ
δὴ καὶ ἡμεῖς χρησόμεθα τεκμηρίῳ περὶ Ἔρωτα, ὅτι e
ἁπαλός· οὐ γὰρ ἐπὶ γῆς βαίνει, οὐδ' ἐπὶ κρανίων, ἅ ἐστιν
οὐ πάνυ μαλακά, ἀλλ' ἐν τοῖς μαλακωτάτοις τῶν ὄντων καὶ
βαίνει καὶ οἰκεῖ· ἐν γὰρ ἤθεσι καὶ ψυχαῖς θεῶν καὶ ἀνθρώ-
πων τὴν οἴκησιν ἵδρυται· καὶ οὐκ αὖ ἑξῆς ἐν πάσαις ταῖς
ψυχαῖς, ἀλλ' ᾗτινι ἂν σκληρὸν ἦθος ἐχούσῃ ἐντύχῃ ἀπέρ-
χεται, ᾗ δ' ἂν μαλακὸν οἰκίζεται. Ἁπτόμενον οὖν ἀεί, καὶ
ποσὶ καὶ πάντῃ, ἐν μαλακωτάτοις τῶν μαλακωτάτων, ἁπα-
λώτατον ἀνάγκη εἶναι.

« Νεώτατος μὲν δή ἐστι καὶ ἁπαλώτατος· πρὸς δὲ 196
τούτοις ὑγρὸς τὸ εἶδος. Οὐ γὰρ ἂν οἷός τ' ἦν πάντῃ περι-

uns selbst, indem er fliehend dem Alter entkommt, welches
offenbar doch schnell ist, schneller wenigstens als billig ereilet
es uns, welches sage ich Eros seiner Natur nach haßt, und ihm
auch von weitem nicht nahe kommt. Mit der Jugend aber ge-
sellt er sich und gefällt sich, und ganz recht hat jene alte Rede,
daß das Ähnliche immer zum ähnlichen sich hält. Daher ich,
wiewohl in vielem andern mit dem Phaidros einstimmend,
hierin nicht mit ihm einstimme, daß Eros älter sei als Kronos
und Iapetos. Sondern ich behaupte, er ist der jüngste unter den c
Göttern und immer jung, und jene alten Händel unter den
Göttern von denen Hesiodos und Parmenides reden, müssen
sich unter der Notwendigkeit ereignet haben, nicht unter dem
Eros, wenn jene anders wahr erzählt haben. Denn sie würden
einander nicht verschnitten und in Bande geworfen und sonst
vielerlei gewaltsames verübt haben, wenn Eros unter ihnen
gewesen wäre, sondern einander geliebt und friedlich gelebt
wie jetzt seit Eros über die Götter regiert. Jung also ist er,
nächst der Jugend aber auch zart, und es bedarf eines Dichters
wie Homeros einer war um des Gottes Zartheit anschaulich zu d
machen. Homeros nämlich sagt von der Ate sie sei eine Göttin
und zart, wenigstens ihre Füße will er als zart beschreiben und
sagt, leicht schweben die Füß' ihr, nimmer dem Grund auch
Nahet sie, nein hoch wandelt sie her auf den Häuptern der
Männer, und scheint mir aus einem guten Grunde ihre Zartheit
zu beweisen, daß sie nicht auf hartem wandelt sondern auf
weichem. Desselben Beweises nun wollen wir uns auch für den e
Eros bedienen daß er zart ist. Denn weder auf der Erde wan-
delt er noch auf Hirnschädeln, die eben nicht sonderlich weich
sind, sondern auf dem weichsten unter allen wandelt er und
bewohnt es. Nämlich in den Gemütern und Seelen der Götter
und Menschen schlägt er seinen Wohnsitz auf, und auch nicht
der Reihe nach ohne Ausnahme in allen Seelen, sondern be-
gegnet er einer von harter Gesinnung, bei der geht er vorüber,
die aber eine weiche hat, bei der zieht er ein. Der nun mit den
Füßen und überall nur das weichste der weichsten berührt muß
notwendig der zarteste sein. Und so ist er dann der jüngste und 196a
zarteste; überdies aber auch von schmeidigem Wesen. Denn
sonst vermöchte er nicht überall sich anzuschmiegen und in

πτύσσεσθαι, οὐδὲ διὰ πάσης ψυχῆς καὶ εἰσιὼν τὸ πρῶτον λανθάνειν καὶ ἐξιών, εἰ σκληρὸς ἦν. Συμμέτρου δὲ καὶ ὑγρᾶς ἰδέας μέγα τεκμήριον ἡ εὐσχημοσύνη· ὃ δὴ διαφερόντως ἐκ πάντων ὁμολογουμένως Ἔρως ἔχει· ἀσχημοσύνῃ γὰρ καὶ ἔρωτι πρὸς ἀλλήλους ἀεὶ πόλεμος. Χρόας δὲ κάλλος ἡ κατ᾽ ἄνθη δίαιτα τοῦ θεοῦ σημαίνει· ἀνανθεῖ γὰρ καὶ ἀπηνθηκότι, καὶ σώματι καὶ ψυχῇ καὶ ἄλλῳ ὁτῳοῦν, b οὐκ ἐνίζει Ἔρως· οὗ δ᾽ ἂν εὐανθής τε καὶ εὐώδης τόπος ᾖ, ἐνταῦθα καὶ ἵζει καὶ μένει.

« Περὶ μὲν οὖν κάλλους τοῦ θεοῦ, καὶ ταῦτα ἱκανὰ καὶ ἔτι πολλὰ λείπεται· περὶ δὲ ἀρετῆς Ἔρωτος μετὰ ταῦτα λεκτέον.

« Τὸ μὲν μέγιστον, ὅτι Ἔρως οὔτ᾽ ἀδικεῖ οὔτ᾽ ἀδικεῖται, οὔτε ὑπὸ θεοῦ οὔτε θεόν, οὔτε ὑπ᾽ ἀνθρώπου οὔτε ἄνθρωπον. Οὔτε γὰρ αὐτὸς βίᾳ πάσχει εἴ τι πάσχει (βία γὰρ Ἔρωτος οὐχ ἅπτεται), οὔτε ποιῶν ποιεῖ (πᾶς γὰρ ἑκὼν c Ἔρωτι πᾶν ὑπηρετεῖ)· ἃ δ᾽ ἂν ἑκὼν ἑκόντι ὁμολογήσῃ, φασὶν οἱ πόλεως βασιλῆς Νόμοι δίκαια εἶναι.

Πρὸς δὲ τῇ δικαιοσύνῃ, σωφροσύνης πλείστης μετέχει. Εἶναι γὰρ ὁμολογεῖται σωφροσύνη τὸ κρατεῖν ἡδονῶν καὶ ἐπιθυμιῶν. Ἔρωτος δὲ μηδεμίαν ἡδονὴν κρείττω εἶναι· εἰ δὲ ἥττους κρατοῖντ᾽ ἂν ὑπὸ ἔρωτος, ὁ δὲ κρατοῖ, κρατῶν δὲ ἡδονῶν καὶ ἐπιθυμιῶν, ὁ Ἔρως διαφερόντως ἂν σωφρονοῖ.

« Καὶ μήν, εἴς γε ἀνδρείαν, Ἔρωτι οὐδὲ Ἄρης ἀνθίσταται. Οὐ γὰρ ἔχει Ἔρωτα Ἄρης, ἀλλ᾽ Ἔρως Ἄρη, d Ἀφροδίτης ὡς λόγος· κρείττων δὲ ὁ ἔχων τοῦ ἐχομένου· τοῦ δ᾽ ἀνδρειοτάτου τῶν ἄλλων κρατῶν, πάντων ἂν ἀνδρειότατος εἴη.

« Περὶ μὲν οὖν δικαιοσύνης καὶ σωφροσύνης καὶ ἀνδρείας τοῦ θεοῦ εἴρηται, περὶ δὲ σοφίας λείπεται· ὅσον οὖν δυνατόν, πειρατέον μὴ ἐλλείπειν. Καὶ πρῶτον μέν, ἵν᾽ αὖ καὶ ἐγὼ τὴν ἡμετέραν τέχνην τιμήσω ὥσπερ Ἐρυξίμαχος

jede Seele heimlich sowohl zuerst hineinzukommen als auch hernach herauszugehen, wenn er ungelenk wäre. Auch ist von seiner ebenmäßigen und schmeidigen Gestalt ein großer Beweis die Wohlanständigkeit, die ausgezeichnet vor allen eingeständlich dem Eros eignet. Denn Übelstand und Liebe sind immer im Kriege gegen einander. Die Schönheit aber seiner Farben muß schon die Lebensweise des Gottes unter Blüten zeigen. Denn in einem blütenlosen oder abgeblühten Leib oder b
Seele oder was es sonst ist setzt sich Eros nicht; wo aber ein blumiger und duftiger Ort ist, da setzt er sich und bleibt. Über die Schönheit des Gottes nun reicht schon dieses wohl hin, wie auch vieles noch zurückbleibt; von seiner Tugend aber ist hiernächst zu sagen, zuerst das größte, daß Eros nie weder beleidiget noch beleidiget wird, weder Gott und von Gott, noch Menschen und von Menschen. Denn weder widerfährt ihm selbst gewaltsam wenn ihm etwas widerfährt, denn Gewalt trifft den Eros nicht, noch verrichtet er so was er verrichtet. c
Denn Jeder leistet dem Eros jedes freiwillig, und was freiwillig einer dem andern freiwilligen zugesteht, das erklären die Könige der Staaten die Gesetze für recht. Nächst der Gerechtigkeit aber ist ihm auch Besonnenheit vorzüglich zuzuschreiben. Denn Besonnenheit, wird eingestanden, sei das Herrschen über Lüste und Begierden, und keine Lust sei stärker als die Liebe. Sind die andern aber schwächer, so werden sie ja von der Liebe beherrscht und Eros herrscht. Herrscht aber Eros über die Lüste und Begierden so muß er ja vorzüglich besonnen sein. So auch was die Tapferkeit betrifft kann nicht einmal Ares d
sich dem Eros gegenüberstellen. Denn nicht er Ares hat den Eros, sondern ihn den Ares hat der Eros, die Liebe zur Aphrodite nämlich wie ja die Rede geht. Der aber hat ist besser als der gehabt wird, und hat er den tapfersten von allen übrigen unter sich, so ist er ja notwendig der tapferste von allen. Von der Gerechtigkeit also und Besonnenheit und Tapferkeit des Gottes haben wir geredet; die Weisheit aber ist noch zurück. Soviel nun möglich müssen wir suchen auch hier nicht zurückzubleiben. Und zuerst nun, damit auch ich unsere Kunst ehre wie

τὴν αὐτοῦ, ποιητὴς ὁ θεὸς σοφὸς οὕτως ὥστε καὶ ἄλλον e
ποιῆσαι· πᾶς γοῦν ποιητὴς γίγνεται, κἂν ἄμουσος ᾖ τὸ
πρίν, οὗ ἂν Ἔρως ἅψηται. Ὧι δὴ πρέπει ἡμᾶς μαρτυρίῳ
χρῆσθαι, ὅτι ποιητὴς ὁ Ἔρως ἀγαθὸς ἐν κεφαλαίῳ πᾶσαν
ποίησιν, τὴν κατὰ μουσικήν· ἃ γάρ τις ἢ μὴ ἔχει ἢ μὴ οἶδεν,
οὔτ᾽ ἂν ἑτέρῳ δοίη οὔτ᾽ ἂν ἄλλον διδάξειεν. Καὶ μὲν δὴ τήν 197
γε τῶν ζῴων ποίησιν πάντων, τίς ἐναντιώσεται μὴ οὐχὶ
Ἔρωτος εἶναι σοφίαν, ᾗ γίγνεταί τε καὶ φύεται πάντα τὰ
ζῷα; Ἀλλὰ τὴν τῶν τεχνῶν δημιουργίαν, οὐκ ἴσμεν ὅτι οὗ
μὲν ἂν ὁ θεὸς οὗτος διδάσκαλος γένηται, ἐλλόγιμος καὶ
φανὸς ἀπέβη, οὗ δ᾽ ἂν Ἔρως μὴ ἐφάψηται, σκοτεινός;
Τοξικήν γε μὴν καὶ ἰατρικὴν καὶ μαντικὴν Ἀπόλλων
ἀνεῦρεν ἐπιθυμίας καὶ ἔρωτος ἡγεμονεύσαντος, ὥστε καὶ b
οὗτος Ἔρωτος ἂν εἴη μαθητής, καὶ Μοῦσαι μουσικῆς, καὶ
Ἥφαιστος χαλκείας, καὶ Ἀθηνᾶ ἱστουργίας, καὶ Ζεὺς
κυβερνᾶν θεῶν τε καὶ ἀνθρώπων. Ὅθεν δὴ καὶ
κατεσκευάσθη τῶν θεῶν τὰ πράγματα, Ἔρωτος ἐγγενομένου, δῆλον ὅτι κάλλους (αἴσχει γὰρ οὐκ ἔπεστιν ἔρως)·
πρὸ τοῦ δέ, ὥσπερ ἐν ἀρχῇ εἶπον, πολλὰ καὶ δεινὰ θεοῖς
ἐγίγνετο, ὡς λέγεται, διὰ τὴν τῆς Ἀνάγκης βασιλείαν·
ἐπειδὴ δ᾽ ὁ θεὸς οὗτος ἔφυ, ἐκ τοῦ ἐρᾶν τῶν καλῶν πάντ᾽
ἀγαθὰ γέγονε, καὶ θεοῖς καὶ ἀνθρώποις.

« Οὕτως ἐμοὶ δοκεῖ, ὦ Φαῖδρε, Ἔρως πρῶτος, αὐτὸς c
ὢν κάλλιστος καὶ ἄριστος, μετὰ τοῦτο τοῖς ἄλλοις ἄλλων
τοιούτων αἴτιος εἶναι. Ἐπέρχεται δέ μοί τι καὶ ἔμμετρον
εἰπεῖν, ὅτι οὗτός ἐστιν ὁ ποιῶν

εἰρήνην μὲν ἐν ἀνθρώποις πελάγει δὲ γαλήνην,
νηνεμίαν ἀνέμων κοίτην ὕπνον τ᾽ ἐνὶ κήδει.

Οὗτος δὲ ἡμᾶς ἀλλοτριότητος μὲν κενοῖ, οἰκειότητος δὲ d
πληροῖ, τὰς τοιάσδε ξυνόδους μετ᾽ ἀλλήλων πάσας τιθεὶς
συνιέναι, ἐν ἑορταῖς, ἐν χοροῖς, ἐν θυσίαις γιγνόμενος
ἡγεμών, πρᾳότητα μὲν πορίζων, ἀγριότητα δ᾽ ἐξορίζων·

Eryximachos die seinige, ist der Gott so kunstreich als Dichter, e
daß er auch Andere dazu macht. Jeder wenigstens wird ein Dichter, wär' er auch den Musen fremd vorher, den Eros trifft. Was wir also wohl können als Beweis brauchen dafür, daß Eros ein trefflicher Künstler ist jedes hervorzubringen was zur Kunst der Musen gehört. Denn was einer nicht hat oder nicht weiß, das kann er auch einem andern nicht geben oder lehren. 197a
Und was nun weiter die Hervorbringung alles Lebendigen betrifft, wer wollte wohl bestreiten daß es nicht die Kunst des Eros sei, durch welche alles lebende entsteht und gebildet wird. Von der Meisterschaft aber in anderen Künsten wissen wir etwa nicht, daß wessen Lehrer dieser Gott gewesen, der in Ruhm und Glanz gekommen ist, wem aber Eros nicht beigestanden, der in den Schatten? Denn die Heilkunde und die Kunst des Bogenschießens und des Weissagens hat Apollon erfunden unter Anführung des Verlangens und der Liebe, so b
daß sowohl dieser für einen Schüler des Eros anzusehen ist als auch die Musen in der Tonkunst und Hephaistos in der Schmiedekunst und Athene in der Weberei und Zeus in der Regierungskunst über Götter und Menschen. Daher auch die Angelegenheiten der Götter sich geordnet haben sobald nur die Liebe unter sie gekommen war, zur Schönheit nämlich; denn über die Häßlichkeit ist Eros nicht gesetzt. Vorher aber, wie ich auch anfangs gesagt, gab es vielerlei Arges unter den Göttern weil die Notwendigkeit herrschte; sobald aber dieser Gott entsprungen war, entstand auch aus der Liebe zum Schönen alles Gute bei Göttern und Menschen.

2.6.2. Die Wohltaten des Eros

Auf diese Art also, o Phaidros, scheint mir Eros zuerst selbst c
der schönste und beste, nächstdem aber auch Anderen vieles anderen solchen Urheber zu sein. Und hier fällt mir ein etwas dichterisches zu sagen, daß er es nämlich ist, welcher bewirkt unter den Menschen Fried' und spiegelnde Glätte dem Meere, Schweigen der Stürm' und erfreuliches Lager und Schlaf für die Sorgen. Und dieser eben entlediget uns des Fremdartigen d
und sättiget uns mit dem Angehörigen indem er nur solche Vereinigungen uns unter einander anordnet, bei Festen bei

φιλόδωρος εὐμενείας, ἄδωρος δυσμενείας· ἵλεως ἀγαθοῖς· θεατὸς σοφοῖς, ἀγαστὸς θεοῖς· ζηλωτὸς ἀμοίροις, κτητὸς εὐμοίροις· Τρυφῆς, Ἁβρότητος, Χλιδῆς, Χαρίτων, Ἱμέρου, Πόθου πατήρ· ἐπιμελὴς ἀγαθῶν, ἀμελὴς κακῶν· ἐν πόνῳ, ἐν φόβῳ, ἐν πόθῳ, ἐν λόγῳ κυβερνήτης, ἐπιβάτης· παρα- e
στάτης τε καὶ σωτὴρ ἄριστος· ξυμπάντων τε θεῶν καὶ ἀνθρώπων κόσμος· ἡγεμὼν κάλλιστος καὶ ἄριστος, ᾧ χρὴ ἕπεσθαι πάντα ἄνδρα ἐφυμνοῦντα καλῶς, ᾠδῆς μετέχοντα ἣν ᾄδει θέλγων πάντων θεῶν τε καὶ ἀνθρώπων νόημα.

« Οὗτος, ἔφη, ὁ παρ' ἐμοῦ λόγος, ὦ Φαῖδρε, τῷ θεῷ ἀνακείσθω, τὰ μὲν παιδιᾶς, τὰ δὲ σπουδῆς μετρίας, καθ' ὅσον ἐγὼ δύναμαι, μετέχων. »

Εἰπόντος δὲ τοῦ Ἀγάθωνος, πάντας ἔφη ὁ Ἀριστόδημος 198
ἀναθορυβῆσαι τοὺς παρόντας, ὡς πρεπόντως τοῦ νεανίσκου εἰρηκότος, καὶ αὑτῷ καὶ τῷ θεῷ. Τὸν οὖν Σωκράτη εἰπεῖν, βλέψαντα εἰς τὸν Ἐρυξίμαχον· « Ἆρά σοι δοκῶ, φάναι, ὦ παῖ Ἀκουμενοῦ, ἀδεὲς πάλαι δέος δεδιέναι, ἀλλ' οὐ μαντικῶς ἃ νῦν δὴ ἔλεγον εἰπεῖν, ὅτι Ἀγάθων θαυμαστῶς ἐροῖ, ἐγὼ δ' ἀπορήσοιμι ; — Τὸ μὲν ἕτερον, φάναι τὸν Ἐρυξίμαχον, μαντικῶς μοι δοκεῖς εἰρηκέναι, ὅτι Ἀγάθων εὖ ἐρεῖ· τὸ δὲ σὲ ἀπορήσειν, οὐκ οἶμαι. — Καὶ πῶς, ὦ μακάριε, b
εἰπεῖν τὸν Σωκράτη, οὐ μέλλω ἀπορεῖν, καὶ ἐγώ, καὶ ἄλλος ὁστισοῦν μέλλων λέξειν μετὰ καλὸν οὕτω καὶ παντοδαπὸν λόγον ῥηθέντα ; Καὶ τὰ μὲν ἄλλα οὐχ ὁμοίως μὲν θαυμαστά· τὸ δ' ἐπὶ τελευτῆς τοῦ κάλλους τῶν ὀνομάτων καὶ ῥημάτων τίς οὐκ ἂν ἐξεπλάγη ἀκούων ; Ἐπεὶ ἔγωγε, ἐνθυμούμενος

Chören bei Opfern sich darbietend zum Anführer; Mildheit dabei verleihend Wildheit aber zerstreuend, Begründer des Wohlwollens, Verhindrer des Übelwollens, günstig den Guten, verehrlich den Weisen, erfreulich den Göttern, neidenswert den Unbegabten, erwünscht den Wohlbegabten, des Wohllebens der Behaglichkeit der Genüge der Anmut des Sehnens des Reizes Vater, sorgsam für die Guten, sorglos für die Schlechten, im Wanken im Bangen, in Verlangen in Gedanken e
der beste Lenker Helfer Berater und Retter, aller Götter und Menschen Zier, als Anführer der schönste und beste dem jeglicher Mann folgen muß lobsingend aufs herrlichste in den herrlichen Gesang mit einstimmend, welchen anstimmend er aller Götter und Menschen Sinn erweicht. Diese Rede, sprach er, o Phaidros, sei von meinetwegen dem Gotte dargebracht, teils Spiel enthaltend, teils auch ziemlichen Ernst nach bestem Vermögen.

3. Sokrates' philosophischer Beitrag über die Liebe

3.1. Die Intervention des Sokrates

3.1.1. Die Verschiedenheit des sokratischen Interesses an Wahrheit vom Scheinlob der Vorredner

Nachdem nun Agathon also gesprochen, sagte Aristode- 198a
mos, seien die Anwesenden in lauten Beifall ausgebrochen, wie angemessen der Jüngling geredet sich selbst und dem Gotte. Da habe nun Sokrates gesagt zum Eryximachos sich wendend Dünkt dich nun wohl, o Sohn des Akumenos, daß ich schon lange um unnötige Not mich geängstiget habe? sondern nicht vielmehr daß ich weissagend, was ich vorhin sagte, gesprochen, daß nämlich Agathon bewundernswürdig reden, ich aber keinen Rat mehr wissen würde? – Das eine, habe Eryximachos gesagt, scheinst du mir weissagend gesprochen zu haben, daß Agathon gut reden würde, daß du aber keinen Rat wissen werdest, glaube ich nicht. – Und wie doch, du Glücklicher, b
habe Sokrates gesagt, sollte ich nicht ratlos sein, und jeder andere welcher reden sollte, nachdem eine so schöne und reichverzierte Rede gespochen worden? und wenn auch das übrige wohl nicht alles eben so bewundernswert gewesen ist; aber die Schönheit der Wörter und Redensarten am Ende, welcher Hö-

ὅτι αὐτὸς οὐχ οἷός τ' ἔσομαι οὐδ' ἐγγὺς τούτων οὐδὲν καλὸν εἰπεῖν, ὑπ' αἰσχύνης ὀλίγου ἀποδρὰς ᾠχόμην, εἴ πῃ c
εἶχον. Καὶ γάρ με Γοργίου ὁ λόγος ἀνεμίμνῃσκεν, ὥστε ἀτεχνῶς τὸ τοῦ Ὁμήρου ἐπεπόνθη· ἐφοβούμην μή μοι τελευτῶν ὁ Ἀγάθων Γοργίου κεφαλὴν, δεινοῦ λέγειν, ἐν τῷ λόγῳ ἐπὶ τὸν ἐμὸν λόγον πέμψας, αὐτόν με λίθον τῇ ἀφωνίᾳ ποιήσειεν.

« Καὶ ἐνενόησα τότε ἄρα καταγέλαστος ὤν, ἡνίκα ὑμῖν ὡμολόγουν ἐν τῷ μέρει μεθ' ὑμῶν ἐγκωμιάσεσθαι τὸν Ἔρωτα, καὶ ἔφην εἶναι δεινὸς τὰ ἐρωτικά, οὐδὲν εἰδὼς d
ἄρα τοῦ πράγματος ὡς ἔδει ἐγκωμιάζειν ὁτιοῦν· ἐγὼ μὲν γάρ, ὑπ' ἀβελτερίας, ᾤμην δεῖν τἀληθῆ λέγειν περὶ ἑκάστου τοῦ ἐγκωμιαζομένου, καὶ τοῦτο μὲν ὑπάρχειν· ἐξ αὐτῶν δὲ τούτων τὰ κάλλιστα ἐκλεγομένους ὡς εὐπρεπέστατα τιθέναι· καὶ πάνυ δὴ μέγα ἐφρόνουν ὡς εὖ ἐρῶν, ὡς εἰδὼς τὴν ἀλήθειαν τοῦ ἐπαινεῖν ὁτιοῦν. Τὸ δὲ ἄρα, ὡς ἔοικεν, οὐ τοῦτο ἦν τὸ καλῶς ἐπαινεῖν ὁτιοῦν, ἀλλὰ τὸ ὡς μέγιστα ἀνατιθέναι τῷ πράγματι καὶ ὡς κάλλιστα, ἐάν τε ᾖ οὕτως e
ἔχοντα ἐάν τε μή· εἰ δὲ ψευδῆ, οὐδὲν ἄρ' ἦν πρᾶγμα· προυρρήθη γάρ, ὡς ἔοικεν, ὅπως ἕκαστος ἡμῶν τὸν Ἔρωτα ἐγκωμιάζειν δόξει, οὐχ ὅπως ἐγκωμιάσεται. Διὰ ταῦτα δή, οἶμαι, πάντα λόγον κινοῦντες ἀνατίθετε τῷ Ἔρωτι καί φατε αὐτὸν τοιοῦτόν τε εἶναι καὶ τοσούτων αἴτιον ὅπως ἂν φαίνηται ὡς κάλλιστος καὶ ἄριστος, δῆλον ὅτι τοῖς μὴ 199
γιγνώσκουσιν, οὐ γάρ που τοῖς γε εἰδόσιν· καὶ καλῶς γ' ἔχει καὶ σεμνῶς ὁ ἔπαινος. Ἀλλὰ γὰρ ἐγὼ οὐκ ᾔδη ἄρα τὸν τρόπον τοῦ ἐπαίνου· οὐ δ' εἰδώς, ὑμῖν ὡμολόγησα καὶ αὐτὸς ἐν τῷ μέρει ἐπαινέσεσθαι· ἡ γλῶσσα οὖν ὑπέσχετο, ἡ δὲ φρὴν οὔ. Χαιρέτω δή· οὐ γὰρ ἔτι ἐγκωμιάζω τοῦτον τὸν τρόπον· οὐ γὰρ ἂν δυναίμην. Οὐ μέντοι ἀλλὰ τά γε ἀληθῆ, εἰ βούλεσθε, ἐθέλω εἰπεῖν, κατ' ἐμαυτὸν οὐ πρὸς τοὺς b
ὑμετέρους λόγους, ἵνα μὴ γέλωτα ὄφλω. Ὅρα οὖν, ὦ Φαῖδρε,

rer ist nicht über diese erstaunt? Denn ich wenigstens, wenn ich bedenke wie gar nicht ich im Stande sein werde auch nur von weitem etwas so schönes vorzutragen, wäre vor Scham beinahe c
entwischt, wenn ich nur irgend wohin gekonnt hätte. Denn gar an den Gorgias hat die Rede mich erinnert, so daß mir ordentlich jenes homerische begegnet ist, mir ward bange, Agathon möchte das Gorgische Haupt das gewaltige im Reden am Ende seiner Reden gegen meine Rede loslassen und mich selbst zum Steine verstummen machen. Und da habe ich denn gemerkt, wie lächerlich ich war, als ich euch versprach, wenn meine Reihe käme mit euch dem Eros eine Lobrede zu halten, und als ich sagte, daß ich gewaltig wäre in Liebessachen, da ich doch gar d
nichts von der Sache verstand, wie man, was es auch immer wäre loben müsse. Ich dachte nämlich in meiner Einfalt man müsse die Wahrheit sagen in jedem Stück von dem zu preisenden; dies also müsse man vor sich haben, und das schönste davon auswählend müsse man auf das schicklichste zusammenstellen. Und ich wußte mir gar viel damit wie gut ich reden würde, als verstände ich was es eigentlich hieße irgend etwas loben. Das war aber, wie es scheint, gar nicht die rechte Weise etwas zu loben, sondern darin besteht sie, daß man der Sache nur so vieles und schönes beilege als möglich, möge es sich nun e
so verhalten oder nicht. Und ist es auch falsch: so ist nichts daran gelegen. Denn es war wohl vorher festgesetzt wie es scheint jeder von uns solle sich das Ansehn geben den Eros zu lobpreisen nicht ihn wirklich lobpreisen. Deshalb meine ich habt ihr alles zusammengesucht und dem Eros beigelegt, und sagt ein solcher sei er und solches bringe er hervor, damit er nur auf das schönste und vortrefflichste erscheine, offenbar 199a
nämlich denen die ihn nicht kennen, denn denen die um ihn wissen wohl nicht. Und so ist es doch eine schöne und prächtige Lobrede. Ich aber kannte gar nicht diese Weise des Lobes, und ohne sie zu kennen versprach ich auch in der Reihe ihn zu loben. Die Zunge also hat versprochen, die Seele aber nicht. Es unterbleibe also! Denn ich halte nun keine Lobrede nach dieser Weise; ich könnte es auch nicht. Indessen die Wahrheit, wenn ihr wollt, die will ich euch wohl sagen nach meiner Art, nicht b
wie eure Reden waren, damit ich kein Gelächter bereite. Sieh

εἴ τι καὶ τοιούτου λόγου δέῃ, περὶ Ἔρωτος τἀληθῆ λεγό-
μενα ἀκούειν, ὀνόμασι δὲ καὶ θέσει ῥημάτων τοιαύτῃ, ὁποία
δἄν τις τύχῃ ἐπελθοῦσα.

Τὸν οὖν Φαῖδρον ἔφη καὶ τοὺς ἄλλους κελεύειν λέγειν,
ὅπῃ αὐτὸς οἴοιτο δεῖν εἰπεῖν, ταύτῃ. « Ἔτι τοίνυν, φάναι,
ὦ Φαῖδρε, πάρες μοι Ἀγάθωνα σμίκρ᾽ ἄττα ἐρέσθαι, ἵνα
ἀνομολογησάμενος παρ᾽ αὐτοῦ οὕτως ἤδη λέγω. — Ἀλλὰ c
παρίημι, φάναι τὸν Φαῖδρον, ἀλλ᾽ ἐρώτα. »

**Μετὰ ταῦτα δὴ τὸν Σωκράτη ἔφη ἐνθένδε ποθὲν ἄρξασ-
θαι· « Καὶ μήν, ὦ φίλε Ἀγάθων, καλῶς μοι ἔδοξας καθη-
γήσασθαι τοῦ λόγου, λέγων ὅτι πρῶτον μὲν δέοι αὐτὸν
ἐπιδεῖξαι ὁποῖός τίς ἐστιν ὁ Ἔρως, ὕστερον δὲ τὰ ἔργα
αὐτοῦ· ταύτην τὴν ἀρχὴν πάνυ ἄγαμαι. Ἴθι οὖν μοι περὶ
Ἔρωτος, ἐπειδὴ καὶ τἆλλα καλῶς καὶ μεγαλοπρεπῶς
διῆλθες οἷός ἐστι, καὶ τόδε εἰπέ· "Πότερόν ἐστι τοιοῦτος
οἷος εἶναί τινος ὁ Ἔρως ἔρως, ἢ οὐδενός;" Ἐρωτῶ**
δ᾽ οὐκ εἰ μητρός τινος ἢ πατρός ἐστιν (γελοῖον γὰρ ἂν
εἴη τὸ ἐρώτημα εἰ Ἔρως ἐστὶν ἔρως μητρὸς ἢ πατρός),
ἀλλ᾽, ὥσπερ ἂν εἰ αὐτὸ τοῦτο, Πατέρα, ἠρώτων "Ἆρα ὁ
Πατήρ ἐστι πατήρ τινος ἢ οὔ;", εἶπες ἂν δήπου μοι, εἰ
ἐβούλου καλῶς ἀποκρίνασθαι, ὅτι ἔστιν υἱέος γε ἢ θυγατρὸς
ὁ Πατὴρ πατήρ· ἢ οὔ; — Πάνυ γε, φάναι τὸν Ἀγάθωνα.
— Οὐκοῦν καὶ ἡ Μήτηρ ὡσαύτως; » Ὁμολογεῖσθαι καὶ
τοῦτο. « Ἔτι τοίνυν, εἰπεῖν τὸν Σωκράτη, ἀπόκριναι ὀλίγῳ e
πλείω, ἵνα μᾶλλον καταμάθῃς ὃ βούλομαι· εἰ γὰρ ἐροίμην
"Τί δέ; Ἀδελφός, αὐτὸ τοῦτο ὅπερ ἔστιν, ἔστι τινὸς
ἀδελφός, ἢ οὔ;"... » Φάναι εἶναι. « "Οὐκοῦν ἀδελφοῦ ἢ
ἀδελφῆς;" » Ὁμολογεῖν. « Πειρῶ δή, φάναι καὶ τὸν Ἔρωτα
εἰπεῖν· "Ὁ Ἔρως ἔρως ἐστὶν οὐδενὸς ἢ τινός;" — Πάνυ
μὲν οὖν ἔστιν.

— Τοῦτο μὲν τοίνυν, εἰπεῖν τὸν Σωκράτη, φύλαξον, **200**
παρὰ σαυτῷ μεμνημένος ὅτου· τοσόνδε δὲ εἰπέ, πότερον

also zu, Phaidros, ob du eine solche Rede auch gebrauchen
kannst, was wahr ist vom Eros sagen zu hören, aber in Re-
densarten und Wortstellungen wie sie sich eben fügen wollen. –
Phaidros nun, sagte er, und die Andern hätten ihn geheißen zu
reden wie er selbst glaubte daß man reden müsse, gerade so. –
Noch mußt du mir, o Phaidros, habe er gesagt, auch erst den
Agathon vergönnen einiges wenige zu fragen, damit ich hier-
über mit ihm einverstanden alsdann weiter rede. – Ich vergön- c
ne es, habe Phaidros gesagt, frage ihn nur. – Darauf habe dann,
erzählte er, Sokrates so ohngefähr angefangen.

3.1.2. Widerlegendes Vorgespräch mit Agathon: Eros ist weder schön noch gut

Also, lieber Agathon, sehr gut scheinst du mir deine Rede
eingeleitet zu haben als du sagtest, zuerst müsse man den Eros
selbst darstellen welchartig er ist, und hernach seine Werke.
Dieser Anfang ist mir gar recht. Wohlan, da du auch das übrige
so schön und herrlich vorgetragen hast von dem Eros, welcher
Art er ist: so sage mir doch auch dieses, ob Eros auch ein d
solcher ist, daß er jemandes Liebe ist oder Niemandes? Ich
frage aber nicht etwa ob er von einem Vater oder einer Mutter
ist; denn lächerlich wäre die Frage ob Eros eines Vaters oder
einer Mutter Liebe ist. Sondern wie wenn ich eben nach einem
Vater selbst fragte, ob ein Vater jemandes Vater ist oder nicht,
du gewiß doch sagen würdest, wenn du anders ordentlich ant-
worten wolltest, allerdings wäre ein Vater Vater eines Sohnes
oder einer Tochter, oder nicht? – Freilich, hätte Agathon ge-
antwortet. – Nicht auch eben so die Mutter? – Auch das hätte er
zugegeben. – Wohl, hätte Sokrates gesagt, antworte nur noch e
ein weniges mehr, damit du besser verstehst was ich will.
Wenn ich nun fragte Wie ein Bruder? ist der auch das was er ist
ein Bruder von jemand oder nicht? – Allerdings, habe er ge-
sagt. Doch von einem Bruder oder einer Schwester? – Das habe
er bejaht. – Versuche denn dasselbe auch von der Liebe zu
sagen, ist sie Liebe von nichts oder etwas? – Freilich von etwas.
– Dieses nun, habe Sokrates gesagt, halte noch bei dir fest in 200a
Gedanken wovon sie Liebe ist, und sage mir nur soviel ob die
Liebe das dessen Liebe sie ist begehrt oder nicht? – Allerdings,

ὁ Ἔρως, ἐκείνου οὗ ἔστιν ἔρως, ἐπιθυμεῖ αὐτοῦ, ἢ οὔ. — Πάνυ γε, φάναι. — Πότερον, ἔχων αὐτὸ οὗ ἐπιθυμεῖ τε καὶ ἐρᾷ, εἶτα ἐπιθυμεῖ τε καὶ ἐρᾷ, ἢ οὐκ ἔχων; — Οὐκ ἔχων, ὡς τὸ εἰκός γε, φάναι. — Σκόπει δή, εἰπεῖν τὸν Σωκράτη, ἀντὶ τοῦ εἰκότος εἰ ἀνάγκη οὕτως, τὸ ἐπιθυμεῖν οὗ ἐνδεές ἐστιν, ἢ μὴ ἐπιθυμεῖν ἐὰν μὴ ἐνδεὲς ᾖ. Ἐμοὶ μὲν γὰρ θαυμαστῶς δοκεῖ, ὦ Ἀγάθων, ὡς b
ἀνάγκη εἶναι· σοὶ δὲ πῶς; — Κἀμοί, φάναι, δοκεῖ. — Καλῶς λέγεις. Ἆρ' οὖν βούλοιτ' ἄν τις μέγας, ὢν μέγας, εἶναι; ἢ ἰσχυρός, ὢν ἰσχυρός; — Ἀδύνατον ἐκ τῶν ὡμολογημένων. — Οὐ γάρ που ἐνδεὴς ἂν εἴη τούτων ὅ γε ὤν. — Ἀληθῆ λέγεις. — Εἰ γάρ, καὶ ἰσχυρὸς ὤν, βούλοιτο ἰσχυρὸς εἶναι, φάναι τὸν Σωκράτη, καί, ταχὺς ὤν, ταχύς, καί, ὑγιὴς ὤν, ὑγιής... ἴσως γὰρ ἄν τις ταῦτα οἰηθείη καὶ πάντα τὰ τοιαῦτα, τοὺς ὄντας τε τοιούτους καὶ ἔχοντας c
ταῦτα, τούτων ἅπερ ἔχουσι καὶ ἐπιθυμεῖν· ἵν' οὖν μὴ ἐξαπατηθῶμεν, τούτου ἕνεκα λέγω· τούτοις γάρ, ὦ Ἀγάθων, εἰ ἐννοεῖς, ἔχειν μὲν ἕκαστα τούτων ἐν τῷ παρόντι ἀνάγκη ἃ ἔχουσιν, ἐάντε βούλωνται ἐάντε μή· καὶ τούτου γε δήπου τίς ἂν ἐπιθυμήσειεν; Ἀλλ' ὅταν τις λέγῃ ὅτι· « Ἐγώ, « ὑγιαίνων, βούλομαι καὶ ὑγιαίνειν, καὶ πλουτῶν, βούλομαι « καὶ πλουτεῖν, καὶ ἐπιθυμῶ αὐτῶν τούτων ἃ ἔχω », εἴποιμεν ἂν αὐτῷ ὅτι· « Σύ, ὦ ἄνθρωπε, πλοῦτον « κεκτημένος καὶ ὑγίειαν καὶ ἰσχύν, βούλει καὶ εἰς τὸν d
« ἔπειτα χρόνον ταῦτα κεκτῆσθαι, ἐπεὶ ἐν τῷ γε νῦν « παρόντι, εἴτε βούλει εἴτε μή, ἔχεις· σκόπει οὖν, ὅταν « τοῦτο λέγῃς ὅτι ἐπιθυμῶ τῶν παρόντων, εἰ ἄλλο τι λέγεις « ἢ τόδε, ὅτι βούλομαι τὰ νῦν παρόντα, καὶ εἰς τὸν ἔπειτα « χρόνον παρεῖναι. » Ἄλλο τι ὁμολογοῖ ἄν; » Συμφάναι ἔφη τὸν Ἀγάθωνα. Εἰπεῖν δὴ τὸν Σωκράτη· « Οὐκοῦν τοῦτό γ' ἐστὶν ἐκείνου ἐρᾶν, ὃ οὔπω ἕτοιμον αὐτῷ ἐστιν οὐδὲ ἔχει, τὸ εἰς τὸν ἔπειτα χρόνον ταῦτα εἶναι αὐτῷ σῳζόμενα καὶ παρόντα; — Πάνυ γε, φάναι. — Καὶ οὗτος e

habe er gesagt. – Und ob sie wohl schon habend was sie be-
gehrt und liebt es begehrt und liebt, oder es nicht habend? –
Nicht habend, wie es ja scheint, habe er gesagt. – Überlege nur,
habe Sokrates gesagt, ob es nicht statt zu scheinen vielmehr
notwendig so ist, daß das Begehrende begehrt wessen es be-
dürftig ist, oder nicht begehrt wenn es nicht bedürftig ist. Mir
wenigstens, Agathon, schwebt es gar wunderbar vor, daß dies b
notwendig so ist. Und dir wie? – Auch mir, habe er gesagt. –
Wohl gesprochen. Wünscht also wohl jemand der groß ist groß
zu sein, und der stark ist stark zu sein? – Unmöglich nach dem
eingestandenen. – Denn der es schon ist wäre ja dessen nicht
bedürftig. – Richtig gesprochen. – Denn wenn ein stark seien-
der will stark sein, oder ein schnellseiender schnell, oder ein
gesundseiender gesund: – denn vielleicht könnte jemand hie-
von und von allem dergleichen meinen, daß auch die schon c
solche sind und dies schon haben, doch dieses was sie haben
auch begehren. Damit wir nun nicht irre werden, deshalb eben
sage ich, daß doch diese, o Agathon, wenn du Acht hast, jeg-
liches von diesen Dingen für jetzt notwendig haben was sie
haben, sie mögen es nun wollen oder nicht. Und wer könnte
das nun wohl noch begehren? Sondern wenn einer sagt, ich der
ich gesund bin will gesund sein, und ich der ich reich bin, will
reich sein, und begehre also das was ich habe: so würden wir
ihm sagen, Nämlich du der du Reichtum besitzest und Gesund-
heit und Stärke willst ebendies auch in der folgenden Zeit be- d
sitzen; denn in der jetzt gegenwärtigen, magst du es nun wol-
len oder nicht, hast du es schon, Überlege also wenn du sagst,
Ich begehre das vorhandene, ob du etwas anderes meinst als
dieses Ich will daß das jetzt vorhandene mir auch in künftiger
Zeit vorhanden sei, nicht wahr das würde er zugeben? – Das
habe Agathon bejaht. – Darauf habe Sokrates gesagt, also auch
dies heißt dasjenige lieben was noch nicht bereit ist und man
nicht hat, wenn einer wünscht, daß ihm auch für die künftige
Zeit das behalten bleibe was er jetzt besitzt. – Freilich, habe er e

ἄρα, καὶ ἄλλος πᾶς ὁ ἐπιθυμῶν, τοῦ μὴ ἑτοίμου ἐπιθυμεῖ καὶ τοῦ μὴ παρόντος, καὶ ὃ μὴ ἔχει καὶ ὃ μὴ ἔστιν αὐτὸς καὶ οὗ ἐνδεής ἐστι, τοιαῦτ᾽ ἄττα ἐστὶν ὧν ἡ ἐπιθυμία τε καὶ ὁ ἔρως ἐστίν. — Πάνυ γ᾽, εἰπεῖν.

— Ἴθι δή, φάναι τὸν Σωκράτη, ἀνομολογησώμεθα τὰ εἰρημένα. Ἄλλο τι ἔστιν ὁ Ἔρως, πρῶτον μὲν τινῶν, ἔπειτα τούτων ὧν ἂν ἔνδεια παρῇ αὐτῷ ; — Ναί, φάναι. — 201
Ἐπὶ δὴ τούτοις ἀναμνήσθητι τίνων ἔφησθα ἐν τῷ λόγῳ εἶναι τὸν Ἔρωτα. Εἰ δὲ βούλει, ἐγώ σε ἀναμνήσω· οἶμαι γάρ σε οὑτωσί πως εἰπεῖν, ὅτι τοῖς θεοῖς κατεσκευάσθη τὰ πράγματα δι᾽ ἔρωτα καλῶν, αἰσχρῶν γὰρ οὐκ εἴη ἔρως· οὐχ οὑτωσί πως ἔλεγες ; — Εἶπον γάρ, φάναι τὸν Ἀγάθωνα. — Καὶ ἐπιεικῶς γε λέγεις, ὦ ἑταῖρε, φάναι τὸν Σωκράτη, καί, εἰ τοῦτο οὕτως ἔχει, ἄλλο τι ὁ Ἔρως κάλλους ἂν εἴη ἔρως, αἴσχους δὲ οὔ ; » Ὡμολόγει. « Οὐκοῦν ὡμολόγηται, οὗ ἐνδεής ἐστι καὶ μὴ ἔχει, τούτου ἐρᾶν ; — Ναί, εἰπεῖν. b
— Ἐνδεὴς ἄρ᾽ ἐστὶ καὶ οὐκ ἔχει ὁ Ἔρως κάλλος. — Ἀνάγκη, φάναι. — Τί δέ ; τὸ ἐνδεὲς κάλλους καὶ μηδαμῇ κεκτημένον κάλλος ἆρα λέγεις σὺ καλὸν εἶναι ; — Οὐ δῆτα. — Ἔτι οὖν ὁμολογεῖς Ἔρωτα καλὸν εἶναι, εἰ ταῦτα οὕτως ἔχει ; » Καὶ τὸν Ἀγάθωνα εἰπεῖν· « Κινδυνεύω, ὦ Σώκρατες, οὐδὲν εἰδέναι ὧν τότε εἶπον. — Καὶ μὴν καλῶς γε εἶπες, φάναι, ὦ Ἀγάθων. Ἀλλὰ σμικρὸν ἔτι εἰπέ· c
τἀγαθὰ οὐ καὶ καλὰ δοκεῖ σοι εἶναι ; — Ἔμοιγε. — Εἰ ἄρα ὁ Ἔρως τῶν καλῶν ἐνδεής ἐστι, τὰ δὲ ἀγαθὰ καλά, κἂν τῶν ἀγαθῶν ἐνδεὴς εἴη. — Ἐγώ, φάναι, ὦ Σώκρατες, σοὶ οὐκ ἂν δυναίμην ἀντιλέγειν· ἀλλ᾽ οὕτως ἐχέτω ὡς σὺ λέγεις. — Οὐ μὲν οὖν τῇ ἀληθείᾳ, φάναι, ὦ φιλούμενε Ἀγάθων, δύνασαι ἀντιλέγειν, ἐπεὶ Σωκράτει γε οὐδὲν χαλεπόν.

gesagt. – Also auch dieser und jeder andere Begehrende begehrt das noch nicht vorhandene und nicht fertige, und was er nicht hat und nicht selbst ist, und wessen er bedürftig ist; solcherlei also sind die Dinge wonach es eine Begierde gibt und eine Liebe. – Freilich, habe er gesagt. – Wohlan denn, habe Sokrates gesprochen, laß uns das gesagte zusammenrechnen. Nicht wahr, Liebe ist zuerst Liebe zu etwas und dann Liebe zu dem wonach jemand ein Bedürfnis hat? – Ja, habe er gesagt. – 201a
Hiezu nun erinnere dich dessen, worauf du in deiner Rede sagtest, daß Eros ginge. Oder wenn du willst will ich dich erinnern. Ich glaube nämlich du sagtest so ohngefähr, daß die Angelegenheiten der Götter sich geordnet haben durch die Liebe zum Schönen, denn zum Häßlichen gebe es keine Liebe. Sagtest du nicht ohngefähr so? – Das sagte ich freilich, habe Agathon gesagt. – Und ganz annehmlich war das gesprochen, Freund, habe Sokrates gesagt. Und wenn sich dies so verhält, wäre dann die Liebe nicht Liebe zur Schönheit, zur Häßlichkeit aber nicht? – Das gestand er. – Und eingestanden ist doch, das, wessen man bedürfig ist und es nicht hat, liebe man? – Ja habe b
er gesagt. – Bedürftig also ist Eros der Schönheit und hat sie nicht? – Notwendig, habe er gesagt. – Und wie? das der Schönheit bedürftige und sie keinesweges besitzende, sagst du etwa sei schön? – Nicht füglich. – Behauptest du also noch, daß Eros schön sei wenn sich dies so verhält? – Darauf habe Agathon gesagt Ich mag am Ende wohl nichts von dem verstehen o Sokrates, was ich damals sagte. – Gar recht magst du daran wohl haben, o Agathon, habe er gesagt. Aber die Kleinigkeit c
sage mir noch, dünkt dich nicht das Gute auch schön zu sein? – Mich dünkt es so. – Wenn also Eros des Schönen bedürftig ist und das Gute schön ist, so wäre er ja auch des Guten bedürftig? – Ich, habe er gesagt, o Sokrates, weiß dir wenigstens nicht zu widersprechen, sondern es soll so sein wie du sagest. – Freilich wohl der Wahrheit, habe er gesagt, o geliebter Agathon, vermagst du nicht zu widersprechen. Denn dem Sokrates, das ist gar nichts schweres.

« Καὶ σὲ μέν γε ἤδη ἐάσω. Τὸν δὲ λόγον τὸν περὶ τοῦ Ἔρωτος, ὅν ποτ' ἤκουσα γυναικὸς Μαντινικῆς, Διοτίμας, ἣ ταῦτά τε σοφὴ ἦν καὶ ἄλλα πολλά, καὶ Ἀθηναίοις ποτὲ θυσαμένοις πρὸ τοῦ λοιμοῦ δέκα ἔτη ἀναβολὴν ἐποίησε τῆς νόσου· ἣ δὴ καὶ ἐμὲ τὰ ἐρωτικὰ ἐδίδαξεν... ὃν οὖν ἐκείνη ἔλεγε λόγον, πειράσομαι ὑμῖν διελθεῖν, ἐκ τῶν ὡμολογημένων ἐμοὶ καὶ Ἀγάθωνι, αὐτὸς ἐπ' ἐμαυτοῦ ὅπως ἂν δύνωμαι. Δεῖ δή, ὦ Ἀγάθων, ὥσπερ σὺ διηγήσω, διελθεῖν αὐτὸν πρῶτον τίς ἐστιν ὁ Ἔρως καὶ ποῖός τις, ἔπειτα τὰ ἔργα αὐτοῦ. Δοκεῖ οὖν μοι ῥᾷστον εἶναι οὕτω διελθεῖν ὥς ποτέ με ἡ ξένη ἀνακρίνουσα διῄει· σχεδὸν γάρ τι καὶ ἐγὼ πρὸς αὐτὴν ἕτερα τοιαῦτα ἔλεγον οἷάπερ νῦν πρὸς ἐμὲ Ἀγάθων, ὡς εἴη ὁ Ἔρως μέγας θεός, εἴη δὲ τῶν καλῶν· ἤλεγχε δή με τούτοις τοῖς λόγοις οἷσπερ ἐγὼ τοῦτον, ὡς οὔτε καλὸς εἴη κατὰ τὸν ἐμὸν λόγον οὔτε ἀγαθός. d e

Καὶ ἐγώ· « Πῶς λέγεις, ὦ Διοτίμα; αἰσχρὸς ἄρα ὁ Ἔρως ἐστὶ καὶ κακός; » Καὶ ἥ· « Οὐκ εὐφημήσεις; ἔφη. Ἦ οἴει ὅτι, ἂν μὴ καλὸν ᾖ, ἀναγκαῖον αὐτὸ εἶναι αἰσχρόν; — Μάλιστά γε. — Ἦ καί, ἂν μὴ σοφόν, ἀμαθές; Ἢ οὐκ 202 ᾔσθησαι ὅτι ἔστιν τι μεταξὺ σοφίας καὶ ἀμαθίας; — Τί τοῦτο; — Τὸ ὀρθὰ δοξάζειν [καὶ] ἄνευ τοῦ ἔχειν λόγον δοῦναι, οὐκ οἶσθ', ἔφη, ὅτι οὔτε ἐπίστασθαί ἐστιν (ἄλογον γὰρ πρᾶγμα πῶς ἂν εἴη ἐπιστήμη), οὔτε ἀμαθία (τὸ γὰρ τοῦ ὄντος τυγχάνον πῶς ἂν εἴη ἀμαθία); ἔστι δὲ δήπου τοιοῦτον ἡ ὀρθὴ δόξα, μεταξὺ φρονήσεως καὶ ἀμαθίας. — Ἀληθῆ, ἦν δ' ἐγώ, λέγεις. — Μὴ τοίνυν ἀνάγκαζε ὃ μὴ καλόν ἐστιν αἰσχρὸν εἶναι, μηδὲ ὃ μὴ ἀγαθόν, κακόν. Οὕτω b δὲ καὶ τὸν Ἔρωτα, ἐπειδὴ αὐτὸς ὁμολογεῖς μὴ εἶναι ἀγαθὸν μηδὲ καλόν, μηδέν τι μᾶλλον οἴου δεῖν αὐτὸν αἰσχρὸν καὶ κακὸν εἶναι, ἀλλά τι μεταξύ, ἔφη, τούτοιν.

— Καὶ μήν, ἦν δ' ἐγώ, ὁμολογεῖταί γε παρὰ πάντων μέγας θεὸς εἶναι. — Τῶν μὴ εἰδότων, ἔφη, πάντων λέγεις, ἢ καὶ τῶν εἰδότων; — Ξυμπάντων μὲν οὖν. » Καὶ ἥ

3.2. Was Sokrates von Diotima gehört hat
3.2.1. Das Zwischen-Sein des Eros: weder schön noch häßlich, weder gut noch schlecht, weder Gott noch Mensch: ein Dämon

Und so will ich dich denn jetzo lassen und eine Rede über d
den Eros welche ich einst von einer Mantineerin Namens Diotima gehört habe, welche hierin und auch sonst sehr weise war, auch den Athenern einst bei einem Opfer vor der Pest zehnjährigen Aufschub der Krankheit bewirkte, welche auch mich in Liebessachen unterrichtet hat, die Rede also welche diese gesprochen hat will ich versuchen euch zu wiederholen, von dem ausgehend worüber ich mit Agathon übereingekommen bin, sonst aber ganz für mich allein so gut ich eben kann. Es gehört sich also, o Agathon, wie auch du erklärtest, zuerst ihn selbst zu beschreiben den Eros wer er ist und was für einer, und
dann seine Werke. Es dünkt mich also am leichtesten es so e
durchzunehmen, wie damals die Fremde mich ausfragend es durchging. Denn ohngefähr dergleichen hatte auch ich zu ihr gesagt wie Agathon jetzt zu mir, daß Eros ein großer Gott sei und von den Schönen. Sie aber widerlegte mich mit denselben Reden womit ich jetzt diesen, daß er weder schön wäre nach meinen eigenen Reden noch gut. Da sprach ich Wie meinst du aber, Diotima, ist also Eros häßlich und schlecht? – Und sie, Willst du dich nicht Frevels enthalten? Oder meinst du, was
nicht schön ist das sei notwendig häßlich? – Allerdings wohl. – 202a
Auch was nicht weise das töricht? oder hast du nicht gemerkt, daß es etwas mitten inne gibt zwischen Weisheit und Torheit? – Was wäre das? – Wenn man richtig vorstellt ohne jedoch Rechenschaft davon geben zu können, weißt du nicht daß das weder Wissen ist, denn wie könnte etwas grundloses eine Erkenntnis sein? noch auch Unverstand, denn da sie doch das wahre enthält, wie könnte sie Unverstand sein? Also ist offenbar die richtige Vorstellung so etwas zwischen Einsicht und Unverstand. – Richtig, sprach ich. – Folgere also nicht was
nicht schön ist sei häßlich, noch was nicht gut sei schlecht. Eben b
so auch vom Eros, da du doch selbst eingestehst er sei weder gut noch schön, glaube deshalb dennoch nicht, daß er häßlich und schlecht sein müsse, sondern etwas, sagte sie, zwischen beiden. – Aber das, sprach ich, wird doch von allen eingestan-

γελάσασα· « Καὶ πῶς ἄν, ἔφη, ὦ Σώκρατες, ὁμολογοῖτο μέγας θεὸς εἶναι παρὰ τούτων, οἵ φασιν αὐτὸν οὐδὲ θεὸν c εἶναι; — Τίνες οὗτοι; ἦν δ' ἐγώ. — Εἷς μέν, ἔφη, σύ, μία δ' ἐγώ. » Κἀγὼ εἶπον· « Πῶς τοῦτο, ἔφην, λέγεις; » Καὶ ἥ· « Ῥᾳδίως, ἔφη. Λέγε γάρ μοι· οὐ πάντας θεοὺς φῂς εὐδαίμονας εἶναι καὶ καλούς; ἢ τολμήσαις ἄν τινα μὴ φάναι καλόν τε καὶ εὐδαίμονα θεῶν εἶναι; — Μὰ Δί' οὐκ ἔγωγ', ἔφην. — Εὐδαίμονας δὲ δὴ λέγεις οὐ τοὺς τἀγαθὰ καὶ τὰ καλὰ κεκτημένους; — Πάνυ γε. — Ἀλλὰ d μὴν Ἔρωτά γε ὡμολόγηκας, δι' ἔνδειαν τῶν ἀγαθῶν καὶ καλῶν, ἐπιθυμεῖν αὐτῶν τούτων ὧν ἐνδεής ἐστιν. — Ὡμολόγηκα γάρ. — Πῶς ἂν οὖν θεὸς εἴη, ὅ γε τῶν καλῶν καὶ ἀγαθῶν ἄμοιρος; — Οὐδαμῶς, ὥς γ' ἔοικεν. — Ὁρᾷς οὖν, ἔφη, ὅτι καὶ σὺ Ἔρωτα οὐ θεὸν νομίζεις. — Τί οὖν ἄν, ἔφην, εἴη ὁ Ἔρως; θνητός; — Ἥκιστά γε. — Ἀλλὰ τί μήν;

— Ὥσπερ τὰ πρότερα, ἔφη, μεταξὺ θνητοῦ καὶ ἀθανάτου. — Τί οὖν, ὦ Διοτίμα; — Δαίμων μέγας, ὦ Σώκρατες· καὶ γὰρ πᾶν τὸ δαιμόνιον μεταξύ ἐστι θεοῦ τε καὶ θνητοῦ. — Τίνα, ἦν δ' ἐγώ, δύναμιν ἔχον; — Ἑρμηνεῦον καὶ διαπορθμεῦον θεοῖς τὰ παρ' ἀνθρώπων καὶ ἀνθρώποις τὰ παρὰ θεῶν, τῶν μὲν τὰς δεήσεις καὶ θυσίας, τῶν δὲ τὰς ἐπιτάξεις τε καὶ ἀμοιβὰς τῶν θυσιῶν, ἐν μέσῳ δὲ ὂν ἀμφοτέρων, συμπληροῖ ὥστε τὸ πᾶν αὐτὸ αὑτῷ ξυνδεδέσθαι. Διὰ τούτου, καὶ ἡ μαντικὴ πᾶσα χωρεῖ, καὶ ἡ τῶν ἱερέων τέχνη τῶν τε περὶ τὰς θυσίας καὶ τὰς τελετὰς καὶ τὰς ἐπῳδὰς καὶ τὴν μαντείαν πᾶσαν καὶ 203 γοητείαν. Θεὸς δὲ ἀνθρώπῳ οὐ μίγνυται, ἀλλὰ διὰ τούτου πᾶσά ἐστιν ἡ ὁμιλία καὶ ἡ διάλεκτος θεοῖς πρὸς ἀνθρώπους, καὶ ἐγρηγορόσι καὶ καθεύδουσι· καὶ ὁ μὲν περὶ τὰ τοιαῦτα σοφὸς δαιμόνιος ἀνήρ, ὁ δέ, ἄλλο τι σοφὸς ὤν, ἢ περὶ τέχνας ἢ χειρουργίας τινάς, βάναυσος. Οὗτοι δὴ οἱ δαίμονες πολλοὶ καὶ παντοδαποί εἰσιν· εἷς δὲ τούτων ἐστὶ καὶ ὁ Ἔρως.

den, daß er ein großer Gott ist. – Von allen nichtwissenden, sprach sie, meinst du, oder auch von den Wissenden? – Von allen insgesamt. – Da lachte sie und sagte, Und wie, Sokrates, könnte wohl von denen eingestanden werden, daß er ein großer Gott sei, welche behaupten es sei überall kein Gott? – Wer c
sind doch die, fragte ich? – Einer davon bist du, sagte sie, und eine ich. – Da sprach ich, wie meinst du doch dies? – Und sie antwortete, Ganz natürlich. Denn sage mir nur, meinst du nicht, daß alle Götter glückselig und schön sind? oder hättest du das Herz zu sagen, daß irgend ein Gott nicht schön und glückselig sei? – Beim Zeus, ich gewiß nicht, sprach ich. – Und glückselig nennst du doch die das Schöne und Gute besitzen? – d
Freilich. – Vom Eros aber hast du doch eingestanden, daß er aus Bedürfnis des Schönen und Guten eben das begehre dessen er bedürftig ist? – Das habe ich eingestanden. – Wie konnte also ein Gott sein der unbegabt ist mit Schönem und Gutem? – Auf keine Weise wie es scheint. – Siehst du nun, sagte sie, daß auch du den Eros für keinen Gott hältst? – Was wäre also, sprach ich, Eros? etwa sterblich? – Keinesweges. – Aber was denn? – Wie oben, sagte sie, zwischen dem sterblichen und unsterblichen. – Was also, o Diotima? – Ein großer Dämon, o Sokrates. Denn alles Dämonische ist zwischen Gott und dem sterblichen. e
– Und was für eine Verrichtung, sprach ich, hat es? – Zu verdolmetschen und zu überbringen den Göttern was von den Menschen und den Menschen was von den Göttern kommt, der Einen Gebete und Opfer, und der Andern Befehle und Vergeltung der Opfer. In der Mitte zwischen beiden ist es also die Ergänzung, daß nun das Ganze in sich selbst verbunden ist. Und durch dies Dämonische geht auch alle Weissagung, und die Kunst der Priester in Bezug auf Opfer Weihungen und Besprechungen und allerlei Wahrsagung und Bezauberung. 203a
Denn Gott verkehrt nicht mit Menschen; sondern aller Umgang und Gespräch der Götter mit den Menschen geschieht durch dieses sowohl im Wachen als im Schlaf. Wer sich nun hierauf versteht der ist ein dämonischer Mann, wer aber nur auf andere Dinge oder irgend auf Künste und Handarbeiten, der ist ein gemeiner. Solcher Dämonen oder Geister nun gibt es viele und von vielerlei Art, einer aber von ihnen ist auch Eros.

— Πατρὸς δέ, ἦν δ' ἐγώ, τίνος ἐστὶ καὶ μητρός; — Μακρότερον μέν, ἔφη, διηγήσασθαι· ὅμως δέ σοι ἐρῶ. Ὅτε γὰρ b
ἐγένετο ἡ Ἀφροδίτη, ἡστιῶντο οἱ θεοί, οἵ τε ἄλλοι καὶ ὁ τῆς Μήτιδος υἱός, Πόρος. Ἐπειδὴ δὲ ἐδείπνησαν, προσαιτήσουσα οἷον δὴ εὐωχίας οὔσης, ἀφίκετο ἡ Πενία, καὶ ἦν περὶ τὰς θύρας. Ὁ οὖν Πόρος, μεθυσθεὶς τοῦ νέκταρος (οἶνος γὰρ οὔπω ἦν), εἰς τὸν τοῦ Διὸς κῆπον εἰσελθών, βεβαρημένος εὗδεν. Ἡ οὖν Πενία, ἐπιβουλεύουσα διὰ τὴν αὑτῆς ἀπορίαν παιδίον ποιήσασθαι ἐκ τοῦ Πόρου, κατακλίνεταί τε παρ' αὐτῷ, καὶ ἐκύησε τὸν Ἔρωτα. Διὸ δὴ καὶ c
τῆς Ἀφροδίτης ἀκόλουθος καὶ θεράπων γέγονεν ὁ Ἔρως, γεννηθεὶς ἐν τοῖς ἐκείνης γενεθλίοις καὶ ἅμα φύσει ἐραστὴς ὢν περὶ τὸ καλόν, καὶ τῆς Ἀφροδίτης καλῆς οὔσης.

« Ἅτε οὖν Πόρου καὶ Πενίας υἱὸς ὤν, ὁ Ἔρως ἐν τοιαύτῃ τύχῃ καθέστηκεν. Πρῶτον μὲν πένης ἀεί ἐστιν, καὶ πολλοῦ δεῖ ἁπαλός τε καὶ καλός, οἷον οἱ πολλοὶ οἴονται· ἀλλὰ σκληρὸς καὶ αὐχμηρὸς καὶ ἀνυπόδητος καὶ ἄοικος, d
χαμαιπετὴς ἀεὶ ὢν καὶ ἄστρωτος, ἐπὶ θύραις καὶ ἐν ὁδοῖς ὑπαίθριος κοιμώμενος, τὴν τῆς μητρὸς φύσιν ἔχων, ἀεὶ ἐνδείᾳ ξύνοικος. Κατὰ δὲ αὖ τὸν πατέρα, ἐπίβουλός ἐστι τοῖς καλοῖς καὶ τοῖς ἀγαθοῖς, ἀνδρεῖος ὢν καὶ ἴτης καὶ σύντονος, θηρευτὴς δεινός, ἀεί τινας πλέκων μηχανάς, καὶ φρονήσεως ἐπιθυμητὴς καὶ πόριμος, φιλοσοφῶν διὰ παντὸς τοῦ βίου, δεινὸς γόης καὶ φαρμακεὺς καὶ σοφιστής. Καὶ οὔτε ὡς ἀθάνατος πέφυκεν οὔτε ὡς θνητός· ἀλλὰ e
τοτὲ μὲν τῆς αὐτῆς ἡμέρας θάλλει τε καὶ ζῇ, τοτὲ δὲ ἀποθνῄσκει, πάλιν δὲ ἀναβιώσκεται ὅταν εὐπορήσῃ διὰ τὴν τοῦ πατρὸς φύσιν· τὸ δὲ ποριζόμενον ἀεὶ ὑπεκρεῖ, ὥστε οὔτε ἀπορεῖ Ἔρως ποτὲ οὔτε πλουτεῖ.

« Σοφίας τε αὖ καὶ ἀμαθίας ἐν μέσῳ ἐστίν. Ἔχει γὰρ ὧδε· θεῶν οὐδεὶς φιλοσοφεῖ οὐδ' ἐπιθυμεῖ σοφὸς γενέσθαι 204
(ἔστι γάρ), οὐδ' εἴ τις ἄλλος σοφός, οὐ φιλοσοφεῖ· οὐδ' αὖ

3.2.2. Die Herkunft des Eros und seine Beziehung zur Philosophie

– Wer aber, fragte ich, ist sein Vater und seine Mutter? – Weitläuftiger, sprach sie, ist dies zwar zu erzählen; doch will ich es b
dir sagen. Als nämlich Aphrodite geboren war schmauseten die Götter, und unter den übrigen auch Poros der Sohn der Metis. Als sie nun abgespeist, kam um sich etwas zu erbetteln, da es doch festlich herging, auch Penia, und stand an der Türe. Poros nun, berauscht vom Nektar, denn Wein gab es noch nicht, ging in den Garten des Zeus hinaus und schwer und müde wie er war schlief er ein. Penia nun, die ihrer Dürftigkeit wegen den Anschlag faßte ein Kind mit Poros zu erzeugen, legte sich zu ihm und empfing den Eros. Deshalb ist auch Eros der Aphro- c
dite Begleiter und Diener geworden wegen seiner Empfängnis an ihrem Geburtsfest, und weil er von Natur ein Liebhaber des schönen ist und Aphrodite schön ist. Als des Poros und der Penia Söhne aber befindet sich Eros in solcherlei Umständen. Zuerst ist er immer arm, und bei weitem nicht fein und schön, wie die Meisten glauben, vielmehr rauh, unansehnlich, unbe- d
schuht, ohne Behausung, auf dem Boden immer umherliegend und unbedeckt schläft er vor den Türen und auf den Straßen im Freien, und ist der Natur seiner Mutter gemäß immer der Dürftigkeit Genosse. Und nach seinem Vater wiederum stellt er dem Guten und Schönen nach, ist tapfer, keck und rüstig, ein gewaltiger Jäger, allezeit irgend Ränke schmiedend, nach Einsicht strebend, sinnreich, sein ganzes Leben lang philosophierend, ein arger Zauberer Giftmischer und Sophist, und weder wie ein Unsterblicher geartet noch wie ein Sterblicher, e
bald an demselben Tage blühend und gedeihend wenn es ihm gut geht, bald auch hinsterbend, doch aber wieder auflebend nach seines Vaters Natur. Was er sich aber schafft geht ihm immer wieder fort, so daß Eros nie weder arm ist noch reich, und auch zwischen Weisheit und Unverstand immer in der Mitte steht. Dies verhält sich nämlich so. Kein Gott philosophiert oder begehrt weise zu werden, sondern ist es, noch auch 204a
wenn sonst jemand weise ist philosophiert dieser. Eben so wenig philosophieren auch die Unverständigen oder bestreben sich weise zu werden. Denn das ist eben das Arge am Unver-

οἱ ἀμαθεῖς φιλοσοφοῦσιν οὐδ' ἐπιθυμοῦσι σοφοὶ γενέσθαι·
αὐτὸ γὰρ τοῦτό ἐστι χαλεπὸν ἀμαθία, τὸ μὴ ὄντα καλὸν
κἀγαθὸν μηδὲ φρόνιμον δοκεῖν αὐτῷ εἶναι ἱκανόν· οὔκουν
ἐπιθυμεῖ ὁ μὴ οἰόμενος ἐνδεὴς εἶναι οὗ ἂν μὴ οἴηται
ἐπιδεῖσθαι. — Τίνες οὖν, ἔφην ἐγώ, ὦ Διοτίμα, οἱ φιλο-
σοφοῦντες, εἰ μήτε οἱ σοφοὶ μήτε οἱ ἀμαθεῖς ; — Δῆλον
δή, ἔφη, τοῦτό γε ἤδη καὶ παιδί, ὅτι οἱ μεταξὺ τούτων b
ἀμφοτέρων, ὧν ἂν εἴη καὶ ὁ Ἔρως. Ἔστι γὰρ δὴ τῶν
καλλίστων ἡ σοφία, Ἔρως δ' ἐστὶν ἔρως περὶ τὸ καλόν,
ὥστε ἀναγκαῖον Ἔρωτα φιλόσοφον εἶναι, φιλόσοφον δὲ
ὄντα, μεταξὺ εἶναι σοφοῦ καὶ ἀμαθοῦς. Αἰτία δὲ αὐτῷ καὶ
τούτων ἡ γένεσις· πατρὸς μὲν γὰρ σοφοῦ ἐστι καὶ εὐπόρου,
μητρὸς δὲ οὐ σοφῆς καὶ ἀπόρου. Ἡ μὲν οὖν φύσις τοῦ
δαίμονος, ὦ φίλε Σώκρατες, αὕτη. Ὃν δὲ σὺ ᾠήθης Ἔρωτα
εἶναι, θαυμαστὸν οὐδὲν ἔπαθες· ᾠήθης δέ, ὡς ἐμοὶ δοκεῖ c
τεκμαιρομένῃ ἐξ ὧν σὺ λέγεις, τὸ ἐρώμενον Ἔρωτα εἶναι,
οὐ τὸ ἐρῶν· διὰ ταῦτά σοι, οἶμαι, πάγκαλος ἐφαίνετο ὁ
Ἔρως. Καὶ γὰρ ἔστι τὸ ἐραστὸν τὸ τῷ ὄντι καλὸν καὶ
ἁβρὸν καὶ τέλεον καὶ μακαριστόν· τὸ δέ γε ἐρῶν ἄλλην
ἰδέαν τοιαύτην ἔχον. οἵαν ἐγὼ διῆλθον. »

Καὶ ἐγὼ εἶπον· « Εἶεν δή, ὦ ξένη, καλῶς γὰρ λέγεις·
τοιοῦτος ὢν ὁ Ἔρως, τίνα χρείαν ἔχει τοῖς ἀνθρώποις ; —
Τοῦτο δὴ μετὰ ταῦτ', ἔφη, ὦ Σώκρατες, πειράσομαί σε d
διδάξαι. Ἔστι μὲν γὰρ δὴ τοιοῦτος καὶ οὕτω γεγονὼς ὁ
Ἔρως· ἔστι δὲ τῶν καλῶν, ὡς σὺ φῄς. Εἰ δέ τις ἡμᾶς
ἔροιτο· " τί τῶν καλῶν ἐστιν ὁ ἔρως, ὦ Σώκρατές τε καὶ
Διοτίμα ; ", ὧδε δὲ σαφέστερον· " ἐρᾷ ὁ ἐρῶν τῶν καλῶν·
τί ἐρᾷ ; " » Καὶ ἐγὼ εἶπον ὅτι· « Γενέσθαι αὑτῷ. —
Ἀλλ' ἔτι ποθεῖ, ἔφη, ἡ ἀπόκρισις ἐρώτησιν τοιάνδε· " τί
ἔσται ἐκείνῳ ᾧ ἂν γένηται τὰ καλά ; " » Οὐ πάνυ ἔφην ἔτι
ἔχειν ἐγὼ πρὸς ταύτην τὴν ἐρώτησιν προχείρως ἀποκρί-
νασθαι. « Ἀλλ', ἔφη, ὥσπερ ἂν εἴ τις, μεταβαλὼν ἀντὶ e
τοῦ καλοῦ τῷ ἀγαθῷ χρώμενος, πυνθάνοιτο· " φέρε, ὦ

stande, daß er ohne schön und gut und vernünftig zu sein, doch sich selbst ganz genug zu sein dünkt. Wer nun nicht glaubt bedürftig zu sein, der begehrt auch das nicht dessen er nicht zu bedürfen glaubt. – Wer also, sprach ich, Diotima, sind denn die philosophierenden, wenn es weder die Weisen sind noch die Unverständigen? – Das muß ja schon, sagte sie, jedem Kinde deutlich sein, daß es die zwischen beiden sind, zu denen b
auch Eros gehören wird. Denn die Weisheit gehört zu dem schönsten und Eros ist Liebe zu dem schönen; so daß Eros notwendig weisheitliebend ist, und also als philosophisch zwischen den Weisen und Unverständigen mitten inne steht. Und auch davon ist seine Herkunft Ursache; denn er ist von einem weisen und wohlbegabten Vater, aber von einer unverständigen und dürftigen Mutter. Dies also lieber Sokrates ist die Natur dieses Dämons. Was du aber glaubtest, daß Eros sei, ist nicht zu verwundern. Du glaubtest nämlich, wie ich aus dem c
was du sagst vermuten muß, Eros sei das Geliebte, nicht das Liebende. Daher meine ich erschien dir Eros so wunderschön. Denn das liebenswerte ist auch in der Tat das schöne zarte vollendete, selig zu preisende. Das Liebende aber hat ein anderes Wesen, sowie ich es beschrieben habe.

3.2.3. Eros ist Liebe zum Guten und möchte es immer besitzen, strebt nach Zeugung im Schönen

– Darauf sagte ich, Wohl denn Freundin, denn du hast wohl gesprochen. Wenn nun aber Eros ein solcher ist, welchen Nutzen gewährt er den Menschen? – Dies, o Sokrates, sprach sie, d
will ich nun hiernächst versuchen dich zu lehren. So beschaffen also und so entstanden ist Eros. Er geht aber auf das Schöne wie du sagst. Wenn uns aber jemand fragte, Was hat denn Eros vom Schönen, o Sokrates und Diotima? oder ich will es noch deutlicher so fragen, Wer das Schöne begehrt, was begehrt der? – Da sprach ich Daß es ihm zu Teil werde. – Aber sagte sie diese Antwort verlangt nach noch einer Frage, etwa dieser, Was geschieht denn jenem dem das Schöne zu Teil wird? – Da sagte ich Auf diese Frage hätte ich nicht mehr sogleich eine Antwort bereit. – Aber sprach sie, wenn nun jemand tauschend statt des e
Schönen das Gute setzte, und fragte, Sprich Sokrates, wer das

Σώκρατες, ἐρᾷ ὁ ἐρῶν τῶν ἀγαθῶν· τί ἐρᾷ; " — Γενέσθαι,
ἦν δ' ἐγώ, αὑτῷ. — Καὶ τί ἔσται ἐκείνῳ ᾧ ἂν γένηται
τἀγαθά; — Τοῦτ' εὐπορώτερον, ἦν δ' ἐγώ, ἔχω ἀποκρί-
νασθαι, ὅτι εὐδαίμων ἔσται. — Κτήσει γάρ, ἔφη, ἀγαθῶν 205
οἱ εὐδαίμονες εὐδαίμονες, καὶ οὐκέτι προσδεῖ ἐρέσθαι· " ἵνα
τί δὲ βούλεται εὐδαίμων εἶναι ὁ βουλόμενος; "· ἀλλὰ τέλος
δοκεῖ ἔχειν ἡ ἀπόκρισις. — Ἀληθῆ λέγεις, εἶπον ἐγώ.

— Ταύτην δὴ τὴν βούλησιν καὶ τὸν ἔρωτα τοῦτον, πότερα
κοινὸν οἴει εἶναι πάντων ἀνθρώπων καὶ πάντας τἀγαθὰ
βούλεσθαι αὑτοῖς εἶναι ἀεί, ἢ πῶς λέγεις; — Οὕτως, ἦν
δ' ἐγώ, κοινὸν εἶναι πάντων. — Τί δὴ οὖν, ἔφη, ὦ Σώκρα-
τες, οὐ πάντας ἐρᾶν φαμεν, εἴπερ γε πάντες τῶν αὐτῶν b
ἐρῶσι καὶ ἀεί, ἀλλά τινάς φαμεν ἐρᾶν, τοὺς δ' οὔ; —
Θαυμάζω, ἦν δ' ἐγώ, καὶ αὐτός. — Ἀλλὰ μὴ θαύμαζ',
ἔφη· ἀφελόντες γὰρ ἄρα τοῦ ἔρωτός τι εἶδος, ὀνομάζομεν,
τὸ τοῦ ὅλου ἐπιτιθέντες ὄνομα, ἔρωτα· τὰ δὲ ἄλλα ἄλλοις
καταχρώμεθα ὀνόμασιν. — Ὥσπερ τί; ἦν δ' ἐγώ. —
Ὥσπερ τόδε. Οἶσθ' ὅτι ποίησίς ἐστί τι πολύ· ἡ γάρ τοι ἐκ
τοῦ μὴ ὄντος εἰς τὸ ὂν ἰόντι ὁτῳοῦν αἰτία πᾶσά ἐστι
ποίησις, ὥστε καὶ αἱ ὑπὸ πάσαις ταῖς τέχναις ἐργασίαι c
ποιήσεις εἰσὶ καὶ οἱ τούτων δημιουργοὶ πάντες ποιηταί. —
Ἀληθῆ λέγεις. — Ἀλλ' ὅμως, ἦ δ' ἥ, οἶσθ' ὅτι οὐ καλοῦνται
ποιηταί, ἀλλὰ ἄλλα ἔχουσιν ὀνόματα· ἀπὸ δὲ πάσης τῆς
ποιήσεως ἓν μόριον ἀφορισθέν, τὸ περὶ τὴν μουσικὴν καὶ
τὰ μέτρα, τῷ τοῦ ὅλου ὀνόματι προσαγορεύεται· ποίησις
γὰρ τοῦτο μόνον καλεῖται, καὶ οἱ ἔχοντες τοῦτο τὸ μόριον
τῆς ποιήσεως, ποιηταί. — Ἀληθῆ λέγεις, ἔφην. — Οὕτω
τοίνυν καὶ περὶ τὸν ἔρωτα. Τὸ μὲν κεφάλαιόν ἐστι πᾶσα d
ἡ τῶν ἀγαθῶν ἐπιθυμία καὶ τοῦ εὐδαιμονεῖν ὁ μέγιστός
τε καὶ δολερὸς ἔρως παντί· ἀλλ' οἱ μέν, ἄλλῃ τρεπό-
μενοι πολλαχῇ ἐπ' αὐτόν, ἢ κατὰ χρηματισμὸν ἢ κατὰ
φιλογυμναστίαν ἢ κατὰ φιλοσοφίαν, οὔτ' ἐρᾶν καλοῦνται
οὔτε ἐρασταί, οἱ δέ, κατὰ ἕν τι εἶδος ἰόντες τε καὶ ἐσπου-

Gute begehrt, was begehrt der? – Daß es ihm zu Teil werde, sagte ich. – Und was geschieht jenem, dem das Gute zu Teil wird? – Das kann ich schon leichter beantworten, sagte ich, Er
wir glückselig. – Denn durch den Besitz des Guten, fügte sie 205a
hinzu, sind die Glückseligen glückselig. Und hier bedarf es nun keiner weitern Frage mehr, weshalb doch der glückselig sein will der es will, sondern die Antwort scheint vollendet zu sein. – Richtig gesprochen, sagte ich. – Dieser Wille nun und diese Liebe, glaubst du daß sie allen Menschen gemein sind, und das Alle immer wollen das Gute haben? oder wie meinst du? – So, sprach ich, daß dies Allen gemein ist. – Warum aber, sprach sie,
sagen wir nicht daß Alle lieben, wenn doch Alle dasselbe lieben b
und immer, sondern sagen von Einigen daß sie lieben von Anderen aber nicht? – Daß wundert mich selbst, sagte ich. – Laß es dich nur nicht wundern, sagte sie. Denn wir nehmen nur eine gewisse Art der Liebe heraus, die wir mit dem Namen des Ganzen belegen und Liebe nennen, für die anderen brauchen wir andere Namen. – Wie doch etwa? sprach ich. – So etwa, sagte sie. Du weißt doch daß Dichtung etwas gar vielfältiges ist. Denn was nur für irgend etwas Ursache wird aus dem Nichtsein in das Sein zu treten ist insgesamt Dichtung. Daher
liegt auch bei den Hervorbringungen aller Künste Dichtung c
zum Grunde, und die Meister darin sind sämtlich Dichter. – Ganz richtig. – Aber doch weißt du schon, daß sie nicht Dichter genannt werden; sondern andere Benennungen haben, und von der gesamten Dichtung wird nur ein Teil ausgesondert, der es mit der Tonkunst und den Silbenmaßen zu tun hat, und dieser mit dem Namen des Ganzen benannt. Denn dies allein wird Dichtung genannt, und die diesen Teil der Dichtung inne haben Dichter. – Richtig gesprochen, sagte ich. – So auch was
die Liebe betrifft ist im allgemeinen jedes Begehren des Guten d
und der Glückseligkeit die größte und heftigste Liebe für jeden. Allein die übrigen die sich anderwärts hin damit wenden, entweder zum Gewerbe oder zu den Leibesübungen oder zur Erkenntnis, von denen sagen wir nicht, daß sie lieben und Liebhaber sind; sondern nur die auf eine gewisse Art ausgehn

δακότες, τὸ τοῦ ὅλου ὄνομα ἴσχουσιν, ἐρωτά τε καὶ ἐρᾶν
καὶ ἐρασταί. — Κινδυνεύεις ἀληθῆ, ἔφην ἐγώ, λέγειν. —
Καὶ λέγεται μέν γέ τις, ἔφη, λόγος, ὡς οἳ ἂν τὸ ἥμισυ
ἑαυτῶν ζητῶσιν, οὗτοι ἐρῶσιν. Ὁ δ' ἐμὸς λόγος οὔτε e
ἡμίσεός φησιν εἶναι τὸν ἔρωτα οὔτε ὅλου, ἐὰν μὴ τυγχάνῃ
γέ που, ὦ ἑταῖρε, ἀγαθὸν ὄν, ἐπεὶ αὑτῶν γε καὶ πόδας
καὶ χεῖρας ἐθέλουσιν ἀποτέμνεσθαι οἱ ἄνθρωποι, ἐὰν
αὐτοῖς δοκῇ τὰ ἑαυτῶν πονηρὰ εἶναι· οὐ γὰρ τὸ ἑαυτῶν,
οἶμαι, ἕκαστοι ἀσπάζονται, εἰ μὴ εἴ τις τὸ μὲν ἀγαθὸν
οἰκεῖον καλεῖ καὶ ἑαυτοῦ, τὸ δὲ κακὸν ἀλλότριον· ὡς οὐδέν
γε ἄλλο ἐστὶν οὗ ἐρῶσιν ἄνθρωποι ἢ τοῦ ἀγαθοῦ. Ἢ σοὶ 206
δοκοῦσιν; — Μὰ Δί' οὐκ ἔμοιγε, ἦν δ' ἐγώ. — Ἆρ' οὖν, ἦ
δ' ἥ, οὕτως ἁπλοῦν ἐστι λέγειν ὅτι οἱ ἄνθρωποι τἀγαθοῦ
ἐρῶσιν; — Ναί, ἔφην. — Τί δέ; οὐ προσθετέον, ἔφη, ὅτι
καὶ εἶναι τὸ ἀγαθὸν αὑτοῖς ἐρῶσιν; — Προσθετέον. — Ἆρ'
οὖν, ἔφη, καὶ οὐ μόνον εἶναι, ἀλλὰ καὶ ἀεὶ εἶναι; — Καὶ
τοῦτο προσθετέον. — Ἔστιν ἄρα ξυλλήβδην, ἔφη, ὁ ἔρως
τοῦ τὸ ἀγαθὸν αὑτῷ εἶναι ἀεί. — Ἀληθέστατα, ἔφην ἐγώ,
λέγεις.

— Ὅτε δὴ τοῦτο ὁ ἔρως ἐστὶν ἀεί, ἦ δ' ἥ, τῶν τίνα b
τρόπον διωκόντων αὐτὸ καὶ ἐν τίνι πράξει ἡ σπουδὴ καὶ ἡ
σύντασις ἔρως ἂν καλοῖτο; τί τοῦτο τυγχάνει ὂν τὸ ἔργον;
Ἔχεις εἰπεῖν; — Οὐ μεντἂν σέ, ἔφην ἐγώ, ὦ Διοτίμα,
ἐθαύμαζον ἐπὶ σοφίᾳ καὶ ἐφοίτων παρὰ σέ, αὐτὰ ταῦτα
μαθησόμενος. — Ἀλλ' ἐγώ σοι, ἔφη, ἐρῶ. Ἔστι γὰρ τοῦτο
τόκος ἐν καλῷ, καὶ κατὰ τὸ σῶμα καὶ κατὰ τὴν ψυχήν. —
Μαντείας, ἦν δ' ἐγώ, δεῖται ὅ τί ποτε λέγεις, καὶ οὐ μαν-
θάνω. — Ἀλλ' ἐγώ, ἦ δ' ἥ, σαφέστερον ἐρῶ. Κυοῦσι γάρ, c
ἔφη, ὦ Σώκρατες, πάντες ἄνθρωποι, καὶ κατὰ τὸ σῶμα
καὶ κατὰ τὴν ψυχήν, καί, ἐπειδὰν ἔν τινι ἡλικίᾳ γένωνται,
τίκτειν ἐπιθυμεῖ ἡμῶν ἡ φύσις· τίκτειν δὲ ἐν μὲν αἰσχρῷ
οὐ δύναται, ἐν δὲ [τῷ] καλῷ. Ἡ γὰρ ἀνδρὸς καὶ γυναικὸς
συνουσία τόκος ἐστίν, ἔστι δὲ τοῦτο θεῖον τὸ πρᾶγμα, καὶ

und sich der befleißigen, erhalten den Namen des Ganzen, Liebe und lieben und Liebhaber. – Das magst du wohl richtig erklären, sagte ich. – Und so geht zwar eine Rede, sagte sie, daß die ihre Hälfte suchen lieben. Meine Rede aber sagt, die Liebe e
gehe weder auf die Hälfte, Freund, noch auf das Ganze, wenn es nicht ein Gutes ist. Denn die Menschen lassen sich ja gern ihre eignen Hände und Füße wegschneiden, wenn sie obgleich ihr eigen ihnen böse und gefährlich scheinen. Denn nicht an dem seinigen hängt jeder, glaube ich, es müßte denn einer das Gute das Angehörige nennen und das seinige, das schlechte aber fremdes. So daß es nichts gibt was die Menschen lieben als 206a
das Gute. Oder scheinen sie dir doch etwa? – Beim Zeus mir nicht, sprach ich. – Können wir aber nun schon so schlechthin sagen, daß die Menschen das Gute lieben? – Ja, sagte ich. – Wie? müssen wir nicht hinzusetzen daß sie lieben das Gute zu haben? – Das müssen wir hinzusetzen. – Und, sagte sie, nicht nur es zu haben, sondern auch es immer zu haben? – Auch das ist hinzuzusetzen. – So geht denn alles zusammengenommen die Liebe darauf, daß man selbst das Gute immer haben will. – Vollkommen richtig erklärt, sagte ich. – Wenn nun die Liebe b
immer dieses ist, auf welche Art und in welcher Handlungsweise gehn ihm nun diejenigen nach, deren Betrieb und Anstrengung man eigentlich Liebe zu nennen pflegt? Weißt du wohl zu sagen was für ein Werk dieses ist? – Dann würde ich ja, sprach ich, dich o Diotima nicht so bewundern deiner Weisheit wegen und zu dir gehn um eben dieses zu lernen. – So will ich es dir sagen, sprach sie. Es ist nämlich eine Ausgeburt in dem Schönen sowohl dem Leibe als der Seele nach. – Man muß weissagen können, sprach ich, um zu wissen was du wohl meinst, und ich verstehe es nicht. – So will ich es dir denn c
deutlicher sagen. Alle Menschen nämlich, o Sokrates, sprach sie, sind fruchtbar sowohl dem Leibe als der Seele nach, und wenn sie zu einem gewissen Alter gelangt sind so strebt unsere Natur zu erzeugen. Erzeugen aber kann sie in dem häßlichen nicht sondern nur in dem schönen. Des Mannes und Wei-

τοῦτο ἐν θνητῷ ὄντι τῷ ζῴῳ ἀθάνατον ἔνεστιν, ἡ κύησις καὶ ἡ γέννησις. Τὰ δὲ ἐν τῷ ἀναρμόστῳ ἀδύνατον γενέσθαι· ἀνάρμοστον δ' ἐστὶ τὸ αἰσχρὸν παντὶ τῷ θείῳ, τὸ d
δὲ καλὸν ἁρμόττον. Μοῖρα οὖν καὶ Εἰλείθυια ἡ Καλλονή ἐστι τῇ γενέσει. Διὰ ταῦτα ὅταν μὲν καλῷ προσπελάζῃ τὸ κυοῦν, ἵλεών τε γίγνεται καὶ εὐφραινόμενον διαχεῖται, καὶ τίκτει τε καὶ γεννᾷ· ὅταν δὲ αἰσχρῷ, σκυθρωπόν τε καὶ λυπούμενον συσπειρᾶται καὶ ἀποτρέπεται καὶ ἀνίλλεται καὶ οὐ γεννᾷ, ἀλλὰ ἴσχον τὸ κύημα χαλεπῶς φέρει. Ὅθεν δὴ τῷ κυοῦντί τε καὶ ἤδη σπαργῶντι πολλὴ ἡ πτοίησις γέγονε περὶ τὸ καλόν, διὰ τὸ μεγάλης ὠδῖνος ἀπολύειν τὸν e
ἔχοντα. Ἔστι γάρ, ὦ Σώκρατες, ἔφη, οὐ τοῦ καλοῦ ὁ ἔρως, ὡς σὺ οἴει. — Ἀλλὰ τί μήν ; — Τῆς γεννήσεως καὶ τοῦ τόκου ἐν τῷ καλῷ. — Εἶεν, ἦν δ' ἐγώ. — Πάνυ μὲν οὖν, ἔφη. Τί δὴ οὖν τῆς γεννήσεως ; ὅτι ἀειγενές ἐστι καὶ ἀθάνατον ὡς θνητῷ ἡ γέννησις. Ἀθανασίας δὲ ἀναγκαῖον 207
ἐπιθυμεῖν μετὰ ἀγαθοῦ ἐκ τῶν ὡμολογημένων, εἴπερ τοῦ ἀγαθοῦ ἑαυτῷ εἶναι ἀεὶ ἔρως ἐστίν· ἀναγκαῖον δὴ ἐκ τούτου τοῦ λόγου καὶ τῆς ἀθανασίας τὸν ἔρωτα εἶναι.

Ταῦτά τε οὖν πάντα ἐδίδασκέ με, ὁπότε περὶ τῶν ἐρωτικῶν λόγους ποιοῖτο, καί ποτε ἤρετο· « Τί οἴει, ὦ Σώκρατες, αἴτιον εἶναι τούτου τοῦ ἔρωτος καὶ τῆς ἐπιθυμίας ; Ἢ οὐκ αἰσθάνει ὡς δεινῶς διατίθεται πάντα τὰ θηρία, ἐπειδὰν γεννᾶν ἐπιθυμήσῃ, καὶ τὰ πεζὰ καὶ τὰ πτηνά, νοσοῦντά τε πάντα καὶ ἐρωτικῶς διατιθέμενα b
πρῶτον μὲν περὶ τὸ ξυμμιγῆναι ἀλλήλοις, ἔπειτα περὶ τὴν τροφὴν τοῦ γενομένου, καὶ ἕτοιμά ἐστιν ὑπὲρ τούτων καὶ διαμάχεσθαι τὰ ἀσθενέστατα τοῖς ἰσχυροτάτοις καὶ ὑπεραποθνῄσκειν, καὶ αὐτὰ τῷ λιμῷ παρατεινόμενα ὥστ' ἐκεῖνα ἐκτρέφειν καὶ ἄλλο πᾶν ποιοῦντα. Τοὺς μὲν γὰρ ἀνθρώ-

bes Gemeinschaft nämlich ist Erzeugung. Es ist aber dies eine göttliche Sache, und in dem sterblichen Lebenden etwas unsterbliches die Empfängnis und die Erzeugung. In dem unangemessenen aber kann dieses unmöglich erfolgen; und unangemessen ist das häßliche allem göttlichen; das Schöne aber ange- d
messen. Eine einführende und geburtshelfende Göttin also ist die Schönheit für die Erzeugung. Deshalb wenn das zeugungslustige dem Schönen nahet, wird es beruhigt und von Freude durchströmt und erzeugt und befruchtet; wenn aber häßlichem, so zieht es sich finster und traurig in sich zusammen und wendet sich ab und schrumpft ein und erzeugt nicht, sondern trägt mit Beschwerde seine Bürde weiter. Darum beeifert sich, wer von Zeugungsstoff und Lust erfüllt ist, so sehr um das Schöne, weil es ihn großer Wehen entledigt. Denn die Liebe o e
Sokrates, geht gar nicht auf das Schöne, wie du meinst. – Sondern worauf denn? – Auf die Erzeugung und Ausgeburt im Schönen. – Mag sein, sprach ich. – Ganz gewiß, sagte sie. – Warum aber auf die Erzeugung? – Weil eben die Erzeugung das Ewige ist und das Unsterbliche wie es im Sterblichen sein kann. Nach der Unsterblichkeit aber zu streben mit dem Guten 207a
ist notwendig zufolge des schon eingestandenen, wenn doch die Liebe darauf geht das Gute immer zu haben. Notwendig also geht nach dieser Rede die Liebe auch auf die Unsterblichkeit.

3.2.4. Der Grund der Liebe: Sterbliches verlangt nach Unsterblichkeit. Die Formen der Bemühung um Unsterblichkeit

Dies alles lehrte sie mich, als sie über die Liebe mit mir redete, und fragte mich auch einmal, Was meinst du wohl, o Sokrates, daß die Ursach sei dieser Liebe und dieses Verlangens? oder merkst du nicht in welchem gewaltsamen Zustande sich alle Tiere befinden, wenn sie begierig sind zu erzeugen, geflügelte und ungeflügelte, wie sie alle krank und verliebt b
erscheinen, zuerst wenn sie sich mit einander vermischen, und dann auch bei der Auferziehung des erzeugten, wie auch die schwächsten bereit sind dieses gegen die stärksten zu verteidigen und dafür zu sterben; und wie sie sich selbst vom Hunger quälen lassen um nur jenes zu ernähren und so auch alles an-

πους, ἔφη, οἴοιτ' ἄν τις ἐκ λογισμοῦ ταῦτα ποιεῖν· τὰ
δὲ θηρία τίς αἰτία οὕτως ἐρωτικῶς διατίθεσθαι; ἔχεις c
λέγειν; » Καὶ ἐγὼ αὖ ἔλεγον ὅτι οὐκ εἰδείην· ἣ δ' εἶπεν·
« Διανοεῖ οὖν δεινός ποτε γενήσεσθαι τὰ ἐρωτικά, ἐὰν
ταῦτα μὴ ἐννοῇς; — Ἀλλὰ διὰ ταῦτά τοι, ὦ Διοτίμα,
ὅπερ νῦν δὴ εἶπον, παρὰ σὲ ἥκω, γνοὺς ὅτι διδασκάλων
δέομαι· ἀλλά μοι λέγε καὶ τούτων τὴν αἰτίαν καὶ τῶν ἄλλων
τῶν περὶ τὰ ἐρωτικά. — Εἰ τοίνυν, ἔφη, πιστεύεις ἐκείνου
εἶναι φύσει τὸν ἔρωτα οὗ πολλάκις ὡμολογήκαμεν, μὴ θαύ-
μαζε· ἐνταῦθα γὰρ τὸν αὐτὸν ἐκείνῳ λόγον ἡ θνητὴ φύσις d
ζητεῖ, κατὰ τὸ δυνατόν, ἀεί τε εἶναι καὶ ἀθάνατος. Δύναται
δὲ ταύτῃ μόνον, τῇ γενέσει, ὅτι ἀεὶ καταλείπει ἕτερον νέον
ἀντὶ τοῦ παλαιοῦ, ἐπεὶ καὶ ἐν ᾧ ἓν ἕκαστον τῶν ζῴων ζῆν
καλεῖται καὶ εἶναι τὸ αὐτό· οἷον ἐκ παιδαρίου ὁ αὐτὸς
λέγεται ἕως ἂν πρεσβύτης γένηται· οὗτος μέντοι, οὐδέ-
ποτε τὰ αὐτὰ ἔχων ἐν αὑτῷ, ὅμως ὁ αὐτὸς καλεῖται·
ἀλλὰ νέος ἀεὶ γιγνόμενος, τὰ δὲ ἀπολλύς, καὶ κατὰ τὰς
τρίχας καὶ σάρκα καὶ ὀστᾶ καὶ αἷμα καὶ ξύμπαν τὸ σῶμα. e

« Καὶ μὴ ὅτι κατὰ τὸ σῶμα, ἀλλὰ καί, κατὰ τὴν ψυχήν,
οἱ τρόποι, τὰ ἤθη, δόξαι, ἐπιθυμίαι, ἡδοναί, λῦπαι, φόβοι,
τούτων ἕκαστα οὐδέποτε τὰ αὐτὰ πάρεστιν ἑκάστῳ, ἀλλὰ
τὰ μὲν γίγνεται, τὰ δὲ ἀπόλλυται. Πολὺ δὲ τούτων ἀτοπώ-
τερον ἔτι, ὅτι καὶ αἱ ἐπιστῆμαι μὴ ὅτι αἱ μὲν γίγνονται, αἱ 208
δὲ ἀπόλλυνται ἡμῖν, καὶ οὐδέποτε οἱ αὐτοί ἐσμεν οὐδὲ
κατὰ τὰς ἐπιστήμας, ἀλλὰ καὶ μία ἑκάστη τῶν ἐπιστημῶν
ταὐτὸν πάσχει. Ὃ γὰρ καλεῖται μελετᾶν, ὡς ἐξιούσης ἐστὶ
τῆς ἐπιστήμης· λήθη γὰρ ἐπιστήμης ἔξοδος, μελέτη δὲ
πάλιν, καινὴν ἐμποιοῦσα ἀντὶ τῆς ἀπιούσης μνήμην,
σῴζει τὴν ἐπιστήμην ὥστε τὴν αὐτὴν δοκεῖν εἶναι. Τούτῳ
γὰρ τῷ τρόπῳ πᾶν τὸ θνητὸν σῴζεται, οὐ τῷ παντάπασι τὸ
αὐτὸ ἀεὶ εἶναι ὥσπερ τὸ θεῖον, ἀλλὰ τῷ τὸ ἀπιὸν καὶ b
παλαιούμενον ἕτερον νέον ἐγκαταλείπειν, οἷον αὐτὸ ἦν·
ταύτῃ τῇ μηχανῇ, ὦ Σώκρατες, ἔφη, θνητὸν ἀθανασίας

dere tun? Denn von den Menschen könnte man sagen sie täten
dies mit Überlegung; aber welches der Grund sein mag warum
auch die Tiere sich so verliebt zeigen, kannst du mir das sagen? c
– Und ich sagte wieder, ich wüßte es nicht. – Da sprach sie
Gedenkst du denn je etwas großes zu leisten in Liebessachen
wenn du dies nicht einsiehst? – Aber eben deshalb, sprach ich,
bin ich ja zu dir gekommen, o Diotima, wie ich auch schon
sagte, weil ich weiß, daß ich Lehrer brauche. Sage mir also den
Grund hievon und von allem was sonst in der Liebe vor-
kommt. – Wenn du also glaubst, sprach sie, daß die Liebe von
Natur auf das gehe, worüber wir uns oft schon einverstanden
haben, so wundere dich nur nicht. Denn ganz eben so wie dort d
sucht auch hier die sterbliche Natur nach Vermögen immer zu
sein und unsterblich. Sie vermag es aber nur auf diese Art
durch die Erzeugung, daß immer ein anderes junges statt des
alten zurückbleibt. Denn auch von jedem einzelnen Lebenden
sagt man ja daß es lebe und dasselbe sei, wie einer von Kindes-
beinen an immer derselbe genannt wird wenn er auch ein Greis
geworden ist: und heißt doch immer derselbe ohnerachtet er
nie dasselbe an sich behält, sondern immer ein neuer wird und
altes verliert an Haaren, Fleisch, Knochen, Blut und dem gan- e
zen Leibe; und nicht nur an dem Leibe allein sondern auch an
der Seele, die Gewöhnungen, Sitten, Meinungen Begierden
Lust Unlust Furcht, hievon behält nie jeder dasselbe an sich,
sondern eins entsteht und das andere vergeht. Und viel
wunderlicher noch als dieses ist, daß auch die Erkenntnisse 208a
nicht nur teils entstehen teils vergehen, und wir nie dieselbigen
sind in Bezug auf die Erkenntnisse, sondern daß auch jeder
einzelnen Erkenntnis dasselbe begegnet. Denn was man Nach-
sinnen heißt, geht auf eine ausgegangene Erkenntnis. Verges-
sen nämlich ist das Ausgehn einer Erkenntnis, Nachsinnen
aber bildet statt der abgegangenen eine Erinnerung ein, und
erhält so die Erkenntnis, daß sie scheint dieselbige zu sein. Und
auf diese Weise wird alles sterbliche erhalten, nicht so daß es
durchaus immer dasselbige wäre wie das göttliche, sondern b
indem das abgehende und veraltende ein anderes neues solches
zurückläßt wie es selbst war. Durch diese Veranstaltung o
Sokrates, sagte sie, hat alles Sterbliche Teil an der Unsterblich-

μετέχει, καὶ σῶμα καὶ τἆλλα πάντα· ἀθάνατον δὲ ἄλλῃ. Μὴ οὖν θαύμαζε εἰ τὸ αὐτοῦ ἀποβλάστημα φύσει πᾶν τιμᾷ· ἀθανασίας γὰρ χάριν παντὶ αὕτη ἡ σπουδὴ καὶ ὁ ἔρως ἕπεται.

Καὶ ἐγώ, ἀκούσας τὸν λόγον, ἐθαύμασά τε καὶ εἶπον· « Εἶεν, ἦν δ' ἐγώ, ὦ σοφωτάτη Διοτίμα, ταῦτα ὡς ἀληθῶς οὕτως ἔχει ; » Καὶ ἥ, ὥσπερ οἱ τέλεοι σοφισταί· « Εὖ c
ἴσθι, ἔφη, ὦ Σώκρατες· ἐπεί γε καὶ τῶν ἀνθρώπων, εἰ ἐθέλεις εἰς τὴν φιλοτιμίαν βλέψαι, θαυμάζοις ἂν τῆς ἀλογίας περὶ ἃ ἐγὼ εἴρηκα εἰ μὴ ἐννοεῖς, ἐνθυμηθεὶς ὡς δεινῶς διάκεινται ἔρωτι τοῦ ὀνομαστοὶ γενέσθαι καὶ κλέος ἐς τὸν ἀεὶ χρόνον ἀθάνατον καταθέσθαι· καὶ ὑπὲρ τούτου κινδύνους τε κινδυνεύειν ἕτοιμοί εἰσι πάντας ἔτι μᾶλλον ἢ ὑπὲρ τῶν παίδων, καὶ χρήματα ἀναλίσκειν, καὶ d
πόνους πονεῖν οὐστινασοῦν, καὶ ὑπεραποθνῄσκειν. Ἐπεὶ οἴει σύ, ἔφη, Ἄλκηστιν ὑπὲρ Ἀδμήτου ἀποθανεῖν ἄν, ἢ Ἀχιλλέα Πατρόκλῳ ἐπαποθανεῖν, ἢ προαποθανεῖν τὸν ὑμέτερον Κόδρον ὑπὲρ τῆς βασιλείας τῶν παίδων, μὴ οἰομένους ἀθάνατον μνήμην, ἀρετῆς πέρι, ἑαυτῶν ἔσεσθαι ἣν νῦν ἡμεῖς ἔχομεν ; Πολλοῦ γε δεῖ, ἔφη· ἀλλ', οἶμαι, ὑπὲρ ἀρετῆς ἀθανάτου καὶ τοιαύτης δόξης εὐκλεοῦς πάντες πάντα ποιοῦσιν, ὅσῳ ἂν ἀμείνους ὦσι τοσούτῳ μᾶλλον· τοῦ γὰρ ἀθανάτου ἐρῶσιν. e

« Οἱ μὲν οὖν ἐγκύμονες, ἔφη, κατὰ τὰ σώματα ὄντες πρὸς τὰς γυναῖκας μᾶλλον τρέπονται, καὶ ταύτῃ ἐρωτικοί εἰσιν, διὰ παιδογονίας ἀθανασίαν καὶ μνήμην καὶ εὐδαιμονίαν, ὡς οἴονται, αὑτοῖς εἰς τὸν ἔπειτα χρόνον πάντα πορίζόμενοι. Οἱ δὲ κατὰ τὴν ψυχήν... εἰσὶ γὰρ οὖν, ἔφη, οἳ ἐν ταῖς ψυχαῖς κυοῦσιν, ἔτι μᾶλλον ἢ ἐν τοῖς 209
σώμασιν, ἃ ψυχῇ προσήκει καὶ κυῆσαι καὶ τεκεῖν· τί οὖν προσήκει ; φρόνησίν τε καὶ τὴν ἄλλην ἀρετήν. Ὧν δή εἰσι, καὶ οἱ ποιηταὶ πάντες γεννήτορες, καὶ τῶν δημιουργῶν ὅσοι λέγονται εὑρετικοὶ εἶναι· πολὺ δὲ μεγίστη, ἔφη, καὶ

keit, der Leib sowohl als alles übrige; das Unsterbliche aber
durch eine andere. Wundere dich also nicht wenn ein jedes von
Natur seinen eignen Sprößling in Ehren hält. Denn der Un-
sterblichkeit wegen begleitet jeden dies Bestreben und diese
Liebe. – Über diese Rede nun, als ich sie gehört, war ich ver-
wundert, und sagte, Wohl! weiseste Diotima, verhält sich dies
nun in der Tat so? – Und sie, wie die rechten Meister im Wissen c
pflegen, sprach, Das sei nur versichert o Sokrates. Denn wenn
du auch auf die Ehrliebe der Menschen sehen willst: so müßtest
du dich ja über die Unvernunft wundern in dem was ich schon
angeführt, wenn du nicht bedenkst, wie einen gewaltigen
Trieb sie haben berühmt zu werden und einen unsterblichen
Namen auf ewige Zeiten sich zu erwerben. Und dieserhalb sind
alle bereit die größten Gefahren zu bestehen, noch mehr als für
ihre Kinder, und ihr Vermögen aufzuwenden, und jedwede d
Mühe unverdrossen zu übernehmen und dafür zu sterben.
Denn meinst du wohl, sprach sie, Alkestis würde für den Ad-
metos gestorben sein oder Achilleus dem Patroklos nachge-
storben, oder euer Kodros im voraus für die Königswürde
seiner Kinder, wenn sie nicht geglaubt hätten eine unsterbliche
Erinnerung ihrer Tugend würde nach ihnen bleiben, die wir
jetzt auch haben? Weit gefehlt, sagte sie, sondern nur für die
Unsterblichkeit der Tugend und für einen solchen herrlichen
Nachruhm glaube ich tun Alle Alles, und zwar je besser sie sind
um desto mehr, denn sie lieben das unsterbliche. Die nun, fuhr e
sie fort, dem Leibe nach zeugungslustig sind, wenden sich
mehr zu den Weibern und sind auf diese Art verliebt, indem sie
durch Kindererzeugen Unsterblichkeit und Nachgedenken
und Glückseligkeit wie sie meinen für alle künftige Zeit sich
verschaffen. Die aber der Seele nach; denn es gibt solche, sagte
sie, die auch in der Seele Zeugungskraft haben vielmehr als im 209a
Leibe, für das nämlich, was der Seele ziemt zu erzeugen und
erzeugen zu wollen. Und was ziemt ihr denn? Weisheit und
jede andere Tugend, deren Erzeuger auch alle Dichter sind und
alle Künstler denen man zuschreibt erfinderisch zu sein. Die
größte aber und bei weitem schönste Weisheit, sagte sie, ist die,
welche in der Staaten und des Hauswesens Anordnung sich

καλλίστη τῆς φρονήσεως ἡ περὶ τὰς τῶν πόλεών τε καὶ οἰκήσεων διακοσμήσεις, ᾗ δὴ ὄνομά ἐστι σωφροσύνη τε καὶ δικαιοσύνη. Τούτων δ' αὖ, ὅταν τις ἐκ νέου ἐγκύμων ᾖ τὴν b
ψυχὴν θεῖος ὤν, καὶ ἡκούσης τῆς ἡλικίας τίκτειν τε καὶ γεννᾶν ἤδη ἐπιθυμῇ, ζητεῖ δή, οἶμαι, καὶ οὗτος περιιὼν τὸ καλὸν ἐν ᾧ ἂν γεννήσειεν· ἐν τῷ γὰρ αἰσχρῷ οὐδέποτε γεννήσει. Τά τε οὖν σώματα τὰ καλὰ μᾶλλον ἢ τὰ αἰσχρὰ ἀσπάζεται ἅτε κυῶν, καὶ ἂν ἐντύχῃ ψυχῇ καλῇ καὶ γενναίᾳ καὶ εὐφυεῖ, πάνυ δὴ ἀσπάζεται τὸ ξυναμφότερον, καὶ πρὸς τοῦτον τὸν ἄνθρωπον εὐθὺς εὐπορεῖ λόγων περὶ ἀρετῆς καὶ περὶ οἷον χρὴ εἶναι τὸν ἄνδρα τὸν ἀγαθὸν καὶ ἃ c
ἐπιτηδεύειν, καὶ ἐπιχειρεῖ παιδεύειν. Ἁπτόμενος γάρ, οἶμαι, τοῦ καλοῦ καὶ ὁμιλῶν αὐτῷ, ἃ πάλαι ἐκύει τίκτει καὶ γεννᾷ, καὶ παρὼν καὶ ἀπὼν μεμνημένος, καὶ τὸ γεννηθὲν συνεκτρέφει κοινῇ μετ' ἐκείνου· ὥστε πολὺ μείζω κοινωνίαν τῆς τῶν παίδων πρὸς ἀλλήλους οἱ τοιοῦτοι ἴσχουσι καὶ φιλίαν βεβαιοτέραν, ἅτε καλλιόνων καὶ ἀθανατωτέρων παίδων κεκοινωνηκότες. Καὶ πᾶς ἂν δέξαιτο ἑαυτῷ τοιούτους παῖδας μᾶλλον γεγονέναι ἢ τοὺς ἀνθρωπίνους, καί, d
εἰς Ὅμηρον ἀποβλέψας καὶ Ἡσίοδον καὶ τοὺς ἄλλους ποιητὰς τοὺς ἀγαθούς, ζηλῶν οἷα ἔκγονα ἑαυτῶν καταλείπουσιν ἃ ἐκείνοις ἀθάνατον κλέος καὶ μνήμην παρέχεται, αὐτὰ τοιαῦτα ὄντα· εἰ δὲ βούλει, ἔφη, οἵους Λυκοῦργος παῖδας κατελίπετο ἐν Λακεδαίμονι, σωτῆρας τῆς Λακεδαίμονος καί, ὡς ἔπος εἰπεῖν, τῆς Ἑλλάδος· τίμιος δὲ παρ' ὑμῖν καὶ Σόλων διὰ τὴν τῶν νόμων γέννησιν· καὶ ἄλλοι ἄλλοθι πολλαχοῦ ἄνδρες, καὶ ἐν Ἕλλησι καὶ ἐν e
Βαρβάροις, πολλὰ καὶ καλὰ ἀποφηνάμενοι ἔργα, γεννήσαντες παντοίαν ἀρετήν· ὧν καὶ ἱερὰ πολλὰ ἤδη γέγονε διὰ τοὺς τοιούτους παῖδας, διὰ δὲ τοὺς ἀνθρωπίνους οὐδενός πω.

« Ταῦτα μὲν οὖν τὰ ἐρωτικὰ ἴσως, ὦ Σώκρατες, κἂν σὺ μυηθείης· τὰ δὲ τέλεα καὶ ἐποπτικά, ὧν ἕνεκα καὶ ταῦτα 210

zeigte, deren Namen Besonnenheit ist und Gerechtigkeit. Wer nun diese als ein göttlicher schon von Jugend an in seiner Seele b trägt, der wird auch wenn die Zeit herankommt Lust haben zu befruchten und zu erzeugen. Daher geht auch, meine ich, ein solcher umher das Schöne zu suchen, worin er erzeugen könne. Denn in dem häßlichen wird er nie erzeugen. Daher erfreut er sich sowohl an schönen Leibern mehr als an häßlichen, weil er nämlich erzeugen will, als auch wenn er eine schöne edle und wohlgebildete Seele antrifft, erfreut er sich vorzüglich an beidem vereiniget, und hat für einen solchen Menschen gleich eine Fülle von Reden über die Tugend, und darüber wie ein trefflicher Mann sein müsse und wonach streben; und gleich unter- c nimmt er ihn zu unterweisen. Nämlich indem er den Schönen berührt, meine ich, und mit ihn sich unterhält, erzeugt und gebiert er, was er schon lange zeugungslustig in sich trug, und indem er anwesend und abwesend sein gedenkt, erzieht er auch mit jenem gemeinschaftlich das erzeugte. So daß diese eine weit genauere Gemeinschaft mit einander haben als die eheliche und eine festere Freundschaft, wie sie auch schönere und unsterblichere Kinder gemeinschaftlich besitzen. Und jeder sollte lieber wollen solche Kinder haben als die menschlichen, wenn er d auf Homeros sieht und Hesiodos und die anderen trefflichen Dichter, nicht ohne Neid was für Geburten sie zurück lassen, die ihnen unsterblichen Ruhm und Angedenken sichern wie sie auch selbst unsterblich sind. Oder wenn du willst, sagte sie, was für Kinder Lykurgos in Lakedaimon zurückgelassen hat, Retter von Lakedaimon, und um es gerade zu sagen von ganz Hellas. Geehrt ist bei euch auch Solon weil er Gesetze gezeugt, und viele Andere anderwärts unter Hellenen und Barbaren, die e viele und schöne Werke dargestellt haben und vielfältige Tugenden erzeugt, denen auch schon viele Heiligtümer sind errichtet worden um solcher Kinder willen, der menschlichen Kinder wegen aber nie jemanden.

3.2.5. Der Stufenweg zur Vollendung in der Schau des Schönen

So weit nun o Sokrates vermagst du wohl auch in den Geheimnissen der Liebe eingeweiht zu werden; ob aber wenn jemand die höchsten und heiligsten, auf welche sich auch jene beziehen, 210a

ἔστιν ἐάν τις ὀρθῶς μετίῃ, οὐκ οἶδ' εἰ οἷός τ' ἂν εἴης. Ἐρῶ μὲν οὖν, ἔφη, ἐγὼ καὶ προθυμίας οὐδὲν ἀπολείψω· πειρῶ δὲ καὶ σὺ ἕπεσθαι, ἂν οἷός τε ῃ̃ς.

« Δεῖ γάρ, ἔφη, τὸν ὀρθῶς ἰόντα ἐπὶ τοῦτο τὸ πρᾶγμα ἄρχεσθαι μέν, νέον ὄντα, ἰέναι ἐπὶ τὰ καλὰ σώματα, καὶ πρῶτον μέν, ἐὰν ὀρθῶς ἡγῆται ὁ ἡγούμενος, ἑνὸς αὐτὸν σώματος ἐρᾶν καὶ ἐνταῦθα γεννᾶν λόγους καλούς, ἔπειτα δὲ αὐτὸν κατανοῆσαι ὅτι τὸ κάλλος τὸ ἐπὶ ὁτῳοῦν σώματι τῷ ἐπὶ ἑτέρῳ σώματι ἀδελφόν ἐστι, καί, εἰ δεῖ διώκειν τὸ b ἐπ' εἴδει καλόν, πολλὴ ἄνοια μὴ οὐχ ἕν τε καὶ ταὐτὸν ἡγεῖσθαι τὸ ἐπὶ πᾶσι τοῖς σώμασι κάλλος· τοῦτο δ' ἐννοήσαντα καταστῆναι πάντων τῶν καλῶν σωμάτων ἐραστήν, ἑνὸς δὲ τὸ σφόδρα τοῦτο χαλάσαι, καταφρονήσαντα καὶ σμικρὸν ἡγησάμενον. Μετὰ δὲ ταῦτα τὸ ἐν ταῖς ψυχαῖς κάλλος τιμιώτερον ἡγήσασθαι τοῦ ἐν τῷ σώματι, ὥστε καὶ ἐὰν ἐπιεικὴς ὢν τὴν ψυχήν τις κἂν σμικρὸν ἄνθος ἔχῃ, ἐξαρκεῖν αὐτῷ καὶ ἐρᾶν καὶ κήδεσθαι, καὶ τίκτειν c λόγους τοιούτους [καὶ ζητεῖν] οἵτινες ποιήσουσι βελτίους τοὺς νέους, ἵνα ἀναγκασθῇ αὖ θεάσασθαι τὸ ἐν τοῖς ἐπιτηδεύμασι καὶ τοῖς νόμοις καλόν, καὶ τοῦτ' ἰδεῖν ὅτι πᾶν αὐτὸ αὑτῷ ξυγγενές ἐστιν, ἵνα τὸ περὶ τὸ σῶμα καλὸν σμικρόν τι ἡγήσηται εἶναι. Μετὰ δὲ τὰ ἐπιτηδεύματα ἐπὶ τὰς ἐπιστήμας ἀγαγεῖν, ἵνα ἴδῃ αὖ ἐπιστημῶν κάλλος καί, βλέπων πρὸς πολὺ ἤδη τὸ καλόν, μηκέτι τὸ παρ' ἑνί, d ὥσπερ οἰκέτης, ἀγαπῶν παιδαρίου κάλλος ἢ ἀνθρώπου τινὸς ἢ ἐπιτηδεύματος ἑνός, δουλεύων φαῦλος ῃ̃ καὶ σμικρολόγος, ἀλλ' ἐπὶ τὸ πολὺ πέλαγος τετραμμένος τοῦ καλοῦ καὶ θεωρῶν, πολλοὺς καὶ καλοὺς λόγους καὶ μεγαλοπρεπεῖς τίκτῃ καὶ διανοήματα ἐν φιλοσοφίᾳ ἀφθόνῳ, ἕως ἄν, ἐνταῦθα ῥωσθεὶς καὶ αὐξηθείς, κατίδῃ τινὰ ἐπιστήμην μίαν τοιαύτην ἥ ἐστι καλοῦ τοιοῦδε.

Πειρῶ δέ μοι, ἔφη, τὸν νοῦν προσέχειν ὡς οἷόν τε e μάλιστα. Ὃς γὰρ ἂν μέχρι ἐνταῦθα πρὸς τὰ ἐρωτικὰ

recht vortrüge, du es auch vermöchtest weiß ich nicht. Indes, sprach sie, will ich sie vortragen und es an mir nirgend fehlen lassen. Versuche nur zu folgen, wenn du es vermagst. Wer nämlich auf die rechte Art diese Sache angreifen will, der muß in der Jugend zwar damit anfangen schönen Gestalten nachzugehen, und wird zuerst freilich wenn er richtig beginnt nur Einen solchen lieben und diesen mit schönen Reden befruchten, hernach aber von selbst inne werden, daß die Schönheit in irgend einem Leibe der in jedem andern verschwistert ist, und b
es also, wenn er dem in der Idee schönen nachgehen soll, großer Unverstand wäre, nicht die Schönheit in allen Leibern für eine und dieselbe zu halten, und wenn er dies inne geworden sich als Liebhaber aller schönen Leiber darstellen, und von der gewaltigen Heftigkeit für Einen nachlassen, indem er dies für klein und geringfügig hält. Nächstdem aber muß er die Schönheit in den Seelen für weit herrlicher halten als die in den Leibern, so daß, wenn einer, dessen Seele zu loben ist, auch nur wenig von jener Blüte zeigt, ihm das doch genug ist und er ihn c
liebt und pflegt, indem er solche Reden erzeugt und aufsucht, welche die Jünglinge besser zu machen vermögen, damit er selbst so dahin gebracht werde das Schöne in den Bestrebungen und in den Sitten anzuschauen, um auch von diesem zu sehen, daß es sich überall verwandt ist, und so die Schönheit des Leibes für etwas geringes zu halten. Von den Bestrebungen aber muß er weiter zu den Erkenntnissen gehn, damit er auch die Schönheit der Erkenntnisse schaue, und vielfältiges Schöne schon im Auge habend nicht mehr dem bei einem Einzelnen d
indem er knechtischer Weise die Schönheit eines Knäbleins oder irgend eines Mannes oder einer einzelnen Bestrebung liebet, dienend sich schlecht und kleingeistig zeige, sondern auf die hohe See des Schönen sich begebend und dort umschauend viel schöne und herrliche Reden und Gedanken erzeuge in ungemessenem Streben nach Weisheit, bis er, hiedurch gestärkt und vervollkommnet, eine einzige solche Erkenntnis erblicke welche auf ein Schönes folgender Art geht. Hier aber, sprach sie, bemühe dich nur aufzumerken so sehr du kannst. e
Wer nämlich bis hieher in der Liebe erzogen ist, das mancherlei

παιδαγωγηθῇ, θεώμενος ἐφεξῆς τε καὶ ὀρθῶς τὰ καλά, πρὸς τέλος ἤδη ἰὼν τῶν ἐρωτικῶν, ἐξαίφνης κατόψεταί τι θαυμαστὸν τὴν φύσιν καλόν, τοῦτο ἐκεῖνο, ὦ Σώκρατες, οὗ δὴ ἕνεκεν καὶ οἱ ἔμπροσθεν πάντες πόνοι ἦσαν, πρῶτον μὲν ἀεὶ ὂν, καὶ οὔτε γιγνόμενον οὔτε ἀπολλύμενον οὔτε 211
αὐξανόμενον οὔτε φθῖνον, ἔπειτα οὐ τῇ μὲν καλόν, τῇ δ' αἰσχρόν, οὐδὲ τοτὲ μέν, τοτὲ δὲ οὔ, οὐδὲ πρὸς μὲν τὸ καλόν, πρὸς δὲ τὸ αἰσχρόν, οὐδ' ἔνθα μὲν καλόν, ἔνθα δὲ αἰσχρόν, ὡς τισὶ μὲν ὂν καλόν, τισὶ δὲ αἰσχρόν· οὐδ' αὖ φαντασθήσεται αὐτῷ τὸ καλὸν οἷον πρόσωπόν τι οὐδὲ χεῖρες οὐδὲ ἄλλο οὐδὲν ὧν σῶμα μετέχει, οὐδέ τις λόγος οὐδέ τις ἐπιστήμη, οὐδέ που ὂν ἐν ἑτέρῳ τινι, οἷον ἐν ζώῳ ἢ ἐν γῇ ἢ ἐν οὐρανῷ, ἢ ἔν τῳ ἄλλῳ, ἀλλ' αὐτὸ καθ' αὑτὸ b
μεθ' αὑτοῦ μονοειδὲς ἀεὶ ὄν, τὰ δὲ ἄλλα πάντα καλὰ ἐκείνου μετέχοντα, τρόπον τινὰ τοιοῦτον οἷον, γιγνομένων τε τῶν ἄλλων καὶ ἀπολλυμένων, μηδὲν ἐκεῖνο μήτε τι πλέον μήτε ἔλαττον γίγνεσθαι μηδὲ πάσχειν μηδέν. Ὅταν δή τις ἀπὸ τῶνδε, διὰ τὸ ὀρθῶς παιδεραστεῖν ἐπανιών, ἐκεῖνο τὸ καλὸν ἄρχηται καθορᾶν, σχεδὸν ἄν τι ἅπτοιτο τοῦ τέλους. Τοῦτο γὰρ δή ἐστι τὸ ὀρθῶς ἐπὶ τὰ ἐρωτικὰ ἰέναι ἢ ὑπ' c
ἄλλου ἄγεσθαι, ἀρχόμενον ἀπὸ τῶνδε τῶν καλῶν ἐκείνου ἕνεκα τοῦ καλοῦ, ἀεὶ ἐπανιέναι ὥσπερ ἐπαναβασμοῖς χρώμενον, ἀπὸ ἑνὸς ἐπὶ δύο καὶ ἀπὸ δυοῖν ἐπὶ πάντα τὰ καλὰ σώματα, καὶ ἀπὸ τῶν καλῶν σωμάτων ἐπὶ τὰ καλὰ ἐπιτηδεύματα, καὶ ἀπὸ τῶν ἐπιτηδευμάτων ἐπὶ τὰ καλὰ μαθήματα, καὶ ἀπὸ τῶν μαθημάτων ἐπ' ἐκεῖνο τὸ μάθημα τελευτῆσαι, ὅ ἐστιν οὐκ ἄλλου ἢ αὐτοῦ ἐκείνου τοῦ καλοῦ μάθημα, ἵνα γνῷ αὐτὸ τελευτῶν ὃ ἔστι καλόν.

« Ἐνταῦθα τοῦ βίου, ὦ φίλε Σώκρατες, ἔφη ἡ Μαν- d
τινικὴ ξένη, εἴπερ που ἄλλοθι, βιωτὸν ἀνθρώπῳ, θεωμένῳ αὐτὸ τὸ καλόν. Ὃ ἐάν ποτε ἴδῃς, οὐ κατὰ χρυσίον τε καὶ ἐσθῆτα καὶ τοὺς καλοὺς παῖδάς τε καὶ νεανίσκους δόξει σοι εἶναι, οὓς νῦν ὁρῶν ἐκπέπληξαι καὶ ἕτοιμος εἶ, καὶ σὺ καὶ

Schöne in solcher Ordnung und richtig schauend, der wird indem er nun der Vollendung in der Liebeskunst entgegengeht plötzlich ein von Natur wunderbar Schönes erblicken, nämlich jenes selbst o Sokrates um deswillen er alle bisherigen An-
strengungen gemacht hat, welches zuerst immer ist und weder 211a
entsteht noch vergeht, weder wächst noch schwindet, ferner auch nicht etwa nur in sofern schön in sofern aber häßlich ist, noch auch jetzt schön und dann nicht, noch in Vergleich hiemit schön damit aber häßlich, noch auch hier schön dort aber häßlich, als ob es nur für Einige schön für Andere aber häßlich wäre. Noch auch wird ihm dieses Schöne unter einer Gestalt erscheinen wie ein Gesicht oder Hände oder sonst etwas was der Leib an sich hat, noch wie eine Rede oder eine Erkenntnis, noch irgendwo an einem andern seiend weder an einem ein-
zelnen Lebenden, noch an der Erde noch am Himmel; sondern b
an und für und in sich selbst ewig überall dasselbe seiend, alles andere schöne aber an jenem auf irgend eine solche Weise Anteil habend, daß wenn auch das andere entsteht und vergeht, jenes doch nie irgend einen Gewinn oder Schaden davon hat, noch ihm sonst etwas begegnet. Wenn also jemand vermittelst der echten Knabenliebe von dort an aufgestiegen jenes schöne anfängt zu erblicken, der kann beinahe zur Vollendung gelan-
gen. Denn dies ist die rechte Art sich auf die Liebe zu legen c
oder von einem Andern dazu angeführt zu werden, daß man von diesem einzelnen schönen beginnend jenes einen Schönen wegen immer höher hinaufsteige gleichsam stufenweise von Einem zu Zweien, und von zweien zu allen schönen Gestalten, und von den schönen Gestalten zu den schönen Sitten und Handlungsweisen, und von den schönen Sitten zu den schönen Kenntnissen, bis man von den Kenntnissen endlich zu jener Kenntnis gelangt, welche von nichts anderem als eben von jenem schönen selbst die Kenntnis ist, und man also zuletzt
jenes selbst was schön ist erkenne. Und an dieser Stelle des d
Lebens, o lieber Sokrates, sagte die Mantineische Fremde, wenn irgendwo, ist es dem Menschen erst lebenswert, wo er das Schöne selbst schaut, welches, wenn du es je erblickst, du nicht wirst vergleichen wollen mit köstlichem Gerät oder Schmuck, oder mit schönen Knaben und Jünglingen bei deren

ἄλλοι πολλοί, ὁρῶντες τὰ παιδικὰ καὶ ξυνόντες ἀεὶ αὐτοῖς, εἴ πως οἷόν τ' ἦν, μήτ' ἐσθίειν μήτε πίνειν, ἀλλὰ θεᾶσθαι μόνον καὶ ξυνεῖναι. Τί δῆτα, ἔφη, οἰόμεθα, εἴ τῳ γένοιτο αὐτὸ τὸ καλὸν ἰδεῖν εἰλικρινές, καθαρόν, ἄμικτον, ἀλλὰ e μὴ ἀνάπλεων σαρκῶν τε ἀνθρωπίνων καὶ χρωμάτων καὶ ἄλλης πολλῆς φλυαρίας θνητῆς, ἀλλ' αὐτὸ τὸ θεῖον καλὸν δύναιτο μονοειδὲς κατιδεῖν; Ἆρ' οἴει, ἔφη, φαῦλον βίον γίγνεσθαι ἐκεῖσε βλέποντος ἀνθρώπου καὶ ἐκεῖνο ᾧ δεῖ 212 θεωμένου καὶ ξυνόντος αὐτῷ; Ἢ οὐκ ἐνθυμεῖ, ἔφη, ὅτι ἐνταῦθα αὐτῷ μοναχοῦ γενήσεται, ὁρῶντι ᾧ ὁρατὸν τὸ καλόν, τίκτειν οὐκ εἴδωλα ἀρετῆς ἅτε οὐκ εἰδώλου ἐφαπτομένῳ, ἀλλὰ ἀληθῆ ἅτε τοῦ ἀληθοῦς ἐφαπτομένῳ· τεκόντι δὲ ἀρετὴν ἀληθῆ καὶ θρεψαμένῳ ὑπάρχει θεοφιλεῖ γενέσθαι, καί, εἴπέρ τῳ ἄλλῳ ἀνθρώπων, ἀθανάτῳ καὶ ἐκείνῳ; »

Ταῦτα δή, ὦ Φαῖδρέ τε καὶ οἱ ἄλλοι, ἔφη μὲν Διοτίμα, b πέπεισμαι δ' ἐγώ· πεπεισμένος δὲ πειρῶμαι καὶ τοὺς ἄλλους πείθειν ὅτι τούτου τοῦ κτήματος τῇ ἀνθρωπείᾳ φύσει συνεργὸν ἀμείνω Ἔρωτος οὐκ ἄν τις ῥᾳδίως λάβοι. Διὸ δὴ ἔγωγέ φημι χρῆναι πάντα ἄνδρα τὸν Ἔρωτα τιμᾶν, καὶ αὐτὸς τιμῶ τὰ ἐρωτικὰ καὶ διαφερόντως ἀσκῶ καὶ τοῖς ἄλλοις παρακελεύομαι, καὶ νῦν τε καὶ ἀεὶ ἐγκωμιάζω τὴν δύναμιν καὶ ἀνδρείαν τοῦ Ἔρωτος, καθ' ὅσον οἷός τ' εἰμί. Τοῦτον οὖν τὸν λόγον, ὦ Φαῖδρε, εἰ μὲν βούλει, ὡς ἐγκώ- c μιον εἰς Ἔρωτα νόμισον εἰρῆσθαι· εἰ δέ, ὅ τι καὶ ὅπῃ χαίρεις ὀνομάζων, τοῦτο ὀνόμαζε. »

Εἰπόντος δὲ ταῦτα τοῦ Σωκράτους, τοὺς μὲν ἐπαινεῖν, τὸν δὲ Ἀριστοφάνη λέγειν τι ἐπιχειρεῖν, ὅτι ἐμνήσθη αὐτοῦ λέγων ὁ Σωκράτης περί του λόγου· καὶ ἐξαίφνης τὴν

Anblick du jetzt entzückt bist, und wohl gern, du wie viele Andere, um nur den Liebling zu sehn und immer mit ihm vereinigt zu sein, wenn es möglich wäre, weder essen noch trinken möchtest, sondern nur anschauen und mit ihm verbunden sein. Was also, sprach sie, sollen wir erst glauben wenn einer dazu gelangte jenes Schöne selbst rein lauter und unvermischt zu sehn, das nicht erst voll menschlichen Fleisches ist e
und Farben und anderen sterblichen Flitterkrames, sondern das göttlich schöne selbst in seiner Eigenartigkeit zu schauen? Meinst du wohl, daß das ein schlechtes Leben sei, wenn einer dorthin sieht und jenes erblickt und damit umgeht? Oder glaubst du nicht daß dort allein ihm begegnen kann, indem er 212a
schaut womit man das Schöne schauen muß; nicht Abbilder der Tugend zu erzeugen, weil er nämlich auch nicht ein Abbild berührt, sondern wahres weil er das wahre berührt? Wer aber wahre Tugend erzeugt und aufzieht, dem gebührt von den Göttern geliebt zu werden, und wenn irgend einem anderen Menschen dann gewiß ihm auch unsterblich zu sein. Solches o Phaidros und ihr übrigen, sprach Diotima und habe ich ihr b
geglaubt, und wie ich es glaube suche ich es auch Andern glaublich zu machen, daß um zu diesem Besitz zu gelangen nicht leicht jemand der menschlichen Natur einen besseren Helfer finden könnte als den Eros. Darum auch, behaupte ich, sollte jedermann den Eros ehren, und ehre ich auch selbst alles was zur Liebe gehört, und übe mich darin ganz vorzüglich, und ermuntere auch Andere dazu, und preise jetzt und immer die Macht und Tapferkeit des Eros so sehr ich nur vermag. Willst du nun, o Phaidros, so nimm diese Rede dafür an, daß c
ich sie als eine Lobrede auf den Eros gesprochen; wo nicht, so nenne sie wie und wonach du sie nennen willst.

4. Der Beitrag des Alkibiades

4.1. Seine überraschende Ankunft; Bekränzung Agathons und des Sokrates. Vereinbarungen für das weitere Gelage; Ankündigung einer Lobrede auf Sokrates

Nachdem nun Sokrates also gesprochen, hätten die Andern ihn gelobt, Aristophanes aber sei im Begriff gewesen etwas zu sagen, weil Sokrates in seiner Rede seiner erwähnt wegen der

αὔλειον θύραν κρουομένην πολὺν ψόφον παρασχεῖν, ὡς κωμαστῶν, καὶ αὐλητρίδος φωνὴν ἀκούειν. Τὸν οὖν Ἀγάθωνα· « Παῖδες, φάναι, οὐ σκέψεσθε; Καί, ἐὰν μέν d
τις τῶν ἐπιτηδείων ᾖ, καλεῖτε· εἰ δὲ μή, λέγετε ὅτι οὐ πίνομεν ἀλλ' ἀναπαυόμεθα ἤδη. »

Καὶ οὐ πολὺ ὕστερον Ἀλκιβιάδου τὴν φωνὴν ἀκούειν ἐν τῇ αὐλῇ, σφόδρα μεθύοντος καὶ μέγα βοῶντος, ἐρωτῶντος ὅπου Ἀγάθων καὶ κελεύοντος ἄγειν παρ' Ἀγάθωνα. Ἄγειν οὖν αὐτὸν παρὰ σφᾶς τήν τε αὐλητρίδα ὑπολαβοῦσαν καὶ ἄλλους τινὰς τῶν ἀκολούθων, καὶ ἐπιστῆναι ἐπὶ τὰς θύρας, ἐστεφανωμένον αὐτὸν κιττοῦ τέ τινι στεφάνῳ δασεῖ καὶ e
ἴων, καὶ ταινίας ἔχοντα ἐπὶ τῆς κεφαλῆς πάνυ πολλάς, καὶ εἰπεῖν· « Ἄνδρες, χαίρετε. Μεθύοντα ἄνδρα πάνυ σφόδρα δέξεσθε συμπότην; ἢ ἀπίωμεν, ἀναδήσαντες μόνον Ἀγάθωνα ἐφ' ᾧπερ ἤλθομεν; Ἐγὼ γάρ τοι, φάναι, χθὲς μὲν οὐχ οἷός τ' ἐγενόμην ἀφικέσθαι· νῦν δὲ ἥκω, ἐπὶ τῇ κεφαλῇ ἔχων τὰς ταινίας, ἵνα ἀπὸ τῆς ἐμῆς κεφαλῆς τὴν τοῦ σοφωτάτου καὶ καλλίστου κεφαλήν, ἐὰν εἴπω οὑτωσί, ἀναδήσω. Ἆρα καταγελάσεσθέ μου ὡς μεθύοντος; ἐγὼ δέ, κἂν ὑμεῖς γελᾶτε, ὅμως εὖ οἶδ' ὅτι ἀληθῆ λέγω. Ἀλλά μοι 213
λέγετε αὐτόθεν· ἐπὶ ῥητοῖς, εἰσίω ἢ μή; συμπίεσθε ἢ οὔ; » Πάντας οὖν ἀναθορυβῆσαι, καὶ κελεύειν εἰσιέναι καὶ κατακλίνεσθαι.

Καὶ τὸν Ἀγάθωνα καλεῖν αὐτόν, καὶ τὸν ἰέναι, ἀγόμενον ὑπὸ τῶν ἀνθρώπων καὶ περιαιρούμενον ἅμα τὰς ταινίας ὡς ἀναδήσοντα· ἐπίπροσθε τῶν ὀφθαλμῶν ἔχοντα, οὐ κατιδεῖν τὸν Σωκράτη, ἀλλὰ καθίζεσθαι παρὰ τὸν Ἀγάθωνα ἐν μέσῳ Σωκράτους τε καὶ ἐκείνου· παραχωρῆσαι b
γὰρ τὸν Σωκράτη ὡς ἐκεῖνον κατίδεν. Παρακαθεζόμενον δὲ αὐτόν, ἀσπάζεσθαί τε τὸν Ἀγάθωνα καὶ ἀναδεῖν. Εἰπεῖν οὖν τὸν Ἀγάθωνα· « Ὑπολύετε, παῖδες, Ἀλκιβιάδην, ἵνα ἐκ τρίτων κατακέηται.

— Πάνυ γε, εἰπεῖν τὸν Ἀλκιβιάδην. Ἀλλὰ τίς ἡμῖν

Rede. Allein plötzlich sei an der äußeren Türe gepocht worden und es sei ein großes Geräusch entstanden als höre man Stimmen von Herumziehenden mit einer Flötenspielerin. Da habe
Agathon gesagt, Leute, geht keiner nachsehn? und wenn es d
von näheren Freunden einer ist, so nötiget ihn herein; wo nicht, so sagt nur, wir tränken nicht mehr, sondern ruhten schon. Nicht lange darauf habe man im Vorhause des Alkibiades Stimme gehört, der sehr trunken schien und laut schrie fragend, wo Agathon sei, und fordernd zum Agathon gebracht zu werden. Sie hätten ihn also zu ihnen geführt von der Flötenspielerin unter dem Arme gefaßt und von einigen andern seines Gefolges, er sei aber in der Türe stehen geblieben, be-
kränzt mit einem dicken Kranz von Epheu und Violen, und e
Bänder in großer Menge auf dem Kopf, und habe gesagt Ihr Männer seid gegrüßt! ihr werdet jetzt noch einen schon tüchtig trunkenen Mann zum Mittrinker aufnehmen; oder sollen wir wieder gehen, wenn wir erst den Agathon bekränzt haben, wozu wir eben da sind? Denn gestern, habe er hinzugefügt, war es mir nicht möglich zu kommen; jetzt aber bin ich da, auf dem Haupte die Bänder, um von meinem Haupte das Haupt dieses weisesten und schönsten Mannes wenn ich so sagen darf zu umwinden. Wollt ihr mich auslachen als trunken? meine-
thalben, wenn ihr auch lacht, ich weiß doch, daß ich recht habe. 213a
Sagt mir also nur gleich hier, soll ich auf diese Bedingungen hereinkommen oder nicht? wollt ihr mittrinken oder nicht? – Alle hätte ihn darauf durch einander lärmend geheißen hereintreten und sich niederlassen, auch Agathon habe ihn eingeladen. Und nun sei er gekommen von den Leuten geführt, und habe sogleich die Bänder abgenommen um den Agathon zu umwinden, den Sokrates aber obschon er ihn vor Augen hatte doch nicht gesehn, sondern sich neben den Agathon gesetzt,
zwischen Sokrates und ihn, denn Sokrates sei etwas abgerückt, b
damit jener sich setzen könne. Nachdem er sich nun gesetzt, habe er den Agathon begrüßt und bekränzt. – Und Agathon habe gesagt, Leute entschuht den Alkibiades, daß er hier zu dreien liegen kann. – Schön, habe Alkibiades gesagt, aber wer

ὅδε τρίτος συμπότης; » Καὶ ἅμα μεταστρεφόμενον αὐτὸν ὁρᾶν τὸν Σωκράτη· ἰδόντα δὲ ἀναπηδῆσαι καὶ εἰπεῖν· « Ὦ Ἡράκλεις, τουτὶ τί ἦν; Σωκράτης οὗτος; Ἐλλοχῶν αὖ με ἐνταῦθα κατέκεισο, ὥσπερ εἰώθεις c
ἐξαίφνης ἀναφαίνεσθαι ὅπου ἐγὼ ᾤμην ἥκιστά σε ἔσεσθαι. Καὶ νῦν τί ἥκεις; Καὶ τί αὖ ἐνταῦθα κατεκλίνης· ὡς οὐ παρὰ Ἀριστοφάνει, οὐδὲ εἴ τις ἄλλος γελοῖος ἔστι τε καὶ βούλεται· ἀλλὰ διεμηχανήσω ὅπως παρὰ τῷ καλλίστῳ τῶν ἔνδον κατακείσει. »

Καὶ τὸν Σωκράτη· «Ἀγάθων, φάναι, ὅρα εἴ μοι ἐπαμύνεις, ὡς ἐμοὶ ὁ τούτου ἔρως τοῦ ἀνθρώπου οὐ φαῦλον πρᾶγμα γέγονεν. Ἀπ' ἐκείνου γὰρ τοῦ χρόνου ἀφ' οὗ τούτου ἠράσθην, οὐκέτι ἔξεστί μοι οὔτε προσβλέψαι οὔτε δια- d
λεχθῆναι καλῷ οὐδ' ἑνί, ἢ οὑτοσί, ζηλοτυπῶν με καὶ φθονῶν, θαυμαστὰ ἐργάζεται καὶ λοιδορεῖταί τε καὶ τὼ χεῖρε μόγις ἀπέχεται. Ὅρα οὖν μή τι καὶ νῦν ἐργάσηται· ἀλλὰ διάλλαξον ἡμᾶς ἤ, ἐὰν ἐπιχειρῇ βιάζεσθαι, ἐπάμυνε, ὡς ἐγὼ τὴν τούτου μανίαν τε καὶ φιλεραστίαν πάνυ ὀρρωδῶ. — Ἀλλ' οὐκ ἔστι, φάναι τὸν Ἀλκιβιάδην, ἐμοὶ καὶ σοὶ διαλλαγή· ἀλλὰ τούτων μὲν εἰς αὖθίς σε τιμωρήσομαι. Νῦν δέ μοι, Ἀγάθων, φάναι, μετάδος τῶν ταινιῶν, e
ἵνα ἀναδήσω καὶ τὴν τούτου ταυτηνὶ τὴν θαυμαστὴν κεφαλήν, καὶ μή μοι μέμφηται ὅτι σὲ μὲν ἀνέδησα, αὐτὸν δέ, νικῶντα ἐν λόγοις πάντας ἀνθρώπους, οὐ μόνον πρῴην ὥσπερ σύ, ἀλλ' ἀεί, ἔπειτα οὐκ ἀνέδησα. »

Καὶ ἅμα αὐτόν, λαβόντα τῶν ταινιῶν, ἀναδεῖν τὸν Σωκράτη καὶ κατακλίνεσθαι. Ἐπειδὴ δὲ κατεκλίνη, εἰπεῖν· « Εἶεν δή, ἄνδρες· δοκεῖτε γάρ μοι νήφειν. Οὐκ ἐπιτρεπτέον οὖν ὑμῖν, ἀλλὰ ποτέον· ὡμολόγηται γὰρ ταῦθ' ἡμῖν. Ἄρχοντα οὖν αἱροῦμαι τῆς πόσεως, ἕως ἂν ὑμεῖς ἱκανῶς πίητε, ἐμαυτόν. Ἀλλὰ φερέτω, Ἀγάθων, εἴ τι ἔστιν ἔκπωμα μέγα. Μᾶλλον δὲ οὐδὲν δεῖ, ἀλλὰ φέρε, παῖ, φάναι, τὸν ψυκτῆρα ἐκεῖνον », ἰδόντα αὐτὸν πλέον ἢ ὀκτὼ κοτύλας 214

ist uns denn hier der dritte Mittrinker? Und nun habe er sich herumgewendet und den Sokrates erblickt. Und als er ihn erkannt, sei er aufgesprungen und habe ausgerufen, O Herakles! was ist nun das? Du Sokrates, liegst du mir auch hier schon wieder auf der Lauer, wie du mir immer pflegst plötzlich zu c
erscheinen, wo ich am wenigsten glaube daß du sein wirst? Wie so bist du nun auch da? und warum liegst du gerade hier? Nicht etwa beim Aristophanes oder wer sonst hier der lustige ist und auch sein will, sondern hast es wieder so ausgesonnen, daß du neben dem Schönsten von allen hier zu liegen kommst! – Da habe Sokrates gesagt, Agathon sieh zu ob du mir beistehn willst! Denn dieses Menschen Liebe hat mir schon zu gar nicht wenigem Verdruß gereicht. Denn seit der Zeit daß ich mich in diesen verliebt, darf ich nun gar nicht mehr irgend einen Schö- d
nen ansehn und mit einem reden, oder er ist gleich eifersüchtig und neidisch, stellt wunderliche Dinge an, und schimpft, und kaum daß er nicht Hand an mich legt. Also sieh zu daß er nicht auch jetzt wieder etwas anstellt, sondern bringe uns auseinander, oder wenn er Gewalt brauchen will so hilf mir. Denn seine Tollheit und verliebtes Wesen ist mir ganz schrecklich. – Da ist kein Auseinanderbringen, habe Alkibiades gesagt, für uns beide. Und für dieses will ich dich ein andermal abstrafen, jetzt aber Agathon, habe er gesagt, gib mir von den Bändern welche e
ab, damit ich auch diesem Manne sein wunderbares Haupt umwinde, und er mir nicht Vorwürfe mache, daß ich dich zwar bekränzt, ihn aber, der doch in Reden alle Menschen besiegt, nicht nur neulich einmal wie du sondern immer, dennoch nicht bekränzt habe. Zugleich habe er von den Bändern genommen und den Sokrates damit umwunden, dann habe er sich niedergelegt und nachdem er zur Ruhe gekommen habe er gesagt Gut so, ihr Männer. Ihr scheint mir aber nüchtern zu sein, das ist euch nicht zu gestatten, sondern ihr müßt trinken; denn darüber sind wir eins geworden. Zum Vorsitzer nun beim Trunk erwähle ich, bis ihr genug getrunken habt, mich selbst. Also lasse Agathon einen tüchtigen Pokal herbringen wenn einer da ist. Oder vielmehr auch das ist nicht nötig, sondern geh Bursche, habe er gesagt, bringe jene Kühlschale, er sah 214a
nämlich eine die ihre guten acht Mäßchen hielt. Diese habe er

χωροῦντα. Τοῦτον ἐμπλησάμενον, πρῶτον μὲν αὐτὸν ἐκπιεῖν, ἔπειτα τῷ Σωκράτει κελεύειν ἐγχεῖν· καὶ ἅμα εἰπεῖν. « Πρὸς μὲν Σωκράτη, ὦ ἄνδρες, τὸ σόφισμά μοι οὐδέν· ὁπόσον γὰρ ἂν κελεύῃ τις, τοσοῦτον ἐκπιών, οὐδὲν μᾶλλον μή ποτε μεθυσθῇ. »

Τὸν μὲν οὖν Σωκράτη, ἐγχέαντος τοῦ παιδός, πίνειν. Τὸν δ' Ἐρυξίμαχον· « Πῶς οὖν, φάναι, ὦ Ἀλκιβιάδη, ποιοῦμεν; οὕτως, οὔτε τι λέγομεν ἐπὶ τῇ κύλικι, οὔτε τι b
ᾄδομεν, ἀλλ' ἀτεχνῶς, ὥσπερ οἱ διψῶντες, πιόμεθα; » Τὸν οὖν Ἀλκιβιάδην εἰπεῖν· « Ὦ Ἐρυξίμαχε, βέλτιστε βελτίστου πατρὸς καὶ σωφρονεστάτου, χαῖρε. — Καὶ γὰρ σύ, φάναι τὸν Ἐρυξίμαχον. Ἀλλὰ τί ποιῶμεν; — Ὅ τι ἂν σὺ κελεύῃς· δεῖ γάρ σοι πείθεσθαι·

ἰητρὸς γὰρ ἀνὴρ πολλῶν ἀντάξιος ἄλλων.

Ἐπίταττε οὖν ὅ τι βούλει. — Ἄκουσον δή, εἰπεῖν τὸν Ἐρυξίμαχον. Ἡμῖν, πρὶν σὲ εἰσελθεῖν, ἔδοξε χρῆναι ἐπὶ δεξιὰ ἕκαστον ἐν μέρει λόγον περὶ Ἔρωτος εἰπεῖν, ὡς c
δύναιτο κάλλιστον, καὶ ἐγκωμιάσαι. Οἱ μὲν οὖν ἄλλοι πάντες ἡμεῖς εἰρήκαμεν· σὺ δ', ἐπειδὴ οὐκ εἴρηκας καὶ ἐκπέπωκας, δίκαιος εἶ εἰπεῖν, εἰπὼν δὲ ἐπιτάξαι Σωκράτει ὅ τι ἂν βούλῃ, καὶ τοῦτον τῷ ἐπὶ δεξιά, καὶ οὕτω τοὺς ἄλλους. — Ἀλλά, φάναι, ὦ Ἐρυξίμαχε, τὸν Ἀλκιβιάδην, καλῶς μὲν λέγεις· μεθύοντα δὲ ἄνδρα παρὰ νηφόντων λόγους παραβάλλειν μὴ οὐκ ἐξ ἴσου ᾖ. Καὶ ἅμα, ὦ μακάριε, πείθει τί σε Σωκράτης ὧν ἄρτι εἶπεν; ἢ οἶσθα ὅτι τοὐναν- d
τίον ἐστὶ πᾶν ἢ ὃ ἔλεγεν; Οὗτος γάρ, ἐάν τινα ἐγὼ ἐπαινέσω τούτου παρόντος, ἢ θεὸν ἢ ἄνθρωπον ἄλλον ἢ τοῦτον, οὐκ ἀφέξεταί μου τὼ χεῖρε. — Οὐκ εὐφημήσεις; φάναι τὸν Σωκράτη. — Μὰ τὸν Ποσειδῶ, εἰπεῖν τὸν Ἀλκιβιάδην, μηδὲν λέγε πρὸς ταῦτα, ὡς ἐγὼ οὐδ' ἂν ἕνα ἄλλον ἐπαινέσαιμι σοῦ παρόντος. — Ἀλλ' οὕτω ποίει, φάναι τὸν Ἐρυξίμαχον, εἰ βούλει· Σωκράτη ἐπαίνεσον. — Πῶς λέγεις; εἰπεῖν τὸν Ἀλκιβιάδην· δοκεῖ χρῆναι, ὦ e

füllen lassen und zuerst selbst ausgetrunken, dann aber geheißen sie dem Sokrates vollschenken, und dabei gesagt, Gegen den Sokrates, ihr Männer, hilft mir das Kunststück nichts; denn wieviel einer nur will trinkt er aus, und wird deshalb doch nicht berauscht. Sokrates nun habe wie der Knabe eingeschenkt getrunken. Eryximachos aber habe gesagt, Wie doch, o
Alkibiades, wollen wir es halten? Wollen wir so gar nichts zum b
Becher weder reden noch singen, sondern recht wie durstige Leute hinuntertrinken? – Da habe Alkibiades gesagt O Eryximachos du bester Sohn des besten und wackersten Vaters laß dich begrüßen! – Auch du, habe jener erwidert, aber wie halten wir es? – Wie du befiehlst, dir muß man ja folgen; denn ein heilender Mann ist wert wie Viele zu achten. Ordne also an, was du willst. – Höre dann, habe Eryximachos gesagt, wir hatten ehe du hereinkamst ausgemacht, daß rechts herum der
Reihe nach jeder eine Rede über den Eros halten sollte so schön c
er nur könnte um ihn zu preisen. Wir andern Alle nun haben sie gesprochen; da du sie aber nicht gesprochen und doch angetrunken hast, so mußt du sie nun sprechen, und wenn du es getan dem Sokrates aufgeben was du willst, und dieser seinem Nachbar rechts, und so die Andern weiter. – Das wäre wohl ganz gut, o Eryximachos, habe Alkibiades gesagt; aber daß ein trunkener Mann seine Rede neben der Nüchternen ihre stellen soll, wenn das nur nicht allzu ungleich ist! Und dann, läßt du
dir denn vom Sokrates das einreden was er vorhin sagte? oder d
weißt du, daß es sich ganz entgegengesetzt wie er sagte verhält? Er nämlich, wenn ich in seiner Gegenwart irgend einen Gott oder Menschen lobe anders als ihn, wird sich nicht halten können Hand an mich zu legen. – Wirst du wohl nicht freveln? habe Sokrates gesagt. – Alkibiades aber, beim Poseidon rede mir nicht dagegen! Denn ich werde niemand anders loben in deiner Gegenwart. – So tue das, habe Eryximachos gesagt,
wenn du willst, lobe den Sokrates. – Wie meinst du, habe Al- e
kibiades gesagt, dünkt dich o Eryximachos ich soll mich über

Ἐρυξίμαχε... Ἐπιθῶμαι τῷ ἀνδρὶ καὶ τιμωρήσωμαι, ὑμῶν ἐναντίον; — Οὗτος, φάναι τὸν Σωκράτη, τί ἐν νῷ ἔχεις: Ἐπὶ τὰ γελοιότερά με ἐπαινέσεις; ἢ τί ποιήσεις; — Τἀληθῆ ἐρῶ· ἀλλ' ὅρα εἰ παρίης. — Ἀλλὰ μέντοι, φάναι, τά γε ἀληθῆ παρίημι, καὶ κελεύω λέγειν. — Οὐκ ἂν φθάνοιμι, εἰπεῖν τὸν Ἀλκιβιάδην. Καὶ μέντοι οὑτωσὶ ποίησον· ἐάν τι μὴ ἀληθὲς λέγω, μεταξὺ ἐπιλαβοῦ ἂν βούλῃ, καὶ εἰπὲ ὅτι τοῦτο ψεύδομαι· ἑκὼν γὰρ εἶναι, οὐδὲν ψεύσομαι. Ἐὰν μέντοι ἀναμιμνῃσκόμενος ἄλλο ἄλλοθεν λέγω, μηδὲν 215 θαυμάσῃς· οὐ γάρ τι ῥᾴδιον τὴν σὴν ἀτοπίαν ὧδ' ἔχοντι εὐπόρως καὶ ἐφεξῆς καταριθμῆσαι.

« Σωκράτη δ' ἐγὼ ἐπαινεῖν, ὦ ἄνδρες, οὕτως ἐπιχειρήσω, δι' εἰκόνων. Οὗτος μὲν οὖν ἴσως οἰήσεται ἐπὶ τὰ γελοιότερα· ἔσται δ' ἡ εἰκὼν τοῦ ἀληθοῦς ἕνεκα, οὐ τοῦ γελοίου. Φημὶ γὰρ δὴ ὁμοιότατον αὐτὸν εἶναι τοῖς σιληνοῖς τούτοις, τοῖς ἐν τοῖς ἑρμογλυφείοις καθημένοις, οὕστινας ἐργά- b ζονται οἱ δημιουργοὶ σύριγγας ἢ αὐλοὺς ἔχοντας, οἵ, διχάδε διοιχθέντες, φαίνονται ἔνδοθεν ἀγάλματα ἔχοντες θεῶν. Καὶ φημὶ αὖ ἐοικέναι αὐτὸν τῷ σατύρῳ τῷ Μαρσύᾳ. Ὅτι μὲν οὖν, τό γε εἶδος, ὅμοιος εἶ τούτοις, ὦ Σώκρατες, οὐδ' αὐτὸς ἂν που ἀμφισβητήσαις· ὡς δὲ καὶ τἆλλα ἔοικας, μετὰ τοῦτο ἄκουε. Ὑβριστὴς εἶ· ἢ οὔ; ἐὰν γὰρ μὴ ὁμολογῇς, μάρτυρας παρέξομαι.

Ἀλλ' οὐκ αὐλητής; πολύ γε θαυμασιώτερος ἐκείνου. Ὁ μέν γε δι' ὀργάνων ἐκήλει τοὺς ἀνθρώπους τῇ ἀπὸ τοῦ στόματος δυνάμει, καὶ ἔτι νυνὶ ὃς ἂν τὰ ἐκείνου αὐλῇ· ἃ γὰρ Ὄλυμπος ηὔλει, Μαρσύου λέγω, τούτου διδάξαντος. Τὰ οὖν ἐκείνου, ἐάντε ἀγαθὸς αὐλητὴς αὐλῇ, ἐάντε φαύλη αὐλητρίς, μόνα κατέχεσθαι ποιεῖ καὶ δηλοῖ τοὺς τῶν θεῶν τε καὶ τελετῶν δεομένους, διὰ τὸ θεῖα εἶναι. Σὺ δ' ἐκείνου τοσοῦτον μόνον διαφέρεις,

den Mann hermachen und ihn vor euch zur Strafe ziehn? – Du da, habe Sokrates gesagt, was hast du im Sinn? willst du mich spöttischerweise loben, oder was gedenkst du zu tun? – Die Wahrheit will ich reden; also sieh zu ob du das gestattest! – Allerdings, habe jener erwidert, die Wahrheit gestatte ich und heiße dir sie zu sagen. – Warum fange ich also nicht an? habe Alkibiades gesagt. Und du tue so. Wenn ich etwas unwahres sage, so falle mir gleich zwischenein, wenn du willst, und sage daß ich das lüge. Denn wissentlich werde ich nichts lügen.
Wenn ich jedoch, wie es mir in den Sinn kommt, bald dies bald 215a
jenes vorbringe, das laß dich nicht wundern. Denn gar nicht leicht ist es deine Wunderlichkeiten, so wie ich mich jetzt befinde, fertig und ordentlich hintereinander aufzuzählen.

4.2. Alkibiades' Rede über Sokrates

4.2.1. Sokrates' Ähnlichkeit mit dem Satyr Marsyas wegen der Macht seiner Reden

Also den Sokrates zu loben, ihr Männer, will ich so versuchen, durch Bilder, er wird nun wohl vielleicht glauben spöttischerweise, aber gerade zur Wahrheit soll mir das Bild dienen und gar nicht zum Spott. Ich behaupte nämlich er sei äußerst
ähnlich jenen Silenen in den Werkstätten der Bildhauer, welche b
die Künstler mit Pfeifen oder Flöten vorstellen, in denen man aber wenn man die eine Hälfte wegnimmt Bildsäulen von Göttern erblickt, und so behaupte ich daß er vorzüglich dem Satyr Marsyas gleiche. Daß du nun dem Ansehn nach diesen ähnlich bist, o Sokrates, wirst du wohl selbst nicht bestreiten, wie du ihnen aber auch übrigens gleichst, das höre demnächst. Bist du übermütig oder nicht? denn wenn du das nicht eingestehst will ich Zeugen beibringen. Oder etwa kein Flötenspieler? Wohl
ein weit bewundernswürdigerer als jener! Jener nämlich be- c
zauberte vermittelst des Instrumentes die Menschen durch die Gewalt seines Mundes und so noch jetzt wer seine Werke vorträgt. Denn was Olympos auf der Flöte geleistet schreibe ich dem Marsyas seinem Lehrer zu. Seine Werke also, es mag sie nun ein trefflicher Flötenspieler vortragen oder eine schlechte Flötenspielerin, sind allein hinreißend und offenbaren wer der Götter und ihrer Weihungen bedürftig ist, weil sie göttlich

ὅτι, ἄνευ ὀργάνων, ψιλοῖς λόγοις, ταὐτὸν τοῦτο ποιεῖς. Ἡμεῖς γοῦν, ὅταν μέν του ἄλλου ἀκούωμεν λέγοντος, καὶ d
πάνυ ἀγαθοῦ ῥήτορος, ἄλλους λόγους, οὐδὲν μέλει, ὡς ἔπος εἰπεῖν, οὐδενί· ἐπειδὰν δὲ σοῦ τις ἀκούῃ, ἢ τῶν σῶν λόγων ἄλλου λέγοντος, κἂν πάνυ φαῦλος ᾖ ὁ λέγων, ἐάντε γυνὴ ἀκούῃ, ἐάντε ἀνήρ, ἐάντε μειράκιον, ἐκπεπληγμένοι ἐσμὲν καὶ κατεχόμεθα.

« Ἐγὼ γοῦν, ὦ ἄνδρες, εἰ μὴ ἔμελλον κομιδῇ δόξειν μεθύειν, εἶπον ὀμόσας ἂν ὑμῖν οἷα δὴ πέπονθα αὐτὸς ὑπὸ τῶν τούτου λόγων καὶ πάσχω ἔτι καὶ νυνί. Ὅταν γὰρ ἀκούω, πολύ μοι μᾶλλον ἢ τῶν κορυβαντιώντων ἥ τε καρδία e
πηδᾷ, καὶ δάκρυα ἐκχεῖται ὑπὸ τῶν λόγων τῶν τούτου· ὁρῶ δὲ καὶ ἄλλους παμπόλλους τὰ αὐτὰ πάσχοντας. Περικλέους δὲ ἀκούων καὶ ἄλλων ἀγαθῶν ῥητόρων, εὖ μὲν ἡγούμην λέγειν, τοιοῦτον δ' οὐδὲν ἔπασχον, οὐδ' ἐτεθορύβητό μου ἡ ψυχή, οὐδ' ἠγανάκτει ὡς ἀνδραποδωδῶς διακειμένου. Ἀλλ' ὑπὸ τουτουὶ τοῦ Μαρσύου πολλάκις δὴ οὕτω διετέθην, ὥστε μοι δόξαι μὴ βιωτὸν εἶναι ἔχοντι ὡς ἔχω. Καὶ ταῦτα, 216
ὦ Σώκρατες, οὐκ ἐρεῖς ὡς οὐκ ἀληθῆ. Καὶ ἔτι γε νῦν ξύνοιδ' ἐμαυτῷ ὅτι, εἰ ἐθέλοιμι παρέχειν τὰ ὦτα, οὐκ ἂν καρτερήσαιμι, ἀλλὰ ταὐτὰ ἂν πάσχοιμι. Ἀναγκάζει γάρ με ὁμολογεῖν ὅτι, πολλοῦ ἐνδεὴς ὢν αὐτός, ἔτι ἐμαυτοῦ μὲν ἀμελῶ, τὰ δ' Ἀθηναίων πράττω. Βίᾳ οὖν, ὥσπερ ἀπὸ τῶν Σειρήνων, ἐπισχόμενος τὰ ὦτα, οἴχομαι φεύγων, ἵνα μὴ αὐτοῦ καθήμενος παρὰ τούτῳ καταγηράσω. Πέπονθα δὲ πρὸς τοῦτον μόνον ἀνθρώπων, ὃ οὐκ ἄν τις οἴοιτο ἐν ἐμοὶ b
ἐνεῖναι, τὸ αἰσχύνεσθαι ὁντινοῦν. Ἐγὼ δὲ τοῦτον μόνον αἰσχύνομαι· ξύνοιδα γὰρ ἐμαυτῷ, ἀντιλέγειν μὲν οὐ δυναμένῳ ὡς οὐ δεῖ ποιεῖν ἃ οὗτος κελεύει, ἐπειδὰν δὲ ἀπέλθω, ἡττημένῳ τῆς τιμῆς τῆς ὑπὸ τῶν πολλῶν· δραπετεύω οὖν

sind. Du aber zeichnest dich um soviel vor jenem aus, als du
ohne Instrument durch bloße Worte dasselbe ausrichtest. Von
uns wenigstens, wenn wir von einem andern auch noch so d
trefflichen Redner andere Reden hören, macht sich keiner, daß
ich es gerade heraussage, sonderlich etwas daraus. Hört aber
einer dich selbst, oder von einem Andern deine Reden vorge-
tragen, wenn auch der Vortragende wenig bedeutet, sei es nun
Weib oder Mann wer sie hört oder Knabe, alle sind wir wie
außer uns und ganz davon hingerissen. Ich wenigstens, ihr
Männer, wenn ihr dann nur nicht glauben wolltet daß ich ganz
und gar betrunken wäre, wollte es euch auch mit Schwüren
bekräftigen was mir selbst dieses Mannes Reden angetan haben
und noch jetzt antun. Denn weit heftiger als den vom Kory- e
bantentanz ergriffenen pocht mir wenn ich ihn höre das Herz,
und Tränen werden mir ausgepreßt von seinen Reden; auch
sehe ich, daß es vielen Andern eben so ergeht. Wenn ich da-
gegen den Perikles hörte oder andere gute Redner, dachte ich
wohl daß sie gut sprächen, dergleichen begegnete mir aber
nichts noch geriet meine Seele in Unruhe darüber und in Un-
willen, daß ich mich in einem knechtischen Zustande befände.
Von diesem Marsyas aber bin ich oft so bewegt worden, daß
ich glaubte es lohnte nicht zu leben, wenn ich so bliebe wie ich 216a
wäre. Und du wirst nicht sagen können, Sokrates, daß das
nicht wahr wäre. Ja auch jetzt noch bin ich mir sehr wohl
bewußt, daß wenn ich nur meine Ohren hergeben wollte, ich
mich nicht würde halten können, daß mir nicht dasselbe be-
gegnete. Denn er nötiget mich einzugestehen daß mir selbst
noch gar vieles mangelt und ich doch, mich vernachlässigend,
der Athener Angelegenheiten besorge. Mit Gewalt also, wie
vor den Sirenen die Ohren verstopfend, fliehe ich aufs eiligste
um nur nicht immer sitzen zu bleiben und neben diesem ver-
alten. Und mit diesem allein unter allen Menschen ist mir be- b
gegnet, was einer nicht in mir suchen sollte, daß ich mich vor
irgend jemand schämen könnte; indes vor diesem allein schäme
ich mich doch. Denn ich bin mir sehr gut bewußt, daß ich nicht
im Stande bin ihm zu widersprechen, als ob man das nicht tun
müßte, was er anrät, sondern daß ich nur, wenn ich von ihm
gegangen bin durch die Ehrenbezeugungen des Volkes wieder

αὐτὸν καὶ φεύγω, καί, ὅταν ἴδω, αἰσχύνομαι τὰ ὡμολογημένα. Καὶ πολλάκις μὲν ἡδέως ἂν ἴδοιμι αὐτὸν μὴ ὄντα c
ἐν ἀνθρώποις· εἰ δ' αὖ τοῦτο γένοιτο, εὖ οἶδα ὅτι πολὺ μεῖζον ἂν ἀχθοίμην, ὥστε οὐκ ἔχω ὅτι χρήσωμαι τούτῳ τῷ ἀνθρώπῳ.

« Καὶ ὑπὸ μὲν δὴ τῶν αὐλημάτων καὶ ἐγὼ καὶ ἄλλοι πολλοὶ τοιαῦτα πεπόνθασιν ὑπὸ τοῦδε τοῦ σατύρου. Ἄλλα δὲ ἐμοῦ ἀκούσατε ὡς ὅμοιός τέ ἐστιν οἷς ἐγὼ εἴκασα αὐτὸν καὶ τὴν δύναμιν ὡς θαυμασίαν ἔχει. Εὖ γὰρ ἴστε ὅτι οὐδεὶς ὑμῶν τοῦτον γιγνώσκει· ἀλλὰ ἐγὼ δηλώσω, ἐπείπερ d
ἠρξάμην. Ὁρᾶτε γὰρ ὅτι Σωκράτης ἐρωτικῶς διάκειται τῶν καλῶν, καὶ ἀεὶ περὶ τούτους ἐστὶ καὶ ἐκπέπληκται· καὶ αὖ ἀγνοεῖ πάντα καὶ οὐδὲν οἶδεν, ὡς τὸ σχῆμα αὐτοῦ. Τοῦτο οὐ σιληνῶδες; Σφόδρα γε· τοῦτο γὰρ οὗτος ἔξωθεν περιβέβληται, ὥσπερ ὁ γεγλυμμένος σιληνός· ἔνδοθεν δὲ ἀνοιχθεὶς πόσης οἴεσθε γέμει, ὦ ἄνδρες συμπόται, σωφροσύνης; Ἴστε ὅτι, οὔτε εἴ τις καλός ἐστι, μέλει αὐτῷ οὐδέν, ἀλλὰ καταφρονεῖ τοσοῦτον ὅσον οὐδ' ἂν εἷς οἰηθείη, e
οὔτ' εἴ τις πλούσιος, οὔτ' εἰ ἄλλην τινὰ τιμὴν ἔχων τῶν ὑπὸ πλήθους μακαριζομένων· ἡγεῖται δὲ πάντα ταῦτα τὰ κτήματα οὐδενὸς ἄξια, καὶ ἡμᾶς οὐδὲν εἶναι· λέγω ὑμῖν. Εἰρωνευόμενος δὲ καὶ παίζων πάντα τὸν βίον πρὸς τοὺς ἀνθρώπους διατελεῖ· σπουδάσαντος δὲ αὐτοῦ καὶ ἀνοιχθέντος, οὐκ οἶδα εἴ τις ἑώρακε τὰ ἐντὸς ἀγάλματα· ἀλλ' ἐγὼ ἤδη ποτ' εἶδον, καί μοι ἔδοξεν οὕτω θεῖα καὶ χρυσᾶ εἶναι καὶ πάγκαλα καὶ θαυμαστά, ὥστε ποιητέον εἶναι ἔμβραχυ 217
ὅ τι κελεύοι Σωκράτης.

« Ἡγούμενος δὲ αὐτὸν ἐσπουδακέναι ἐπὶ τῇ ἐμῇ ὥρᾳ, ἕρμαιον ἡγησάμην εἶναι καὶ εὐτύχημα ἐμὸν θαυμαστόν, ὡς ὑπάρχον μοι, χαρισαμένῳ Σωκράτει, πάντ' ἀκοῦσαι ὅσαπερ οὗτος ᾔδει· ἐφρόνουν γὰρ δὴ ἐπὶ τῇ ὥρᾳ θαυμάσιον ὅσον.

überwunden werde. Also laufe ich ihm davon und fliehe, und wenn ich ihn wiedersehe, schäme ich mich wegen des Eingestandenen und wollte oft lieber sehen er lebte gar nicht; ge- c
schähe es aber etwa, so weiß ich gewiß, daß mir das noch bei weitem schmerzlicher sein würde, so daß ich gar nicht weiß wie ich es halten soll mit dem Menschen.

4.2.2. Sokrates ein Silen auch wegen seiner Liebe zum Schönen; Alkibiades' Bemühungen um die Schönheit des Sokrates

Durch sein Flötenspiel also ist mir und vielen Anderen so mitgespielt worden von diesem Satyr. Höret aber noch weiter, wie ähnlich er dem ist womit ich ihn verglichen habe und wie wunderbare Eigenschaften er an sich hat. Denn das wißt nur, daß keiner von euch ihn kennt, sondern ich will ihn euch erst d
beschreiben, da ich einmal angefangen habe. Denn ihr seht doch, daß Sokrates verliebt ist in die Schönen und immer um sie her und außer sich über sie, und wiederum daß er in allem unwissend ist und nichts weiß, wie er sich ja immer anstellt; ist nun das nicht recht silenenhaftig? Gewiß sehr. Denn das hat er nur so äußerlich umgetan, eben wie jene getriebenen Silenen, inwendig aber, wenn man ihn auftut, was meint ihr wohl, ihr Männer und Trinkgenossen, wie vieler Weisheit und Besonnenheit er voll ist? Wißt denn, daß es ihn nicht im mindesten kümmert ob einer schön ist, sondern er achtet das so gering als e
wohl niemand glauben möchte, noch ob einer reich ist oder irgend einen der von den Leuten am meisten gepriesenen Vorzüge hat. Er hält vielmehr alle diese Dinge für nichts wert und uns für nichts, und verstellt sich nur gegen die Menschen und treibt Scherz mit ihnen sein Lebelang. Ob aber jemand wenn er ernsthaft war und sich auftat, die Götterbilder gesehn hat die er in sich trägt, das weiß ich nicht. Ich habe sie aber einmal gesehen, und so göttlich und golden und überaus schön und bewunderungswürdig kamen sie mir vor, daß ich glaubte auf 217a
der Stelle alles tun zu müssen was nur Sokrates wünschte. Da ich nun glaubte daß er sich ernstlich Mühe gäbe um meine Schönheit, hielt ich das für einen herrlichen Fund und für ein überaus glückliches Ereignis, weil es nun in meiner Gewalt stände, wenn ich mich dem Sokrates gefällig erwiese, alles zu

Ταῦτα οὖν διανοηθείς, πρὸ τοῦ οὐκ εἰωθὼς ἄνευ ἀκολούθου μόνος μετ' αὐτοῦ γίγνεσθαι, τότε, ἀποπέμπων τὸν ἀκόλουθον, μόνος συνεγιγνόμην. Δεῖ γὰρ πρὸς ὑμᾶς πάντα b τἀληθῆ εἰπεῖν· ἀλλὰ προσέχετε τὸν νοῦν, καὶ εἰ ψεύδομαι, Σώκρατες, ἐξέλεγχε. Συνεγιγνόμην γάρ, ὦ ἄνδρες, μόνος μόνῳ, καὶ ᾤμην αὐτίκα διαλέξεσθαι αὐτόν μοι ἅπερ ἂν ἐραστὴς παιδικοῖς ἐν ἐρημίᾳ διαλεχθείη, καὶ ἔχαιρον. Τούτων δ' οὐ μάλα ἐγίγνετο οὐδέν, ἀλλ' ὥσπερ εἰώθει διαλεχθεὶς ἄν μοι καὶ συνημερεύσας ᾤχετο ἀπιών. Μετὰ ταῦτα συγγυμνάζεσθαι προυκαλούμην αὐτόν, καὶ συνε- c γυμναζόμην ὥς τι ἐνταῦθα περανῶν. Συνεγυμνάζετο οὖν μοι καὶ προσεπάλαιεν πολλάκις, οὐδενὸς παρόντος· καὶ τί δεῖ λέγειν; οὐδὲν γάρ μοι πλέον ἦν. Ἐπειδὴ δὲ οὐδαμῇ ταύτῃ ἤνυτον, ἔδοξέ μοι ἐπιθετέον εἶναι τῷ ἀνδρὶ κατὰ τὸ καρτερόν, καὶ οὐκ ἀνετέον, ἐπειδήπερ ἐγκεχειρήκη, ἀλλὰ ἰστέον ἤδη τί ἐστι τὸ πρᾶγμα. Προκαλοῦμαι δὴ αὐτὸν πρὸς τὸ συνδειπνεῖν, ἀτεχνῶς ὥσπερ ἐραστὴς παιδικοῖς ἐπιβουλεύων. Καί μοι οὐδὲ τοῦτο ταχὺ ὑπήκουσεν· ὅμως δ' οὖν d χρόνῳ ἐπείσθη. Ἐπειδὴ δὲ ἀφίκετο τὸ πρῶτον, δειπνήσας ἀπιέναι ἐβούλετο· καὶ τότε μέν, αἰσχυνόμενος, ἀφῆκα αὐτόν. Αὖθις δὲ ἐπιβουλεύσας, ἐπειδὴ ἐδεδειπνήκει, διελεγόμην ἀεὶ πόρρω τῶν νυκτῶν, καί, ἐπειδὴ ἐβούλετο ἀπιέναι, σκηπτόμενος ὅτι ὀψὲ εἴη, προσηνάγκασα αὐτὸν μένειν.

« Ἀνεπαύετο οὖν ἐν τῇ ἐχομένῃ ἐμοῦ κλίνῃ, ἐν ᾗπερ ἐδείπνει, καὶ οὐδεὶς ἐν τῷ οἰκήματι ἄλλος καθηῦδεν ἢ ἡμεῖς... Μέχρι μὲν οὖν δὴ δεῦρο τοῦ λόγου, καλῶς ἂν e ἔχοι καὶ πρὸς ὁντινοῦν λέγειν· τὸ δ' ἐντεῦθεν οὐκ ἄν μου ἠκούσατε λέγοντος, εἰ μή, πρῶτον μέν, τὸ λεγόμενον, οἶνος (ἄνευ τε παίδων καὶ μετὰ παίδων) ἦν ἀληθής, ἔπειτα ἀφανίσαι Σωκράτους ἔργον ὑπερήφανον, εἰς ἔπαινον ἐλθόντα, ἄδικόν μοι φαίνεται. Ἔτι δὲ τὸ τοῦ δηχθέντος ὑπὸ τοῦ ἔχεως πάθος κἀμ' ἔχει· φασὶ γάρ πού τινα τοῦτο παθόντα οὐκ ἐθέλειν λέγειν οἷον ἦν, πλὴν τοῖς

hören, was er wüßte. Denn ich bildete mir Wunder wieviel ein auf meine Schönheit. In diesen Gedanken nun, da ich vorher nicht pflegte ohne Diener mit ihm allein zu sein, schickte ich einst den Diener weg und blieb ganz allein mit ihm. Denn ich b muß euch nur die ganze Wahrheit sagen, also gebt Achtung, und wenn ich lüge Sokrates so widersprich mir. Allein also ihr Männer waren wir zwei mit einander, und ich meinte er sollte mir nun gleich solche Dinge sagen wie ein Liebhaber seinem Liebling in der Einsamkeit sagen würde, und freute mich. Hieraus aber wurde gar nichts, sondern wie er sonst mit mir zu sprechen pflegte, brachte er den ganzen Tag mit mir hin und ging fort. Nach diesem forderte ich ihn auf, Leibesübungen mit c mir anzustellen, und übte mich mit ihm um dadurch etwas zu erreichen. Er trieb also mit mir Leibesübungen und rang öfters mit mir ohne jemandes Beisein. Und was soll ich sagen? ich hatte nichts weiter davon. Da ich nun so auf keine Weise etwas gewann, nahm ich mir vor dem Manne mit Gewalt zuzusetzen, und nicht abzulassen, da ich es einmal unternommen, sondern endlich zu erfahren woran ich wäre. Also lade ich ihn zur Mahlzeit, ordentlich wie ein Liebhaber seinem Liebling nachstellt. Auch das gewährte er mir nicht einmal gleich, doch mit der d Zeit ließ er sich überreden. Als er nun zum ersten Mal da war, wollte er nach der Mahlzeit fortgehn, und damals schämte ich mich noch und ließ ihn. Ein andermal aber stellte ich es listiger an, und sprach mit ihm nachdem er abgespeiset bis tief in die Nacht hinein, und als er nun gehen wollte, nahm ich den Vorwand, daß es schon spät sei, und nötigte ihn zu bleiben. Also legte er sich nieder auf dem Polster neben dem meinigen, wo er auch bei der Mahlzeit gesessen hatte, und niemand sonst schlief in dem Gemach als wir. Bis hieher nun könnte man die Sache e noch unbedenklich jedermann erzählen; das folgende aber würdet ihr wohl nicht von mir hören, wenn nicht zuerst nach dem Sprichwort der Wein mit oder ohne Kinder die Wahrheit redete, und dann auch eine herrliche Tat des Sokrates zu verbergen, wenn man es übernommen hat, ihn zu loben, mir unrecht schien. Auch geht es wie denen von der Natter gebissenen gerade auch mir. Denn man sagt ja, wem dies begegnet sei, der wolle niemanden sagen wie ihm gewesen als den ebenfalls

δεδηγμένοις, ὡς μόνοις γνωσομένοις τε καὶ συγγνωσομένοις εἰ πᾶν ἐτόλμα δρᾶν τε καὶ λέγειν ὑπὸ τῆς ὀδύνης. 218
Ἐγὼ οὖν, δεδηγμένος τε ὑπὸ ἀλγεινοτέρου καὶ τὸ ἀλγεινότατον ὧν ἄν τις δηχθείη... τὴν καρδίαν γὰρ ἢ ψυχὴν ἢ ὅ τι δεῖ αὐτὸ ὀνομάσαι, πληγείς τε καὶ δηχθεὶς ὑπὸ τῶν ἐν φιλοσοφίᾳ λόγων, οἳ ἔχονται ἐχίδνης ἀγριώτερον νέου ψυχῆς μὴ ἀφυοῦς ὅταν λάβωνται, καὶ ποιοῦσι δρᾶν τε καὶ λέγειν ὁτιοῦν... καὶ ὁρῶν αὖ Φαίδρους, Ἀγάθωνας, Ἐρυξιμάχους, Παυσανίας, Ἀριστοδήμους τε καὶ Ἀριστο- b
φάνας (Σωκράτη δὲ αὐτὸν τί δεῖ λέγειν;), καὶ ὅσοι ἄλλοι, πάντες γὰρ κεκοινωνήκατε τῆς φιλοσόφου μανίας τε καὶ βακχείας... διὸ πάντες ἀκούσεσθε. Συγγνώσεσθε γὰρ τοῖς τε τότε πραχθεῖσι καὶ τοῖς νῦν λεγομένοις. Οἱ δὲ οἰκέται, καὶ εἴ τις ἄλλος ἐστιν, βέβηλός τε καὶ ἄγροικος, πύλας πάνυ μεγάλας τοῖς ὠσὶν ἐπίθεσθε.

« Ἐπειδὴ γὰρ οὖν, ὦ ἄνδρες, ὅ τε λύχνος ἀπεσβήκει καὶ οἱ παῖδες ἔξω ἦσαν, ἔδοξέ μοι χρῆναι μηδὲν ποικίλλειν c
πρὸς αὐτόν, ἀλλ' ἐλευθέρως εἰπεῖν ἅ μοι ἐδόκει. Καὶ εἶπον, κινήσας αὐτόν· « Σώκρατες, καθεύδεις; — Οὐ δῆτα, ἦ δ' ὅς. — Οἶσθα οὖν ἅ μοι δέδοκται; — Τί μάλιστα; ἔφη. — Σὺ ἐμοὶ δοκεῖς, ἦν δ' ἐγώ, ἐμοῦ ἐραστὴς ἄξιος γεγονέναι μόνος, καί μοι φαίνει ὀκνεῖν μνησθῆναι πρός με. Ἐγὼ δὲ οὑτωσὶ ἔχω· πάνυ ἀνόητον ἡγοῦμαι εἶναι σοὶ μὴ οὐ καὶ τοῦτο χαρίζεσθαι, καὶ εἴ τι ἄλλο ἢ τῆς οὐσίας τῆς ἐμῆς δέοιο ἢ τῶν φίλων τῶν ἐμῶν. Ἐμοὶ μὲν γὰρ οὐδέν d
ἐστι πρεσβύτερον τοῦ ὡς ὅ τι βέλτιστον ἐμὲ γενέσθαι· τούτου δὲ οἶμαί μοι συλλήπτορα οὐδένα κυριώτερον εἶναι σοῦ· ἐγὼ δὴ τοιούτῳ ἀνδρὶ πολὺ μᾶλλον ἄν, μὴ χαριζόμενος, αἰσχυνοίμην τοὺς φρονίμους ἤ, χαριζόμενος, τούς τε πολλούς καὶ ἄφρονας. » Καὶ οὗτος, ἀκούσας, μάλα εἰρωνικῶς καὶ σφόδρα ἑαυτοῦ τε καὶ εἰωθότως ἔλεξεν· « Ὦ φίλε Ἀλκιβιάδη, κινδυνεύεις τῷ ὄντι οὐ φαῦλος εἶναι, εἴπερ ἀληθῆ τυγχάνει ὄντα ἃ λέγεις περὶ ἐμοῦ καί τις e

gebissenen, weil diese allein verstehen und verzeihen könnten, 218a
was einer auch alles getan und geredet hat vor Schmerz. Also
auch ich der ich noch empfindlicher gebissen bin, und am emp-
findlichsten Ort wo nur einer kann gebissen werden, denn am
Herzen oder an der Seele oder wie man es nennen soll bin ich
verwundet von den Reden der Weisheit, die sich an eine junge
nicht unedle Seele, wenn sie sie einmal ergriffen, heftiger als
eine Natter ansaugen und sie in Wort und Tat zu allem bringen
können, und da ich hier nur einen Phaidros und Agathon vor
mir habe, einen Eryximachos und Pausanias, Aristodemos und b
Aristophanes, und was soll ich den Sokrates selbst erst nennen
und die andern alle, denn ihr seid alle behaftet mit dieser Wut
und Schwärmerei der Philosophie: so sollt ihr es auch alle hö-
ren; denn ihr werdet Nachsicht haben mit dem was ich damals
tat und jetzt erzähle. Die Diener aber und wer sonst ungeweiht
und ungewandt ist, mögen sich den größten Riegel vor die
Ohren schieben. Als nämlich, ihr Männer, das Licht nun ausge-
löscht war und die Diener hinausgegangen, dachte ich, nun c
dürfte ich nicht länger Umschweife mit ihm machen, sondern
gerade heraussagen wie ich es meinte. Ich stieß ihn also an und
sagte Sokrates schläfst du? – Nicht recht, sagte er. – Weißt du
wohl was ich gesonnen bin? – Was doch? sprach er. – Du
dünkst mich, sagte ich, der einzige unter meinen Liebhabern zu
sein, der es wert ist, und mir scheint als trügst du Bedenken mit
mir davon zu reden. Ich aber, wie ich gesinnt bin, würde es für
ganz unvernünftig halten, wenn ich dir nicht auch hierin ge-
fällig sein wollte, und in allem was du irgend sonst von dem
meinigen oder von meinen Freunden brauchst. Denn mir ist ja d
nichts wichtiger, als daß ich so trefflich werde als nur möglich,
und hiezu, glaube ich, kann niemand mir mehr beförderlich
sein als du. Also würde ich einem solchen Manne dies nicht zu
gewähren mich weit mehr vor den Vernünftigen schämen, als
es zu gewähren vor dem großen Haufen der Unvernünftigen. –
Als er dies gehört, sagte er ganz spöttisch und recht wie er
pflegt, O guter Alkibiades du scheinst wahrlich gar nicht
dummm zu sein, wenn das wahr ist was du von mir sagst, und es e

ἔστ' ἐν ἐμοὶ δύναμις, δι' ἧς ἂν σὺ γένοιο ἀμείνων. Ἀμήχανόν τοι κάλλος ὁρῴης ἂν ἐν ἐμοὶ καὶ τῆς παρὰ σοὶ εὐμορφίας πάμπολυ διαφέρον· εἰ δή, καθορῶν αὐτό, κοινώσασθαί τέ μοι ἐπιχειρεῖς καὶ ἀλλάξασθαι κάλλος ἀντὶ κάλλους, οὐκ ὀλίγῳ μου πλεονεκτεῖν διανοεῖ· ἀλλ' ἀντὶ δόξης ἀλήθειαν καλῶν κτᾶσθαι ἐπιχειρεῖς, καὶ τῷ ὄντι χρύσεα χαλκείων διαμείβεσθαι νοεῖς. Ἀλλ', ὦ μακάριε, 219
ἄμεινον σκόπει μή σε λανθάνω, οὐδὲν ὤν. Ἥ τοι τῆς διανοίας ὄψις ἄρχεται ὀξὺ βλέπειν, ὅταν ἡ τῶν ὀμμάτων τῆς ἀκμῆς λήγειν ἐπιχειρῇ· σὺ δὲ τούτων ἔτι πόρρω. » Κἀγὼ ἀκούσας· « Τὰ μὲν παρ' ἐμοῦ, ἔφην, ταῦτά ἐστιν, ὧν οὐδὲν ἄλλως εἴρηται ἢ ὡς διανοοῦμαι. Σὺ δὲ αὐτὸς οὕτω βουλεύου ὅ τι σοί τε ἄριστον καὶ ἐμοὶ ἡγεῖ. — Ἀλλ', ἔφη, τοῦτό γ' εὖ λέγεις· ἐν γὰρ τῷ ἐπιόντι χρόνῳ βουλευόμενοι πράξομεν ὃ ἂν φαίνηται νῷν περί τε τούτων καὶ b
περὶ τῶν ἄλλων ἄριστον. » Ἐγὼ μὲν δή, ταῦτα ἀκούσας τε καὶ εἰπὼν καὶ ἀφεὶς ὥσπερ βέλη, τετρῶσθαι αὐτὸν ᾤμην. Καὶ ἀναστάς γε, οὐδ' ἐπιτρέψας τούτῳ εἰπεῖν οὐδὲν ἔτι, ἀμφιέσας τὸ ἱμάτιον τὸ ἐμαυτοῦ τοῦτον (καὶ γὰρ ἦν χειμών), ὑπὸ τὸν τρίβωνα κατακλινεὶς τὸν τουτουί, περιβαλὼν τὼ χεῖρε τούτῳ τῷ δαιμονίῳ ὡς ἀληθῶς καὶ θαυ- c
μαστῷ, κατεκείμην τὴν νύκτα ὅλην. Καὶ οὐδὲ ταῦτα αὖ, ὦ Σώκρατες, ἐρεῖς ὅτι ψεύδομαι. Ποιήσαντος δὲ δὴ ταῦτα ἐμοῦ, οὗτος τοσοῦτον περιεγένετό τε καὶ κατεφρόνησεν καὶ κατεγέλασεν τῆς ἐμῆς ὥρας καὶ ὕβρισεν· καὶ περὶ ἐκεῖνό γε ᾤμην τὶ εἶναι, ὦ ἄνδρες δικασταί (δικασταὶ γάρ ἐστε τῆς Σωκράτους ὑπερηφανίας)· εὖ γὰρ ἴστε, μὰ θεούς, μὰ θεάς, οὐδὲν περιττότερον καταδεδαρθηκὼς ἀνέστην μετὰ Σωκράτους, ἢ εἰ μετὰ πατρὸς καθηῦδον ἢ ἀδελφοῦ d
πρεσβυτέρου.

« Τὸ δὴ μετὰ τοῦτο τίνα οἴεσθέ με διάνοιαν ἔχειν; ἡγούμενον μὲν ἠτιμάσθαι, ἀγάμενον δὲ τὴν τούτου φύσιν τε καὶ σωφροσύνην καὶ ἀνδρείαν; ἐντετυχηκότα ἀνθρώπῳ τοιούτῳ

eine Eigenschaft in mir gibt durch welche du besser werden könntest, und dann eine gar wunderbare Schönheit an mir erblicktest die deine Wohlgestalt um gar vieles übertrifft. Wenn du also diese sehend in Gemeinschaft mit mir treten und Schönheit gegen Schönheit austauschen willst: so gedenkst du ja mich nicht wenig zu übervorteilen und suchst für den bloßen Schein derselben das wahre Wesen der Schönheit zu gewinnen, und denkst in Wahrheit Gold für Kupfer einzutauschen. Aber 219a
du Guter, überlege es nur besser, ob du dich nicht irrst und eigentlich nichts an mir ist. Das Auge des Geistes fängt erst an scharf zu sehen, wenn das leibliche von seiner Schärfe schon verlieren will, und davon bist du noch weit entfernt. – Darauf sagte ich Von meiner Seite steht es so und ich habe nichts anders gesagt als ich es meine. Du aber überlege es nun selbst, wie du es für dich und mich am besten findest. – Ja, sagte er, das war wohl gesprochen, und wir wollen von nun an immer nach reiflicher Überlegung dasjenige tun, was hierin und in allem b
andern uns beiden das beste scheint. – Nach dieser Rede und Antwort nun, und nachdem ich meine Pfeile so zu sagen abgeschossen, glaubte ich ihn doch getroffen zu haben, und ich stand auf, ohne daß ich ihn weiter zum Worte kommen ließ, warf dieses mein Kleid über, denn es war Winter, und legte mich unter seinen Mantel, indem ich mit beiden Armen diesen c
göttlichen und in Wahrheit ganz wunderbaren Mann umfaßte, und so lag ich die ganze Nacht. Und auch das, Sokrates, wirst du nicht sagen können, daß ich lüge. Und ohnerachtet ich dies alles getan, siegte er so sehr und verachtete und verlachte meine Schönheit und trieb Übermut, wiewohl ich doch glaubte es wäre etwas damit, ihr Richter – denn Richter seid ihr über des Sokrates Hochmut – wißt es nur, bei Göttern und Göttinnen, daß nachdem ich so mit dem Sokrates geschlafen hatte, ich aufstand, ohne etwas weiteres, als wenn ich bei einem Vater d
oder älteren Bruder gelegen hätte. Hierauf also wie meint ihr daß mir zu Mute gewesen, der ich mich gekränkt glaubte, und doch auch an des Mannes Natur und Besonnenheit und Tapferkeit mich erfreute, da ich einen solchen angetroffen, wie ich

οἵῳ ἐγὼ οὐκ ἂν ᾤμην ποτ' ἐντυχεῖν εἰς φρόνησιν καὶ εἰς καρτερίαν; Ὥστε, οὔθ' ὅπως οὖν ὀργιζοίμην εἶχον καὶ ἀποστερηθείην τῆς τούτου συνουσίας, οὔτε ὅπῃ προσαγαγοίμην αὐτὸν εὐπόρουν. Εὖ γὰρ ᾔδη ὅτι χρήμασί γε πολὺ e
μᾶλλον ἄτρωτος ἦν πανταχῇ ἢ σιδήρῳ ὁ Αἴας, ᾧ τε ᾤμην αὐτὸν μόνῳ ἁλώσεσθαι διεπεφεύγει με. Ἠπόρουν δή, καταδεδουλωμένος τε ὑπὸ τοῦ ἀνθρώπου ὡς οὐδεὶς ὑπ' οὐδενὸς ἄλλου, περιῇα.

« Ταῦτά τε γάρ μοι ἅπαντα προυγεγόνει καί, μετὰ ταῦτα, στρατεία ἡμῖν εἰς Ποτείδαιαν ἐγένετο κοινὴ καὶ συνεσιτοῦμεν ἐκεῖ. Πρῶτον μὲν οὖν τοῖς πόνοις οὐ μόνον ἐμοῦ περιῆν, ἀλλὰ καὶ τῶν ἄλλων ἁπάντων. Ὁπότ' ἀναγκασθείημεν, ἀποληφθέντες που, οἷα δὴ ἐπὶ στρατείας, ἀσιτεῖν, οὐδὲν ἦσαν οἱ ἄλλοι πρὸς τὸ καρτερεῖν. Ἔν τ' αὖ 220
ταῖς εὐωχίαις μόνος ἀπολαύειν οἷός τ' ἦν τά τ' ἄλλα καὶ πίνειν, οὐκ ἐθέλων ὁπότε ἀναγκασθείη, πάντας ἐκράτει καί, ὃ πάντων θαυμαστότατον, Σωκράτη μεθύοντα οὐδεὶς πώποτε ἑώρακεν ἀνθρώπων· τούτου μὲν οὖν μοι δοκεῖ καὶ αὐτίκα ὁ ἔλεγχος ἔσεσθαι. Πρὸς δὲ αὖ τὰς τοῦ χειμῶνος καρτερήσεις (δεινοὶ γὰρ αὐτόθι χειμῶνες), θαυμάσια εἰργάζετο, τά τε ἄλλα καί ποτε ὄντος πάγου οἵου δεινο- b
τάτου, καὶ πάντων, ἢ οὐκ ἐξιόντων ἔνδοθεν ἤ, εἴ τις ἐξίοι, ἠμφιεσμένων τε θαυμαστὰ δὴ ὅσα καὶ ὑποδεδεμένων καὶ ἐνειλιγμένων τοὺς πόδας εἰς πίλους καὶ ἀρνακίδας, οὗτος δ' ἐν τούτοις ἐξῄει ἔχων ἱμάτιον μὲν τοιοῦτον οἷόνπερ καὶ πρότερον εἰώθει φορεῖν, ἀνυπόδητος δὲ διὰ τοῦ κρυστάλλου ῥᾷον ἐπορεύετο ἢ οἱ ἄλλοι ὑποδεδεμένοι· οἱ δὲ στρατιῶται ὑπέβλεπον αὐτόν, ὡς καταφρονοῦντα σφῶν.

« Καὶ ταῦτα μὲν δὴ ταῦτα· c

οἷον δ' αὖ τόδ' ἔρεξε καὶ ἔτλη καρτερὸς ἀνὴρ

ἐκεῖ ποτε ἐπὶ στρατιᾶς, ἄξιον ἀκοῦσαι. Ξυννοήσας γὰρ

nie zu finden geglaubt an Weisheit und Beharrlichkeit, so daß ich weder wußte wie ich ihm zürnen sollte und mich seinem Umgang entziehen, noch auch wie ich ihn gewinnen könnte Rat wußte. Denn das wußte ich wohl, daß er durch Gold noch e
viel weniger irgendwo verwundbar wäre als Aias durch Eisen, womit ich aber geglaubt hatte daß er allein könne gefangen werden, dadurch war er mir doch auch entwischt. Ratlos also blieb ich, und in der Gewalt des Menschen, wie nie Einer in eines Andern seiner gewesen ist.

4.2.3. Sokrates' unabhängiges Auftreten im Krieg

Dies nun war alles früher geschehen, hernach aber machten wir den Feldzug nach Potidaia zusammen, und waren dort Tischgenossen. Da nun übertraf er zuerst in Ertragung aller Beschwerden nicht nur mich, sondern alle insgesamt. Denn wenn wir etwa irgendwo abgeschnitten waren und wie es im Felde wohl geht hungern mußten: so war das nichts gegen ihn wie es 220a
die Andern aushielten. Und auch wenn hoch gelebt wurde verstand er allein zu genießen auch übrigens zumal aber im Trinken, wiewohl er es immer nicht wollte, wenn er einmal gezwungen wurde, übertraf er alle, und, was das wunderbarste ist, niemals hat irgend jemand den Sokrates trunken gesehen. Hievon nun dünkt mich wird sich auch jetzt gleich der Beweis finden. Im Ertragen der Witterung aber, die Winter sind aber dort furchtbar, trieb er es bewundernswürdig weit, auch sonst immer besonders aber einmal, als der Frost so heftig war als b
man sich nur denken kann, und die Andern entweder gar nicht hinausgingen, oder wer es etwa tat wunderwieviel Anzug und Schuhe unterband und die Füße einhüllte in Filz und Pelz, da ging dieser hinaus in eben solcher Kleidung wie er sie immer zu tragen pflegt, und ging unbeschuht weit leichter über das Eis hin als die anderen in Schuhen. Die Kriegsmänner sahen ihn auch scheel an als verachtete er sie. Das wäre nun dieses. c
Doch wie er jenes vollbracht und bestand, der gewaltige Krieger, auch damals noch beim Heere, das lohnt wohl der Mühe zu

αὐτόθι ἕωθέν τι εἱστήκει, σκοπῶν· καί, ἐπειδὴ οὐ προυχώρει αὐτῷ, οὐκ ἀνίει, ἀλλὰ εἱστήκει ζητῶν. Καὶ ἤδη ἦν μεσημβρία, καὶ ἄνθρωποι ᾐσθάνοντο καί, θαυμάζοντες, ἄλλος ἄλλῳ ἔλεγεν ὅτι Σωκράτης, ἐξ ἑωθινοῦ φροντίζων τι, ἕστηκεν. **Τελευτῶντες δέ τινες τῶν Ἰώνων, ἐπειδὴ ἑσπέρα** ἦν, δειπνήσαντες (καὶ γὰρ θέρος τότε γε ἦν) χαμεύνια d
ἐξενεγκάμενοι, ἅμα μὲν ἐν τῷ ψύχει καθηῦδον, ἅμα δ' ἐφύλαττον αὐτὸν εἰ καὶ τὴν νύκτα ἑστήξοι. Ὁ δὲ εἱστήκει μέχρι ἕως ἐγένετο καὶ ἥλιος ἀνέσχεν. Ἔπειτα ᾤχετ' ἀπιών, προσευξάμενος τῷ ἡλίῳ.

« Εἰ δὲ βούλεσθε, ἐν ταῖς μάχαις· τοῦτο γὰρ δὴ δίκαιόν γε αὐτῷ ἀποδοῦναι. Ὅτε γὰρ ἡ μάχη ἦν ἐξ ἧς ἐμοὶ καὶ τἀριστεῖα ἔδοσαν οἱ στρατηγοί, οὐδεὶς ἄλλος ἐμὲ ἔσωσεν ἀνθρώπων ἢ οὗτος, τετρωμένον οὐκ ἐθέλων ἀπολιπεῖν· e
ἀλλὰ συνδιέσωσε καὶ τὰ ὅπλα καὶ αὐτὸν ἐμέ. Καὶ ἐγὼ μέν, ὦ Σώκρατες, καὶ τότε ἐκέλευον σοὶ διδόναι τἀριστεῖα τοὺς στρατηγούς· καὶ τοῦτό γέ μοι οὔτε μέμψει οὔτε ἐρεῖς ὅτι ψεύδομαι. Ἀλλὰ γάρ, τῶν στρατηγῶν πρὸς τὸ ἐμὸν ἀξίωμα ἀποβλεπόντων καὶ βουλομένων ἐμοὶ διδόναι τἀριστεῖα, αὐτὸς προθυμότερος ἐγένου τῶν στρατηγῶν ἐμὲ λαβεῖν ἢ σαυτόν. Ἔτι τοίνυν, ὦ ἄνδρες, ἄξιον ἦν θεάσασθαι Σωκράτη, ὅτε ἀπὸ Δηλίου φυγῇ ἀνεχώρει τὸ στρατόπεδον. 221
Ἔτυχον γὰρ παραγενόμενος, ἵππον ἔχων, οὗτος δὲ ὅπλα. Ἀνεχώρει οὖν, ἐσκεδασμένων ἤδη τῶν ἀνθρώπων, οὗτός τε ἅμα καὶ Λάχης· καὶ ἐγὼ περιτυγχάνω, καὶ ἰδὼν εὐθὺς παρακελεύομαί τε αὐτοῖν θαρρεῖν καὶ ἔλεγον ὅτι οὐκ ἀπολείψω αὐτώ. Ἐνταῦθα δὴ καὶ κάλλιον ἐθεασάμην Σωκράτη ἢ ἐν Ποτειδαίᾳ· αὐτὸς γὰρ ἧττον ἐν φόβῳ ἦ διὰ τὸ ἐφ' ἵππου εἶναι. Πρῶτον μέν, ὅσον περιῆν Λάχητος τῷ ἔμφρων b
εἶναι. Ἔπειτα ἔμοιγ' ἐδόκει, ὦ Ἀριστόφανες, τὸ σὸν δὴ τοῦτο, καὶ ἐκεῖ διαπορεύεσθαι ὥσπερ καὶ ἐνθάδε, βρενθυόμενος καὶ τὠφθαλμὼ παραβάλλων, ἠρέμα παρασκοπῶν καὶ τοὺς φιλίους καὶ τοὺς πολεμίους, δῆλος ὢν

hören. Es war ihm etwas eingefallen und er stand nachsinnend darüber von des Morgens an auf Einer Stelle, und da es ihm nicht von statten ging, ließ er nicht nach, sondern blieb immer forschend stehen. Nun wurde es Mittag, und die Leute merkten es und erzählten verwundert einer dem andern, daß Sokrates vom Morgen an über etwas nachsinnend dastände. Endlich als es Abend war und man gespeiset hatte, trugen einige Ionier d
denn damals war es Sommer, ihre Schlafdecken hinaus, teils um im Kühlen zu schlafen, teils um auf ihn Acht zu geben, ob er auch die Nacht über da stehen bleiben würde. Und er blieb stehen bis es Morgen ward und die Sonne aufging; dann verrichtete er noch sein Gebet an die Sonne, und ging fort. Wollt ihr ihn auch in der Schlacht sehen; denn es ist billig ihm das auch nachzurühmen. Als nämlich das Gefecht vorfiel, bei welchem mir die Heerführer den Preis zuerkannten, hat mich kein anderer Mensch gerettet als dieser, der mich Verwundeten e
nicht verlassen wollte, und so meine Waffen und mich selbst glücklich mit durchbrachte. Auch drang ich damals darauf, Sokrates, daß die Heerführer dir den Preis erteilen sollten, was du auch weder tadeln wirst, noch sagen daß ich es lüge; allein wie die Heerführer auf meine Vornehmheit Rücksicht nahmen und mir ihn geben wollten, so warst du noch eifiger darauf als die Heerführer, daß ich ihn erhalten sollte und nicht du selbst. Besonders noch, ihr Männer, war es sehr viel wert den Sokrates zu sehen als sich das Heer von Delion fliehend zurückzog. 221a
Denn ich war zu Pferde dabei, er aber in schwerer Rüstung zu Fuß. Er zog sich also zurück erst als das Volk schon ganz zerstreut war, er und Laches. Ich komme dazu und erkenne sie, und rede ihnen sogleich zu gutes Mutes zu sein und sagte daß ich sie nicht verlassen würde. Da konnte ich nun den Sokrates noch schöner beobachten als bei Potidaia, denn ich selbst war weniger in Furcht weil ich zu Pferde war, zuerst wie weit er den b
Laches an Fassung übertraf, und dann schien er mir nach deinem Ausdruck Aristophanes auch dort einherzugehn stolzierend und stier seitwärts hin werfend die Augen, ruhig umschauend nach Freunden und Feinden; und jeder mußte es se-

παντὶ καὶ πάνυ πόρρωθεν, ὅτι, εἴ τις ἅψεται τούτου τοῦ ἀνδρός, μάλα ἐρρωμένως ἀμυνεῖται. Διὸ καὶ ἀσφαλῶς ἀπῄει, καὶ οὗτος καὶ ὁ ἕτερος· σχεδὸν γάρ τι τῶν οὕτω διακειμένων ἐν τῷ πολέμῳ οὐδὲ ἅπτονται, ἀλλὰ τοὺς προτροπάδην φεύγοντας διώκουσιν. c

« Πολλὰ μὲν οὖν ἄν τις καὶ ἄλλα ἔχοι Σωκράτη ἐπαινέσαι καὶ θαυμάσια. Ἀλλὰ τῶν μὲν ἄλλων ἐπιτηδευμάτων τάχ' ἄν τις καὶ περὶ ἄλλου τοιαῦτα εἴποι· τὸ δὲ μηδενὶ ἀνθρώπων ὅμοιον εἶναι, μήτε τῶν παλαιῶν μήτε τῶν νῦν ὄντων, τοῦτο ἄξιον παντὸς θαύματος. Οἷος γὰρ Ἀχιλλεὺς ἐγένετο, ἀπεικάσειεν ἄν τις καὶ Βρασίδαν καὶ ἄλλους, καὶ οἷος αὖ Περικλῆς καὶ Νέστορα καὶ Ἀντήνορα, εἰσὶ δὲ καὶ ἕτεροι· καὶ τοὺς ἄλλους κατὰ ταῦτ' ἄν τις ἀπεικάζοι. Οἷος d
δὲ οὑτοσὶ γέγονε τὴν ἀτοπίαν ἄνθρωπος, καὶ αὐτὸς καὶ οἱ λόγοι αὐτοῦ, οὐδ' ἐγγὺς ἂν εὕροι τις ζητῶν, οὔτε τῶν νῦν οὔτε τῶν παλαιῶν, εἰ μὴ ἄρα εἰ οἷς ἐγὼ λέγω ἀπεικάζοι τις αὐτόν, ἀνθρώπων μὲν μηδενί, τοῖς δὲ σιληνοῖς καὶ σατύροις, αὐτὸν καὶ τοὺς λόγους. Καὶ γὰρ οὖν καὶ τοῦτο ἐν τοῖς πρώτοις παρέλιπον, ὅτι καὶ οἱ λόγοι αὐτοῦ ὁμοιότατοί εἰσι τοῖς σιληνοῖς τοῖς διοιγομένοις. Εἰ γὰρ ἐθέλοι τις τῶν e
Σωκράτους ἀκούειν λόγων, φανεῖεν ἂν πάνυ γελοῖοι τὸ πρῶτον· τοιαῦτα καὶ ὀνόματα καὶ ῥήματα ἔξωθεν περιαμπέχονται, σατύρου δή τινα ὑβριστοῦ δοράν· ὄνους γὰρ κανθηλίους λέγει καὶ χαλκέας τινὰς καὶ σκυτοτόμους καὶ βυρσοδέψας, καὶ ἀεὶ διὰ τῶν αὐτῶν τὰ αὐτὰ φαίνεται λέγειν· ὥστε ἄπειρος καὶ ἀνόητος ἄνθρωπος πᾶς ἂν τῶν λόγων καταγελάσειεν. Διοιγομένους δὲ ἰδὼν ἄν τις καὶ 222
ἐντὸς αὐτῶν γιγνόμενος, πρῶτον μὲν νοῦν ἔχοντας ἔνδον μόνους εὑρήσει τῶν λόγων, ἔπειτα θειοτάτους καὶ πλεῖστα ἀγάλματα ἀρετῆς ἐν αὐτοῖς ἔχοντας, καὶ ἐπὶ πλεῖστον τείνοντας, μᾶλλον δὲ ἐπὶ πᾶν ὅσον προσήκει σκοπεῖν τῷ μέλλοντι καλῷ κἀγαθῷ ἔσεσθαι.

hen schon ganz von ferne, daß wenn einer diesen Mann berührte, er sich aufs kräftigste verteidigen würde. Darum kamen sie auch unverletzt davon er und der andere. Denn fast werden die welche sich so zeigen im Kriege gar nicht angetastet, sondern man verfolgt nur die welche in voller Hast fliehen. c

4.2.4. Die silenenhafte Art der sokratischen Reden

Und viel anderes und bewunderungswürdiges könnte man gewiß noch vom Sokrates rühmen. Allein in andern Bestrebungen kann man wohl leicht auch von anderen dasselbe sagen; wie aber er durchaus keinem Menschen ähnlich ist weder von Alten noch von jetzigen, das ist ganz bewunderungswert. Denn wie Achilleus war, so könnte man wohl auch den Brasidas und Andere darstellen, und wie Perikles so den Nestor und Antenor, und so gibt es noch Andere, und auf ähnliche Art d
könnte man Vergleichungen für Andere finden; wie aber dieser Mensch in seiner Wunderlichkeit ist, er selbst und seine Reden, so würde einer auch von fern nichts ähnliches finden, weder bei den jetzigen noch bei den alten, wenn ihn nicht jemand, wie ich eben tue, mit keinem Menschen vergleichen will, sondern mit den Silenen und Satyrn ihn und seine Reden. Und dies habe ich gleich zuerst noch übergangen, daß auch seine Reden jenen aufzuschließenden Silenen äußerst ähnlich sind. Denn wenn e
einer des Sokrates Reden anhören will, so werden sie ihm anfangs ganz lächerlich vorkommen, in solche Worte und Redensarten sind sie äußerlich eingehüllt, wie in das Fell eines frechen Satyrs. Denn von Lasteseln spricht er, von Schmieden und Schustern und Gerbern, und scheint immer auf dieselbige Art nur dasselbige zu sagen, daß jeder unerfahrene und unverständige Mensch über seine Reden spotten muß. Wenn sie 222a
aber einer geöffnet sieht und inwendig hineintritt: so wird er zuerst finden, daß diese Reden allein inwendig Vernunft haben, und dann daß sie ganz göttlich sind und die schönsten Götterbilder von Tugend in sich enthalten, und auf das meiste von dem oder vielmehr auf alles abzwecken, was dem der gut und edel werden will zu untersuchen gebührt.

« Ταῦτ' ἐστίν, ὦ ἄνδρες, ἃ ἐγὼ Σωκράτη ἐπαινῶ. Καὶ αὖ ἃ μέμφομαι συμμίξας ὑμῖν εἶπον ἅ με ὕβρισεν· καὶ μέντοι οὐκ ἐμὲ μόνον ταῦτα πεποίηκεν, ἀλλὰ καὶ Χαρμίδην b τὸν Γλαύκωνος, καὶ Εὐθύδημον τὸν Διοκλέους, καὶ ἄλλους πάνυ πολλούς, οὓς οὗτος ἐξαπατῶν ὡς ἐραστής, παιδικὰ μᾶλλον αὐτὸς καθίσταται ἀντ' ἐραστοῦ. Ἃ δὴ καὶ σοὶ λέγω, ὦ Ἀγάθων, μὴ ἐξαπατᾶσθαι ὑπὸ τούτου, ἀλλ' ἀπὸ τῶν ἡμετέρων παθημάτων γνόντα εὐλαβηθῆναι, καὶ μὴ κατὰ τὴν παροιμίαν ὥσπερ νήπιον παθόντα γνῶναι. »

Εἰπόντος δὴ ταῦτα τοῦ Ἀλκιβιάδου, γέλωτα γενέσθαι c ἐπὶ τῇ παρρησίᾳ αὐτοῦ, ὅτι ἐδόκει ἔτι ἐρωτικῶς ἔχειν τοῦ Σωκράτους. Τὸν οὖν Σωκράτη· « Νήφειν μοι δοκεῖς, φάναι, ὦ Ἀλκιβιάδη. Οὐ γὰρ ἄν ποτε οὕτω κομψῶς κύκλῳ περιβαλλόμενος ἀφανίσαι ἐνεχείρεις οὗ ἕνεκα ταῦτα πάντα εἴρηκας, καί, ὡς ἐν παρέργῳ δὴ λέγων, ἐπὶ τελευτῆς αὐτὸ ἔθηκας· ὡς οὐ πάντα τούτου ἕνεκα εἰρηκώς, τοῦ ἐμὲ καὶ Ἀγάθωνα διαβάλλειν, οἰόμενος δεῖν ἐμὲ μὲν σοῦ ἐρᾶν καὶ d μηδενὸς ἄλλου, Ἀγάθωνα δὲ ὑπὸ σοῦ ἐρᾶσθαι καὶ μηδ' ὑφ' ἑνὸς ἄλλου. Ἀλλ' οὐκ ἔλαθες, ἀλλὰ τὸ σατυρικόν σου δρᾶμα τοῦτο καὶ σιληνικὸν κατάδηλον ἐγένετο. Ἀλλ', ὦ φίλε Ἀγάθων, μηδὲν πλέον αὐτῷ γένηται, ἀλλὰ παρασκευάζου ὅπως ἐμὲ καὶ σὲ μηδεὶς διαβαλεῖ. » Τὸν οὖν Ἀγάθωνα εἰπεῖν· « Καὶ μήν, ὦ Σώκρατες, κινδυνεύεις ἀληθῆ λέγειν· τεκμαίρομαι δὲ καὶ ὡς κατεκλίνη ἐν μέσῳ ἐμοῦ τε καὶ σοῦ, e ἵνα χωρὶς ἡμᾶς διαλάβῃ. Οὐδὲν οὖν πλέον αὐτῷ ἔσται, ἀλλ' ἐγὼ παρὰ σὲ ἐλθὼν κατακλινήσομαι. — Πάνυ γε, φάναι τὸν Σωκράτη, δεῦρο ὑποκάτω ἐμοῦ κατακλίνου. — Ὦ Ζεῦ, εἰπεῖν τὸν Ἀλκιβιάδην, οἷα αὖ πάσχω ὑπὸ τοῦ ἀνθρώπου. Οἴεταί μου δεῖν πανταχῇ περιεῖναι· ἀλλ' εἰ μή τι ἄλλο, ὦ θαυμάσιε, ἐν μέσῳ ἡμῶν ἔα Ἀγάθωνα κατακεῖσθαι. — Ἀλλ' ἀδύνατον, φάναι τὸν Σωκράτη. Σὺ μὲν

4.2.5. Sokrates und die Liebe der jungen Leute

Dies ist es ihr Männer, was ich am Sokrates lobe, und wiederum auch was ich tadle, habe ich mit eingemischt und euch gesagt, wie er mich gekränkt hat. Und nicht nur mir hat er solches angetan, sondern auch dem Charmides dem Sohn des b
Glaukon und dem Euthydemos dem Sohn des Diokles, und gar vielen andern die er hintergeht als wäre er ihr Liebhaber und dann vielmehr sich zum Liebling aufwirft statt Liebhaber. Was ich auch dir vornehmlich sage Agathon, damit du dich nicht von ihm hintergehn lassest sondern durch unsern Schaden klug gemacht dich hütest, und nicht erst nach dem Sprichwort wie ein Kind durch Schaden klug werdest.

4.3. Die Wirkung der Rede

Nachdem Alkibiades also geredet, sei ein Gelächter entstan- c
den über seine Offenherzigkeit, weil er noch schien verliebt zu sein in den Sokrates. Sokrates aber habe gesagt: Nüchtern scheinst du mir noch ganz zu sein Alkibiades, sonst würdest du nicht so fein im Kreise herumdrehen können, und das weswegen du dies alles vorgebracht hast zu verbergen suchen, indem du es nur so wie beiläufig ans Ende hinstellst, als ob du nicht alles nur deshalb vorgebracht hättest um mich und den Agathon zu entzweien, weil du meinst ich dürfe nur dich lieben d
und keinen andern, und Agathon nur von dir geliebt werden und auch nicht von Einem Andern sonst. Allein du hast dich damit doch nicht versteckt, sondern dieses dein silenisches und satyrischen Schauspiel ist gar wohl verstanden worden. Also lieber Agathon, laß ihn nichts dabei gewinnen, sondern gib Acht, daß Niemand mich und dich entzweien könne. – Darauf habe Agathon gesagt, du magst wohl Recht haben Sokrates. Ich vermute aber auch, er hat sich nur deshalb zwischen dich e
und mich gelegt um uns von einander zu trennen. Er soll also auch davon nichts haben, sondern ich will zu dir kommen und mich dort niederlegen. – Freilich, habe Sokrates gesagt, komm nur und lege dich hier unterhalb von mir. – O Zeus, habe Alkibiades gesagt: Was widerfährt mir schon wieder von dem Menschen? er denkt daß er mir überall überlegen sein muß. Aber wenn es denn nicht anders geht, du Wundervoller, so laß

γὰρ ἐμὲ ἐπῄνεσας, δεῖ δὲ ἐμὲ αὖ τὸν ἐπὶ δεξί' ἐπαινεῖν·
ἐὰν οὖν ὑπὸ σοὶ κατακλινῇ Ἀγάθων, οὐ δήπου ἐμὲ πάλιν
ἐπαινέσεται, πρὶν ὑπ' ἐμοῦ μᾶλλον ἐπαινεθῆναι ; Ἀλλ'
ἔασον, ὦ δαιμόνιε, καὶ μὴ φθονήσῃς τῷ μειρακίῳ ὑπ' ἐμοῦ 223
ἐπαινεθῆναι· καὶ γὰρ πάνυ ἐπιθυμῶ αὐτὸν ἐγκωμιάσαι. —
Ἰοῦ ἰοῦ, φάναι τὸν Ἀγάθωνα· Ἀλκιβιάδη, οὐκ ἔσθ' ὅπως ἂν
ἐνθάδε μείναιμι, ἀλλὰ παντὸς μᾶλλον μεταναστήσομαι, ἵνα
ὑπὸ Σωκράτους ἐπαινεθῶ. — Ταῦτα ἐκεῖνα, φάναι τὸν
Ἀλκιβιάδην, τὰ εἰωθότα· Σωκράτους παρόντος, τῶν καλῶν
μεταλαβεῖν ἀδύνατον ἄλλῳ. Καὶ νῦν ὡς εὐπόρως καὶ
πιθανὸν λόγον εὗρεν, ὥστε παρ' ἑαυτῷ τουτονὶ κατα-
κεῖσθαι. »

Τὸν μὲν οὖν Ἀγάθωνα, ὡς κατακεισόμενον παρὰ τῷ b
Σωκράτει, ἀνίστασθαι. Ἐξαίφνης δὲ κωμαστὰς ἥκειν παμ-
πόλλους ἐπὶ τὰς θύρας, καί, ἐπιτυχόντας ἀνεῳγμέναις
ἐξιόντος τινός, εἰς τὸ ἄντικρυς πορεύεσθαι παρὰ σφᾶς
καὶ κατακλίνεσθαι. Καὶ θορύβου μεστὰ πάντα εἶναι καί,
οὐκέτι ἐν κόσμῳ οὐδενί, ἀναγκάζεσθαι πίνειν πάμπολυν
οἶνον.

Τὸν μὲν οὖν Ἐρυξίμαχον καὶ τὸν Φαῖδρον καὶ ἄλλους
τινὰς ἔφη ὁ Ἀριστόδημος οἴχεσθαι ἀπιόντας. Ἓ δὲ ὕπνον
λαβεῖν, καὶ καταδαρθεῖν πάνυ πολύ, ἅτε μακρῶν τῶν νυκτῶν c
οὐσῶν· ἐξεγρέσθαι δὲ πρὸς ἡμέραν, ἤδη ἀλεκτρυόνων
ᾀδόντων· ἐξεγρόμενος δὲ ἰδεῖν τοὺς μὲν ἄλλους καθεύ-
δοντας καὶ οἰχομένους, Ἀγάθωνα δὲ καὶ Ἀριστοφάνη καὶ
Σωκράτη ἔτι μόνους ἐγρηγορέναι καὶ πίνειν ἐκ φιάλης
μεγάλης ἐπὶ δεξιά. Τὸν οὖν Σωκράτη αὐτοῖς διαλέγεσθαι.
Καὶ τὰ μὲν ἄλλα ὁ Ἀριστόδημος οὐκ ἔφη μεμνῆσθαι τῶν
λόγων· οὔτε γὰρ ἐξ ἀρχῆς παραγενέσθαι ὑπονυστάζειν τε· d
τὸ μέντοι κεφάλαιον, ἔφη, προσαναγκάζειν τὸν Σωκράτη
ὁμολογεῖν αὐτοὺς τοῦ αὐτοῦ ἀνδρὸς εἶναι κωμῳδίαν καὶ
τραγῳδίαν ἐπίστασθαι ποιεῖν, καὶ τὸν τέχνῃ τραγῳδοποιὸν

doch wenigstens den Agathon zwischen uns liegen. – Das geht ja unmöglich, habe Sokrates gesagt, denn du hast mich gelobt und ich muß nun weiter den rechter Hand loben. Wenn nun Agathon unterhalb von dir sitzt: so soll er doch wohl mich nicht von neuem loben, ehe er vielmehr von mir ist gelobt worden. Laß also gut sein, und beneide es dem Jünglinge nicht 223a
von mir gelobt zu werden; denn ich habe auch gewaltige Lust ihn recht zu preisen. – Juchhe, Alkibiades, habe Agathon gesagt, nun kann ich ja auf keine Weise hier bleiben, sondern muß vor allen Dingen den Platz wechseln um von dem Sokrates gelobt zu werden. – Das sind eben die alten Sachen! habe Alkibiades gesagt, wenn Sokrates dabei ist kann kein Anderer etwas von einem Schönen haben. Auch jetzt was für eine leichte und wahrscheinliche Ausrede hat er nun wieder gefunden, daß dieser nur neben ihm sitzen muß!

5. Ausklang des Gelages. Komödie und Tragödie

Agathon also sei aufgestanden um sich neben den Sokrates b
zu setzen. Plötzlich aber sei eine große Menge Herumziehender an die Türe gekommen, und weil sie sie offen gefunden, indem einer hinausgegangen ihnen entgegen, wären sie eingedrungen und hätten sich niedergelassen. Alles sei nun voll Lärm geworden, und ohne alle Ordnung sei man genötiget worden, gewaltig viel Wein zu trinken. Eryximachos, Phaidros und einige Andere, sagte Aristodemos, wären fort gegangen, seiner aber habe sich der Schlaf bemächtiget, und er habe viel c
geschlafen, wie denn die Nächte damals lang waren. Gegen Morgen aber sei er aufgewacht als die Hähne schon krähten, und habe gesehen, daß die Andern teils schliefen teils fortgegangen wären, nur Agathon, Aristophanes und Sokrates hätten allein noch gewacht und aus einem großen Becher rechts herum getrunken, und Sokrates habe mit ihnen Gespräch geführt. Des übrigen nun, sagte Aristodemos, erinnere er sich nicht mehr von den Reden, denn er wäre nicht von Anfang an d
dabei gewesen und sei auch dazwischen wieder eingeschlummert, die Hauptsache aber wäre gewesen, daß Sokrates sie nötigen wollte einzugestehen, es gehöre für einen und denselben Komödien und Tragödien dichten zu können, und der künst-

ὄντα καὶ κωμῳδοποιὸν εἶναι. Ταῦτα δὴ ἀναγκαζομένους αὐτοὺς καὶ οὐ σφόδρα ἑπομένους, νυστάζειν· καὶ πρότερον μὲν καταδαρθεῖν τὸν Ἀριστοφάνη, ἤδη δὲ ἡμέρας γιγνομένης τὸν Ἀγάθωνα.

Τὸν οὖν Σωκράτη, κατακοιμίσαντ' ἐκείνους, ἀναστάντα ἀπιέναι, καὶ ἕ, ὥσπερ εἰώθει, ἕπεσθαι. Καὶ ἐλθόντα εἰς Λύκειον, ἀπονιψάμενον, ὥσπερ ἄλλοτε τὴν ἄλλην ἡμέραν διατρίβειν καί, οὕτω διατρίψαντα, εἰς ἑσπέραν οἴκοι ἀναπαύεσθαι.

lerische Tragödiendichter sei auch der Komödiendichter. Dies wäre ihnen abgenötiget worden, sie wären aber nicht recht gefolgt und schläfrig geworden. Und zuerst wäre Aristophanes eingeschlafen, und als es schon Tag geworden auch Agathon. Sokrates nun, nachdem er diese in den Schlaf gebracht, wäre aufgestanden und weggegangen, und er wie gewöhnlich ihm gefolgt. So sei er ins Lykeion gegangen, und habe sich nach dem Bade wie sonst den ganzen Tag dort aufgehalten, und erst Abends nach Hause zur Ruhe begeben.

Φαίδων
Phaidon

GLIEDERUNG

1. Einleitung (57a1)
1.1. Rahmendialog: Echekrates fragt nach dem Tod des Sokrates. Phaidon berichtet davon einige Umstände und ist bereit, Sokrates' letzte Gespräche detailliert darzustellen (57a1)
1.2. Phaidon erzählt, wie sich die letzten Gespräche zwischen Sokrates und seinen Freunden anließen – bis zu Sokrates' Botschaft an Euenos, ihm zu folgen (59c9)
2. Der Philosoph und das Sterben (61c2)
2.1. Die These: Der Philosoph lebt auf den Tod hin (61c2)
2.1.1. Sokrates formuliert seine These. Einwände von Kebes und Simmias (61c2)
2.1.2. Die Bereitschaft des Sokrates, sich wegen der These zu verteidigen; seine Hoffnungen für den Tod (63b1)
2.2. Sokrates rechtfertigt seine These (63e7)
2.2.1. Der Tod ist Trennung der Seele vom Leib – Philosophen sorgen sich in möglichster Abkehr vom Leib um die Seele (63e7)
2.2.2. Erkenntnis und Wahrheit sind Sache der Seele; der Leib ist dabei hinderlich; die durch den Tod befreite Seele darf auf ungetrübte Erkenntnis hoffen (65a7)
2.2.3. Die Todesbereitschaft des Philosophen (67b6)
2.2.4. Die Tugenden des Philosophen im Unterschied zu denen der Menge (68b7)
3. Die Unsterblichkeit der Seele (69e5)
3.1. Rückfrage des Kebes, ob die Seele nach dem Tod noch existiert und erkennen kann (69e5)
3.2. Erster Beweis für die Unsterblichkeit der Seele: die Entstehung aller Dinge aus dem Gegenteil und der Kreislauf von Leben und Tod (70c3)
3.3. Das Zusatzargument aus der Wiedererinnerungslehre (72e3)
3.3.1. Grundzüge dieser Lehre (72e3)
3.3.2. Wiedererinnerung setzt Unsterblichkeit der Seele voraus. Folgt auch das Fortbestehen nach dem Tod? (76b3)

4.4.2. Wesenseigenschaften schließen auch die Gegensätze der ihnen notwendig folgenden Eigenschaften aus (103c8)
4.4.3. Anwendung auf die Seele: Sie bringt Leben mit sich, schließt den Tod von sich aus, ist also unvergänglich und auch unsterblich (105b5)
4.4.4. Die Voraussetzungen des Beweises sind weiter zu erwägen. Was die Unsterblichkeit der Seele für die Lebensführung bedeutet (107a3)
5. Mythos über das Schicksal der Seele nach dem Tod (107d6)
5.1. Die verschiedenen Wege in die Unterwelt (107d6)
5.2. Die Gestalt der Erde (108c6)
5.2.1. Lage und Größe der Erde. Was von den bewohnten Gebieten aus zu erkennen ist (108c6)
5.2.2. Ein Blick auf die wahre Erde (110b5)
5.2.3. Das System der unterirdischen Ströme; die vier Hauptströme (111c6)
5.3. Das Schicksal der verschiedenen Seelen (113d1)
5.4. Die moralische Bedeutung des Mythos (114c7)
6. Die letzen Worte und Handlungen des Sokrates und sein Tod (115a9)

Φαίδων

ΕΧΕΚΡΑΤΗΣ. Αὐτός, ὦ Φαίδων, παρεγένου Σωκράτει 57
ἐκείνῃ τῇ ἡμέρᾳ ᾗ τὸ φάρμακον ἔπιεν ἐν τῷ δεσμωτηρίῳ,
ἤ ἄλλου του ἤκουσας ;

ΦΑΙΔΩΝ. Αὐτός, ὦ 'Εχέκρατες.

ΕΧ. Τί οὖν δή ἐστιν ἄττα εἶπεν ὁ ἀνὴρ πρὸ τοῦ θανά-
του ; καὶ πῶς ἐτελεύτα ; Ἡδέως γὰρ ἂν ἐγὼ ἀκούσαιμι · καὶ
γὰρ οὔτε τῶν πολιτῶν φλειασίων οὐδεὶς πάνυ τι ἐπιχω-
ριάζει τὰ νῦν 'Αθήναζε, οὔτε τις ξένος ἀφῖκται χρόνου
συχνοῦ ἐκεῖθεν ὅστις ἂν ἡμῖν σαφές τι ἀγγεῖλαι οἷός τ' ἦν b
περὶ τούτων, πλήν γε δὴ ὅτι φάρμακον πιὼν ἀποθάνοι.
Τῶν δὲ ἄλλων οὐδὲν εἶχε φράζειν.

ΦΑΙΔ. Οὐδὲ τὰ περὶ τῆς δίκης ἄρα ἐπύθεσθε ὃν τρόπον 58
ἐγένετο ;

ΕΧ. Ναί, ταῦτα μὲν ἡμῖν ἤγγειλέ τις. Καὶ ἐθαυμάζομέν
γε ὅτι, πάλαι γενομένης αὐτῆς, πολλῷ ὕστερον φαίνεται
ἀποθανών. Τί οὖν ἦν τοῦτο, ὦ Φαίδων ;

ΦΑΙΔ. Τύχη τις αὐτῷ, ὦ 'Εχέκρατες, συνέβη · ἔτυχε
γὰρ τῇ προτεραίᾳ τῆς δίκης ἡ πρύμνα ἐστεμμένη τοῦ
πλοίου ὃ εἰς Δῆλον 'Αθηναῖοι πέμπουσι.

ΕΧ. Τοῦτο δὲ δὴ τί ἐστιν ;

ΦΑΙΔ. Τοῦτο ἔστι τὸ πλοῖον, ὥς φασιν 'Αθηναῖοι, ἐν ᾧ
Θησεύς ποτε εἰς Κρήτην τοὺς δὶς ἑπτὰ ἐκείνους ᾤχετο ἄγων
καὶ ἔσωσέ τε καὶ αὐτὸς ἐσώθη. Τῷ οὖν 'Απόλλωνι εὔξαντο, b
ὡς λέγεται, τότε εἰ σωθεῖεν, ἑκάστου ἔτους θεωρίαν ἀπάξειν
εἰς Δῆλον · ἣν δὴ ἀεὶ καὶ νῦν ἔτι ἐξ ἐκείνου κατ' ἐνιαυτὸν

Phaidon

ECHEKRATES PHAIDON

1. Einleitung

1.1. Rahmendialog: Echekrates fragt nach dem Tod des Sokrates. Phaidon berichtet davon einige Umstände und ist bereit, Sokrates' letzte Gespräche detailliert darzustellen

ECHEKRATES: Warest du selbst, o Phaidon, bei dem Sokra- 57a
tes an jenem Tage, als er das Gift trank in dem Gefängnis, oder hast du es von einem andern gehört?

PHAIDON: Selbst war ich da, o Echekrates.

ECHEKRATES: Was also hat denn der Mann gesprochen vor seinem Tode, und wie ist er gestorben? Gern hörte ich das. Denn weder von meinen Landsleuten den Phliasiern reiset jetzt leicht einer nach Athen, noch ist von dort her seit geraumer Zeit ein Gastfreund angekommen, der uns etwas genaues b
darüber berichten konnte, außer nur daß er das Gift getrunken hat und gestorben ist, von dem übrigen wußte keiner etwas zu sagen.

PHAIDON: Auch von der Klage also habt ihr nichts erfah- 58a
ren, wie es dabei hergegangen ist?

ECHEKRATES: Ja, das hat uns jemand erzählt, und wir haben uns gewundert, daß, da sie schon längst abgeurteilt war, er offenbar erst weit später gestorben ist. Wie war doch das, o Phaidon?

PHAIDON: Durch Zufall fügte es sich so, Echekrates. Es traf sich nämlich, daß gerade an dem Tage vor dem Gericht das Schiff war bekränzt worden, welches die Athener nach Delos senden.

ECHEKRATES: Was hat es damit auf sich?

PHAIDON: Dies ist das Schiff, wie die Athener sagen, worin einst Theseus fuhr, um jene zweimal sieben nach Kreta zu bringen, die er rettete und sich selbst auch. Damals nun hatten b
sie dem Apollon gelobt, wie man sagt, wenn sie gerettet würden, ihm jedes Jahr einen Aufzug nach Delos zu senden, wel-

τῷ θεῷ πέμπουσιν. Ἐπειδὰν οὖν ἄρξωνται τῆς θεωρίας,
νόμος ἐστὶν αὐτοῖς ἐν τῷ χρόνῳ τούτῳ καθαρεύειν τὴν πόλιν
καὶ δημοσίᾳ μηδένα ἀποκτιννύναι, πρὶν ἂν εἰς Δῆλόν τε
ἀφίκηται τὸ πλοῖον καὶ πάλιν δεῦρο. Τοῦτο δ' ἐνίοτε ἐν
πολλῷ χρόνῳ γίγνεται, ὅταν τύχωσιν ἄνεμοι ἀπολαβόντες
αὐτούς. Ἀρχὴ δ' ἐστὶ τῆς θεωρίας ἐπειδὰν ὁ ἱερεὺς τοῦ
Ἀπόλλωνος στέψῃ τὴν πρύμναν τοῦ πλοίου · τοῦτο δ' c
ἔτυχεν, ὥσπερ λέγω, τῇ προτεραίᾳ τῆς δίκης γεγονός. Διὰ
ταῦτα καὶ πολὺς χρόνος ἐγένετο τῷ Σωκράτει ἐν τῷ δεσ-
μωτηρίῳ ὁ μεταξὺ τῆς δίκης τε καὶ τοῦ θανάτου.

ΕΧ. Τί δὲ δὴ τὰ περὶ αὐτὸν τὸν θάνατον, ὦ Φαίδων ; τί
ἦν τὰ λεχθέντα καὶ πραχθέντα, καὶ τίνες οἱ παραγενόμενοι
τῶν ἐπιτηδείων τῷ ἀνδρί ; Ἢ οὐκ εἴων οἱ ἄρχοντες παρεῖναι,
ἀλλ' ἔρημος ἐτελεύτα φίλων ;

ΦΑΙΔ. Οὐδαμῶς, ἀλλὰ παρῆσάν τινες, καὶ πολλοί γε. d

ΕΧ. Ταῦτα δὴ πάντα προθυμήθητι ὡς σαφέστατα ἡμῖν
ἀπαγγεῖλαι, εἰ μή τίς σοι ἀσχολία τυγχάνει οὖσα.

ΦΑΙΔ. Ἀλλὰ σχολάζω γε, καὶ πειράσομαι ὑμῖν διηγή-
σασθαι. Καὶ γὰρ τὸ μεμνῆσθαι Σωκράτους καὶ αὐτὸν λέγοντα
καὶ ἄλλου ἀκούοντα ἔμοιγε ἀεὶ πάντων ἥδιστον.

ΕΧ. Ἀλλὰ μήν, ὦ Φαίδων, καὶ τοὺς ἀκουσομένους γε
τοιούτους ἑτέρους ἔχεις. Ἀλλὰ πειρῶ ὡς ἂν δύνῃ ἀκριβέ-
στατα διεξελθεῖν πάντα.

ΦΑΙΔ. Καὶ μὴν ἔγωγε θαυμάσια ἔπαθον παραγενόμενος. e
Οὔτε γὰρ ὡς θανάτῳ παρόντα με ἀνδρὸς ἐπιτηδείου
ἔλεος εἰσῄει · εὐδαίμων γάρ μοι ὁ ἀνὴρ ἐφαίνετο, ὦ Ἐχέ-
κρατες, καὶ τοῦ τρόπου καὶ τῶν λόγων, ὡς ἀδεῶς καὶ γενναίως
ἐτελεύτα · ὥστε μοι ἐκεῖνον παρίστασθαι, μηδ' εἰς Ἅιδου
ἰόντα, ἄνευ θείας μοίρας ἰέναι, ἀλλὰ καὶ ἐκεῖσε ἀφικόμενον
εὖ πράξειν, εἴπερ τις πώποτε καὶ ἄλλος. Διὰ δὴ ταῦτα οὐδὲν
πάνυ μοι ἐλεεινὸν εἰσῄει, ὡς εἰκὸς ἂν δόξειεν εἶναι παρόντι 59
πένθει, οὔτε αὖ ἡδονὴ ὡς ἐν φιλοσοφίᾳ ἡμῶν ὄντων
ὥσπερ εἰώθειμεν, καὶ γὰρ οἱ λόγοι τοιοῦτοί τινες ἦσαν.

chen sie nun seitdem immer und auch jetzt noch jährlich an den Gott senden. Sobald nun dieser Aufzug angefangen hat, ist es gesetzlich, während dieser Zeit die Stadt rein zu halten, und von Staats wegen niemanden zu töten, bis das Schiff in Delos angekommen ist, und auch wieder zurück. Und dies währt bisweilen lange, wenn widrige Winde einfallen. Des Aufzuges Anfang ist aber, wenn der Priester des Apollon das Vorderteil c
des Schiffes bekränzt; und dies, wie ich sage, war eben den Tag vor dem Gerichtstage geschehen. Daher hatte Sokrates soviel Zeit in dem Gefängnis zwischen dem Urteil und dem Tode.

ECHEKRATES: Wie war es aber bei seinem Tode selbst o Phaidon? was wurde gesprochen und vorgenommen? welche von seinen Vertrauten waren bei dem Manne? oder ließ die Behörde sie nicht zu ihm, und er starb ohne Beisein von Freunden?

PHAIDON: Keinesweges, sondern es waren deren, und d
zwar ziemlich viele zugegen.

ECHEKRATES: Alles dieses bemühe dich doch uns recht genau zu erzählen, wenn es dir nicht etwa an Muße fehlt.

PHAIDON: Nein ich habe Muße, und will versuchen es euch zu erzählen. Denn des Sokrates zu gedenken, sowohl selbst von ihm redend als auch Anderen zuhörend, ist mir immer von allem das erfreulichste.

ECHEKRATES: Und eben solche, o Phaidon, hast du jetzt zu Hörern. Also versuche nur alles so genau du immer kannst uns vorzutragen.

PHAIDON: Mir meines Teils war ganz wunderbar zu Mute e
dabei. Bedauern nämlich kam mir gar nicht ein als wie einem, der bei dem Tode eines vertrauten Freundes zugegen sein soll; denn glückselig erschien mir der Mann, o Echekrates, in seinem Benehmen und seinen Reden, wie standhaft und edel er endete, so daß ich vertraute, er gehe auch in die Unterwelt nicht ohne göttlichen Einfluß, sondern auch dort werde er sich wohlbefinden, wenn jemals einer sonst. Darum nun trat mich weder etwas weichherziges an, wie man doch denken sollte bei 59a
solchem Trauerfall, noch auch waren wir fröhlich wie in unsern philosophischen Beschäftigungen nach gewohnter Weise, obwohl unsere Unterredungen auch von dieser Art waren; son-

Ἀλλ' ἀτεχνῶς ἄτοπόν τί μοι πάθος παρῆν καί τις ἀήθης κρᾶσις, ἀπό τε τῆς ἡδονῆς συγκεκραμένη ὁμοῦ καὶ ἀπὸ τῆς λύπης, ἐνθυμουμένῳ ὅτι αὐτίκα ἐκεῖνος ἔμελλε τελευτᾶν. Καὶ πάντες οἱ παρόντες σχεδόν τι οὕτω διεκείμεθα, τοτὲ μὲν γελῶντες, ἐνίοτε δὲ δακρύοντες, εἷς δὲ ἡμῶν καὶ διαφερόντως, Ἀπολλόδωρος · οἶσθα γάρ που τὸν ἄνδρα καὶ τὸν τρόπον αὐτοῦ. b

ΕΧ. Πῶς γὰρ οὔ ;

ΦΑΙΔ. Ἐκεῖνός τε τοίνυν παντάπασιν οὕτως εἶχεν, καὶ αὐτὸς ἔγωγε ἐτεταράγμην καὶ οἱ ἄλλοι.

ΕΧ. Ἔτυχον δέ, ὦ Φαίδων, τίνες παραγενόμενοι ;

ΦΑΙΔ. Οὗτός τε δὴ ὁ Ἀπολλόδωρος τῶν ἐπιχωρίων παρῆν καὶ Κριτόβουλος καὶ ὁ πατὴρ αὐτοῦ, καὶ ἔτι Ἑρμογένης καὶ Ἐπιγένης καὶ Αἰσχίνης καὶ Ἀντισθένης · ἦν δὲ καὶ Κτήσιππος ὁ Παιανιεὺς καὶ Μενέξενος καὶ ἄλλοι τινὲς τῶν ἐπιχωρίων. Πλάτων δὲ οἶμαι ἠσθένει.

ΕΧ. Ξένοι δέ τινες παρῆσαν ; c

ΦΑΙΔ. Ναί, Σιμμίας τέ γε ὁ Θηβαῖος καὶ Κέβης καὶ Φαιδώνδης, καὶ Μεγαρόθεν Εὐκλείδης τε καὶ Τερψίων.

ΕΧ. Τί δέ ; Ἀρίστιππος καὶ Κλεόμβροτος παρεγένοντο ;

ΦΑΙΔ. Οὐ δῆτα · ἐν Αἰγίνῃ γὰρ ἐλέγοντο εἶναι.

ΕΧ. Ἄλλος δέ τις παρῆν ;

ΦΑΙΔ. Σχεδόν τι οἶμαι τούτους παραγενέσθαι.

ΕΧ. Τί οὖν δή ; τίνες φῂς ἦσαν οἱ λόγοι ;

ΦΑΙΔ. Ἐγώ σοι ἐξ ἀρχῆς πάντα πειράσομαι διηγήσασθαι. Ἀεὶ γὰρ δὴ καὶ τὰς πρόσθεν ἡμέρας εἰώθειμεν φοιτᾶν d καὶ ἐγὼ καὶ οἱ ἄλλοι παρὰ τὸν Σωκράτη, συλλεγόμενοι ἕωθεν εἰς τὸ δικαστήριον ἐν ᾧ καὶ ἡ δίκη ἐγένετο · πλησίον γὰρ ἦν τοῦ δεσμωτηρίου. Περιεμένομεν οὖν ἑκάστοτε ἕως ἀνοιχθείη τὸ δεσμωτήριον, διατρίβοντες μετ' ἀλλήλων. Ἀνεῴγετο

dern in einem wunderbaren Zustande befand ich mich und in einer ungewohnten Mischung die aus Lust zugleich und Betrübnis zusammengemischt war, wenn ich bedachte, daß Er nun gleich sterben würde. Und alle Anwesenden waren fast in derselben Gemütsstimmung, bisweilen lachend, dann wieder weinend, ganz vorzüglich aber einer unter uns, Apollodoros. Du kennst ja wohl den Mann und seine Weise. b

ECHEKRATES: Wie sollte ich nicht!

PHAIDON: Der war nun ganz vorzüglich so, aber auch ich war gleichermaßen bewegt und die übrigen.

ECHEKRATES: Welche aber waren denn gerade da, Phaidon?

PHAIDON: Eben dieser Apollodoros war von den einheimischen zugegen, und Kritobulos mit seinem Vater Kriton; dann noch Hermogenes und Epigenes und Äschines und Antisthenes. Auch Ktesippos der Päanier war da, und Menexenos und einige andere von den Eingebornen; Platon aber glaube ich war krank.

ECHEKRATES: Waren auch noch Fremde zugegen? c

PHAIDON: Ja, Simmias der Thebaier und Kebes und Phaidondes, und aus Megara Eukleides und Terpsion.

ECHEKRATES: Wie aber Aristippos und Kleombrotos, waren die da?

PHAIDON: Nein, es hieß sie wären in Ägina.

ECHEKRATES: War noch sonst jemand gegenwärtig?

PHAIDON: Ich glaube, dies waren sie ziemlich Alle.

ECHEKRATES: Und wie nun weiter? Was für Reden sagst du wurden geführt?

1.2. Phaidon erzählt, wie sich die letzten Gespräche zwischen Sokrates und seinen Freunden anließen – bis zu Sokrates' Botschaft an Euenos, ihm zu folgen

PHAIDON: Ich will versuchen dir alles von Anfang an zu erzählen. Wir pflegten nämlich auch schon die vorigen Tage d
immer zum Sokrates zu gehen, ich und die Andern, und versammelten uns des Morgens im Gerichtshause, wo auch das Urteil gefällt worden war; denn dies ist nahe bei dem Gefängnis. Da warteten wir jedesmal bis das Gefängnis geöffnet wur-

γὰρ οὐ πρῴ· ἐπειδὴ δὲ ἀνοιχθείη, εἰσῇμεν παρὰ τὸν Σωκράτη
καὶ τὰ πολλὰ διημερεύομεν μετ' αὐτοῦ. Καὶ δὴ καὶ τότε
πρῳαίτερον συνελέγημεν· τῇ γὰρ προτέρᾳ ἡμέρᾳ, ἐπειδὴ
ἐξήλθομεν ἐκ τοῦ δεσμωτηρίου ἑσπέρας, ἐπυθόμεθα ὅτι τὸ
πλοῖον ἐκ Δήλου ἀφιγμένον εἴη. Παρηγγείλαμεν οὖν ἀλλή- e
λοις ἥκειν ὡς πρῳαίτατα εἰς τὸ εἰωθός. Καὶ ἥκομεν καὶ ἡμῖν
ἐξελθὼν ὁ θυρωρός, ὅσπερ εἰώθει ὑπακούειν, εἶπεν περι-
μένειν καὶ μὴ πρότερον παριέναι ἕως ἂν αὐτὸς κελεύσῃ·
« Λύουσι γάρ, ἔφη, οἱ ἕνδεκα Σωκράτη καὶ παραγγέλλουσιν
ὅπως ἂν τῇδε τῇ ἡμέρᾳ τελευτᾷ. » Οὐ πολὺν δ' οὖν χρόνον
ἐπισχὼν ἧκε καὶ ἐκέλευεν ἡμᾶς εἰσιέναι.

Εἰσιόντες οὖν κατελαμβάνομεν τὸν μὲν Σωκράτη ἄρτι
λελυμένον, τὴν δέ Ξανθίππην (γιγνώσκεις γάρ) ἔχουσάν τε 60
τὸ παιδίον αὐτοῦ καὶ παρακαθημένην. Ὡς οὖν εἶδεν ἡμᾶς
ἡ Ξανθίππη, ἀνευφήμησέ τε καὶ τοιαῦτ' ἄττα εἶπεν οἷα
δὴ εἰώθασιν αἱ γυναῖκες, ὅτι· « Ὦ Σώκρατες, ὕστατον δή
σε προσεροῦσι νῦν οἱ ἐπιτήδειοι καὶ σὺ τούτους. » Καὶ ὁ
Σωκράτης βλέψας εἰς τὸν Κρίτωνα, « Ὦ Κρίτων », ἔφη,
« ἀπαγέτω τις αὐτὴν οἴκαδε. » Καὶ ἐκείνην μὲν ἀπῆγόν τινες
τῶν τοῦ Κρίτωνος βοῶσάν τε καὶ κοπτομένην.

Ὁ δὲ Σωκράτης ἀνακαθιζόμενος εἰς τὴν κλίνην συνέ- b
καμψέ τε τὸ σκέλος καὶ ἐξέτριψε τῇ χειρί, καὶ τρίβων ἅμα·
« Ὡς ἄτοπον, ἔφη, ὦ ἄνδρες, ἔοικέ τι εἶναι τοῦτο ὃ καλοῦσιν
οἱ ἄνθρωποι ἡδύ· ὡς θαυμασίως πέφυκε πρὸς τὸ δοκοῦν
ἐναντίον εἶναι, τὸ λυπηρόν. Τὸ ἅμα μὲν αὐτὼ μὴ ἐθέλειν
παραγίγνεσθαι τῷ ἀνθρώπῳ, ἐὰν δὲ τις διώκῃ τὸ ἕτερον
καί λαμβάνῃ, σχεδόν τι ἀναγκάζεσθαι ἀεὶ λαμβάνειν καὶ
τὸ ἕτερον, ὥσπερ ἐκ μιᾶς κορυφῆς ἡμμένω δύ' ὄντε. Καὶ
μοι δοκεῖ, ἔφη, εἰ ἐνενόησεν αὐτὰ Αἴσωπος, μῦθον ἂν συν- c
θεῖναι ὡς ὁ θεός, βουλόμενος αὐτὰ διαλλάξαι πολεμοῦντα,
ἐπειδὴ οὐκ ἐδύνατο, συνῆψεν εἰς ταὐτὸν αὐτοῖς τὰς κορυφάς·
καὶ διὰ ταῦτα ᾧ ἂν τὸ ἕτερον παραγένηται, ἐπακολουθεῖ

de, und unterredeten uns unterdessen. Denn es wurde nicht sehr früh geöffnet; sobald es aber offen war, gingen wir hinein zum Sokrates, und brachten den größten Teil des Tages bei ihm zu. Auch damals nun hatten wir uns noch früher versammelt, weil wir Tages zuvor, als wir Abends aus dem Gefängnis gingen, erfahren hatten, daß das Schiff aus Delos angekommen sei. e
Wir gaben uns also einander das Wort, auf das früheste an dem gewohnten Ort zusammenzukommen. Das taten wir auch, und der Türsteher, der uns aufzumachen pflegte, kam heraus und sagte, wir sollten warten und nicht eher kommen, bis er uns riefe. Denn, sprach er, die Elf lösen jetzt den Sokrates, und kündigen ihm an, daß er heute sterben soll. Nach einer kleinen Weile kam er denn und hieß uns hineingehen. Als wir nun hineintraten, fanden wir den Sokrates eben entfesselt, und 60a
Xanthippe, du kennst sie doch, sein Söhnchen auf dem Arm haltend, saß neben ihm. Als uns Xanthippe nun sah, wehklagte sie, und redete allerlei dergleichen wie die Frauen pflegen, wie O Sokrates, nun reden diese deine Freunde zum letztenmale mit dir, und du mit ihnen. Da wendete sich Sokrates zum Kriton, und sprach, O Kriton, laß doch jemand diese nach Hause führen. Da führten einige von Kritons Leuten sie ab heulend und sich übel gebärdend. Sokrates aber auf dem Bette sitzend b
zog das Bein an sich und rieb sich den Schenkel mit der Hand, indem er zugleich sagte, Was für ein eigenes Ding, ihr Männer, ist es doch um das, was die Menschen angenehm nennen, wie wunderlich es sich verhält zu dem was ihm entgegengesetzt zu sein scheint, dem unangenehmen, daß nämlich beide zu gleicher Zeit zwar nie in dem Menschen sein wollen, doch aber wenn einer dem einen nachgeht und es erlangt, er meist immer genötiget ist auch das andere mitzunehmen, als ob sie zwei an einer Spitze zusammengeknüpft wären; und ich denke, wenn c
Äsopos dies bemerkt hätte, würde er eine Fabel daraus gemacht haben, daß Gott beide, da sie im Kriege begriffen sind, habe aussöhnen wollen, und weil er dies nicht gekonnt, sie an den Enden zusammengeknüpft habe, und deshalb nun, wenn

ὕστερον καὶ τὸ ἕτερον. Ὥσπερ οὖν καὶ αὐτῷ μοι ἔοικεν· ἐπειδὴ ὑπὸ τοῦ δεσμοῦ ἦν ἐν τῷ σκέλει τὸ ἀλγεινόν, ἥκειν δὴ φαίνεται ἐπακολουθοῦν τὸ ἡδύ. »

Ὁ οὖν Κέβης ὑπολαβών· « Νὴ τὸν Δία, ὦ Σώκρατες, ἔφη, εὖ γ' ἐποίησας ἀναμνήσας με. Περὶ γάρ τοι τῶν ποιημάτων ὧν πεποίηκας ἐντείνας τοὺς τοῦ Αἰσώπου λόγους d
καὶ τὸ εἰς τὸν Ἀπόλλω προοίμιον καὶ ἄλλοι τινές με ἤδη ἤροντο, ἀτὰρ καὶ Εὔηνος πρῴην, ὅτι ποτὲ διανοηθείς, ἐπειδὴ δεῦρο ἦλθες, ἐποίησας αὐτὰ πρότερον οὐδὲν πώποτε ποιήσας. Εἰ οὖν τί σοι μέλει τοῦ ἔχειν ἐμὲ Εὐήνῳ ἀποκρίνασθαι ὅταν με αὖθις ἐρωτᾷ, εὖ οἶδα γὰρ ὅτι ἐρήσεται, εἰπὲ τί χρὴ λέγειν. — Λέγε τοίνυν, ἔφη, αὐτῷ, ὦ Κέβης, τἀληθῆ, ὅτι οὐκ ἐκείνῳ βουλόμενος οὐδὲ τοῖς ποιήμασιν αὐτοῦ ἀντίτεχνος εἶναι ἐποίησα ταῦτα, ᾔδειν γὰρ ὡς οὐ ῥᾴδιον εἴη, ἀλλ' ἐνυπνίων e
τινῶν ἀποπειρώμενος τί λέγει καὶ ἀφοσιούμενος, εἰ ἄρα πολλάκις ταύτην τὴν μουσικήν μοι ἐπιτάττοι ποιεῖν. Ἦν γὰρ δὴ ἄττα τοιάδε. Πολλάκις μοι φοιτῶν τὸ αὐτὸ ἐνύπνιον ἐν τῷ παρελθόντι βίῳ, ἄλλοτ' ἐν ἄλλῃ ὄψει φαινόμενον, τὰ αὐτὰ δὲ λέγον· « Ὦ Σώκρατες », ἔφη, « μουσικὴν ποίει καὶ ἐργάζου. » Καὶ ἐγὼ ἔν γε τῷ πρόσθεν χρόνῳ, ὅπερ ἔπραττον, τοῦτο ὑπελάμβανον αὐτό μοι παρακελεύεσθαί τε καὶ ἐπικελεύειν, ὥσπερ οἱ τοῖς θέουσι διακελευόμενοι, καὶ ἐμοὶ 61
οὕτω τὸ ἐνύπνιον ὅπερ ἔπραττον τοῦτο ἐπικελεύειν, μουσικὴν ποιεῖν, ὡς φιλοσοφίας μὲν οὔσης μεγίστης μουσικῆς, ἐμοῦ δὲ τοῦτο πράττοντος. Νῦν δ' ἐπειδὴ ἥ τε δίκη ἐγένετο καὶ ἡ τοῦ θεοῦ ἑορτὴ διεκώλυέ με ἀποθνῄσκειν, ἔδοξε χρῆναι, εἰ ἄρα πολλάκις μοι προστάττοι τὸ ἐνύπνιον ταύτην τὴν δημώδη μουσικὴν ποιεῖν, μὴ ἀπειθῆσαι αὐτῷ ἀλλὰ ποιεῖν· ἀσφαλέστερον γὰρ εἶναι μὴ ἀπιέναι πρὶν ἀφοσιώσασθαι ποιήσαντα ποιήματα καὶ πειθόμενον τῷ ἐνυπνίῳ. Οὕτω δὴ b
πρῶτον μὲν εἰς τὸν θεὸν ἐποίησα, οὗ ἦν ἡ παροῦσα θυσία· μετὰ δὲ τὸν θεόν, ἐννοήσας ὅτι τὸν ποιητὴν δέοι, εἴπερ

jemand das eine hat, komme ihm das andere nach. So scheint es nun auch mir gegangen zu sein; weil ich von der Fessel in dem Schenkel vorher Schmerz hatte, so kommt mir nun die angenehme Empfindung hintennach. – Darauf nahm Kebes das Wort, und sagte, Beim Zeus, Sokrates, das ist gut, daß du mich daran erinnerst. Denn nach deinen Gedichten, die du gemacht
hast, indem du die Fabeln des Äsopos in Verse gebracht, und d
nach dem Vorgesang an den Apollon, haben mich auch Andere schon gefragt, und noch neulich Euenos, wie es doch zugehe, daß seit dem du dich hier befindest du Verse machest, da du es zuvor nie getan hast. Ist dir nun etwas daran gelegen, daß ich dem Euenos zu antworten weiß, wenn er mich wieder fragt, und ich weiß gewiß, das wird er: so sprich was ich ihm sagen soll. – Sage ihm denn, sprach er, o Kebes, die Wahrheit, daß ich es nicht tue um etwa gegen ihn und seine Gedichte aufzutreten,
denn das wüßte ich wohl wäre nicht leicht, sondern um zu e
versuchen, was wohl ein gewisser Traum meine, und mich vor Schaden zu hüten, wenn etwa dies die Musik wäre, die er mir anbefiehlt. Es war nämlich dieses; es ist mir oft derselbige Traum vorgekommen in dem nun vergangenen Leben, der mir bald in dieser bald in jener Gestalt erscheinend immer dasselbige sagte, O Sokrates, sprach er, mach und treibe Musik. Und ich dachte sonst immer, nur zu dem was ich schon tat er-
muntere er mich und treibe mich noch mehr an, wie man die 61a
Laufenden anzutreiben pflegt, so ermuntere mich auch der Traum zu dem was ich schon tat, Musik zu machen, weil nämlich die Philosophie die vortrefflichste Musik ist, und ich diese doch trieb. Jetzt aber seit das Urteil gefällt ist, und die Feier des Gottes meinen Tod noch verschoben hat, dachte ich doch, ich müsse, falls etwa der Traum mir doch beföhle, mit dieser gemeinen Musik mich zu beschäftigen, auch dann nicht ungehorsam sein, sondern es tun. Denn es sei doch sicherer, nicht zu
gehn, bis ich mich auch so vorgesehen und Gedichte gemacht, b
um dem Traum zu gehorchen. So habe ich denn zuerst auf den Gott gedichtet, dem das Opfer eben gefeiert wurde, und nächst

μέλλοι ποιητὴς εἶναι, ποιεῖν μύθους ἀλλ' οὐ λόγους, καὶ αὐτὸς οὐκ ἦ μυθολογικός, διὰ ταῦτα δὴ οὓς προχείρους εἶχον μύθους, καὶ ἠπιστάμην τοὺς Αἰσώπου, τούτους ἐποίησα οἷς πρώτοις ἐνέτυχον. Ταῦτα οὖν, ὦ Κέβης, Εὐήνῳ φράζε, καὶ ἐρρῶσθαι, καὶ, ἂν σωφρονῇ, ἐμὲ διώκειν ὡς τάχιστα. Ἄπειμι δέ, ὡς ἔοικε, τήμερον · κελεύουσι γὰρ Ἀθηναῖοι. » c

Καὶ ὁ Σιμμίας · « Οἷον παρακελεύῃ, ἔφη, τοῦτο, ὦ Σώκρατες, Εὐήνῳ. Πολλὰ γὰρ ἤδη ἐντετύχηκα τῷ ἀνδρί · σχεδὸν οὖν ἐξ ὧν ἐγὼ ᾔσθημαι οὐδ' ὁπωστιοῦν σοι ἑκὼν εἶναι πείσεται. — Τί δέ ; ἦ δ' ὅς, οὐ φιλόσοφος Εὔηνος ; — Ἔμοιγε δοκεῖ, ἔφη ὁ Σιμμίας. — Ἐθελήσει τοίνυν καὶ Εὔηνος καὶ πᾶς ὅτῳ ἀξίως τούτου τοῦ πράγματος μέτεστιν. Οὐ μέντοι ἴσως βιάσεται αὑτόν · οὐ γάρ φασι θεμιτὸν εἶναι. » Καὶ ἅμα λέγων ταῦτα καθῆκε τὰ σκέλη ἐπὶ τὴν γῆν, καὶ καθεζόμενος οὕτως ἤδη τὰ λοιπὰ διελέγετο. d

Ἤρετο οὖν αὐτὸν ὁ Κέβης · « Πῶς τοῦτο λέγεις, ὦ Σώκρατες, τὸ μὴ θεμιτὸν εἶναι ἑαυτὸν βιάζεσθαι, ἐθέλειν δ' ἂν τῷ ἀποθνῄσκοντι τὸν φιλόσοφον ἕπεσθαι ; — Τί δέ, ὦ Κέβης ; οὐκ ἀκηκόατε, σύ τε καὶ Σιμμίας, περὶ τῶν τοιούτων, Φιλολάῳ συγγεγονότες ; — Οὐδέν γε σαφές, ὦ Σώκρατες. — Ἀλλὰ μὴν καὶ ἐγὼ ἐξ ἀκοῆς περὶ αὐτῶν λέγω · ἃ μὲν οὖν τυγχάνω ἀκηκοὼς φθόνος οὐδεὶς λέγειν · καὶ γὰρ ἴσως καὶ μάλιστα πρέπει μέλλοντα ἐκεῖσε ἀποδημεῖν διασκοπεῖν τε καὶ μυθολογεῖν περὶ τῆς ἀποδημίας τῆς ἐκεῖ, ποίαν τινὰ e αὐτὴν οἰόμεθα εἶναι. Τί γὰρ ἄν τις καὶ ποιοῖ ἄλλο ἐν τῷ μέχρι ἡλίου δυσμῶν χρόνῳ ; — Κατὰ τί δὴ οὖν ποτε οὔ φασι θεμιτὸν εἶναι αὐτὸν ἑαυτὸν ἀποκτιννύναι, ὦ Σώκρατες ; ἤδη γὰρ ἔγωγε, ὅπερ νυνδὴ σὺ ἤρου, καὶ Φιλολάου ἤκουσα ὅτε παρ' ἡμῖν διῃτᾶτο, ἤδη δὲ καὶ ἄλλων τινῶν, ὡς οὐ δέοι

dem Gott, weil ich bedachte, daß ein Dichter müsse, wenn er
ein Dichter sein wolle, Fabeln dichten und nicht vernünftige
Reden, und ich selbst nicht erfindsam bin in Fabeln, so habe ich
deshalb von denen die bei der Hand waren und die ich wußte,
den Fabeln des Äsopos, welche mir eben aufstießen, in Verse
gebracht. Dieses also, o Kebes, sage dem Euenos, und er solle
wohlleben, und wenn er klug wäre, mir nachkommen. Ich gehe
aber, wie ihr seht, heute, denn die Athener befehlen es. – c

2. Der Philosoph und das Sterben
2.1. Die These: Der Philosoph lebt auf den Tod hin
2.1.1. Sokrates formuliert seine These. Einwände von Kebes und Simmias

Da sagte Simmias, Was läßt du doch da dem Euenos sagen, o
Sokrates! ich habe schon viel mit dem Manne verkehrt; aber
soviel ich gemerkt, wird er auch nicht die mindeste Lust haben
dir zu folgen. – Wie so? fragte er, ist Euenos nicht ein Philo-
soph? – Das dünkt mich doch, sprach Simmias. – Nun so wird
er auch wollen, er und jeder der würdig an diesem Geschäfte
teilnimmt nicht unwürdig hiezu mit gehört. Nur Gewalt wird
er sich doch nicht selbst antun; denn dies sagen sie sei nicht
recht. Und als er dies sagte, ließ er seine Beine von dem Bett
wieder herunter auf die Erde, und so sitzend sprach er das d
übrige. – Kebes fragte ihn nun, Wie meinst du das, o Sokrates,
daß es nicht recht sei, sich selbst Leides zu tun, daß aber doch
der Philosoph dem Sterbenden zu folgen wünsche? – Wie Ke-
bes? habt ihr über diese Dinge nichts gehört, du und Simmias,
als ihr mit dem Philolaos zusammenwaret? – Nichts genaues
wenigstens, Sokrates. – Auch ich kann freilich nur vom Hö-
rensagen davon reden; was ich aber gehört, bin ich gar nicht
abgünstig euch zu sagen. Auch ziemt es sich ja wohl am besten,
daß der, welcher im Begriff ist dorthin zu wandern, nachsinne
und sich Bilder mache über die Wanderung dorthin, wie man e
sie sich wohl zu denken habe. Was könnte einer auch wohl
noch weiter tun in der Zeit bis zum Untergang der Sonne! –
Weshalb also sagen sie, es sei nicht recht sich selbst zu töten, o
Sokrates? Denn ich habe dies auch schon, wonach du eben
fragtest, vom Philolaos gehört, als er sich bei uns aufhielt, und

τοῦτο ποιεῖν. Σαφὲς δὲ περὶ αὐτῶν οὐδενὸς πώποτε οὐδὲν
ἀκήκοα.

— Ἀλλὰ προθυμεῖσθαι χρή, ἔφη. Τάχα γὰρ ἂν καὶ 62
ἀκούσαις, ἴσως μέντοι θαυμαστόν σοι φανεῖται εἰ τοῦτο
μόνον τῶν ἄλλων ἁπάντων ἁπλοῦν ἐστιν, καὶ οὐδέποτε
τυγχάνει τῷ ἀνθρώπῳ, ὥσπερ καὶ τἆλλα ἔστιν ὅτε καὶ οἷς,
βέλτιον τεθνάναι ἢ ζῆν · οἷς δὲ βέλτιον τεθνάναι, θαυμασ-
τὸν ἴσως σοι φαίνεται εἰ τούτοις τοῖς ἀνθρώποις μὴ ὅσιον
αὐτοὺς ἑαυτοὺς εὖ ποιεῖν, ἀλλὰ ἄλλον δεῖ περιμένειν εὐερ-
γέτην. » Καὶ ὁ Κέβης, ἠρέμα ἐπιγελάσας · « Ἴττω Ζεύς »,
ἔφη, τῇ αὐτοῦ φωνῇ εἰπών. « Καὶ γὰρ ἂν δόξειεν, ἔφη ὁ Σωκρά-
της, οὕτω γ' εἶναι ἄλογον · οὐ μέντοι ἀλλ' ἴσως γ' ἔχει τινὰ b
λόγον. Ὁ μὲν οὖν ἐν ἀπορρήτοις λεγόμενος περὶ αὐτῶν
λόγος, ὡς ἔν τινι φρουρᾷ ἐσμὲν οἱ ἄνθρωποι καὶ οὐ δεῖ δὴ
ἑαυτὸν ἐκ ταύτης λύειν οὐδ' ἀποδιδράσκειν, μέγας τέ τις
μοι φαίνεται καὶ οὐ ῥᾴδιος διιδεῖν · οὐ μέντοι ἀλλὰ τόδε γέ
μοι δοκεῖ, ὦ Κέβης, εὖ λέγεσθαι, τὸ θεοὺς εἶναι ἡμῶν τοὺς
ἐπιμελουμένους καὶ ἡμᾶς τοὺς ἀνθρώπους ἓν τῶν κτημάτων
τοῖς θεοῖς εἶναι. Ἢ σοὶ οὐ δοκεῖ οὕτως ; — Ἔμοιγε, φησὶν
ὁ Κέβης. — Οὐκοῦν, ἦ δ' ὅς, καὶ σὺ ἄν, τῶν σαυτοῦ κτημάτων c
εἴ τι αὐτὸ ἑαυτὸ ἀποκτιννύοι μὴ σημήναντός σου ὅτι βούλει
αὐτὸ τεθνάναι, χαλεπαίνοις ἂν αὐτῷ καί, εἴ τινα ἔχοις τιμω-
ρίαν, τιμωροῖο ἄν ; — Πάνυ γ', ἔφη. — Ἴσως τοίνυν ταύτῃ
οὐκ ἄλογον μὴ πρότερον αὐτὸν ἀποκτιννύναι δεῖν, πρὶν ἀνά-
γκην τινὰ θεὸς ἐπιπέμψῃ, ὥσπερ καὶ τὴν νῦν ἡμῖν παροῦσαν.

— Ἀλλ' εἰκός, ἔφη ὁ Κέβης, τοῦτό γε φαίνεται. Ὃ μέν-
τοι νῦν δὴ ἔλεγες, τὸ τοὺς φιλοσόφους ῥᾳδίως ἂν ἐθέλειν
ἀποθνῄσκειν, ἔοικε τοῦτο, ὦ Σώκρατες, ἀτόπῳ, εἴπερ ὃ
νῦν δὴ ἐλέγομεν εὐλόγως ἔχει, τὸ θεόν τε εἶναι τὸν ἐπιμε- d
λούμενον ἡμῶν καὶ ἡμᾶς ἐκείνου κτήματα εἶναι. Τὸ γὰρ μὴ
ἀγανακτεῖν τοὺς φρονιμωτάτους ἐκ ταύτης τῆς θεραπείας
ἀπιόντας, ἐν ᾗ ἐπιστατοῦσιν αὐτῶν οἵπερ ἄριστοί εἰσι τῶν

auch schon von andern, daß man dies nicht tun dürfe. Genaueres aber habe ich von keinem jemals etwas darüber gehört. – So mußt du dich noch weiter bemühen, sagte er, du kannst es ja 62a
wohl noch hören. Vielleicht aber kommt es dir auch wunderbar vor, daß dies allein unter allen Dingen schlechthin so sein soll, und auf keine Weise, wie doch sonst überall, bisweilen und einiges besser zu sterben als zu leben. Und denen nun besser wäre zu sterben, wird dir wunderbar vorkommen, daß es diesen Menschen nicht erlaubt sein solle, sich selbst wohlzutun, sondern sie einen andern Wohltäter erwarten sollen. – Da sagte Kebes etwas lächelnd und in seiner Mundart, Das mag Gott wissen. – Es kann freilich so scheinen unvernünftig zu sein, sprach Sokrates, aber es hat doch auch wieder einigen Grund. b
Denn was darüber in den Geheimnissen gesagt wird, daß wir Menschen wie in einer Feste sind, und man sich aus dieser nicht selbst losmachen und davongehen dürfe, das erscheint mir doch als eine gewichtige Rede und gar nicht leicht durchzusehn. Wie denn auch dieses, o Kebes, mir ganz richtig gesprochen scheint, daß die Götter unsere Hüter, und wir Menschen eine von den Herden der Götter sind. Oder dünkt es dich nicht so? – Allerdings wohl, sagte Kebes. – Also auch du wür- c
dest gewiß, wenn ein Stück aus deiner Herde sich selbst tötete, ohne daß du angedeutet hättest, daß du wolltest es solle sterben, diesem zürnen, und wenn du noch eine Strafe wüßtest, es bestrafen? – Ganz gewiß, sagte er. – Auf diese Weise nun wäre es also wohl nicht unvernünftig, daß man nicht eher sich selbst töten dürfe, bis der Gott irgend eine Notwendigkeit dazu verfügt hat, wie die jetzt uns gewordene? – Dieses freilich, sagte Kebes, scheint ganz billig. Was du jedoch vorher sagtest, daß jeder Philosoph gern werde sterben wollen, dieses, o Sokrates, kommt dann ungereimt heraus; wenn doch, was wir eben sagten, sich richtig so verhält, daß Gott es ist, der unser hütet, und d
wir zu seiner Herde gehören. Denn daß nicht die vernünftigsten grade am unwilligsten aus dieser Pflege sich entfernen sollten, wo diejenigen für sie sorgen, welche die besten Versorger sind für alles was ist, die Götter das ist gar nicht zu

ὄντων ἐπιστάται, θεοί, οὐκ ἔχει λόγον · οὐ γάρ που αὐτός γε αὑτοῦ οἴεται ἄμεινον ἐπιμελήσεσθαι, ἐλεύθερος γενόμενος. Ἀλλ' ἀνόητος μὲν ἄνθρωπος τάχ' ἂν οἰηθείη ταῦτα, φευκτέον εἶναι ἀπὸ τοῦ δεσπότου, καὶ οὐκ ἂν λογίζοιτο ὅτι οὐ e
δεῖ ἀπό γε τοῦ ἀγαθοῦ φεύγειν, ἀλλ' ὅτι μάλιστα παραμένειν · διὸ ἀλογίστως ἂν φεύγοι. Ὁ δὲ νοῦν ἔχων ἐπιθυμοῖ που ἂν ἀεὶ εἶναι παρὰ τῷ αὑτοῦ βελτίονι. Καίτοι οὕτως, ὦ Σώκρατες, τοὐναντίον εἶναι εἰκὸς ἢ ὃ νῦν δὴ ἐλέγετο · τοὺς μὲν γὰρ φρονίμους ἀγανακτεῖν ἀποθνῄσκοντας πρέπει, τοὺς δὲ ἄφρονας χαίρειν. »

Ἀκούσας οὖν ὁ Σωκράτης ἡσθῆναί τέ μοι ἔδοξε τῇ τοῦ Κέβητος πραγματείᾳ, καὶ ἐπιβλέψας εἰς ἡμᾶς · « Ἀεί τοι, 63
ἔφη, Κέβης λόγους τινάς ἀνερευνᾷ, καὶ οὐ πάνυ εὐθέως ἐθέλει πείθεσθαι ὅ τι ἄν τις εἴπῃ. » Καὶ ὁ Σιμμίας · « Ἀλλὰ μήν, ἔφη, ὦ Σώκρατες, νῦν γέ μοι δοκεῖ τι καὶ αὐτῷ λέγειν Κέβης · τί γὰρ ἂν βουλόμενοι ἄνδρες σοφοὶ ὡς ἀληθῶς δεσπότας ἀμείνους αὑτῶν φεύγοιεν καὶ ῥᾳδίως ἀπαλλάττοιντο αὐτῶν ; Καί μοι δοκεῖ Κέβης εἰς σὲ τείνειν τὸν λόγον, ὅτι οὕτω ῥᾳδίως φέρεις καὶ ἡμᾶς ἀπολείπων καὶ ἄρχοντας ἀγαθούς, ὡς αὐτὸς ὁμολογεῖς, θεούς. — Δίκαια, ἔφη, λέγετε · b
οἶμαι γὰρ ὑμᾶς λέγειν ὅτι χρή με πρὸς ταῦτα ἀπολογήσασθαι ὥσπερ ἐν δικαστηρίῳ. — Πάνυ μὲν οὖν, ἔφη ὁ Σιμμίας. — Φέρε δή, ἦ δ' ὅς, πειραθῶ πιθανώτερον πρὸς ὑμᾶς ἀπολογήσασθαι ἢ πρὸς τοὺς δικαστάς. Ἐγὼ γάρ, ἔφη, ὦ Σιμμία τε καὶ Κέβης, εἰ μὲν μὴ ᾤμην ἥξειν πρῶτον μὲν παρὰ θεοὺς ἄλλους σοφούς τε καὶ ἀγαθούς, ἔπειτα καὶ παρ' ἀνθρώπους τετελευτηκότας ἀμείνους τῶν ἐνθάδε, ἠδίκουν ἂν οὐκ ἀγανακτῶν τῷ θανάτῳ. Νῦν δὲ εὖ ἴστε ὅτι παρ' ἄνδρας τε ἐλπίζω ἀφίξεσθαι ἀγαθούς, καὶ τοῦτο μὲν οὐκ ἂν πάνυ διισχυρισαίμην, c
ὅτι μέντοι παρὰ θεοὺς δεσπότας πάνυ ἀγαθοὺς ἥξειν, εὖ ἴστε ὅτι εἴπερ τι ἄλλο τῶν τοιούτων διισχυρισαίμην ἂν καὶ

denken. Denn sie können ja nicht glauben, daß sie sich selbst besser hüten werden wenn sie frei geworden sind; sondern nur ein unvernünftiger Mensch könnte das vielleicht glauben, daß es gut wäre von seinem Herrn zu fliehen, und könnte nicht e
bedenken, daß man ja von dem Guten nicht fliehen muß, sondern sich soviel möglich daran halten, und daß er also unvernünftigerweise fliehen würde; der Vernünftige aber würde immer streben bei dem zu sein, der besser wäre als er. Und so käme ja wohl o Sokrates, das Gegenteil von dem heraus was eben gesagt ward, den Vernünftigen nämlich ziemte es ungern zu sterben, und nur den Unvernünftigen gern. – Als dies Sokrates ausgehört hatte, schien er mir seine Freude zu haben an des Kebes Eifer in der Sache, und indem er uns ansah, sagte 63a
er, Immer spürt doch Kebes irgend Gründe aus, und will sich gar nicht leicht überreden lassen von dem, was einer behauptet. – Darauf sagte Simmias, Aber jetzt, o Sokrates, scheint auch mir etwas an dem zu sein, was Kebes vorbringt. Denn weshalb doch sollten wohl wahrhaft weise Männer von besseren Herren als sie selbst sind fliehen und ihrer gern los werden? Und zwar scheint mir Kebes mit seiner Rede auf dich zu zielen, daß du es so leicht erträgst uns zu verlassen, und auch jene guten Herrscher, wie du selbst gestehst, die Götter.

2.1.2. Die Bereitschaft des Sokrates, sich wegen der These zu verteidigen; seine Hoffnungen für den Tod

– Ihr habt Recht, sprach er. Ich denke nämlich, ihr meint, ich b
solle mich hierüber verteidigen wie vor Gericht. – Allerdings, sagte Simmias. – Wohlan denn, sprach er, laßt mich versuchen, ob ich mich mit besserem Erfolg vor euch verteidigen kann als vor den Richtern. Nämlich, sprach er, o Simmias und Kebes, wenn ich nicht glaubte zuerst zu andern Göttern zu kommen, die auch weise und gut sind, und dann auch zu verstorbenen Menschen, welche besser sind als die hiesigen, so täte ich vielleicht unrecht, nicht unwillig zu sein über den Tod. Nun aber wisset nur, daß ich zu wackeren Männern hoffe zu kommen; und wenn ich auch das nicht so ganz sicher behaupten wollte, c
doch daß ich zu Göttern komme, die ganz treffliche Herren sind, wisset nur, wenn irgend etwas von dieser Art, will ich

τοῦτο. Ὥστε διὰ ταῦτα οὐχ ὁμοίως ἀγανακτῶ, ἀλλ' εὔελπίς
εἰμι εἶναί τι τοῖς τετελευτηκόσι καί, ὥσπερ γε καὶ πάλαι
λέγεται, πολὺ ἄμεινον τοῖς ἀγαθοῖς ἢ τοῖς κακοῖς. — Τί
οὖν, ἔφη ὁ Σιμμίας, ὦ Σώκρατες ; αὐτὸς ἔχων τὴν διάνοιαν
ταύτην ἐν νῷ ἔχεις ἀπιέναι, ἢ κἂν ἡμῖν μεταδοίης ; κοινὸν d
γὰρ δὴ ἔμοιγε δοκεῖ καὶ ἡμῖν εἶναι ἀγαθὸν τοῦτο, καὶ ἅμα
σοι ἡ ἀπολογία ἐστίν, ἐὰν ἅπερ λέγεις ἡμᾶς πείσῃς.

— Ἀλλὰ πειράσομαι, ἔφη. Πρῶτον δὲ Κρίτωνα τόνδε σκε-
ψώμεθα τί ἐστιν ὅ βούλεσθαί μοι δοκεῖ πάλαι εἰπεῖν. —

Τί δέ, ὦ Σώκρατες, ἔφη ὁ Κρίτων, ἄλλο γε ἢ πάλαι μοι
λέγει ὁ μέλλων σοι δώσειν τὸ φάρμακον ὅτι χρή σοι φράζειν
ὡς ἐλάχιστα διαλέγεσθαι ; Φησὶ γὰρ θερμαίνεσθαι μᾶλλον
διαλεγομένους, δεῖν δὲ οὐδὲν τοιοῦτον προσφέρειν τῷ
φαρμάκῳ · εἰ δὲ μή, ἐνίοτε ἀναγκάζεσθαι καὶ δὶς καὶ τρὶς e
πίνειν τούς τι τοιοῦτον ποιοῦντας. » Καὶ ὁ Σωκράτης · « Ἔα,
ἔφη, χαίρειν αὐτόν · ἀλλὰ μόνον τὸ ἑαυτοῦ παρασκευαζέτω
ὡς καὶ δὶς δώσων, ἐὰν δὲ δέῃ, καὶ τρίς. — Ἀλλὰ σχεδὸν
μέν τι ᾔδειν, ἔφη ὁ Κρίτων, ἀλλά μοι πάλαι πράγματα
παρέχει.

— Ἔα αὐτόν, ἔφη. Ἀλλ' ὑμῖν δὴ τοῖς δικασταῖς βού-
λομαι ἤδη τὸν λόγον ἀποδοῦναι, ὥς μοι φαίνεται εἰκότως
ἀνὴρ τῷ ὄντι ἐν φιλοσοφίᾳ διατρίψας τὸν βίον θαρρεῖν
μέλλων ἀποθανεῖσθαι καὶ εὔελπις εἶναι ἐκεῖ μέγιστα οἴ- 64
σεσθαι ἀγαθὰ ἐπειδὰν τελευτήσῃ. Πῶς ἂν οὖν δὴ τοῦθ'
οὕτως ἔχοι, ὦ Σιμμία τε καὶ Κέβης, ἐγὼ πειράσομαι φράσαι.
Κινδυνεύουσι γὰρ ὅσοι τυγχάνουσιν ὀρθῶς ἁπτόμενοι
φιλοσοφίας λεληθέναι τοὺς ἄλλους ὅτι οὐδὲν ἄλλο αὐτοὶ
ἐπιτηδεύουσιν ἢ ἀποθνῄσκειν τε καὶ τεθνάναι. Εἰ οὖν τοῦτο
ἀληθές, ἄτοπον δήπου ἂν εἴη προθυμεῖσθαι μὲν ἐν παντὶ

dieses gewiß behaupten. So daß ich eben deshalb nicht so unwillig bin, sondern der frohen Hoffnung, daß es etwas gibt für die Verstorbenen, und, wie man ja schon immer gesagt hat, etwas weit besseres für die Guten als für die Schlechten. – Wie nun, sagte Simmias? gedenkst du, diese Meinung für dich zu behalten, und so von uns zu gehn, oder möchtest du uns auch d
davon mitteilen? Mich wenigstens dünkt, dies müsse ein gemeines Gut sein auch für uns; und zugleich wird ja eben das deine Verteidigung, wenn du uns von dem was du sagst überzeugst. – So will ich es denn versuchen, sprach er. Zuvor aber laßt uns doch von unserm Kriton hören; was es doch ist, was er mir schon lange sagen will? – Was sonst o Sokrates, sprach Kriton, als daß der, welcher dir den Trank bereiten soll, mir schon lange zuredet, man müsse dir andeuten, doch ja so wenig als möglich zu sprechen. Denn er sagt, durch das Reden erhitze man sich, und das vertrage sich nicht mit dem Trank; wenn aber doch, so hätten die bisweilen zwei- auch dreimal trinken e
gemußt, die dergleichen getan. – Darauf sagte Sokrates, Ach laß ihn laufen! mag er nur seinerseits sich anschicken, mir auch zweimal zu geben, und wenn es nötig wäre auch dreimal. – Das wußte ich wohl fast vorher, sagte Kriton; aber er ließ mir schon lange keine Ruhe. – Laß ihn, sprach er.

2.2. Sokrates rechtfertigt seine These

2.2.1. Der Tod ist Trennung der Seele vom Leib – Philosophen sorgen sich in möglichster Abkehr vom Leib um die Seele

Euch Richtern aber, will ich nun Rede darüber stehen, daß ich mit Grunde der Meinung bin, ein Mann, welcher wahrhaft philosophisch sein Leben vollbracht, müsse getrost sein, wenn er im Begriff ist zu sterben, und der frohen Hoffnung, daß er 64a
dort Gutes in vollem Maß erlangen werde, wann er gestorben ist. Wie das nun so sein möge, o Simmias und Kebes, das will ich versuchen euch deutlich zu machen. Nämlich diejenigen, die sich auf rechte Art mit der Philosophie befassen, mögen wohl, ohne daß es freilich die Andern merken, nach gar nichts anderm streben, als nur zu sterben und tot zu sein. Ist nun dieses wahr: so wäre es ja wohl wunderlich, wenn sie ihr ganzes Leben hindurch zwar sich um nichts anders bemühten als um

τῷ βίῳ μηδὲν ἄλλο ἢ τοῦτο, ἥκοντος δὲ δὴ αὐτοῦ ἀγανακτεῖν ὃ πάλαι προεθυμοῦντό τε καὶ ἐπετήδευον. »

Καὶ ὁ Σιμμίας γελάσας · « Νὴ τὸν Δία, ἔφη, ὦ Σώκρατες, οὐ πάνυ γέ με νῦν δὴ γελασείοντα ἐποίησας γελάσαι. b Οἶμαι γὰρ ἂν τοὺς πολλούς, αὐτὸ τοῦτο ἀκούσαντας, δοκεῖν εὖ πάνυ εἰρῆσθαι εἰς τοὺς φιλοσοφοῦντας, καὶ ξυμφάναι ἂν τοὺς μὲν παρ' ἡμῖν ἀνθρώπους, καὶ πάνυ, ὅτι τῷ ὄντι οἱ φιλοσοφοῦντες θανατῶσι καὶ σφᾶς γε οὐ λελήθασιν ὅτι ἄξιοί εἰσι τοῦτο πάσχειν. — Καὶ ἀληθῆ γ' ἂν λέγοιεν, ὦ Σιμμία, πλήν γε τοῦ σφᾶς μὴ λεληθέναι · λέληθε γὰρ αὐτοὺς ᾗ τε θανατῶσι καὶ ᾗ ἄξιοί εἰσι θανάτου καὶ οἵου θανάτου οἱ ὡς ἀληθῶς φιλόσοφοι. Εἴπωμεν γάρ, ἔφη, πρὸς ἡμᾶς αὐτούς, χαίρειν εἰπόντες ἐκείνοις. c

Ἡγούμεθά τι τὸν θάνατον εἶναι ; — Πάνυ γε, ἔφη ὑπολαβὼν ὁ Σιμμίας. — Ἆρα μὴ ἄλλο τι ἢ τὴν τῆς ψυχῆς ἀπὸ τοῦ σώματος ἀπαλλαγήν ; καὶ εἶναι τοῦτο τὸ τεθνάναι, χωρὶς μὲν ἀπὸ τῆς ψυχῆς ἀπαλλαγὲν αὐτὸ καθ' αὑτὸ τὸ σῶμα γεγονέναι, χωρὶς δὲ τὴν ψυχὴν ἀπὸ τοῦ σώματος ἀπαλλαγεῖσαν αὐτὴν καθ' αὑτὴν εἶναι ; Ἆρα μὴ ἄλλο τι ᾖ ὁ θάνατος ἢ τοῦτο ; — Οὔκ, ἀλλὰ τοῦτο, ἔφη. — Σκέψαι δή, ὦ ἀγαθέ, ἐὰν ἄρα καὶ σοὶ ξυνδοκῇ ἅπερ καὶ ἐμοί · ἐκ γὰρ d τούτων μᾶλλον οἶμαι ἡμᾶς εἴσεσθαι περὶ ὧν σκοποῦμεν. Φαίνεταί σοι φιλοσόφου ἀνδρὸς εἶναι ἐσπουδακέναι περὶ τὰς ἡδονὰς καλουμένας τὰς τοιάσδε, οἷον σιτίων καὶ ποτῶν ; — Ἥκιστά γε, ὦ Σώκρατες, ἔφη ὁ Σιμμίας. — Τί δὲ τὰς τῶν ἀφροδισίων ; — Οὐδαμῶς. — Τί δὲ τὰς ἄλλας τὰς περὶ τὸ σῶμα θεραπείας ; δοκεῖ σοι ἐντίμους ἡγεῖσθαι ὁ τοιοῦτος ; οἷον ἱματίων διαφερόντων κτήσεις καὶ ὑποδημάτων καὶ τοὺς ἄλλους καλλωπισμοὺς τοὺς περὶ τὸ σῶμα, πότερον τιμᾶν δοκεῖ σοι ἢ ἀτιμάζειν καθ' ὅσον μὴ πολλὴ ἀνάγκη μετέχειν αὐτῶν ; — Ἀτιμάζειν ἔμοιγε δοκεῖ, e ἔφη, ὅ γε ὡς ἀληθῶς φιλόσοφος. — Οὐκοῦν ὅλως δοκεῖ σοι,

dieses, wenn es nun aber selbst käme, hernach wollten unwillig
sein über das, wonach sie so lange gestrebt und sich bemüht
haben. – Da lachte Kebes und sagte. Beim Zeus, Sokrates,
wiewohl ich jetzt eben nicht im mindesten lachlustig bin, hast b
du mich doch zu lachen gemacht. Ich denke nämlich, wenn die
Leute so dies hörten, würden sie glauben, dies sei ganz vor-
trefflich gesagt gegen die Philosophen, und würden gewiß ge-
waltig beistimmen, die bei uns nun gar, es sei so, die Philoso-
phen sehnten sich wirklich zu sterben, und sie ihrerseits wüß-
ten auch, daß sie wohl verdienten dies zu erlangen. – Da wür-
den sie auch ganz wahr sprechen, o Simmias, das eine ausge-
nommen, daß sie das recht gut wüßten. Denn weder wissen sie,
wie die wahrhaften Philosophen den Tod wünschen, noch wie
sie ihn verdienen und was für einen Tod. Laßt uns nun, sprach
er, jenen den Abschied geben, zu uns selbst aber sagen, ob wir c
wohl glauben, daß der Tod etwas sei? – Allerdings fiel Simmias
ein. – Und wohl etwas anderes als die Trennung der Seele von
dem Leibe? und daß das heiße tot sein, wenn abgesondert von
der Seele der Leib für sich allein ist, und auch die Seele abge-
sondert von dem Leibe für sich allein ist. Oder sollte wohl der
Tod etwas anderes sein als dieses? – Nein, sondern eben dieses.
– So bedenke denn, Guter, ob auch dich dasselbe bedünkt wie d
mich; denn hieraus, glaube ich, werden wir das besser erken-
nen, wonach wir fragen. Scheint dir, daß es sich für einen phi-
losophischen Mann gehöre, sich Mühe zu geben um die so-
genannten Lüste, wie um die am Essen und Trinken? – Nichts
weniger wohl, o Sokrates, sprach Simmias. – Oder um die aus
dem Geschlechtstriebe? – Keinesweges. – Und die übrige Be-
sorgung des Leibes, glaubst du, daß ein solcher sie groß achte?
wie schöne Kleider und Schuhe und andere Arten von
Schmuck des Leibes zu haben, glaubst du, daß er es achte oder
verachte mehr als höchst nötig ist sich hierum zu kümmern? – e
Verachten, dünkt mich wenigstens, wird es der wahrhafte Phi-

ἔφη, ἡ τοῦ τοιούτου πραγματεία οὐ περὶ τὸ σῶμα εἶναι,
ἀλλὰ καθ' ὅσον δύναται ἀφεστάναι αὐτοῦ, πρὸς δὲ τὴν ψυχὴν
τετράφθαι ; — Ἔμοιγε. — Ἆρ' οὖν πρῶτον μὲν ἐν τοῖς τοιού-
τοις δῆλός ἐστιν ὁ φιλόσοφος ἀπολύων ὅτι μάλιστα τὴν
ψυχὴν ἀπὸ τῆς τοῦ σώματος κοινωνίας διαφερόντως τῶν 65
ἄλλων ἀνθρώπων ; — Φαίνεται. — Καὶ δοκεῖ γέ που, ὦ Σιμμία,
τοῖς πολλοῖς ἀνθρώποις ᾧ μηδὲν ἡδὺ τῶν τοιούτων μηδὲ
μετέχει αὐτῶν οὐκ ἄξιον εἶναι ζῆν, ἀλλ' ἐγγύς τι τείνειν τοῦ
τεθνάναι ὁ μηδὲν φροντίζων τῶν ἡδονῶν αἳ διὰ τοῦ σώμα-
τός εἰσιν ; — Πάνυ μὲν οὖν ἀληθῆ λέγεις.

— Τί δὲ δὴ περὶ αὐτὴν τὴν τῆς φρονήσεως κτῆσιν ; πότερον
ἐμπόδιον τὸ σῶμα ἢ οὔ, ἐάν τις αὐτὸ ἐν τῇ ζητήσει κοινωνὸν
συμπαραλαμβάνῃ ; Οἷον τὸ τοιόνδε λέγω · ἆρα ἔχει ἀλήθειάν b
τινα ὄψις τε καὶ ἀκοὴ τοῖς ἀνθρώποις, ἢ τά γε τοιαῦτα καὶ
οἱ ποιηταὶ ἡμῖν ἀεὶ θρυλοῦσιν, ὅτι οὔτ' ἀκούομεν ἀκριβὲς
οὐδὲν οὔτε ὁρῶμεν ; Καίτοι εἰ αὗται τῶν περὶ τὸ σῶμα
αἰσθήσεων μὴ ἀκριβεῖς εἰσι μηδὲ σαφεῖς, σχολῇ αἵ γε ἄλλαι ·
πᾶσαι γάρ που τούτων φαυλότεραί εἰσιν · ἢ σοὶ οὐ δοκοῦσιν ;
— Πάνυ μὲν οὖν, ἔφη. — Πότε οὖν, ἦ δ' ὅς, ἡ ψυχὴ τῆς ἀληθείας
ἅπτεται ; ὅταν μὲν γὰρ μετὰ τοῦ σώματος ἐπιχειρῇ τι σκοπεῖν,
δῆλον ὅτι τότε ἐξαπατᾶται ὑπ' αὐτοῦ — Ἀληθῆ λέγεις. —
Ἆρ' οὖν οὐκ ἐν τῷ λογίζεσθαι, εἴπερ που ἄλλοθι, κατάδηλον c
αὐτῇ γίγνεταί τι τῶν ὄντων ; — Ναί. — Λογίζεται δέ γέ
που τότε κάλλιστα, ὅταν αὐτὴν τούτων μηδὲν παραλυπῇ,
μήτε ἀκοὴ μήτε ὄψις μήτε ἀλγηδὼν μηδέ τις ἡδονή, ἀλλ'
ὅτι μάλιστα αὐτὴ καθ' αὑτὴν γίγνηται, ἐῶσα χαίρειν τὸ
σῶμα καί, καθ' ὅσον δύναται, μὴ κοινωνοῦσα αὐτῷ μηδ'
ἁπτομένη, ὀρέγηται τοῦ ὄντος. — Ἔστι ταῦτα. — Οὐκοῦν
καὶ ἐνταῦθα ἡ τοῦ φιλοσόφου ψυχὴ μάλιστα ἀτιμάζει τὸ
σῶμα καὶ φεύγει ἀπ' αὐτοῦ, ζητεῖ δὲ αὐτὴ καθ' αὑτὴν
γίγνεσθαι ; — Φαίνεται. d

— Τί δὲ δὴ τὰ τοιάδε, ὦ Σιμμία ; Φαμέν τι εἶναι δίκαιον

losoph. – Dünkt dich also nicht überhaupt eines solchen ganze Beschäftigung nicht um den Leib zu sein, sondern soviel nur möglich von ihm abgekehrt und der Seele zugewendet? – Das dünkt mich. – Also hierin zuerst zeigt sich der Philosoph als ablösend seine Seele von der Gemeinschaft mit dem Leibe vor 65a
den übrigen Menschen allen. – Offenbar. – Und die meisten Menschen meinen doch, o Simmias, wem dergleichen nicht süß ist, und wer daran keinen Teil hat, dem lohne es nicht zu leben, sondern ganz nahe sei der am Totsein, der sich um die angenehmen Empfindungen nicht bekümmere, welche durch den Leib kommen. – Du sprichst vollkommen recht.

2.2.2. *Erkenntnis und Wahrheit sind Sache der Seele; der Leib ist dabei hinderlich; die durch den Tod befreite Seele darf auf ungetrübte Erkenntnis hoffen*

– Wie aber nun mit dem Erwerb der richtigen Einsicht selbst, ist dabei der Leib im Wege oder nicht, wenn ihn jemand bei dem Streben danach zum Gefährten mit aufnimmt? Ich meine b
so, Gewähren wohl Gesicht und Gehör den Menschen einige Wahrheit? Oder singen uns selbst die Dichter das immer vor, daß wir nichts genau hören noch sehen? Und doch wenn unter den Wahrnehmungen, die dem Leibe angehören, diese nicht genau sind und sicher: dann die andern wohl gar nicht; denn alle sind ja wohl schlechter als diese; oder dünken sie dich das nicht? – Freilich, sagte er. – Wann also trifft die Seele die Wahrheit? Denn wenn sie mit dem Leibe versucht etwas zu betrachten, dann offenbar wird sie von diesem hintergangen. – Richtig. – Wird also nicht in dem Denken, wenn irgendwo, ihr c
etwas von dem Seienden offenbar? – Ja. – Und sie denkt offenbar am besten, wenn nichts von diesem sie trübt, weder Gehör noch Gesicht noch Schmerz und Lust, sondern sie am meisten ganz für sich ist, den Leib gehn läßt, und soviel irgendmöglich ohne Gemeinschaft und Verkehr mit ihm dem Seienden nachgeht. – So ist es. – Also auch dabei verachtet des Philosophen Seele am meisten den Leib, flieht von ihm, und sucht für sich allein zu sein? – So scheint es. – Wie nun hiemit, o d

αὐτὸ ἢ οὐδέν ; — Φαμὲν μέντοι, νὴ Δία. — Καὶ καλόν γέ τι καὶ ἀγαθόν ; — Πῶς δ' οὔ ; — Ἤδη οὖν πώποτέ τι τῶν τοιούτων τοῖς ὀφθαλμοῖς εἶδες ; — Οὐδαμῶς, ἦ δ' ὅς. — Ἀλλ' ἄλλῃ τινὶ αἰσθήσει τῶν διὰ τοῦ σώματος ἐφήψω αὐτῶν ; Λέγω δὲ περὶ πάντων, οἷον μεγέθους πέρι, ὑγιείας, ἰσχύος, καὶ τῶν ἄλλων ἑνὶ λόγῳ ἁπάντων τῆς οὐσίας, ὃ τυγχάνει ἕκαστον ὄν · ἆρα διὰ τοῦ σώματος αὐτῶν τὸ ἀληθέστατον e
θεωρεῖται, ἢ ὧδε ἔχει · ὃς ἂν μάλιστα ἡμῶν καὶ ἀκριβέστατα παρασκευάσηται αὐτὸ ἕκαστον διανοηθῆναι περὶ οὗ σκοπεῖ, οὗτος ἂν ἐγγύτατα ἴοι τοῦ γνῶναι ἕκαστον ; — Πάνυ μὲν οὖν. — Ἆρ' οὖν ἐκεῖνος ἂν τοῦτο ποιήσειε καθαρώτατα, ὅστις ὅτι μάλιστα αὐτῇ τῇ διανοίᾳ ἴοι ἐφ' ἕκαστον, μήτε τὴν ὄψιν παρατιθέμενος ἐν τῷ διανοεῖσθαι μήτε τινὰ ἄλλην αἴσθησιν ἐφέλκων μηδεμίαν μετὰ τοῦ λογισμοῦ, ἀλλ' αὐτῇ 66
καθ' αὑτὴν εἰλικρινεῖ τῇ διανοίᾳ χρώμενος αὐτὸ καθ' αὑτὸ εἰλικρινὲς ἕκαστον ἐπιχειροῖ θηρεύειν τῶν ὄντων, ἀπαλλαγεὶς ὅτι μάλιστα ὀφθαλμῶν τε καὶ ὤτων καὶ ὡς ἔπος εἰπεῖν ξύμπαντος τοῦ σώματος, ὡς ταράττοντος καὶ οὐκ ἐῶντος τὴν ψυχὴν κτήσασθαι ἀλήθειάν τε καὶ φρόνησιν, ὅταν κοινωνῇ ; ἆρ' οὐχ οὗτός ἐστιν, ὦ Σιμμία, εἴπερ τις καὶ ἄλλος, ὁ τευξόμενος τοῦ ὄντος ; — Ὑπερφυῶς, ἔφη ὁ Σιμμίας, ὡς ἀληθῆ λέγεις, ὦ Σώκρατες.

— Οὐκοῦν ἀνάγκη, ἔφη, ἐκ πάντων τούτων παρίστασθαι b
δόξαν τοιάνδε τινὰ τοῖς γνησίως φιλοσόφοις, ὥστε καὶ πρὸς ἀλλήλους τοιαῦτα ἄττα λέγειν, ὅτι · « Κινδυνεύει τοι ὥσπερ « ἀτραπός τις ἐκφέρειν ἡμᾶς μετὰ τοῦ λόγου ἐν τῇ σκέψει, « ὅτι, ἕως ἂν τὸ σῶμα ἔχωμεν καὶ συμπεφυρμένη ᾖ ἡμῶν « ἡ ψυχὴ μετὰ τοῦ τοιούτου κακοῦ, οὐ μή ποτε κτησώμεθα « ἱκανῶς οὗ ἐπιθυμοῦμεν · φαμὲν δὲ τοῦτο εἶναι τὸ ἀληθές. « Μυρίας μὲν γὰρ ἡμῖν ἀσχολίας παρέχει τὸ σῶμα διὰ τὴν « ἀναγκαίαν τροφήν, ἔτι δέ, ἄν τινες νόσοι προσπέσωσιν, c
« ἐμποδίζουσιν ἡμῶν τὴν τοῦ ὄντος θήραν. Ἐρώτων δὲ καὶ « ἐπιθυμιῶν καὶ φόβων καὶ εἰδώλων παντοδαπῶν καὶ φλυαρίας

Simmias. Sagen wir, daß das gerechte etwas sei oder nichts? –
Wir behaupten es ja freilich beim Zeus. – Und nicht auch das
schöne und gute? – Wie sollte es nicht? – Hast du nun wohl
schon jemals hievon das mindeste mit Augen gesehen? –
Keinesweges, sprach er. – Oder mit sonst einer Wahrneh-
mung, die vermittelst des Leibes erfolgt, es getroffen? ich mei-
ne aber alles dieses, Größe Gesundheit, Stärke, und mit einem
Worte von allem insgesamt das Wesen was jegliches wirklich
ist; wird etwa vermittelst des Leibes hievon das eigentlich wah- e
re geschaut, oder verhält es sich so, wer von uns am meisten
und genauesten es darauf anlegt, jegliches selbst unmittelbar zu
denken was er untersucht, der kommt auch am nächsten daran,
jegliches zu erkennen? – Allerdings. – Und der kann doch jenes
am reinsten ausrichten, der am meisten mit dem Gedanken
allein zu jedem geht, ohne weder das Gesicht mit anzuwenden
beim Denken, noch irgend einen anderen Sinn mit zuzuziehen 66a
bei seinem Nachdenken, sondern sich des reinen Gedankens
allein bedienend, auch jegliches rein für sich zu fassen trachtet,
so viel möglich geschieden von Augen und Ohren, und um es
kurz zu sagen von dem ganzen Leibe, der nur verwirrt und die
Seele nicht läßt Wahrheit und Einsicht erlangen, wenn er mit
dabei ist. Ist es nicht ein solcher, o Simmias, der wenn irgend
einer das Wahre treffen wird? – Über die Maßen hast du Recht,
o Sokrates, sprach Simmias. – Ist es nun nicht natürlich, daß b
durch dieses alles eine solche Meinung bei den wahrhaft phi-
losophierenden aufkommt, so daß sie auch dergleichen unter
sich reden. Es wird uns ja wohl gleichsam ein Fußsteig hinaus-
tragen mit der Vernunft in der Untersuchung, weil so lange
wir noch den Leib haben und unsere Seele mit diesem Übel im
Gemenge ist, wir nie befriedigend erreichen können, wornach
uns verlangt; und dieses sagen wir doch sei das Wahre. Denn
der Leib macht uns tausenderlei zu schaffen wegen der not-
wendigen Nahrung, denn auch wenn uns Krankheiten zusto- c
ßen verhindern uns diese das Wahre zu erjagen, und auch mit
Gelüsten und Begierden, Furcht und mancherlei Schattenbil-

« ἐμπίπλησιν ἡμᾶς πολλῆς, ὥστε, τὸ λεγόμενον, ὡς ἀληθῶς
« τῷ ὄντι ὑπ' αὐτοῦ οὐδὲ φρονῆσαι ἡμῖν ἐγγίγνεται οὐδέποτε
« οὐδέν. Καὶ γὰρ πολέμους καὶ στάσεις καὶ μάχας οὐδὲν
« ἄλλο παρέχει ἢ τὸ σῶμα καὶ αἱ τούτου ἐπιθυμίαι · διὰ γὰρ
« τὴν τῶν χρημάτων κτῆσιν πάντες οἱ πόλεμοι γίγνονται ·
« τὰ δὲ χρήματα ἀναγκαζόμεθα κτᾶσθαι διὰ τὸ σῶμα,
« δουλεύοντες τῇ τούτου θεραπείᾳ. Καὶ ἐκ τούτου ἀσχο- d
« λίαν ἄγομεν φιλοσοφίας πέρι διὰ πάντα ταῦτα. Τὸ δ'
« ἔσχατον πάντων ὅτι, ἐάν τις ἡμῖν καὶ σχολὴ γένηται ἀπ'
« αὐτοῦ καὶ τραπώμεθα πρὸς τὸ σκοπεῖν τι, ἐν ταῖς
« ζητήσεσιν αὖ πανταχοῦ παραπῖπτον θόρυβον παρέχει
« καὶ ταραχὴν καὶ ἐκπλήττει, ὥστε μὴ δύνασθαι ὑπ'
« αὐτοῦ καθορᾶν τἀληθές. Ἀλλὰ τῷ ὄντι ἡμῖν δέδεικται
« ὅτι, εἰ μέλλομέν ποτε καθαρῶς τι εἴσεσθαι, ἀπαλλακτέον
« αὐτοῦ καὶ αὐτῇ τῇ ψυχῇ θεατέον αὐτὰ τὰ πράγματα. Καὶ
« τότε, ὡς ἔοικεν, ἡμῖν ἔσται οὗ ἐπιθυμοῦμέν τε καί φαμεν e
« ἐρασταὶ εἶναι, φρονήσεως, ἐπειδὰν τελευτήσωμεν, ὡς
« ὁ λόγος σημαίνει, ζῶσι δὲ οὔ. Εἰ γὰρ μὴ οἷόν τε μετὰ τοῦ
« σώματος μηδὲν καθαρῶς γνῶναι, δυοῖν θάτερον · ἢ οὐδαμοῦ
« ἔστι κτήσασθαι τὸ εἰδέναι, ἢ τελευτήσασιν · τότε γὰρ
« αὐτὴ καθ' αὑτὴν ἡ ψυχὴ ἔσται χωρὶς τοῦ σώματος, πρό-
« τερον δ' οὔ. Καὶ ἐν ᾧ ἂν ζῶμεν, οὕτως, ὡς ἔοικεν, ἐγγυτάτω 67
« ἐσόμεθα τοῦ εἰδέναι, ἐὰν ὅτι μάλιστα μηδὲν ὁμιλῶμεν τῷ
« σώματι μηδὲ κοινωνῶμεν, ὅτι μὴ πᾶσα ἀνάγκη, μηδὲ ἀνα-
« πιμπλώμεθα τῆς τούτου φύσεως, ἀλλὰ καθαρεύωμεν ἀπ'
« αὐτοῦ, ἕως ἂν ὁ θεὸς αὐτὸς ἀπολύσῃ ἡμᾶς. Καὶ οὕτω μὲν
« καθαροὶ ἀπαλλαττόμενοι τῆς τοῦ σώματος ἀφροσύνης,
« ὡς τὸ εἰκὸς μετὰ τοιούτων τε ἐσόμεθα καὶ γνωσόμεθα
« δι' ἡμῶν αὐτῶν πᾶν τὸ εἰλικρινές, τοῦτο δ' ἐστὶν ἴσως τὸ b
« ἀληθές · μὴ καθαρῷ γὰρ καθαροῦ ἐφάπτεσθαι μὴ οὐ θεμιτὸν
« ᾖ. » Τοιαῦτα οἶμαι, ὦ Σιμμία, ἀναγκαῖον εἶναι πρὸς ἀλλή-
λους λέγειν τε καὶ δοξάζειν πάντας τοὺς ὀρθῶς φιλομαθεῖς.
Ἢ οὐ δοκεῖ σοι οὕτως ; — Παντός γε μᾶλλον, ὦ Σώκρατες.

dern und vielen Kindereien erfüllt er uns; so daß recht in
Wahrheit, wie man auch zu sagen pflegt, wir um seinetwillen
nicht einmal dazu kommen auch nur irgend etwas richtig ein-
zusehen. Denn auch Kriege und Unruhen und Schlachten er-
regt uns nichts anders als der Leib und seine Begierden. Denn
über den Besitz von Geld und Gut entstehen alle Kriege, und
dieses müssen wir haben des Leibes wegen, weil wir seiner
Pflege dienstbar sind, und daher fehlt es uns an Muße der d
Weisheit nachzutrachten um aller dieser Dinge willen wegen
alles dessen. Und endlich noch, wenn er uns auch einmal Muße
läßt, und wir uns anschicken etwas zu untersuchen: so fällt er
uns wieder bei den Untersuchungen selbst beschwerlich, macht
uns Unruhe und Störung und verwirrt uns, daß wir seinet-
wegen nicht das Wahre sehen können. Sondern es ist uns wirk-
lich ganz klar, daß wenn wir je etwas rein erkennen wollen, wir
uns von ihm losmachen und mit der Seele selbst die Dinge
selbst schauen müssen. Und dann erst offenbar werden wir e
haben, was wir begehren, und wessen Liebhaber wir zu sein
behaupten, die Weisheit, wenn wir tot sein werden, wie die
Rede uns andeutet, so lange wir leben aber nicht. Denn wenn
es nicht möglich ist, mit dem Leibe irgend etwas rein zu erken-
nen: so können wir nur eines von beiden, entweder niemals
zum Verständnis gelangen oder nach dem Tode. Denn alsdann
wird die Seele für sich allein sein abgesondert vom Leibe, vor-
her aber nicht. Und so lange wir leben, werden wir, wie sich 67a
zeigt, nur dann dem Erkennen am nächsten sein, wenn wir
soviel möglich nichts mit dem Leibe zu schaffen noch gemein
haben, was nicht höchst nötig ist, und wenn wir mit seiner
Natur uns nicht anfüllen, sondern uns von ihm rein halten, bis
der Gott selbst uns befreit. Und so rein der Torheit des Leibes
entledigt, werden wir wahrscheinlich mit eben solchen zusam-
men sein, und durch uns selbst alles ungetrübte erkennen, und b
dies ist eben wohl das Wahre. Dem Nichtreinen aber mag Rei-
nes zu berühren wohl nicht vergönnt sein. Dergleichen meine
ich, o Simmias, werden notwendig alle wahrhaft wißbegieri-
gen denken und unter einander reden. Oder dünkt dich nicht
so? – Auf alle Weise, o Sokrates.

— Οὐκοῦν, ἔφη ὁ Σωκράτης, εἰ ταῦτα ἀληθῆ, ὦ ἑταῖρε,
πολλὴ ἐλπὶς ἀφικομένῳ οἷ ἐγὼ πορεύομαι ἐκεῖ ἱκανῶς,
εἴπερ που ἄλλοθι, κτήσασθαι τοῦτο οὗ ἕνεκα ἡ πολλὴ
πραγματεία ἡμῖν ἐν τῷ παρελθόντι βίῳ γέγονεν, ὥστε ἥ γε
ἀποδημία, ἡ νῦν ἐμοὶ προστεταγμένη, μετὰ ἀγαθῆς ἐλπίδος c
γίγνεται, καὶ ἄλλῳ ἀνδρὶ ὃς ἡγεῖταί οἱ παρεσκευάσθαι τὴν
διάνοιαν ὥσπερ κεκαθαρμένην. — Πάνυ μὲν οὖν, ἔφη ὁ
Σιμμίας. — Κάθαρσις δὲ εἶναι ἆρα οὐ τοῦτο ξυμβαίνει,
ὅπερ πάλαι ἐν τῷ λόγῳ λέγεται, τὸ χωρίζειν ὅτι μάλιστα
ἀπὸ τοῦ σώματος τὴν ψυχὴν καὶ ἐθίσαι αὐτὴν καθ' αὑτὴν
πανταχόθεν ἐκ τοῦ σώματος συναγείρεσθαί τε καὶ ἀθροί-
ζεσθαι καὶ οἰκεῖν κατὰ τὸ δυνατόν, καὶ ἐν τῷ νῦν παρόντι
καὶ ἐν τῷ ἔπειτα μόνην καθ' αὑτήν, ἐκλυομένην ὥσπερ d
δεσμῶν ἐκ τοῦ σώματος ; — Πάνυ μὲν οὖν, ἔφη. —
Οὐκοῦν τοῦτό γε θάνατος ὀνομάζεται, λύσις καὶ χωρισμὸς
ψυχῆς ἀπὸ σώματος ; — Παντάπασί γε, ἦ δ' ὅς. — Λύειν
δέ γε αὐτήν, ὥς φαμεν, προθυμοῦνται ἀεὶ μάλιστα καὶ
μόνοι οἱ φιλοσοφοῦντες ὀρθῶς, καὶ τὸ μελέτημα αὐτὸ
τοῦτό ἐστι τῶν φιλοσόφων, λύσις καὶ χωρισμὸς ψυχῆς
ἀπὸ σώματος · ἢ οὔ ; — Φαίνεται.

— Οὐκοῦν, ὅπερ ἐν ἀρχῇ ἔλεγον, γελοῖον ἂν εἴη ἄνδρα
παρασκευάζονθ' ἑαυτὸν ἐν τῷ βίῳ ὅτι ἐγγυτάτω ὄντα τοῦ
τεθνάναι οὕτω ζῆν, κἄπειθ' ἥκοντος αὐτῷ τούτου ἀγα- e
νακτεῖν ; — Γελοῖον · πῶς δ' οὔ ; — Τῷ ὄντι ἄρα, ἔφη, ὦ
Σιμμία, οἱ ὀρθῶς φιλοσοφοῦντες ἀποθνῄσκειν μελετῶσιν,
καὶ τὸ τεθνάναι ἥκιστα αὐτοῖς ἀνθρώπων φοβερόν. Ἐκ
τῶνδε δὲ σκόπει. Εἰ γὰρ διαβέβληνται μὲν πανταχῇ τῷ
σώματι, αὐτὴν δὲ καθ' αὑτὴν ἐπιθυμοῦσι τὴν ψυχὴν ἔχειν,
τούτου δὲ γιγνομένου εἰ φοβοῖντο καὶ ἀγανακτοῖεν, οὐ
πολλὴ ἂν ἀλογία εἴη, εἰ μὴ ἄσμενοι ἐκεῖσε ἴοιεν, οἷ ἀφικο-
μένοις ἐλπίς ἐστιν οὗ διά βίου ἤρων τυχεῖν, ἤρων δὲ 68
φρονήσεως, ᾧ τε διεβέβλητο, τούτου ἀπηλλάχθαι συνόντος
αὐτοῖς ; ἤ, ἀνθρωπίνων μὲν παιδικῶν καὶ γυναικῶν ἢ παίδων

2.2.3. Die Todesbereitschaft des Philosophen

– Wenn nun, sprach Sokrates, dieses wahr ist, o Freund, so ist ja große Hoffnung, daß wenn ich dort angekommen bin, wohin ich jetzt gehe, ich dort, wenn irgendwo, zur Genüge dasjenige erlangen werde, worauf alle unsere Bemühungen in dem vorgangenen Leben gezielt haben; so daß die mir jetzt aufge- c
tragene Wanderung mit guter Hoffnung anzutreten ist auch für jeden andern, der nur glauben kann dafür gesorgt zu haben, daß seine Seele rein ist. – Allerdings, sprach Simmias. – Und wird nicht das eben die Reinigung sein, was schon immer in unserer Rede vorgekommen ist, daß man die Seele möglichst vom Leibe absondere, und sie gewöhne, sich von allen Seiten her aus dem Leibe für sich so zu sammeln und zusammenzuziehen, und soviel als möglich sowohl gegenwärtig als hernach für sich allein zu bestehen, befreit wie von Banden von dem d
Leibe? – Allerdings, sagte er. – Heißt aber dies nicht Tod, Erlösung und Absonderung der Seele von dem Leibe? – Allerdings, sagte jener. – Und sie zu lösen streben immer am meisten, sagte er, nur allein die wahrhaft philosophierenden; und eben dies also ist das Geschäft der Philosophen, Befreiung und Absonderung der Seele von dem Leibe; oder nicht? – Offenbar. – Also wäre es ja, wie ich anfänglich sagte, lächerlich, wenn ein Mann, der sich in seinem ganzen Leben darauf eingerichtet hätte, so nahe als möglich an dem Gestorbensein zu leben, hernach wenn eben dieses kommt sich ungebärdig stel- e
len wollte? wäre das nicht lächerlich? – Wie sollte es nicht? – In der Tat also, o Simmias, trachten die richtig philosophierenden danach zu sterben und tot zu sein ist ihnen unter allen Menschen am wenigsten furchtbar. Erwäge es nur so. Wenn sie auf alle Weise mit dem Leibe entzweit sind, und begehren die Seele für sich allein zu haben, geschieht dieses aber, dann sich fürchten und unwillig sein wollten; wäre das nicht die größte Torheit, wenn sie dann nicht mit Freuden dahin gehn wollten, wo sie Hoffnung haben, dasjenige zu erlangen, was sie im Leben 68a
liebten; sie liebten aber die Weisheit, und des Zusammenseins mit demjenigen entledigt zu werden, was ihnen zuwider war? Oder sollten nur Viele, denen menschliche Geliebte und Wei-

ἕνεκα ἀποθανόντων πολλοὶ δὴ ἑκόντες ἠθέλησαν εἰς Ἅιδου μετελθεῖν, ὑπὸ ταύτης ἀγόμενοι τῆς ἐλπίδος, τῆς τοῦ ὄψεσθαί τι ἐκεῖ ὧν ἐπεθύμουν καὶ συνέσεσθαι · φρονήσεως δὲ ἄρα τις τῷ ὄντι ἐρῶν, καὶ λαβὼν σφόδρα τὴν αὐτὴν ταύτην ἐλπίδα, μηδαμοῦ ἄλλοθι ἐντεύξεσθαι αὐτῇ ἀξίως λόγου ἢ ἐν Ἅιδου, ἀγανακτήσει τε ἀποθνῄσκων καὶ οὐχ ἄσμενος εἶσιν b
αὐτόσε ; οἴεσθαί γε χρή, ἐὰν τῷ ὄντι γε ᾖ, ὦ ἑταῖρε, φιλόσοφος · σφόδρα γὰρ αὐτῷ ταῦτα δόξει, μηδαμοῦ ἄλλοθι καθαρῶς ἐντεύξεσθαι φρονήσει ἀλλ' ἢ ἐκεῖ. Εἰ δὲ τοῦτο οὕτως ἔχει, ὅπερ ἄρτι ἔλεγον, οὐ πολλὴ ἂν ἀλογία εἴη εἰ φοβοῖτο τὸν θάνατον ὁ τοιοῦτος ; — Πολλὴ μέντοι, νὴ Δία, ἦ δ' ὅς.

— Οὐκοῦν ἱκανόν σοι τεκμήριον, ἔφη, τοῦτο ἀνδρός, ὃν ἂν ἴδῃς ἀγανακτοῦντα μέλλοντα ἀποθανεῖσθαι, ὅτι οὐκ ἄρ' ἦν φιλόσοφος, ἀλλά τις φιλοσώματος ; ὁ αὐτὸς δέ που οὗτος τυγχάνει ὢν καὶ φιλοχρήματος καὶ φιλότιμος, ἤτοι c
τὰ ἕτερα τούτων ἢ ἀμφότερα. — Πάνυ, ἔφη, ἔχει οὕτως ὡς λέγεις. — Ἆρ' οὖν, ἔφη, ὦ Σιμμία, οὐ καὶ ἡ ὀνομαζομένη ἀνδρεία τοῖς οὕτω διακειμένοις μάλιστα προσήκει ; — Πάντως δήπου, ἔφη. — Οὐκοῦν καὶ ἡ σωφροσύνη, ἣν καὶ οἱ πολλοὶ ὀνομάζουσι σωφροσύνην, τὸ περὶ τὰς ἐπιθυμίας μὴ ἐπτοῆσθαι ἀλλ' ὀλιγώρως ἔχειν καὶ κοσμίως, ἆρ' οὐ τούτοις μόνοις προσήκει, τοῖς μάλιστα τοῦ σώματος ὀλιγωροῦσί τε καὶ ἐν φιλοσοφίᾳ ζῶσιν ; — Ἀνάγκη, ἔφη. — d
Εἰ γὰρ ἐθέλεις, ἦ δ' ὅς, ἐννοῆσαι τήν γε τῶν ἄλλων ἀνδρείαν τε καὶ σωφροσύνην, δόξει σοι εἶναι ἄτοπος. — Πῶς δή, ὦ Σώκρατες ; — Οἶσθα, ἦ δ' ὅς, ὅτι τὸν θάνατον ἡγοῦνται πάντες οἱ ἄλλοι τῶν μεγίστων κακῶν [εἶναι] ; — Καὶ μάλα, ἔφη. — Οὐκοῦν φόβῳ μειζόνων κακῶν ὑπομένουσιν αὐτῶν οἱ ἀνδρεῖοι τὸν θάνατον, ὅταν ὑπομένωσιν ; — Ἔστι ταῦτα. — Τῷ δεδιέναι ἄρα καί δέει ἀνδρεῖοί εἰσι πάντες πλὴν οἱ φιλόσοφοι · καίτοι ἄλογόν γε δέει τινὰ καὶ

ber und Kinder gestorben sind, freiwillig haben in die Unter-
welt gehen gewollt, von dieser Hoffnung getrieben, daß sie
dort die wieder sehn würden nach denen sie sich sehnten und
mit ihnen umgehn; wer aber die Weisheit wahrhaft liebt und
eben diese Hoffnung kräftig aufgefaßt hat, daß er sie nirgend
anders nach Wunsch erreichen werde als in der Unterwelt, den
sollte es verdrießen zu sterben, und er sollte nicht freudig dort- b
hin gehn? Das muß man ja wohl glauben, Freund, wenn er nur
wahrhaft ein weisheitsliebender ist. Denn gar stark wird ein
solcher dieses glauben, daß er nirgend anders die Wahrheit rein
antreffen werde als nur dort. Wenn sich aber dies so verhält,
wie ich eben sagte, wäre es nicht große Unvernunft, wenn ein
solcher den Tod fürchtete? – Gar große, beim Zeus, sagte jener.

2.2.4. Die Tugenden des Philosophen im Unterschied zu denen der Menge

– Also, sagte er, ist dir auch das wohl ein hinlänglicher Beweis
von einem Manne, wenn du ihn unwillig siehst indem er ster-
ben soll, daß er nicht die Weisheit liebte, sondern den Leib
irgendwie; denn wer den liebt, derselbe ist auch geldsüchtig c
und ehrsüchtig, entweder eines von beiden oder beides. – Voll-
kommen verhält es sich so, wie du sagst. – Wird nun nicht
auch, o Simmias, sagte er, was man Tapferkeit nennt den so
gesinnten vorzüglich zukommen? – Ganz gewiß wohl, ant-
wortete er. – Nicht auch die Besonnenheit, was auch alle Leute
Besonnenheit nennen, sich von Begierden nicht fortreißen las-
sen, sondern sich gleichgültig gegen sie verhalten und sittsam,
kommt nicht auch sie denen allein zu, welche den Leib am
meisten geringschätzen und in der Liebe zur Weisheit leben? – d
Notwendig, sagte er. – Denn, fügte jener hinzu, wenn du nur
recht betrachten willst die Tapferkeit und Besonnenheit der
Andern, so wird sie dir ganz wunderlich vorkommen. – Wie
das, o Sokrates? – Du weißt doch, sagte er, daß den Tod die
andern Alle unter die großen Übel rechnen. – Allerdings. – Ist
es also nicht aus Furcht vor noch größeren Übeln, daß die
Tapfern unter ihnen den Tod erdulden, wenn sie ihn erdulden?
– So ist es. – Also weil sie sich fürchten, und aus Furcht sind
Alle tapfer, bis auf die, welche die Weisheit lieben. Wiewohl das

δειλίᾳ ἀνδρεῖον εἶναι. — Πάνυ μὲν οὖν. — Τί δέ ; οἱ e
κόσμιοι αὐτῶν οὐ ταὐτὸν τοῦτο πεπόνθασιν, ἀκολασίᾳ τινὶ
σώφρονές εἰσιν ; Καίτοι φαμέν γε ἀδύνατον εἶναι, ἀλλ'
ὅμως αὐτοῖς συμβαίνει τούτῳ ὅμοιον τὸ πάθος τὸ περὶ
ταύτην τὴν εὐήθη σωφροσύνην. Φοβούμενοι γὰρ ἑτέρων
ἡδονῶν στερηθῆναι καὶ ἐπιθυμοῦντες ἐκείνων, ἄλλων
ἀπέχονται ὑπ' ἄλλων κρατούμενοι · καίτοι καλοῦσί γε ἀκο-
λασίαν τὸ ὑπὸ τῶν ἡδονῶν ἄρχεσθαι, συμβαίνει δ' οὖν 69
αὐτοῖς κρατουμένοις ὑφ' ἡδονῶν κρατεῖν ἄλλων ἡδονῶν.
Τοῦτο δ' ὅμοιόν ἐστιν ᾧ νῦν δὴ ἐλέγετο, τῷ τρόπον τινὰ δι'
ἀκολασίαν αὐτοὺς σεσωφρονίσθαι. — Ἔοικε γάρ.
— Ὦ μακάριε Σιμμία, μὴ γὰρ οὐχ αὕτη ᾖ ἡ ὀρθὴ πρὸς
ἀρετὴν ἀλλαγή, ἡδονὰς πρὸς ἡδονὰς καὶ λύπας πρὸς λύ-
πας καὶ φόβον πρὸς φόβον καταλλάττεσθαι καὶ μείζω πρὸς
ἐλάττω, ὥσπερ νομίσματα · ἀλλ' ᾖ ἐκεῖνο μόνον τὸ νόμισμα
ὀρθόν, ἀντὶ οὗ δεῖ πάντα ταῦτα καταλλάττεσθαι, φρόνησις ·
καὶ τούτου μὲν πάντα καὶ μετὰ τούτου ὠνούμενά τε καὶ b
πιπρασκόμενα τῷ ὄντι ᾖ καὶ ἀνδρεία καὶ σωφροσύνη καὶ
δικαιοσύνη, καὶ ξυλλήβδην ἀληθὴς ἀρετή, μετὰ φρονήσεως,
καὶ προσγιγνομένων καὶ ἀπογιγνομένων καὶ ἡδονῶν καὶ
φόβων καὶ τῶν ἄλλων πάντων τῶν τοιούτων · χωριζόμενα
δὲ φρονήσεως καὶ ἀλλαττόμενα ἀντὶ ἀλλήλων μὴ σκια-
γραφία τις ᾖ ἡ τοιαύτη ἀρετή, καὶ τῷ ὄντι ἀνδραποδώδης
τε καὶ οὐδὲν ὑγιὲς οὐδ' ἀληθὲς ἔχῃ · τὸ δ' ἀληθὲς τῷ ὄντι
ᾖ κάθαρσίς τις τῶν τοιούτων πάντων καὶ ἡ σωφροσύνη καὶ
ἡ δικαιοσύνη καὶ ἀνδρεία, καὶ αὐτὴ ἡ φρόνησις μὴ καθαρμός c
τις ᾖ. Καὶ κινδυνεύουσι καὶ οἱ τὰς τελετὰς ἡμῖν οὗτοι
καταστήσαντες οὐ φαῦλοί τινες εἶναι, ἀλλὰ τῷ ὄντι πάλαι
αἰνίττεσθαι ὅτι ὃς ἂν ἀμύητος καὶ ἀτέλεστος εἰς Ἅιδου
ἀφίκηται ἐν βορβόρῳ κείσεται, ὁ δὲ κεκαθαρμένος τε καὶ
τετελεσμένος ἐκεῖσε ἀφικόμενος μετὰ θεῶν οἰκήσει. Εἰσὶ
γὰρ δή, ὥς φασιν οἱ περὶ τὰς τελετάς, « ναρθηκοφόροι
« μὲν πολλοί, βάκχοι δέ τε παῦροι ». Οὗτοι δ' εἰσὶ κατὰ τὴν

doch ungereimt ist, daß einer aus Furcht und Feigheit tapfer sein soll. – Freilich wohl. – Und wie die Sittsamen unter ihnen? e
hat es mit denen nicht dieselbe Bewandtnis? Aus irgend einer Zügellosigkeit sind sie besonnen, wiewohl wir freilich sagen dies sei unmöglich, aber doch geht es ihnen wirklich ganz ähnlich bei dieser einfältigen Besonnenheit. Denn aus Besorgnis einiger Lust beraubt zu werden, und weil sie diese begehren, enthalten sie sich der einen weil von Anderen beherrscht, und wiewohl man das Zügellosigkeit nennt, von Lüsten beherrscht 69a
werden, begegnet ihnen doch, daß sie von Lüsten beherrscht andere Lüste beherrschen, und dies ist doch dem ganz ähnlich, was eben gesagt wurde, auf gewisse Weise aus Zügellosigkeit besonnen geworden zu sein. – Das leuchtet ein. – O bester Simmias, daß uns also nur nicht dies gar nicht der rechte Tausch ist um Tugend zu erhalten, Lust gegen Lust, und Unlust gegen Unlust, und Furcht gegen Furcht austauschen, und größeres gegen kleineres wie Münze; sondern jenes die einzige rechte Münze gegen die man alles dieses vertauschen muß, die Vernünftigkeit, und nur alles was mit dieser und für diese ver- b
kauft ist und eingekauft in Wahrheit allein Tapferkeit ist und Besonnenheit und Gerechtigkeit, und überhaupt wahre Tugend nur mit Vernünftigkeit ist, mag nun Lust und Furcht und alles übrige der Art dabei sein oder nicht dabei sein; werden aber diese abgesondert von der Vernünftigkeit gegen einander umgetauscht, eine solche Tugend dann immer nur ein Schattenbild ist und in der Tat knechtisch, nichts gesundes und wahres an sich habend, das wahre aber gerade Reinigung von dergleichen allem ist, und Besonnenheit und Gerechtigkeit und c
Tapferkeit und die Vernünftigkeit selbst Reinigungen sind. Und so mögen auch diejenigen, welche uns die Weihen angeordnet haben, gar nicht schlechte Leute sein, sondern schon seit langer Zeit uns andeuten, wenn einer ungeweiht und ungeheiligt in der Unterwelt anlangt, daß der in den Schlamm zu liegen kommt, der gereinigte aber und geweihte, wenn er dort angelangt ist, bei den Göttern wohnt. Denn, sagen die welche mit den Weihen zu tun haben, Thyrsusträger sind viele, doch echte Begeisterte wenig. Diese aber sind, nach meiner Mei-

**ἐμὴν δόξαν οὐκ ἄλλοι ἢ οἱ πεφιλοσοφηκότες ὀρθῶς. Ὧν d
δὴ καὶ ἐγὼ κατά γε τὸ δυνατὸν οὐδὲν ἀπέλιπον ἐν τῷ βίῳ
ἀλλὰ παντὶ τρόπῳ προυθυμήθην γενέσθαι. Εἰ δ' ὀρθῶς
προυθυμήθην καί τι ἠνύσαμεν, ἐκεῖσε ἐλθόντες τὸ σαφὲς
εἰσόμεθα, ἂν θεὸς ἐθέλῃ, ὀλίγον ὕστερον, ὡς ἐμοὶ δοκεῖ.**

**Ταῦτ' οὖν ἐγώ, ἔφη, ὦ Σιμμία τε καὶ Κέβης, ἀπολογοῦμαι,
ὡς εἰκότως ὑμᾶς τε ἀπολείπων καὶ τοὺς ἐνθάδε
δεσπότας οὐ χαλεπῶς φέρω οὐδ' ἀγανακτῶ, ἡγούμενος
κἀκεῖ οὐδὲν ἧττον ἢ ἐνθάδε δεσπόταις τε ἀγαθοῖς ἐντεύ- e
ξεσθαι καὶ ἑταίροις. [Τοῖς δὲ πολλοῖς ἀπιστίαν παρέχει·] εἴ
τι οὖν ὑμῖν πιθανώτερός εἰμι ἐν τῇ ἀπολογίᾳ ἢ τοῖς
Ἀθηναίων δικασταῖς, εὖ ἂν ἔχοι. »**

Εἰπόντος δὴ τοῦ Σωκράτους ταῦτα, ὑπολαβὼν ὁ Κέβης
ἔφη· « Ὦ Σώκρατες, τὰ μὲν ἄλλα ἔμοιγε δοκεῖ καλῶς
λέγεσθαι, τὰ δὲ περὶ τῆς ψυχῆς πολλὴν ἀπιστίαν παρέχει 70
τοῖς ἀνθρώποις μή, ἐπειδὰν ἀπαλλαγῇ τοῦ σώματος,
οὐδαμοῦ ἔτι ᾖ, ἀλλ' ἐκείνῃ τῇ ἡμέρᾳ διαφθείρηταί τε καὶ
ἀπολλύηται ᾗ ἂν ὁ ἄνθρωπος ἀποθνῄσκῃ· εὐθὺς ἀπαλλαττομένη
τοῦ σώματος καὶ ἐκβαίνουσα, ὥσπερ πνεῦμα ἢ
καπνὸς διασκεδασθεῖσα, οἴχηται διαπτομένη καὶ οὐδὲν ἔτι
οὐδαμοῦ ᾖ. Ἐπεί, εἴπερ εἴη που αὐτὴ καθ' αὑτὴν
συνηθροισμένη καὶ ἀπηλλαγμένη τούτων τῶν κακῶν ὧν σὺ
νῦν δὴ διῆλθες, πολλὴ ἂν ἐλπὶς εἴη καὶ καλή, ὦ Σώκρατες,
ὡς ἀληθῆ ἐστιν ἃ σὺ λέγεις. Ἀλλὰ τοῦτο δὴ ἴσως οὐκ b
ὀλίγης παραμυθίας δεῖται καὶ πίστεως, ὡς ἔστι τε ἡ
ψυχὴ ἀποθανόντος τοῦ ἀνθρώπου, καί τινα δύναμιν ἔχει
καὶ φρόνησιν. — Ἀληθῆ, ἔφη, λέγεις, ὁ Σωκράτης, ὦ
Κέβης. Ἀλλὰ τί δὴ ποιῶμεν ; ἢ περὶ αὐτῶν τούτων βούλει
διαμυθολογῶμεν εἴτε εἰκὸς οὕτως ἔχειν εἴτε μή ; — Ἐγὼ
γοῦν, ἔφη ὁ Κέβης, ἡδέως ἂν ἀκούσαιμι ἥντινα δόξαν
ἔχεις περὶ αὐτῶν. — Οὔκουν γ' ἂν οἶμαι, ἦ δ' ὃς ὁ
Σωκράτης, εἰπεῖν τινα νῦν ἀκούσαντα, οὐδ' εἰ κωμῳδοποιὸς
εἴη, ὡς ἀδολεσχῶ καὶ οὐ περὶ προσηκόντων τοὺς λόγους c
ποιοῦμαι. Εἰ οὖν δοκεῖ, χρὴ διασκοπεῖσθαι.

nung, keine anderen, als die sich auf rechte Weise der Weisheit d
beflissen haben, deren einer auch ich nach Vermögen im Leben nicht versäumt, sondern mich auf alle Weise bemüht habe zu werden. Ob ich mich aber auf die rechte Weise bemüht und etwas vor mich gebracht, das werden wir dort angekommen, sicher erfahren, wenn Gott will binnen kurzem, wie mich dünkt. Dieses nun, sprach er, o Simmias und Kebes, ist meine Verteidigung darüber, daß euch zu verlassen und die hiesigen Gebieter mir mit Recht nicht schwer fällt noch mich verdrießt, weil ich dafür halte, auch dort nicht minder vortreffliche Ge- e
bieter und Freunde anzutreffen als hier; den meisten aber ist dies unglaublich. Bin ich also für euch überzeugender gewesen in meiner Verteidigung, als für die Athenischen Richter, so ist es gut.

3. Die Unsterblichkeit der Seele

3.1. Rückfrage des Kebes, ob die Seele nach dem Tod noch existiert und erkennen kann

Als Sokrates dieses geredet, fiel Kebes ein und sprach, o Sokrates, das andere dünkt mich alles gar schön gesagt, nur das von wegen der Seele findet großen Unglauben bei den Men- 70a
schen, ob sie nicht, wenn sie vom Leibe getrennt ist, nirgend mehr ist, sondern an jenem Tage umkommt und untergeht, an welchem der Mensch stirbt, und sobald sie von dem Leibe sich trennt und ausfährt wie ein Hauch oder Rauch, auch zerstoben ist und verflogen, und nirgend nichts mehr ist. Denn wäre sie noch wo für sich bestehend und zusammenhaltend, wenn erlöst von diesen Übeln, die du eben beschrieben hast: so wäre ja große und schöne Hoffnung, o Sokrates, daß alles wahr sei was b
du sagst. Aber dies bedarf vielleicht nicht geringer Überredungsgründe und Beweise, daß die Seele noch ist nach dem Tode des Menschen und noch irgend Kraft und Einsicht hat. – Du sprichst ganz wahr, sagte Sokrates, o Kebes; aber was sollen wir machen? Sollen wir eben das mit einander durchsprechen, ob es wahrscheinlich ist, daß es sich so verhalte oder ob nicht? – Ich mindestens, sagte Kebes, möchte gern hören, was für eine Meinung du hierüber hast. – Wenigstens glaube ich nicht, sprach Sokrates, daß irgend einer der es hört, und wäre es auch ein Komödienschreiber, sagen dürfte, daß ich leeres c

« Σκεψώμεθα δὲ αὐτὸ τῇδέ πῃ, εἴτ' ἄρα ἐν Ἅιδου εἰσὶν
αἱ ψυχαὶ τελευτησάντων τῶν ἀνθρώπων εἴτε καὶ οὔ.
Παλαιὸς μὲν οὖν ἔστι τις λόγος οὗ μεμνήμεθα, ὡς εἰσὶν
ἐνθένδε ἀφικόμεναι ἐκεῖ, καὶ πάλιν γε δεῦρο ἀφικνοῦνται
καὶ γίγνονται ἐκ τῶν τεθνεώτων. Καὶ εἰ τοῦθ' οὕτως ἔχει,
πάλιν γίγνεσθαι ἐκ τῶν ἀποθανόντων τοὺς ζῶντας, ἄλλο τι
ἢ εἶεν ἂν αἱ ψυχαὶ ἡμῶν ἐκεῖ ; Οὐ γὰρ ἄν που πάλιν d
ἐγίγνοντο μὴ οὖσαι, καὶ τοῦτο ἱκανὸν τεκμήριον τοῦ ταῦτ'
εἶναι, εἰ τῷ ὄντι φανερὸν γίγνοιτο ὅτι οὐδαμόθεν ἄλλοθεν
γίγνονται οἱ ζῶντες ἢ ἐκ τῶν τεθνεώτων. Εἰ δὲ μὴ ἔστι
τοῦτο, ἄλλου ἄν του δέοι λόγου. — Πάνυ μὲν οὖν, ἔφη ὁ
Κέβης.

— Μὴ τοίνυν κατ' ἀνθρώπων, ἦ δ' ὅς, σκόπει μόνον
τοῦτο, εἰ βούλει ῥᾷον μαθεῖν, ἀλλὰ καὶ κατὰ ζῴων πάντων
καὶ φυτῶν, καὶ ξυλλήβδην ὅσαπερ ἔχει γένεσιν, περὶ
πάντων ἴδωμεν ἆρ' οὑτωσὶ γίγνεται πάντα, οὐκ ἄλλοθεν ἢ
ἐκ τῶν ἐναντίων τὰ ἐναντία, ὅσοις τυγχάνει ὂν τοιοῦτόν e
τι, οἷον τὸ καλὸν τῷ αἰσχρῷ ἐναντίον που καὶ δίκαιον
ἀδίκῳ, καὶ ἄλλα δὴ μυρία οὕτως ἔχει. Τοῦτο οὖν σκεψώ-
μεθα, ἆρα ἀναγκαῖον ὅσοις ἔστι τι ἐναντίον, μηδαμόθεν
ἄλλοθεν αὐτὸ γίγνεσθαι ἢ ἐκ τοῦ αὐτῷ ἐναντίου · οἷον ὅταν
μεῖζόν τι γίγνηται, ἀνάγκη που ἐξ ἐλάττονος ὄντος πρό-
τερον ἔπειτα μεῖζον γίγνεσθαι ; — Ναί. — Οὐκοῦν κἂν
ἔλαττον γίγνηται, ἐκ μείζονος ὄντος πρότερον ὕστερον
ἔλαττον γενήσεται ; — Ἔστιν οὕτω, ἔφη. — Καὶ μὴν ἐξ 71
ἰσχυροτέρου γε τὸ ἀσθενέστερον καὶ ἐκ βραδυτέρου τὸ
θᾶττον ; — Πάνυ γε. — Τί δέ ; ἄν τι χεῖρον γίγνηται,
οὐκ ἐξ ἀμείνονος, καὶ ἂν δικαιότερον, ἐξ ἀδικωτέρου ; —
Πῶς γὰρ οὔ ; — Ἱκανῶς οὖν, ἔφη, ἔχομεν τοῦτο, ὅτι
πάντα οὕτω γίγνεται, ἐξ ἐναντίων τὰ ἐναντία πράγματα.
— Πάνυ γε.

— Τί δ' αὖ ; ἔστι τι καὶ τοιόνδε ἐν αὐτοῖς, οἷον μεταξὺ
ἀμφοτέρων πάντων τῶν ἐναντίων δυοῖν ὄντοιν δύο γενέσεις,

Geschwätz treibe und Reden führe über ungehörige Dinge. Dünkt es euch nun und sollen wir die Sache in Erwägung ziehn:

3.2. Erster Beweis für die Unsterblichkeit der Seele: die Entstehung aller Dinge aus dem Gegenteil und der Kreislauf von Leben und Tod

so laßt uns so betrachten, ob die Seelen nachdem die Menschen gestorben in der Unterwelt sind, oder ob nicht. Eine alte Rede gibt es nun freilich, die deren wir erwähnt haben, daß wie sie von hier dorthin gekommen sind, sie auch wieder hieher zurückkehren und wieder geboren werden aus den Toten. Und wenn sich dies so verhält, daß die Lebenden wieder geboren werden aus den Gestorbenen: so sind ja wohl unsere Seelen d
dort? denn sie könnten nicht wieder geboren werden, wenn sie nicht wären. Und ein hinreichender Beweis wäre dies daß es so ist, wenn wirklich offenbar würde, daß die Lebenden nirgend anders herkämen als von den Toten. Wenn dies aber so ist, dann bedürfen wir eines andern Grundes. – Gewiß, sagte Kebes. – Betrachte es nur nicht allein an Menschen, fuhr jener fort, wenn du es eher inne werden willst, sondern auch an den Tieren insgesamt und den Pflanzen, und überhaupt an allem was eine Entstehung hat laß uns zusehn, ob etwa alles so entsteht, nirgend anders her, als jedes aus seinem Gegenteil, was nur ein e
solches hat, wie doch das schöne von dem häßlichen das Gegenteil ist, und das gerechte von dem ungerechten, und eben so tausend anderes sich verhält. Dieses also laß uns sehen, ob nicht notwendig, was nur ein entgegengesetztes hat, nirgend anders her selbst entsteht, als aus diesem ihm entgegengesetzten. So wie wenn etwas größer wird, muß es doch notwendig aus irgend vorher kleiner gewesenem hernach größer werden? – Ja. – Nicht auch wenn es kleiner wird, wird es aus vorher größerem hernach kleiner? – So ist es, sagte er. – Und eben so 71a
aus stärkerem das schwächere, und aus langsamerem das schnellere? – Gewiß. – Und wie? wenn etwas schlechter wird, nicht aus besserem? und wenn gerechter, nicht aus ungerechterem? – Wie sonst? – Dies also, sprach er, haben wir sicher genug, daß alle Dinge so entstehen, daß entgegengesetzte aus

ἀπὸ μὲν τοῦ ἑτέρου ἐπὶ τὸ ἕτερον, ἀπὸ δ' αὖ τοῦ ἑτέρου πάλιν ἐπὶ τὸ ἕτερον. Μείζονος γὰρ πράγματος καὶ ἐλάττονος μεταξὺ αὔξησις καὶ φθίσις, καὶ καλοῦμεν οὕτω τὸ μὲν αὐξάνεσθαι, τὸ δὲ φθίνειν ; — Ναί, ἔφη. — Οὐκοῦν καὶ διακρίνεσθαι καὶ συγκρίνεσθαι, καὶ ψύχεσθαι καὶ θερμαίνεσθαι, καὶ πάντα οὕτω κἂν εἰ μὴ χρώμεθα τοῖς ὀνόμασιν ἐνιαχοῦ, ἀλλ' ἔργῳ γοῦν πανταχοῦ οὕτως ἔχειν ἀναγκαῖον, γίγνεσθαί τε αὐτὰ ἐξ ἀλλήλων γένεσίν τε εἶναι ἑκατέρου εἰς ἄλληλα ; — Πάνυ γε, ἦ δ' ὅς. — Τί οὖν ; ἔφη, τῷ ζῆν ἐστί τι ἐναντίον, ὥσπερ τῷ ἐγρηγορέναι τὸ καθεύδειν ; — Πάνυ μὲν οὖν, ἔφη. — Τί ; — Τὸ τεθνάναι, ἔφη. — Οὐκοῦν ἐξ ἀλλήλων τε γίγνεται ταῦτα εἴπερ ἐναντία ἐστίν, καὶ αἱ γενέσεις εἰσὶν αὐτοῖν μεταξὺ δύο δυοῖν ὄντοιν ; — Πῶς γὰρ οὔ ; — Τὴν μὲν τοίνυν ἑτέραν συζυγίαν ὧν νῦν δὴ ἔλεγον ἐγώ σοι, ἔφη, ἐρῶ, ὁ Σωκράτης, καὶ αὐτὴν καὶ τὰς γενέσεις · σὺ δέ μοι τὴν ἑτέραν. Λέγω δὲ τὸ μὲν καθεύδειν, τὸ δὲ ἐγρηγορέναι, καὶ ἐκ τοῦ καθεύδειν τὸ ἐγρηγορέναι γίγνεσθαι καὶ ἐκ τοῦ ἐγρηγορέναι τὸ καθεύδειν, καὶ τὰς γενέσεις αὐτοῖν τὴν μὲν καταδαρθάνειν εἶναι, τὴν δ' ἀνεγείρεσθαι. Ἱκανῶς σοι, ἔφη, ἢ οὔ ; — Πάνυ μὲν οὖν. — Λέγε δή μοι καὶ σύ, ἔφη, οὕτω περὶ ζωῆς καὶ θανάτου. Οὐκ ἐναντίον μὲν φῂς τῷ ζῆν τὸ τεθνάναι εἶναι ; — Ἔγωγε. — Γίγνεσθαι δὲ ἐξ ἀλλήλων ; — Ναί. — Ἐξ οὖν τοῦ ζῶντος τί τὸ γιγνόμενον ; — Τὸ τεθνηκός, ἔφη. — Τί δέ, ἦ δ' ὅς, ἐκ τοῦ τεθνεῶτος ; — Ἀναγκαῖον, ἔφη, ὁμολογεῖν ὅτι τὸ ζῶν. — Ἐκ τῶν τεθνεώτων ἄρα, ὦ Κέβης, τὰ ζῶντά τε καὶ οἱ ζῶντες γίγνονται ; — Φαίνεται, ἔφη. — Εἰσὶν ἄρα, ἔφη, αἱ ψυχαὶ ἡμῶν ἐν Ἅιδου ; — Ἔοικεν. — Οὐκοῦν καὶ τοῖν γενεσέοιν τοῖν περὶ ταῦτα ἥ γ' ἑτέρα σαφὴς οὖσα τυγχάνει ; τὸ γὰρ ἀποθνῄσκειν σαφὲς δήπου, ἢ οὔ ; — Πάνυ μὲν οὖν, ἔφη. — Πῶς οὖν, ἦ δ' ὅς, ποιήσομεν ; Οὐκ ἀνταποδώσομεν τὴν ἐναντίαν γένεσιν, ἀλλὰ ταύτῃ χωλὴ ἔσται ἡ

dem entgegengesetzten, was doch immer zwei sind, auch ein zwiefaches Werden von dem einen zu dem andern, und von b diesem wieder zu jenem zurück? wie zwischen dem größeren und kleineren ist Wachstum und Abnahme, und so nennen wir auch das eine wachsen, das andere abnehmen. – Ja, sagte er. – Nicht auch aussondern und vermischen, abkühlen und erwärmen, und so alles, wenn wir auch bisweilen die Worte dazu nicht haben, muß sich doch der Sache nach überall so verhalten, daß eines aus dem andern entsteht, und daß es ein Werden von jedem zu dem andern gibt? – Gewiß. – Wie nun, fuhr er fort, ist c dem Leben auch etwas entgegengesetzt, wie dem Wachen das Schlafen? – Gewiß, sagte er. – Und was? – Das Totsein, sagte er. – Also entstehen diese auch aus einander, wenn sie entgegengesetzt sind, und es gibt zwischen ihnen zweien ein zwiefaches Werden. – Wie sollte es nicht? – Die Verknüpfungen nun des einen Paars von den ebengenannten Dingen will ich dir aufzeigen, sprach Sokrates, und das dazu gehörige Werden, du aber mir die andern. Ich sage nämlich, das eine sei Schlafen und das andere Wachen, und aus dem Schlafen werde das Wachen, und aus dem Wachen das Schlafen, und dies Werden beider sei d das Einschlafen und das Aufwachen; habe ich es dir hinlänglich erklärt oder nicht? – Vollkommen. – Sage du mir also nun eben so von Leben und Tod. Sagst du nicht, dem Leben sei das Totsein entgegengesetzt? – Das sage ich. – Und daß beides aus einander entstehe? – Ja. – Aus dem Lebenden also, was entsteht? – Das Tote, sprach er. – Und was aus dem Toten? – Notwendig, sprach er, muß man eingestehn, das Lebende. – Aus dem Gestorbenen also, o Kebes, entsteht das Lebende und die Lebenden? – So zeigt es sich, sprach er. – Also sind, sprach e er, unsere Seelen in der Unterwelt. – So scheint es. – Und nicht wahr, auch von dem Werden, was hiezu gehört, ist das eine deutlich genug? Denn sterben ist doch deutlich genug, oder nicht? – Freilich, sagte er. – Was wollen wir aber nun machen? sprach er. Wollen wir nicht auch das entgegengesetzte Werden hinzunehmen, sondern soll die Natur von dieser Seite lahm

φύσις ; Ἢ ἀνάγκη ἀποδοῦναι τῷ ἀποθνῄσκειν ἐναντίαν τινὰ
γένεσιν ; — Πάντως που, ἔφη. — Τίνα ταύτην ; — Τὸ
ἀναβιώσκεσθαι. — Οὐκοῦν, ἦ δ' ὅς, εἴπερ ἔστι τὸ ἀνα-
βιώσκεσθαι, ἐκ τῶν τεθνεώτων ἂν εἴη γένεσις εἰς τοὺς
ζῶντας αὕτη, τὸ ἀναβιώσκεσθαι ; — Πάνυ γε. — Ὁμο- 72
λογεῖται ἄρα ἡμῖν, καὶ ταύτῃ, τοὺς ζῶντας ἐκ τῶν
τεθνεώτων γεγονέναι οὐδὲν ἧττον ἢ τοὺς τεθνεῶτας ἐκ
τῶν ζώντων. Τούτου δὲ ὄντος, ἱκανόν που ἐδόκει τεκμήριον
εἶναι ὅτι ἀναγκαῖον τὰς τῶν τεθνεώτων ψυχὰς εἶναί που,
ὅθεν δὴ πάλιν γίγνεσθαι. — Δοκεῖ μοι, ἔφη, ὦ Σώκρατες,
ἐκ τῶν ὡμολογημένων ἀναγκαῖον οὕτως ἔχειν.

— Ἰδὲ τοίνυν οὕτως, ἔφη, ὦ Κέβης, ὅτι οὐδ' ἀδίκως
ὡμολογήκαμεν, ὡς ἐμοὶ δοκεῖ. Εἰ γὰρ μὴ ἀεὶ ἀνταποδιδοίη
τὰ ἕτερα τοῖς ἑτέροις γιγνόμενα, ὡσπερεὶ κύκλῳ περιιόντα, b
ἀλλ' εὐθεῖά τις εἴη ἡ γένεσις ἐκ τοῦ ἑτέρου μόνον εἰς τὸ
καταντικρὺ καὶ μὴ ἀνακάμτοι πάλιν ἐπὶ τὸ ἕτερον μηδὲ
καμπὴν ποιοῖτο, οἶσθ' ὅτι πάντα τελευτῶντα τὸ αὐτὸ
σχῆμα ἂν σχοίη καὶ τὸ αὐτὸ πάθος ἂν πάθοι καὶ παύσαιτο
γιγνόμενα. — Πῶς λέγεις ; ἔφη. — Οὐδὲν χαλεπόν, ἦ δ'
ὅς, ἐννοῆσαι ὃ λέγω · ἀλλ' οἷον εἰ τὸ καταδαρθάνειν μὲν εἴη,
τὸ δ' ἀνεγείρεσθαι μὴ ἀνταποδιδοίη γιγνόμενον ἐκ τοῦ
καθεύδοντος, οἶσθ' ὅτι τελευτῶντα πάντα λῆρον τὸν
Ἐνδυμίωνα ἀποδείξειεν, καὶ οὐδαμοῦ ἂν φαίνοιτο διὰ τὸ c
καὶ τἆλλα πάντα ταὐτὸν ἐκείνῳ πεπονθέναι, καθεύδειν.
Κἂν εἰ συγκρίνοιτο μὲν πάντα, διακρίνοιτο δὲ μή, ταχὺ ἂν
τὸ τοῦ Ἀναξαγόρου γεγονὸς εἴη · « Ὁμοῦ πάντα χρήματα ».
Ὡσαύτως δέ, ὦ φίλε Κέβης, καὶ εἰ ἀποθνῄσκοι μὲν πάντα
ὅσα τοῦ ζῆν μεταλάβοι, ἐπειδὴ δὲ ἀποθάνοι μένοι ἐν
τούτῳ τῷ σχήματι τὰ τεθνεῶτα καὶ μὴ πάλιν ἀναβιώσκοιτο,
ἆρ' οὐ πολλὴ ἀνάγκη τελευτῶντα πάντα τεθνάναι καὶ μηδὲν
ζῆν ; εἰ γὰρ ἐκ μὲν τῶν ἄλλων τὰ ζῶντα γίγνοιτο, τὰ δὲ d
ζῶντα θνῄσκοι, τίς μηχανὴ μὴ οὐχὶ πάντα καταναλωθῆναι
εἰς τὸ τεθνάναι ; — Οὐδὲ μία μοι δοκεῖ, ἔφη ὁ Κέβης, ὦ

sein? oder müssen wir nicht notwendig auch ein dem Sterben entgegengesetztes Werden annehmen? – Auf alle Weise, sagte er. – Und was für eines? – Das Aufleben. – Also, sprach er, wenn es ein Aufleben gibt, so wäre eben dieses das Werden der Lebenden aus den Toten, das Aufleben? – Freilich. – Also auch 72a
auf diese Weise kommt es uns heraus, daß die Lebenden aus den Toten entstanden sind, nicht weniger als die Toten aus den Lebenden. Ist dies nun so, so schien es uns ja ein hinreichender Beweis, daß die Seelen der Verstorbenen wo sein müssen, woher sie wieder lebend werden. – Mich dünkt, o Sokrates, dem eingestandenen gemäß müsse es sich so verhalten. – Siehe nun auch, o Kebes, sprach er, daß wir nichts mit Unrecht eingestanden haben, wie mich dünkt. Denn wenn nicht dem auf die eine Art gewordenen immer das auf die andere entspräche, und b
das Werden wie im Kreise herumginge, sondern es ein grade fortschreitendes Werden gäbe nur aus dem Einen in das gegenüberstehende, ohne daß dies sich wieder wendete und zum andern zurückkäme: so siehst du wohl, daß am Ende alles einerlei Gestalt haben und in einerlei Zustand sich befinden, und aufhören würde zu werden. – Wie meinst du das? fragte er. – Es ist gar nicht schwer, sagte er, zu begreifen was ich meine; sondern wie wenn das Einschlafen zwar wäre, ein Aufwachen aber entspreche ihm nicht das aus dem Schlafenden würde, so, weißt du wohl, würde am Ende alles beweisen, Endymion sei nur eine Posse und nirgends anzutreffen, weil es auch allem c
andern eben so erginge wie ihm, daß es schliefe; und wie wenn alles immer vermischt würde und nicht gesondert, bald jenes Anaxagoreische sich einstellen würde. Alle Dinge zumal: würde nicht eben so auch, lieber Kebes, wenn alles zwar stürbe, was am Leben Anteil hat, nachdem es aber gestorben wäre, das tote immer in dieser Gestalt bliebe und nicht wieder auflebte, ganz notwendig zuletzt alles tot sein und nichts leben? Denn wenn zwar aus dem Andern das Lebende würde, das Lebende d
aber stürbe: wie wäre denn zu helfen, daß nicht zuletzt Alles im Totsein aufginge? – Gar nicht, denke ich, o Sokrates, sagte

Σώκρατες. Ἀλλά μοι δοκεῖς παντάπασιν ἀληθῆ λέγειν. —
Ἔστι γάρ, ἔφη, ὦ Κέβης, ὡς ἐμοὶ δοκεῖ, παντὸς μᾶλλον
οὕτω, καὶ ἡμεῖς αὐτὰ ταῦτα οὐκ ἐξαπατώμενοι ὁμολο-
γοῦμεν. Ἀλλ' ἔστι τῷ ὄντι καὶ τὸ ἀναβιώσκεσθαι, καὶ ἐκ τῶν
τεθνεώτων τοὺς ζῶντας γίγνεσθαι, καὶ τὰς τῶν τεθνεώτων
ψυχὰς εἶναι, καὶ ταῖς μέν γε ἀγαθαῖς ἄμεινον εἶναι, ταῖς e
δὲ κακαῖς κάκιον.

— Καὶ μήν, ἔφη ὁ Κέβης ὑπολαβών, καὶ κατ' ἐκεῖνόν
γε τὸν λόγον, ὦ Σώκρατες, εἰ ἀληθής ἐστιν, ὃν σὺ εἴωθας
θαμὰ λέγειν, ὅτι ἡμῖν ἡ μάθησις οὐκ ἄλλο τι ἢ ἀνάμνησις
τυγχάνει οὖσα, καὶ κατὰ τοῦτον ἀνάγκη που ἡμᾶς ἐν προ-
τέρῳ τινὶ χρόνῳ μεμαθηκέναι ἃ νῦν ἀναμιμνῃσκόμεθα.
Τοῦτο δὲ ἀδύνατον, εἰ μὴ ἦν που ἡμῖν ἡ ψυχὴ πρὶν ἐν
τῷδε τῷ ἀνθρωπίνῳ εἴδει γενέσθαι. Ὥστε καὶ ταύτῃ 73
ἀθάνατόν τι ἔοικεν ἡ ψυχὴ εἶναι. — Ἀλλά, ὦ Κέβης,
ἔφη ὁ Σιμμίας ὑπολαβών, ποῖαι τούτων αἱ ἀποδείξεις ;
ὑπόμνησόν με, οὐ γὰρ σφόδρα ἐν τῷ παρόντι μέμνημαι. —
Ἑνὶ μὲν λόγῳ, ἔφη ὁ Κέβης, καλλίστῳ, ὅτι ἐρωτώμενοι οἱ
ἄνθρωποι, ἐάν τις καλῶς ἐρωτᾷ, αὐτοὶ λέγουσι πάντα ᾗ
ἔχει. Καίτοι, εἰ μὴ ἐτύγχανεν αὐτοῖς ἐπιστήμη ἐνοῦσα καὶ
ὀρθὸς λόγος, οὐκ ἂν οἷοί τ' ἦσαν τοῦτο ποιήσειν. Ἔπειτα,
ἐάν τις ἐπὶ τὰ διαγράμματα ἄγῃ ἢ ἄλλο τι τῶν τοιούτων, b
ἐνταῦθα σαφέστατα κατηγορεῖ ὅτι τοῦτο οὕτως ἔχει.
— Εἰ δὲ μὴ ταύτῃ γε, ἔφη, πείθῃ, ὦ Σιμμία, ὁ
Σωκράτης, σκέψαι ἂν τῇδέ πῄ σοι σκοπουμένῳ συνδόξῃ.
Ἀπιστεῖς γὰρ δὴ πῶς ἡ καλουμένη μάθησις ἀνάμνησίς
ἐστιν ; — Ἀπιστῶ μὲν ἔγωγε, ἦ δ' ὃς ὁ Σιμμίας, οὔ · αὐτὸ
δὲ τοῦτο, ἔφη, δέομαι παθεῖν περὶ οὗ ὁ λόγος, ἀναμνη-
σθῆναι. Καὶ σχεδόν γε ἐξ ὧν Κέβης ἐπεχείρησε λέγειν ἤδη
μέμνημαι καὶ πείθομαι · οὐδὲν μεντἂν ἧττον ἀκούοιμι νῦν
πῇ σὺ ἐπεχείρησας λέγειν. — Τῇδ' ἔγωγε, ἦ δ' ὅς. Ὁμολο- c
γοῦμεν γὰρ δήπου, εἴ τίς τι ἀναμνησθήσεται, δεῖν αὐτὸν
τοῦτο πρότερόν ποτε ἐπίστασθαι ; — Πάνυ γ', ἔφη. —

Kebes, sondern du scheinst mir durchaus richtig zu reden. – Es
ist auch, o Kebes, sagte er, wie mich dünkt auf alle Weise so,
und nicht etwa überlistet gestehen wir dieses ein, sondern es
gibt in der Tat ein Wiederaufleben, und ein Werden der Leben-
den aus den Toten, und ein Sein der Seelen der Gestorbenen,
und zwar für die Guten ein Bessersein, für die Schlechten aber e
ein Schlechteres.

3.3. Das Zusatzargument aus der Wiedererinnerungslehre
3.3.1. Grundzüge dieser Lehre

– Und eben das auch, sprach Kebes einfallend, nach jenem Satz,
o Sokrates, wenn er richtig ist, den du oft vorzutragen pfleg-
test, daß unser Lernen nichts anders ist als Wiedererinnerung,
und daß wir deshalb notwendig in einer früheren Zeit gelernt
haben müßten, wessen wir uns wiedererinnern, und daß dies
unmöglich wäre, wenn unsere Seele nicht schon war, ehe sie in
diese menschliche Gestalt kam; so daß auch hiernach die Seele 73a
etwas unsterbliches sein muß. – Aber, o Kebes, sprach Simmias
einfallend, welche sind davon die Beweise? erinnere mich dar-
an, denn in diesem Augenblick besinne ich mich nicht recht
darauf. – Nur an den einen schönsten, sagte Kebes, daß wenn
die Menschen gefragt werden und einer sie nur recht zu fragen
versteht, sie alles selbst sagen wie es ist, da doch, wenn ihnen
keine Erkenntnis einwohnte und richtige Einsicht, sie nicht im
Stande sein würden dieses zu tun. Und wenn man sie zu den b
meßkünstlerischen Figuren führt oder etwas ähnlichem, so
zeigt sich dabei am deutlichsten, daß sich dies so verhält. –
Wenn du es aber so nicht glaubst, o Simmias, sagte Sokrates, so
sieh zu, ob du uns, wenn du es etwa folgendermaßen betrach-
test, beifallen wirst. Du zweifelst nämlich, wie doch das so-
genannte Lernen könne Erinnerung sein? – Ich zweifle zwar,
sprach Simmias, grade nicht; nur eben dieses, wovon die Rede
ist, ich bedarf erinnert zu werden; und fast schon aus dem, was
mir Kebes versucht hat zu sagen, habe ich mich besonnen und
glaube es. Nichts desto weniger aber würde ich jetzt gern hö-
ren, wie du es vorgetragen hast. – So ich, sprach er. Wir ge- c
stehen doch wohl, daß wenn sich einer etwas erinnern soll, er
dies vorher schon wissen muß? – Gewiß wohl. – Gestehen wir

Ἆρ᾽ οὖν καὶ τόδε ὁμολογοῦμεν, ὅταν ἐπιστήμη παρα-
γίγνηται τρόπῳ τοιούτῳ, ἀνάμνησιν εἶναι ; Λέγω δέ τινα
τρόπον τόνδε · ἐάν τίς τι ἕτερον ἢ ἰδὼν ἢ ἀκούσας ἤ τινα
ἄλλην αἴσθησιν λαβὼν μὴ μόνον ἐκεῖνο γνῷ, ἀλλὰ καὶ
ἕτερον ἐννοήσῃ, οὗ μὴ ἡ αὐτὴ ἐπιστήμη ἀλλ᾽ ἄλλη, ἆρα
οὐχὶ τοῦτο δικαίως λέγομεν ὅτι ἀνεμνήσθη οὗ τὴν ἔννοιαν
ἔλαβεν ; — Πῶς λέγεις ; — Οἷον τὰ τοιάδε · ἄλλη που d
ἐπιστήμη ἀνθρώπου καὶ λύρας. — Πῶς γὰρ οὔ ; — Οὐκοῦν
οἶσθα ὅτι οἱ ἐρασταί, ὅταν ἴδωσι λύραν ἢ ἱμάτιον ἢ ἄλλο
τι οἷς τὰ παιδικὰ αὐτῶν εἴωθε χρῆσθαι, πάσχουσι τοῦτο ·
ἔγνωσάν τε τὴν λύραν καὶ ἐν τῇ διανοίᾳ ἔλαβον τὸ εἶδος
τοῦ παιδὸς οὗ ἦν ἡ λύρα ; Τοῦτο δέ ἐστιν ἀνάμνησις ·
ὥσπερ γε καὶ Σιμμίαν τις ἰδὼν πολλάκις Κέβητος
ἀνεμνήσθη, καὶ ἄλλα που μυρία τοιαῦτ᾽ ἂν εἴη. — Μυρία
μέντοι, νὴ Δία, ἔφη ὁ Σιμμίας. — Οὐκοῦν, ἦ δ᾽ ὅς, τὸ
τοιοῦτον ἀνάμνησίς τίς ἐστι ; μάλιστα μέντοι ὅταν τις e
τοῦτο πάθῃ περὶ ἐκεῖνα ἃ ὑπὸ χρόνου καὶ τοῦ μὴ ἐπισκο-
πεῖν ἤδη ἐπελέληστο ; — Πάνυ μὲν οὖν, ἔφη. — Τί δέ ;
ἦ δ᾽ ὅς · ἔστιν ἵππον γεγραμμένον ἰδόντα καὶ λύραν
γεγραμμένην ἀνθρώπου ἀναμνησθῆναι, καὶ Σιμμίαν ἰδόντα
γεγραμμένον Κέβητος ἀναμνησθῆναι ; — Πάνυ γε. —
Οὐκοῦν καὶ Σιμμίαν ἰδόντα γεγραμμένον αὐτοῦ Σιμμίου
ἀναμνησθῆναι ; — Ἔστι μέντοι, ἔφη. — Ἆρ᾽ οὖν οὐ κατὰ 74
πάντα ταῦτα συμβαίνει τὴν ἀνάμνησιν εἶναι μὲν ἀφ᾽
ὁμοίων, εἶναι δὲ καὶ ἀπὸ ἀνομοίων ; — Συμβαίνει.

— Ἀλλ᾽ ὅταν γε ἀπὸ τῶν ὁμοίων ἀναμιμνῄσκηταί τίς τι,
ἆρ᾽ οὐκ ἀναγκαῖον τόδε προσπάσχειν, ἐννοεῖν εἴτε τι ἐλλείπει
τοῦτο κατὰ τὴν ὁμοιότητα εἴτε μὴ ἐκείνου οὗ ἀνεμνήσθη ;
— Ἀνάγκη, ἔφη. — Σκόπει δή, ἦ δ᾽ ὅς, εἰ ταῦτα οὕτως
ἔχει. Φαμέν πού τι εἶναι ἴσον, οὐ ξύλον λέγω ξύλῳ οὐδὲ
λίθον λίθῳ οὐδ᾽ ἄλλο τῶν τοιούτων οὐδέν, ἀλλὰ παρὰ ταῦτα
πάντα ἕτερόν τι, αὐτὸ τὸ ἴσον · φῶμέν τι εἶναι ἢ μηδὲν ;

etwa auch dieses, daß wenn einem Erkenntnis auf folgende Weise kommt, dies Erinnerung sei? ich meine aber diese Art, wenn jemand irgend etwas sieht oder hört oder anderswie wahrnimmt, und er dann nicht nur jenes erkennt, sondern dabei noch ein anderes vorstellt, dessen Erkenntnis nicht dieselbe ist, sondern eine andere, ob wir dann nicht mit Recht sagen, daß er sich dessen erinnere, wovon er so eine Vorstellung bekommen hat? – Wie meinst du das? – So wie dergleichen. Eine d
ganz andere Vorstellung ist doch die von einem Menschen und die von einer Leier? – Wie sollte sie nicht? – Du weißt aber doch, daß Liebhabern, wenn sie eine Leier sehen, oder ein Kleid, oder sonst etwas was ihr Liebling zu gebrauchen pflegt, es so ergeht; sie erkennen die Leier, und in ihrer Seele nehmen sie zugleich auf das Bild des Knaben, dem die Leier gehört, und das ist nun Erinnerung: so wie auch einer, wenn er den Simmias sieht, wohl leicht an den Kebes denkt und tausenderlei dergleichen. – Tausenderlei, beim Zeus, sagte Simmias. – Und nicht wahr, sprach er, dergleichen ist nun Erinnerung, vorzüg- e
lich wenn es einem bei solchen Dingen begegnet, die ihm, weil sie ihm seit langer Zeit schon nicht vorgekommen und er nicht an sie gedacht, in Vergessenheit geraten waren. – Allerdings, sagte er. – Wie nun, kann man sich auch wohl, wenn man ein gemaltes Pferd sieht oder eine gemalte Leier, eines Menschen dabei erinnern? und wenn man den Simmias gemalt sieht, sich des Kebes dabei erinnern? – Auch das freilich. – Auch wenn man den Simmias gemalt sieht, sich des Simmias selbst erinnern. – Das kann man freilich, sagte er. – Und nicht wahr, in 74a
allen diesen Fällen entsteht uns Erinnerung, das eine Mal aus ähnlichen Dingen, das andere Mal aus unähnlichen. – So entsteht sie. – Aber wenn nun einer bei ähnlichen Dingen sich etwas erinnert, muß ihm nicht auch das noch dazu begegnen, daß er inne wird, ob diese etwas zurückbleiben in der Ähnlichkeit oder nicht hinter dem, dessen er sich erinnert? – Notwendig, sagte er. – Wohlan denn, sprach jener, sieh zu ob sich dies so verhält. Wir nennen doch etwas gleich? ich meine nicht ein Holz dem andern, oder einen Stein dem andern, noch irgend etwas dergleichen, sondern außer diesem allen etwas anderes, das gleiche selbst, sagen wir, daß das etwas ist oder nichts? –

— Φῶμεν μέντοι, νὴ Δί', ἔφη ὁ Σιμμίας, θαυμαστῶς γε. — b
Ἦ καὶ ἐπιστάμεθα αὐτὸ ὃ ἔστιν ; — Πάνυ γε, ἦ δ' ὅς. —
Πόθεν λαϐόντες αὐτοῦ τὴν ἐπιστήμην ; ἆρ' οὐκ ἐξ ὧν νῦν
δὴ ἐλέγομεν, ἢ ξύλα ἢ λίθους ἢ ἄλλα ἄττα ἰδόντες ἴσα, ἐκ
τούτων ἐκεῖνο ἐνενοήσαμεν, ἕτερον ὂν τούτων ; ἢ οὐχ
ἕτερόν σοι φαίνεται ; Σκόπει δὲ καὶ τῇδε · ἆρ' οὐ λίθοι μὲν
ἴσοι καὶ ξύλα ἐνίοτε ταὐτὰ ὄντα τότε μὲν ἴσα φαίνεται, τότε
δ' οὔ ; — Πάνυ μὲν οὖν. — Τί δέ ; αὐτὰ τὰ ἴσα ἔστιν ὅτε
ἄνισά σοι ἐφάνη, ἢ ἡ ἰσότης ἀνισότης ; — Οὐδεπώποτέ c
γε, ὦ Σώκρατες, — Οὐ ταὐτὸν ἄρα ἐστίν, ἦ δ' ὅς, ταῦτά
τε τὰ ἴσα καὶ αὐτὸ τὸ ἴσον. — Οὐδαμῶς μοι φαίνεται, ὦ
Σώκρατες. — Ἀλλὰ μὴν ἐκ τούτων γ', ἔφη, τῶν ἴσων,
ἑτέρων ὄντων ἐκείνου τοῦ ἴσου, ὅμως αὐτοῦ τὴν ἐπιστήμην
ἐννενόηκάς τε καὶ εἴληφας ; — Ἀληθέστατα, ἔφη, λέγεις.
— Οὐκοῦν ἢ ὁμοίου ὄντος τούτοις ἢ ἀνομοίου ; — Πάνυ γε.
— Διαφέρει δέ γε, ἦ δ' ὅς, οὐδέν. Ἕως ἄν, ἄλλο ἰδών, ἀπὸ
ταύτης τῆς ὄψεως ἄλλο ἐννοήσῃς, εἴτε ὅμοιον εἴτε ἀνό-
μοιον, ἀναγκαῖον, ἔφη, αὐτὸ ἀνάμνησιν γεγονέναι. — Πάνυ d
μὲν οὖν.

— Τί δέ ; ἦ δ' ὅς · ἦ πάσχομέν τι τοιοῦτον περὶ τὰ ἐν
τοῖς ξύλοις τε καὶ οἷς νῦν δὴ ἐλέγομεν τοῖς ἴσοις ; ἆρα
φαίνεται ἡμῖν οὕτως ἴσα εἶναι ὥσπερ αὐτὸ τὸ ὅ ἐστιν ἴσον,
ἢ ἐνδεῖ τι ἐκείνου τῷ τοιοῦτον εἶναι οἷον τὸ ἴσον, ἢ οὐδέν ;
— Καὶ πολύ γε, ἔφη, ἐνδεῖ. — Οὐκοῦν ὁμολογοῦμεν, ὅταν
τίς, τι ἰδών, ἐννοήσῃ ὅτι · « βούλεται μὲν τοῦτο ὃ νῦν ἐγὼ
« ὁρῶ εἶναι οἷον ἄλλο τι τῶν ὄντων, ἐνδεῖ δὲ καὶ οὐ δύναται
« τοιοῦτον εἶναι οἷον ἐκεῖνο, ἀλλ' ἔστι φαυλότερον », e
ἀναγκαῖόν που τὸν τοῦτο ἐννοοῦντα τυχεῖν προειδότα ἐκεῖνο
ᾧ φησιν αὐτὸ προσεοικέναι μέν, ἐνδεεστέρως δὲ ἔχειν ; —
Ἀνάγκη. — Τί οὖν ; τὸ τοιοῦτον πεπόνθαμεν καὶ ἡμεῖς, ἢ
οὔ, περί τε τὰ ἴσα καὶ αὐτὸ τὸ ἴσον ; — Παντάπασί γε. —
Ἀναγκαῖον ἄρα ἡμᾶς προειδέναι τὸ ἴσον πρὸ ἐκείνου τοῦ
χρόνου, ὅτε τὸ πρῶτον ἰδόντες τὰ ἴσα ἐνενοήσαμεν ὅτι 75

Etwas, beim Zeus, sprach Simmias, ganz stark. – Erkennen wir b auch dieses, was es ist? – Allerdings, sprach er. – Woher nahmen wir aber seine Erkenntnis? nicht aus dem, was wir eben sagten, wenn wir Hölzer oder Steine oder irgend andere gleiche Dinge sahen, haben wir nicht bei diesen uns jenes vorgestellt, was doch verschieden ist von diesen? Oder scheint es dir nicht verschieden zu sein? Bedenke es nur auch so. Erscheinen dir nicht gleiche Steine oder Hölzer, ganz dieselben bleibend, bisweilen als gleich und dann wieder nicht? – O ja. – Wie aber, die gleichen Dinge selbst erscheinen dir bisweilen als ungleich; c etwa auch die Gleichheit als Ungleichheit? – Nimmermehr wohl, Sokrates. – Also, sprach er, sind jene gleichen Dinge und dieses Gleiche selbst nicht dasselbige. – Offenbar keinesweges, o Sokrates. – Doch aber bei jenen gleichen, verschieden von diesem Gleichen, hast du die Erkenntnis des letzteren vorgestellt oder erhalten? – Vollkommen richtig. – Indem es jenen entweder ähnlich ist oder unähnlich? – Freilich. – Und das macht ja, sprach er, keinen Unterschied. Denn so oft du etwas sehend von dieser Gesichtswahrnehmung aus dir noch ein anderes vorstellst, es sei nun ähnlich oder unähnlich, so ist not- d wendig dieses Vorstellen eine Erinnerung gewesen. – Allerdings. – Wie aber weiter, sprach er, begegnet uns wohl so etwas bei den gleichen Hölzern und andern, von denen wir eben sprachen; scheinen sie uns eben so gleich zu sein, wie das gleiche selbst? oder fehlt etwas daran, daß sie nicht so sind wie das gleiche, oder nichts? – Gar viel, sprach er, fehlt daran. – Müssen wir nun nicht gestehen, wenn jemand der etwas sieht, bemerkt, dieses was ich hier sehe will zwar sein wie etwas gewisses anderes, es bleibt aber zurück, und vermag nicht so zu sein wie jenes, sondern ist schlechter, daß der welcher dies bemerkt e notwendig jenes vorher kennen muß, dem er sagt, daß das andere zwar gleiche, aber doch dahinter zurückbleibe? – Notwendig. – Und wie? geht es uns nun so mit den gleichen Dingen und dem Gleichen selbst? – Auf alle Weise. – Notwendig also kennen wir das Gleiche schon vor jener Zeit, als wir zuerst 75a

ὀρέγεται μὲν πάντα ταῦτα εἶναι οἷον τὸ ἴσον, ἔχει δὲ ἐνδεεστέρως. — Ἔστι ταῦτα. — Ἀλλὰ μὴν καὶ τόδε ὁμολογοῦμεν, μὴ ἄλλοθεν αὐτὸ ἐννενοηκέναι μηδὲ δυνατὸν εἶναι ἐννοῆσαι ἀλλ' ἢ ἐκ τοῦ ἰδεῖν ἢ ἅψασθαι ἢ ἔκ τινος ἄλλης τῶν αἰσθήσεων · ταὐτὸν δὲ πάντα ταῦτα λέγω. — Ταὐτὸν γάρ, ἔστιν, ὦ Σώκρατες, πρός γε ὃ βούλεται δηλῶσαι ὁ λόγος. — Ἀλλὰ μὲν δὴ ἔκ γε τῶν αἰσθήσεων δεῖ ἐννοῆσαι ὅτι πάντα τὰ ἐν ταῖς αἰσθήσεσιν ἐκείνου τε ὀρέγεται τοῦ ὃ ἔστιν ἴσον, καὶ αὐτοῦ ἐνδεέστερά ἐστιν · ἢ b
πῶς λέγομεν ; — Οὕτως. — Πρὸ τοῦ ἄρα ἄρξασθαι ἡμᾶς ὁρᾶν καὶ ἀκούειν καὶ τἆλλα αἰσθάνεσθαι, τυχεῖν ἔδει που εἰληφότας ἐπιστήμην αὐτοῦ τοῦ ἴσου ὅ τι ἔστιν, εἰ ἐμέλλομεν τὰ ἐκ τῶν αἰσθήσεων ἴσα ἐκεῖσε ἀνοίσειν, ὅτι προθυμεῖται μὲν πάντα τοιαῦτ' εἶναι οἷον ἐκεῖνο, ἔστι δὲ αὐτοῦ φαυλότερα. — Ἀνάγκη ἐκ τῶν προειρημένων, ὦ Σώκρατες. — Οὐκοῦν γενόμενοι εὐθὺς ἑωρῶμέν τε καὶ ἠκούομεν καὶ τὰς ἄλλας αἰσθήσεις εἴχομεν ; — Πάνυ γε. — Ἔδει δέ γε, φαμέν, πρὸ τούτων τὴν τοῦ ἴσου ἐπιστήμην εἰληφέναι ; — c
Ναί. — Πρὶν γενέσθαι ἄρα, ὡς ἔοικεν, ἀνάγκη ἡμῖν αὐτὴν εἰληφέναι ; — Ἔοικεν.

— Οὐκοῦν, εἰ μέν, λαβόντες αὐτὴν πρὸ τοῦ γενέσθαι, ἔχοντες ἐγενόμεθα, ἠπιστάμεθα καὶ πρὶν γενέσθαι καὶ εὐθὺς γενόμενοι, οὐ μόνον τὸ ἴσον καὶ τὸ μεῖζον καὶ τὸ ἔλαττον, ἀλλὰ καὶ ξύμπαντα τὰ τοιαῦτα ; Οὐ γὰρ περὶ τοῦ ἴσου νῦν ὁ λόγος ἡμῖν μᾶλλόν τι ἢ καὶ περὶ αὐτοῦ τοῦ καλοῦ καὶ αὐτοῦ τοῦ ἀγαθοῦ καὶ δικαίου καὶ ὁσίου, καί, ὅπερ λέγω, περὶ ἁπάντων οἷς ἐπισφραγιζόμεθα d
τοῦτο ὃ ἔστι καὶ ἐν ταῖς ἐρωτήσεσιν ἐρωτῶντες καὶ ἐν ταῖς ἀποκρίσεσιν ἀποκρινόμενοι. Ὥστε ἀναγκαῖον ἡμῖν τούτων πάντων τὰς ἐπιστήμας πρὸ τοῦ γενέσθαι εἰληφέναι. — Ἔστι ταῦτα. — Καί, εἰ μέν γε λαβόντες ἑκάστοτε μὴ ἐπιλελήσμεθα, εἰδότας ἀεὶ γίγνεσθαι καὶ ἀεὶ διὰ βίου εἰδέναι. Τὸ γὰρ εἰδέναι τοῦτ' ἔστι · λαβόντα του

gleiches erblickend bemerkten, daß alles dergleichen strebe zu
sein wie das Gleiche, aber doch dahinter zurückbleibe? – So ist
es. – Aber auch das geben wir doch zu, daß wir eben dieses
nirgend anders her bemerkt haben, noch im Stande sind zu
bemerken, als bei dem Sehen oder Berühren oder irgend einer
andern Wahrnehmung, denn diese sind mir alle einerlei. – Sie
sind auch einerlei, o Sokrates, für das, wohin unsere Rede will.
– Aber doch an den Wahrnehmungen muß man bemerken, daß
alles so in den Wahrnehmungen vorkommende jenem nach-
strebt, was das gleiche ist und daß es dahinter zurückbleibt. b
Oder wie wollen wir sagen? – So. – Ehe wir also anfingen zu
sehen oder zu hören, oder die anderen Sinne zu gebrauchen,
mußten wir schon irgendwoher die Erkenntnis bekommen ha-
ben des eigentlich Gleichen, was es ist, wenn wir doch das
Gleiche in den Wahrnehmungen so auf jenes beziehen sollten,
daß dergleichen alles zwar strebt zu sein wie jenes, aber doch
immer schlechter ist. – Notwendig nach dem vorhergesagten,
o Sokrates. – Nun aber haben wir doch gleich von unserer
Geburt an gesehen, gehört und die anderen Sinne gebraucht? –
Freilich. – Und wir mußten, sagen wir, schon ehe dieses ge-
schah, die Erkenntnis des Gleichen bekommen haben? – Ja. – c
Ehe wir also geboren wurden müssen wir sie, wie sich zeigt,
bekommen haben. – So zeigt es sich. – Wenn wir sie also vor
unserer Geburt empfangen haben, und in ihrem Besitz gebo-
ren worden sind: so erkannten wir auch schon ehe wir wurden
und sobald wir da waren nicht das Gleiche nur und das Grö-
ßere und Kleinere, sondern alles dieser Art insgesamt. Denn es
ist uns ja jetzt nicht eben mehr von dem Gleichen die Rede, als
auch von dem Schönen selbst und dem Guten selbst und dem
Rechten und Frommen, und wie ich sage von allem, was wir d
bezeichnen, als dies selbst was es ist, in unsern Fragen wenn
wir fragen und in unsern Antworten wenn wir antworten. So
daß wir notwendig von diesem allen die Erkenntisse, schon
ehe wir geboren wurden, erhalten haben. – So ist es. – Und daß
wir, wenn wir sie nicht immer wieder vergäßen nachdem wir
sie bekommen, auch immer wissen und uns ihrer das ganze
Leben hindurch bewußt sein würden. Denn das heißt ja wis-

ἐπιστήμην, ἔχειν καὶ μὴ ἀπολωλεκέναι · ἢ οὐ τοῦτο λήθην λέγομεν, ὦ Σιμμία, ἐπιστήμης ἀποβολήν ; — Πάντως δήπου, ἔφη, ὦ Σώκρατες, — Εἰ δέ γε, οἶμαι, λαβόντες e
πρὶν γενέσθαι, γιγνόμενοι ἀπωλέσαμεν, ὕστερον δὲ ταῖς αἰσθήσεσι χρώμενοι περὶ αὐτὰ ἐκείνας ἀναλαμβάνομεν τὰς ἐπιστήμας ἅς ποτε καὶ πρὶν εἴχομεν, ἆρ' οὐχ ὃ καλοῦμεν μανθάνειν οἰκείαν ἂν ἐπιστήμην ἀναλαμβάνειν εἴη ; Τοῦτο δέ που ἀναμιμνῄσκεσθαι λέγοντες ὀρθῶς ἂν λέγοιμεν ; — Πάνυ γε. — Δυνατὸν γὰρ δὴ τοῦτό γε ἐφάνη, αἰσθόμενόν τι ἢ ἰδόντα ἢ ἀκούσαντα ἤ τινα ἄλλην αἴσθησιν λαβόντα, 76
ἕτερόν τι ἀπὸ τούτου ἐννοῆσαι ὃ ἐπελέληστο, ᾧ τοῦτο ἐπλησίαζεν ἀνόμοιον ὂν ἢ ᾧ ὅμοιον. Ὥστε, ὅπερ λέγω, δυοῖν θάτερον · ἤτοι ἐπιστάμενοί γε αὐτὰ γεγόναμεν καὶ ἐπιστάμεθα διὰ βίου πάντες, ἢ ὕστερον οὕς φαμεν μανθάνειν οὐδὲν ἀλλ' ἢ ἀναμιμνῄσκονται οὗτοι, καὶ ἡ μάθησις ἀνάμνησις ἂν εἴη. — Καὶ μάλα δὴ οὕτως ἔχει, ὦ Σώκρατες. — Πότερον οὖν αἱρεῖ, ὦ Σιμμία ; ἐπισταμένους ἡμᾶς γεγονέναι, ἢ ἀναμιμνῄσκεσθαι ὕστερον ὧν πρότερον ἐπιστήμην εἰληφότες ἦμεν ; — Οὐκ ἔχω, ὦ b
Σώκρατες, ἐν τῷ παρόντι ἑλέσθαι.

— Τί δέ ; τόδε ἔχεις ἑλέσθαι, καὶ πῇ σοι δοκεῖ περὶ αὐτοῦ · ἀνὴρ ἐπιστάμενος περὶ ὧν ἐπίσταται ἔχοι ἂν δοῦναι λόγον, ἢ οὔ ; — Πολλὴ ἀνάγκη, ἔφη, ὦ Σώκρατες. — Ἦ καὶ δοκοῦσί σοι πάντες ἔχειν διδόναι λόγον περὶ τούτων ὧν νῦν δὴ ἐλέγομεν ; — Βουλοίμην μεντἄν, ἔφη ὁ Σιμμίας. Ἀλλὰ πολὺ μᾶλλον φοβοῦμαι μὴ αὔριον τηνικάδε οὐκέτι ᾖ ἀνθρώπων οὐδεὶς ἀξίως οἷός τε τοῦτο ποιῆσαι. — Οὐκ ἄρα δοκοῦσι σοι ἐπίστασθαί γε, ἔφη, ὦ Σιμμία, c
πάντες αὐτά ; — Οὐδαμῶς. — Ἀναμιμνῄσκονται ἄρα ἅ ποτε ἔμαθον ; — Ἀνάγκη. — Πότε λαβοῦσαι αἱ ψυχαὶ ἡμῶν τὴν ἐπιστήμην αὐτῶν ; οὐ γὰρ δὴ ἀφ' οὗ γε ἄνθρωποι

sen, eine empfangene Erkenntnis besitzen und nicht verloren haben? oder heißt das nicht vergessen, o Simmias, Verlust einer Erkenntnis? – Auf alle Weise, sagte er, o Sokrates. – Und wenn e
wir, meine ich, vor unserer Geburt sie besaßen und sie bei der Geburt verloren haben, hernach aber beim Gebrauch unserer Sinne an solchen Gegenständen eben jene Erkenntnisse wieder aufnahmen, die wir einmal schon vorher hatten: ist dann nicht, was wir lernen heißen, das Wiederaufnehmen einer uns schon angehörigen Erkenntnis? und wenn wir dies wiedererinnern nennen, werden wir es nicht richtig benennen? – Gewiß. – Denn das hatte sich uns doch als möglich gezeigt, daß wer etwas wahrnimmt, es sei nun durch Gesicht und Gehör, oder 76a
irgend einen anderen Sinn, dabei etwas anderes vorstellen könne, was er vergessen hatte und was diesem nahe kam als unähnlich oder als ähnlich. Also, wie ich sage, eines von beiden, entweder sind wir dieses wissend geboren worden, und wissen es unser Leben lang alle, oder die, von denen wir sagen daß sie hernach erst lernen, erinnern sich dessen nur, und das Lernen ist eine Erinnerung. – Wohl gar sehr verhält es sich so, Sokrates. – Welches nun wählst du, o Simmias, daß wir wissend geboren werden, oder daß wir uns hernach dessen erinnern, wovon wir schon vorher eine Erkenntnis gehabt hatten? – So b
im Augenblick, o Sokrates, weiß ich nicht zu wählen.

3.3.2. Wiedererinnerung setzt Unsterblichkeit der Seele voraus. Folgt auch das Fortbestehen nach dem Tod?

– Wie aber? kannst du hier wählen, oder was dünkt dich hievon? muß ein wissender Mann von dem was er weiß Rechenschaft geben können oder nicht? – Ganz notwendig, o Sokrates, sprach er. – Und dünkt dich denn, daß Alle Rechenschaft zu geben im Stande sind von dem, was wir eben anführten? – Das wünschte ich wohl, sprach Simmias; aber ich fürchte vielmehr, es möchte uns schon morgen hier zu Lande keiner mehr gefunden werden, der dies gehörig zu tun vermöchte. – Du meinst also nicht, o Simmias, daß Alle dieses wissen? – Keines- c
weges. – Also erinnern sie sich dessen, was sie einst gelernt hatten. – Notwendig. – Wann aber hatten unsere Seelen die Erkenntnis davon bekommen? doch wohl nicht seitdem wir als

γεγόναμεν. — Οὐ δῆτα. — Πρότερον ἄρα ; — Ναί. —
Ἦσαν ἄρα, ὦ Σιμμία, αἱ ψυχαί, καὶ πρότερον πρὶν εἶναι
ἐν ἀνθρώπου εἴδει, χωρὶς σωμάτων, καὶ φρόνησιν εἶχον. —
Εἰ μὴ ἄρα ἅμα γιγνόμενοι λαμβάνομεν, ὦ Σώκρατες,
ταύτας τὰς ἐπιστήμας · οὗτος γὰρ λείπεται ἔτι ὁ χρόνος.
— Εἶεν, ὦ ἑταῖρε · ἀπόλλυμεν δὲ αὐτὰς ἐν ποίῳ ἄλλῳ d
χρόνῳ ; οὐ γὰρ δὴ ἔχοντές γε αὐτὰς γιγνόμεθα, ὡς ἄρτι
ὡμολογήσαμεν. Ἢ ἐν τούτῳ ἀπόλλυμεν ἐν ᾧπερ καὶ λαμ-
βάνομεν ; ἢ ἔχεις ἄλλον τινὰ εἰπεῖν χρόνον ; — Οὐδαμῶς,
ὦ Σώκρατες. Ἀλλὰ ἔλαθον ἐμαυτὸν οὐδὲν εἰπών.

— Ἆρ' οὖν οὕτως ἔχει, ἔφη, ἡμῖν, ὦ Σιμμία · εἰ μὲν
ἔστιν ἃ θρυλοῦμεν ἀεί, καλόν τέ τι καὶ ἀγαθὸν καὶ πᾶσα ἡ
τοιαύτη οὐσία, καὶ ἐπὶ ταύτην τὰ ἐκ τῶν αἰσθήσεων πάντα
ἀναφέρομεν, ὑπάρχουσαν πρότερον ἀνευρίσκοντες ἡμετέραν e
οὖσαν, καὶ ταῦτα ἐκείνῃ ἀπεικάζομεν, ἀναγκαῖον, οὕτως
ὥσπερ καὶ ταῦτα ἔστιν, οὕτως καὶ τὴν ἡμετέραν ψυχὴν
εἶναι καὶ πρὶν γεγονέναι ἡμᾶς · εἰ δὲ μὴ ἔστι ταῦτα,
ἄλλως ἂν ὁ λόγος οὗτος εἰρημένος εἴη ; Ἆρ' οὕτως ἔχει,
καὶ ἴση ἀνάγκη ταῦτά τε εἶναι καὶ τὰς ἡμετέρας ψυχὰς
πρὶν καὶ ἡμᾶς γεγονέναι καὶ εἰ μὴ ταῦτα οὐδὲ τάδε ; —
Ὑπερφυῶς, ὦ Σώκρατες, ἔφη ὁ Σιμμίας, δοκεῖ μοι ἡ
αὐτὴ ἀνάγκη εἶναι, καὶ εἰς καλόν γε καταφεύγει ὁ λόγος
εἰς τὸ ὁμοίως εἶναι τήν τε ψυχὴν ἡμῶν πρὶν γενέσθαι ἡμᾶς 77
καὶ τὴν οὐσίαν ἣν σὺ νῦν λέγεις. Οὐ γὰρ ἔχω ἔγωγε οὐδὲν
οὕτω μοι ἐναργὲς ὂν ὡς τοῦτο · τὸ πάντα τὰ τοιαῦτ' εἶναι
ὡς οἷόν τε μάλιστα, καλόν τε καὶ ἀγαθὸν καὶ τἆλλα πάντα
ἃ σὺ νῦν δὴ ἔλεγες. Καὶ ἔμοιγε δοκεῖ ἱκανῶς ἀποδέ-
δεικται.

— Τί δὲ δὴ Κέβητι ; ἔφη ὁ Σωκράτης, δεῖ γὰρ καὶ
Κέβητα πείθειν. — Ἱκανῶς, ἔφη ὁ Σιμμίας, ὡς ἔγωγε
οἶμαι. Καίτοι καρτερώτατος ἀνθρώπων ἐστὶ πρὸς τὸ
ἀπιστεῖν τοῖς λόγοις. — Ἀλλ' οἶμαι οὐκ ἐνδεῶς τοῦτο
πεπεῖσθαι αὐτόν, ὅτι πρὶν γενέσθαι ἡμᾶς ἦν ἡμῶν ἡ ψυχή. b

Menschen geboren sind? – Nicht füglich. – Früher also? – Ja. – Also waren, o Simmias, die Seelen, auch ehe sie in menschlicher Gestalt waren, ohne Leiber, und hatten Einsicht. – Wenn wir nicht etwa bei der Geburt diese Erkenntnisse empfangen, o Sokrates, denn diese Zeit bleibt uns noch übrig. – Gut, o
Freund! aber in welcher andern Zeit verlieren wir sie denn? d
Denn wir haben sie nicht wenn wir geboren werden, wie wir eben eingestanden. Oder verlieren wir sie in derselben Zeit, in welcher wir sie auch empfangen? oder weißt du noch eine andere Zeit anzugeben? – Keinesweges, o Sokrates, sondern ich merkte nur nicht, daß ich nichts sagte. – Also verhält es sich nur so, sprach er, o Simmias. Wenn das etwas ist, was wir immer im Munde führen, das Schöne und Gute und jegliches Wesen dieser Art, und wir hierauf alles was uns durch die Sinne kommt
beziehen, als auf ein vorher gehabtes was wir als das unsrige e
wieder auffinden und diese Dinge damit vergleichen: so muß notwendig, eben so wie dieses ist, so auch unsere Seele sein, auch ehe wir noch geboren worden sind. Wenn aber alles dieses nichts ist, so wäre dann auch diese Rede vergeblich geredet. Verhält es sich wohl so, und ist es die ganz gleiche Notwendigkeit, daß jenes ist und daß auch unsere Seelen sind auch vor unserer Geburt, und daß, wenn jenes nicht dann auch nicht dieses? – Über die Maßen, o Sokrates, sprach Simmias, dünkt es mich dieselbe Notwendigkeit zu sein; und an einen sichern
Ort rettet sich unser Satz, dahin nämlich, daß unsere Seele auf 77a
dieslbe Weise ist, ehe wir noch geboren werden, wie jenes alles, wovon du eben sprachest. Denn ich habe gar nichts, was mir so klar wäre als eben dieses, daß alles dergleichen wahrhaft in dem allerhöchsten Sinne ist, das Schöne und das Gute und was du sonst eben anführtest; und mir wenigstens genügt der Beweis vollkommen. – Wie aber dem Kebes, sprach Sokrates. Denn wir müssen auch den Kebes überzeugen. – Gewiß auch ihm, sprach Simmias, wie ich glaube, wiewohl er der hartnäckigste Mensch ist im Unglauben an Anderer Reden. Allein davon,
glaube ich, ist er nun hinreichend überzeugt, daß ehe wir ge- b

Εἰ μέντοι καὶ ἐπειδὰν ἀποθάνωμεν ἔτι ἔσται, οὐδὲ αὐτῷ μοι δοκεῖ, ἔφη, ὦ Σώκρατες, ἀποδεδεῖχθαι · ἀλλ' ἔτι ἐνέστηκεν ὃ νῦν δὴ Κέβης ἔλεγε, τὸ τῶν πολλῶν, ὅπως μὴ ἅμα ἀποθνῄσκοντος τοῦ ἀνθρώπου διασκεδάννυται ἡ ψυχὴ καὶ αὐτῇ τοῦ εἶναι τοῦτο τέλος ᾖ. Τί γὰρ κωλύει γίγνεσθαι μὲν αὐτὴν καὶ ξυνίστασθαι ἄλλοθέν ποθεν καὶ εἶναι πρὶν καὶ εἰς ἀνθρώπειον σῶμα ἀφικέσθαι, ἐπειδὰν δὲ ἀφίκηται καὶ ἀπαλλάττηται τούτου, τότε καὶ αὐτὴν τελεῦταν καὶ διαφθείρεσθαι ; — Εὖ λέγεις, ἔφη, ὦ Σιμμία, ὁ Κέβης. c
Φαίνεται γὰρ ὥσπερ ἥμισυ ἀποδεδεῖχθαι οὗ δεῖ, ὅτι πρὶν γενέσθαι ἡμᾶς ἦν ἡμῶν ἡ ψυχή · δεῖ δὲ προσαποδεῖξαι ὅτι, καὶ ἐπειδὰν ἀποθάνωμεν, οὐδὲν ἧττον ἔσται ἢ πρὶν γενέσθαι, εἰ μέλλει τέλος ἡ ἀπόδειξις ἔχειν.

— Ἀποδέδεικται μέν, ἔφη, ὦ Σιμμία τε καὶ Κέβης, ὁ Σωκράτης, καὶ νῦν, εἰ θέλετε συνθεῖναι τοῦτόν τε τὸν λόγον εἰς ταὐτὸν καὶ ὃν πρὸ τούτου ὡμολογήσαμεν, τὸ γίγνεσθαι πᾶν τὸ ζῶν ἐκ τοῦ τεθνεῶτος. Εἰ γὰρ ἔστι μὲν ἡ ψυχὴ καὶ πρότερον, ἀνάγκη δὲ αὐτῇ εἰς τὸ ζῆν ἰούσῃ τε καὶ γιγνο- d
μένῃ μηδαμόθεν ἄλλοθεν ἢ ἐκ θανάτου καὶ τοῦ τεθνάναι γίγνεσθαι, πῶς οὐκ ἀνάγκη αὐτὴν καὶ ἐπειδὰν ἀποθάνῃ εἶναι, ἐπειδή γε δεῖ αὖθις αὐτὴν γίγνεσθαι ; Ἀποδέδεικται μὲν οὖν ὅπερ λέγεται καὶ νῦν. Ὅμως δέ μοι δοκεῖς σύ τε καὶ Σιμμίας ἡδέως ἂν καὶ τοῦτον διαπραγματεύσασθαι τὸν λόγον ἔτι μᾶλλον, καὶ δεδιέναι τὸ τῶν παίδων, μὴ ὡς ἀληθῶς ὁ ἄνεμος αὐτὴν ἐκβαίνουσαν ἐκ τοῦ σώματος διαφυσᾷ καὶ διασκεδάννυσιν, ἄλλως τε καὶ ὅταν τύχῃ τις μὴ e
ἐν νηνεμίᾳ ἀλλ' ἐν μεγάλῳ τινὶ πνεύματι ἀποθνῄσκων. » Καὶ ὁ Κέβης ἐπιγελάσας · « Ὡς δεδιότων, ἔφη, ὦ Σώκρατες, πειρῶ ἀναπείθειν · μᾶλλον δὲ μὴ ὡς ἡμῶν δεδιότων, ἀλλ' ἴσως ἔνι τις καὶ ἐν ἡμῖν παῖς ὅστις τὰ τοιαῦτα φοβεῖται · τοῦτον οὖν πειρῶ μεταπείθειν μὴ δεδιέναι τὸν θάνατον ὥσπερ τὰ μορμολύκεια. — Ἀλλὰ χρή, ἔφη ὁ Σωκράτης, ἐπᾴδειν αὐτῷ ἑκάστης ἡμέρας ἕως ἂν ἐξεπᾴσηται. — Πόθεν

boren wurden unsere Seele war. Ob aber auch nachdem wir gestorben sind sie noch sein wird, das scheint auch mir selbst, o Sokrates, noch nicht bewiesen zu sein, sondern es steht noch entgegen, wie auch Kebes eben sagte, jene gemeine Rede, ob nicht indem der Mensch stirbt die Seele zerstiebt, und auch ihr dieses das Ende des Seins ist. Denn was hindert doch, daß sie zwar anderwärts her werde und bestehe und sei auch ehe sie in menschlichen Leib gelangt, daß aber doch, nachdem sie in diesen gelangt ist, wenn sie von ihm getrennt wird, alsdann auch sie selbst endet und untergeht? – Wohl gesprochen, o Simmias, c
sagte Kebes. Denn es scheint gleichsam die eine Hälfte von dem bewiesen zu sein, was wir brauchen, daß nämlich ehe wir geboren wurden unsere Seele war; aber man muß noch dazu beweisen, daß auch, wenn wir tot sind, sie um nichts weniger sein wird als vor unserer Geburt, wenn der Beweis seine Vollendung bekommen soll. – Es ist doch, o Simmias und Kebes, sprach Sokrates, auch jetzt schon bewiesen, wenn ihr diesen Satz zusammenbringen wollt mit jenem, den wir vorher zugestanden hatten, daß nämlich alles Lebende aus dem Gestorbenen entsteht. Denn wenn die Seele ist auch vorher, und wenn sie notwendig, indem sie ins Leben geht und geboren wird, d
nirgend andersher kommen kann, als aus dem Tode und dem Gestorbensein: wie sollte sie denn nicht notwendig, auch nachdem sie gestorben ist, sein, wenn sie doch wiederum geboren werden soll? Bewiesen also ist dies, wie ich sagte auch jetzt schon. Dennoch scheint ihr, du und Simmias, gern auch diesen Satz noch weiter durcharbeiten zu wollen, und auch zu fürchten wie die Kinder, daß nicht gar buchstäblich der Wind sie, wenn sie aus dem Leibe herausfährt, auseinanderwehe und zerstäube, zumal wenn einer nicht etwa bei Windstille, sondern in e
recht tüchtigem Sturmwinde stirbt. – Da sagte Kebes lächelnd, So tue denn so als fürchteten wir uns, und versuche uns zu überreden. Lieber jedoch nicht, als ob wir selbst uns fürchteten, aber vielleicht ist auch in uns ein Kind, welches dergleichen fürchtet. Dieses also wollen wir versuchen zu überzeugen, daß es den Tod nicht fürchten müsse wie ein Gespenst. – Dieses müßt ihr, sprach Sokrates, täglich besprechen, bis ihr es heraus-

οὖν, ἔφη, ὦ Σώκρατες, τῶν τοιούτων ἀγαθὸν ἐπῳδὸν ληψό- 78
μεθα, ἐπειδὴ σύ, ἔφη, ἡμᾶς ἀπολείπεις ; — Πολλὴ μὲν ἡ Ἑλλάς, ἔφη, ὦ Κέβης, ἐν ᾗ ἔνεισί που ἀγαθοὶ ἄνδρες, πολλὰ δὲ καὶ τὰ τῶν βαρβάρων γένη, οὓς πάντας χρὴ διερευνᾶσθαι ζητοῦντας τοιοῦτον ἐπῳδόν, μήτε χρημάτων φειδομένους μήτε πόνων, ὡς οὐκ ἔστιν εἰς ὅ τι ἂν εὐκαιρότερον ἀναλίσκοιτε χρήματα. Ζητεῖν δὲ χρὴ καὶ αὐτοὺς μετ' ἀλλήλων · ἴσως γὰρ ἂν οὐδὲ ῥᾳδίως εὕροιτε μᾶλλον ὑμῶν δυναμένους τοῦτο ποιεῖν. — Ἀλλὰ ταῦτα μὲν δή, ἔφη, ὑπάρξει, ὁ Κέβης.
Ὅθεν δὲ ἀπελίπομεν ἐπανέλθωμεν, εἴ σοι ἡδομένῳ ἐστίν. b
— Ἀλλὰ μὴν ἡδομένῳ γε · πῶς γὰρ οὐ μέλλει ; — Καλῶς, ἔφη, λέγεις. — Οὐκοῦν τοιόνδε τι, ἦ δ' ὃς ὁ Σωκράτης, δεῖ ἡμᾶς ἀνερέσθαι ἑαυτούς, τῷ ποίῳ τινὶ ἄρα προσήκει τοῦτο τὸ πάθος πάσχειν, τὸ διασκεδάννυσθαι, καὶ ὑπὲρ τοῦ ποίου τινὸς δεδιέναι μὴ πάθῃ αὐτὸ καὶ τῷ ποίῳ τινὶ ⟨οὔ⟩ · καὶ μετὰ τοῦτο αὖ ἐπισκέψασθαι πότερον ψυχή ἐστι, καὶ ἐκ τούτων θαρρεῖν ἢ δεδιέναι ὑπὲρ τῆς ἡμετέρας ψυχῆς ; — Ἀληθῆ, ἔφη, λέγεις. — Ἆρ' οὖν τῷ μὲν
συντεθέντι τε καὶ συνθέτῳ ὄντι φύσει προσήκει τοῦτο c
πάσχειν, διαιρεθῆναι ταύτῃ ᾗπερ συνετέθη · εἰ δέ τι τυγχάνει ὂν ἀξύνθετον, τούτῳ μόνῳ προσήκει μὴ πάσχειν ταῦτα, εἴπερ τῳ ἄλλῳ ; — Δοκεῖ μοι, ἔφη, οὕτως ἔχειν, ὁ Κέβης. — Οὐκοῦν ἅπερ ἀεὶ κατὰ ταὐτὰ καὶ ὡσαύτως ἔχει, ταῦτα μάλιστα εἰκὸς εἶναι τὰ ἀξύνθετα, τὰ δὲ ἄλλοτ' ἄλλως καὶ μηδέποτε κατὰ ταὐτά, ταῦτα δὲ ξύνθετα ; — Ἔμοιγε δοκεῖ οὕτως. — Ἴωμεν δή, ἔφη, ἐπὶ ταῦτα ἐφ' ἅπερ ἐν τῷ ἔμπροσθεν λόγῳ. Αὐτὴ ἡ οὐσία, ἧς λόγον
δίδομεν τοῦ εἶναι καὶ ἐρωτῶντες καὶ ἀποκρινόμενοι, πό- d

bannt. – Woher aber, o Sokrates, sprach er, sollen wir einen 78a
tüchtigen Besprecher zu solchen Dingen nehmen, nun du doch von uns scheidest? – Hellas ist noch groß, o Kebes, sagte er, und treffliche Männer sind darin, und groß sind auch die Geschlechter der Barbaren, die ihr alle durchsuchen müßt, um einen solchen Besprecher zu finden, ohne weder Geld zu scheuen noch Mühe. Denn es gibt wohl nichts, worauf ihr das Geld besser wenden könntet. Aber auch unter einander müßt ihr euch bemühen, denn ihr möchtet auch wohl nicht leicht wen finden, der dies besser als ihr vermöchte zu tun.

3.4. Zweiter Beweis für die Unsterblichkeit der Seele

3.4.1. Da sie dem Unvergänglichen wesentlich näher ist als der Leib, muß sie wesentlich weniger vergänglich sein als dieser

Das soll gewiß geschehen, sprach Kebes, von wo wir aber
abgegangen sind, dahin laß uns zurückkehren, wenn es dir b
recht ist. – Mir gar sehr recht, wie sollte es nicht? – Wohl gesprochen, sagte er. – Also ohngefähr so, sprach Sokrates, müssen wir uns selbst fragen, Welcherlei Dingen kommt es wohl zu dies zu erfahren, das Zerstieben, und für welche muß man also fürchten, da ihnen dieses begegne, welchen aber kommt es nicht zu, und für welche nicht? Dann müssen wir untersuchen, zu welchen von beiden die Seele gehört, und hieraus und dem gemäß entweder Mut fassen oder besorgt sein für unsere Seelen. – Ganz richtig, sagte er. – Und nicht wahr,
dem was man zusammengesetzt hat und was seiner Natur nach c
zusammengesetzt ist, kommt wohl zu auf dieselbe Weise aufgelöst zu werden wie es zusammengesetzt worden ist; wenn es aber etwas unzusammengesetztes gibt, diesem wenn sonst irgend einem kommt wohl zu, daß ihm dieses nicht begegne? – Das scheint mir sich so zu verhalten, sprach Kebes. – Und nicht wahr, was sich immer gleich verhält und auf einerlei Weise, davon ist wohl am wahrscheinlichsten, daß es das unzusammengesetzte sei; was aber bald so bald anders und nimmer auf gleiche Weise, dieses das zusammengesetzte? – Mir wenigstens scheint es so. – So gehen wir denn, sprach er, zu dem wovon wir auch vorher sprachen. Jenes Wesen selbst, welchem wir das
eigentliche Sein zuschreiben in unsern Fragen und Antworten, d

τερον ὡσαύτως ἀεὶ ἔχει κατὰ ταὐτά, ἢ ἄλλοτ' ἄλλως ;
αὐτὸ τὸ ἴσον, αὐτὸ τὸ καλόν, αὐτὸ ἕκαστον ὃ ἔστι, τὸ ὄν,
μή ποτε μεταβολὴν καὶ ἡντινοῦν ἐνδέχεται ; ἢ ἀεὶ αὐτῶν
ἕκαστον ὃ ἔστι, μονοειδὲς ὂν αὐτὸ καθ' αὑτό, ὡσαύτως
κατὰ ταὐτὰ ἔχει καὶ οὐδέποτε οὐδαμῇ οὐδαμῶς ἀλλοίωσιν
οὐδεμίαν ἐνδέχεται ; — Ὡσαύτως, ἔφη, ἀνάγκη, ὁ Κέβης,
κατὰ ταὐτὰ ἔχειν, ὦ Σώκρατες. — Τί δὲ τῶν πολλῶν
καλῶν, οἷον ἀνθρώπων ἢ ἵππων ἢ ἱματίων ἢ ἄλλων ὡντι- e
νωνοῦν τοιούτων, ἢ ἴσων [ἢ καλῶν] ἢ πάντων τῶν ἐκείνοις
ὁμωνύμων ; Ἆρα κατὰ ταὐτὰ ἔχει, ἢ πᾶν τοὐναντίον
ἐκείνοις οὔτε αὐτὰ αὑτοῖς οὔτε ἀλλήλοις οὐδέποτε ὡς
ἔπος εἰπεῖν οὐδαμῶς κατὰ ταὐτά ; — Οὕτως αὖ, ἔφη, ταῦτα,
ὁ Κέβης. Οὐδέποτε ὡσαύτως ἔχει. — Οὐκοῦν τούτων μὲν
κἂν ἅψαιο κἂν ἴδοις κἂν ταῖς ἄλλαις αἰσθήσεσιν αἴσθοιο, 79
τῶν δὲ κατὰ ταὐτὰ ἐχόντων οὐκ ἔστιν ὅτῳ ποτ' ἂν ἄλλῳ
ἐπιλάβοιο ἢ τῷ τῆς διανοίας λογισμῷ, ἀλλ' ἔστιν ἀιδῆ
τὰ τοιαῦτα καὶ οὐχ ὁρατά ; — Παντάπασιν, ἔφη, ἀληθῆ
λέγεις.

— Θῶμεν οὖν βούλει, ἔφη, δύο εἴδη τῶν ὄντων, τὸ μὲν
ὁρατόν, τὸ δὲ ἀιδές ; — Θῶμεν, ἔφη. — Καὶ τὸ μὲν
ἀιδὲς ἀεὶ κατὰ ταῦτὰ ἔχον, τὸ δὲ ὁρατὸν μηδέποτε κατὰ
ταὐτά ; — Καὶ τοῦτο, ἔφη, θῶμεν. — Φέρε δή, ἦ δ' ὅς,
ἄλλο τι ἡμῶν αὐτῶν τὸ μὲν σῶμά ἐστι, τὸ δὲ ψυχή ; — b
Οὐδὲν ἄλλο, ἔφη. — Ποτέρῳ οὖν ὁμοιότερον τῷ εἴδει
φαμὲν ἂν εἶναι καὶ ξυγγενέστερον τὸ σῶμα ; — Παντί,
ἔφη, τοῦτό γε δῆλον ὅτι τῷ ὁρατῷ. — Τί δὲ ἡ ψυχή ;
ὁρατὸν ἢ ἀιδές ; — Οὐχ ὑπ' ἀνθρώπων γε, ὦ Σώκρατες,
ἔφη. — Ἀλλὰ μὴν ἡμεῖς γε τὰ ὁρατὰ καὶ τὰ μὴ τῇ τῶν
ἀνθρώπων φύσει λέγομεν · ἢ ἄλλῃ τινὶ οἴει ; — Τῇ τῶν
ἀνθρώπων. — Τί οὖν περὶ ψυχῆς λέγομεν ; ὁρατὸν ἢ
ἀόρατον εἶναι ; — Οὐχ ὁρατόν. — Ἀιδὲς ἄρα ; — Ναί.
— Ὁμοιότερον ἄρα ψυχὴ σώματός ἐστι τῷ ἀιδεῖ, τὸ δὲ τῷ
ὁρατῷ. — Πᾶσα ἀνάγκη, ὦ Σώκρατες. — Οὐκοῦν καὶ τόδε c

verhält sich dies wohl immer auf gleiche Weise, oder bald so
bald anders? Das Gleiche selbst, das Schöne selbst, und so
jegliches was nur ist selbst, nimmt das wohl jemals auch nur
irgend eine Veränderung an? oder verhält sich nicht jedes der-
gleichen als ein einartiges Sein an und für sich immer auf glei-
che Weise, und nimmt niemals auf keine Weise irgendwie eine
Veränderung an? – Auf gleiche Weise, sprach Kebes, und einer-
lei verhält es sich notwendig, o Sokrates. – Wie aber das viele
schöne, wie Menschen, Pferde, Kleider, oder sonst irgend et- e
was dergleichen schönes oder gleiches oder sonst einem von
jenem gleichnamiges, verhalten sich auch diese immer gleich,
oder ganz jenem entgegengesetzt, weder mit sich selbst jedes
noch unter einander jemals, um es kurz zu sagen, auch nur im
mindesten gleich. – Wiederum so, sprach Kebes, scheint mir
dieses niemals einerlei sich zu verhalten. – Und diese Dinge,
sprach er, kannst du doch anrühren, sehen und mit den andern 79a
Sinnen wahrnehmen; aber zu jenen sich gleichseienden kannst
du doch wohl auf keine Weise irgend anders gelangen, als
durch das Denken der Seele selbst, sondern unsichtbar sind
diese Dinge und werden nicht gesehen. Auf alle Weise, sagte
er, hast du Recht. – Sollen wir also, sprach er, zwei Arten der
Dinge setzen, sichtbar die eine und die andere unsichtbar? –
Das wollen wir, sprach er. – Und die unsichtbare, als immer auf
gleiche Weise sich verhaltend, die sichtbare aber niemals
gleich? – Auch das, sagte er, wollen wir setzen. – Wohlan denn,
sprach er, ist nicht von uns selbst das eine Leib und das andere b
Seele? – Allerdings. – Welcher von beiden Arten nun wollen
wir wohl sagen, daß der Leib ähnlicher sei und verwandter? –
Das muß ja jedem deutlich sein, dem sichtbaren. – Wie aber die
Seele, ist die unsichtbar oder sichtbar? – Menschen wenigstens
ist sie es nicht, o Sokrates, sagte er. – Aber wir sprachen doch
von dem sichtbaren und unsichtbaren für die Natur der Men-
schen, oder meinst du für irgend eine andere? – Für die
menschliche. – Was sagen wir also von der Seele, daß sie sicht-
bar sei oder nicht sichtbar? – Nicht sichtbar. – Also unsichtbar.
– Ja. – Ähnlicher also als der Leib ist die Seele dem unsicht-
baren, er aber dem sichtbaren. – Ganz notwendig, o Sokrates. – c

πάλαι ἐλέγομεν, ὅτι ἡ ψυχή, ὅταν μὲν τῷ σώματι προσχρῆται εἰς τὸ σκοπεῖν τι, ἢ διὰ τοῦ ὁρᾶν ἢ διὰ τοῦ ἀκούειν ἢ δι' ἄλλης τινὸς αἰσθήσεως (τοῦτο γάρ ἐστι τὸ διὰ τοῦ σώματος, τὸ δι' αἰσθήσεως σκοπεῖν τι), τότε μὲν ἕλκεται ὑπὸ τοῦ σώματος εἰς τὰ οὐδέποτε κατὰ ταὐτὰ ἔχοντα, καὶ αὐτὴ πλανᾶται καὶ ταράττεται καὶ εἰλιγγιᾷ ὥσπερ μεθύουσα, ἅτε τοιούτων ἐφαπτομένη ; — Πάνυ γε.
— Ὅταν δέ γε αὐτὴ καθ' αὑτὴν σκοπῇ, ἐκεῖσε οἴχεται εἰς d
τὸ καθαρόν τε καὶ ἀεὶ ὂν καὶ ἀθάνατον καὶ ὡσαύτως ἔχον, καὶ ὡς συγγενὴς οὖσα αὐτοῦ ἀεὶ μετ' ἐκείνου τε γίγνεται ὅτανπερ αὐτὴ καθ' αὑτὴν γένηται καὶ ἐξῇ αὐτῇ, καὶ πέπαυταί τε τοῦ πλάνου καὶ περὶ ἐκεῖνα ἀεὶ κατὰ ταὐτὰ ὡσαύτως ἔχει, ἅτε τοιούτων ἐφαπτομένη · καὶ τοῦτο αὐτῆς τὸ πάθημα φρόνησις κέκληται ; — Παντάπασιν, ἔφη, καλῶς καὶ ἀληθῆ λέγεις, ὦ Σώκρατες. — Ποτέρῳ οὖν
αὖ σοι δοκεῖ τῷ εἴδει, καὶ ἐκ τῶν πρόσθεν καὶ ἐκ τῶν νῦν e
λεγομένων, ψυχὴ ὁμοιότερον εἶναι καὶ ξυγγενέστερον ; — Πᾶς ἄν μοι δοκεῖ, ἦ δ' ὅς, ξυγχωρῆσαι, ὦ Σώκρατες, ἐκ ταύτης τῆς μεθόδου, καὶ ὁ δυσμαθέστατος, ὅτι ὅλῳ καὶ παντί ὁμοιότερόν ἐστι ψυχὴ τῷ ἀεὶ ὡσαύτως ἔχοντι μᾶλλον ἢ τῷ μή. — Τί δὲ τὸ σῶμα ; — Τῷ ἑτέρῳ.

— Ὅρα δὴ καὶ τῇδε ὅτι ἐπειδὰν ἐν τῷ αὐτῷ ὦσι ψυχὴ
καὶ σῶμα, τῷ μὲν δουλεύειν καὶ ἄρχεσθαι ἡ φύσις 80
προστάττει, τῇ δὲ ἄρχειν καὶ δεσπόζειν · καὶ κατὰ ταῦτα αὖ πότερόν σοι δοκεῖ ὅμοιον τῷ θείῳ εἶναι καὶ πότερον τῷ θνητῷ ; — Ἢ οὐ δοκεῖ σοι τὸ μὲν θεῖον οἷον ἄρχειν τε καὶ ἡγεμονεύειν πεφυκέναι, τὸ δὲ θνητὸν ἄρχεσθαί τε καὶ δουλεύειν ; — Ἔμοιγε. — Ποτέρῳ οὖν ἡ ψυχὴ ἔοικεν ; — Δῆλα δή, ὦ Σώκρατες, ὅτι ἡ μὲν ψυχὴ τῷ θείῳ, τὸ δὲ σῶμα τῷ θνητῷ.

— Σκόπει δή, ἔφη, ὦ Κέϐης, εἰ ἐκ πάντων τῶν εἰρημένων τάδε ἡμῖν ξυμϐαίνει, τῷ μὲν θείῳ καὶ ἀθανάτῳ καὶ
νοητῷ καὶ μονοειδεῖ καὶ ἀδιαλύτῳ καὶ ἀεὶ ὡσαύτως κατὰ b

Und nicht wahr, auch das haben wir schon lange gesagt, daß die Seele, wenn sie sich des Leibes bedient um etwas zu betrachten, es sei durch das Gesicht oder das Gehör oder irgend einen andern Sinn – denn das heißt vermittelst des Leibes, wenn man vermittelst eines Sinnes etwas betrachtet – dann von dem Leibe gezogen wird zu dem, was sich niemals auf gleiche Weise verhält, und daß sie dann selbst schwankt und irrt und wie trunken taumelt, weil sie ja eben solches berührt. – Das haben wir gesagt. – Wenn sie aber durch sich selbst betrachtet, d
dann geht sie zu dem reinen immer seienden unsterblichen und sich stets gleichen, und als diesem verwandt hält sie sich stets zu ihm, wenn sie für sich selbst ist und es ihr vergönnt wird, und dann hat sie Ruhe von ihrem Irren, und ist auch in Beziehung auf jenes immer sich selbst gleich, weil sie eben solches berührt, und diesen ihren Zustand nennt man eben die Vernünftigkeit. – Auf alle Weise, o Sokrates, sagte er, ist dies schön und wahr gesagt. – Welcher von beiden Arten also dünkt dich die Seele nach dem vorherigen und dem jetzt gesagten ähnlicher und e
verwandter zu sein? – Jeder, sagte er, dünkt mich, o Sokrates, müßte nach dieser Darstellungsweise zugeben, auch der ungelehrigste, daß doch in allem und jedem die Seele dem sich immer gleich bleibenden ähnlicher ist als dem nicht solchen. – Und wie der Leib? – Dem anderen. – Betrachte es auch von dieser Seite, daß so lange Leib und Seele zusammen sind, die Natur ihm gebietet zu dienen und sich beherrschen zu lassen, 80a
ihr aber zu herrschen und zu regieren, auch hiernach nun welches von beiden dünkt dich dem göttlichen ähnlich zu sein und welches dem sterblichen? oder dünkt dich nicht das göttliche so geartet zu sein, daß es herrscht und regiert, das sterbliche aber, daß es sich beherrschen läßt und dient? – Das dünkt mich. – Welchem gleicht nun die Seele? – Offenbar, o Sokrates, die Seele dem göttlichen, und der Leib dem sterblichen. – Sieh nun zu, sprach er, o Kebes, ob aus allem gesagten uns dieses hervorgeht, daß dem göttlichen, unsterblichen, vernünftigen, eingestaltigen, unauflöslichen, und immer einerlei und sich b

ταὐτὰ ἔχοντι ἑαυτῷ ὁμοιότατον εἶναι ψυχή, τῷ δὲ ἀνθρω-
πίνῳ καὶ θνητῷ καὶ ἀνοήτῳ καὶ πολυειδεῖ καὶ διαλυτῷ καὶ
μηδέποτε κατὰ ταὐτὰ ἔχοντι ἑαυτῷ ὁμοιότατον αὖ εἶναι
σῶμα. Ἔχομέν τι παρὰ ταῦτα ἄλλο λέγειν, ὦ φίλε Κέβης,
ᾗ οὐχ οὕτως ἔχει ; — Οὐκ ἔχομεν.

— Τί οὖν ; τούτων οὕτως ἐχόντων ἆρ' οὐχὶ σώματι μὲν
ταχὺ διαλύεσθαι προσήκει, ψυχῇ δὲ αὖ τὸ παράπαν ἀδια-
λύτῳ εἶναι ἢ ἐγγύς τι τούτου ; — Πῶς γὰρ οὔ ; — Ἐννοεῖς
οὖν, ἔφη, ἐπειδὰν ἀποθάνῃ ὁ ἄνθρωπος, τὸ μὲν ὁρατὸν c
αὐτοῦ, τὸ σῶμα, καὶ ἐν ὁρατῷ κείμενον, ὃ δὴ νεκρὸν
καλοῦμεν, ᾧ προσήκει διαλύεσθαι καὶ διαπίπτειν καὶ δια-
πνεῖσθαι, οὐκ εὐθὺς τούτων οὐδὲν πέπονθεν, ἀλλ' ἐπιεικῶς
συχνὸν ἐπιμένει χρόνον · ἐὰν μέν τις καὶ χαριέντως ἔχων
τὸ σῶμα τελευτήσῃ καὶ ἐν τοιαύτῃ ὥρᾳ, καὶ πάνυ μάλα ·
συμπεσὸν γὰρ τὸ σῶμα καὶ ταριχευθέν, ὥσπερ οἱ ἐν
Αἰγύπτῳ ταριχευθέντες, ὀλίγου ὅλον μένει ἀμήχανον ὅσον
χρόνον · ἔνια δὲ μέρη τοῦ σώματος, καὶ ἂν σαπῇ, ὀστᾶ τε d
καὶ νεῦρα καὶ τὰ τοιαῦτα πάντα, ὅμως ὡς ἔπος εἰπεῖν
ἀθάνατά ἐστιν · ἢ οὔ ; — Ναί. — Ἡ δὲ ψυχὴ ἄρα, τὸ
ἀιδές, τὸ εἰς τοιοῦτον τόπον ἕτερον οἰχόμενον γενναῖον
καὶ καθαρὸν καὶ ἀιδῆ, εἰς Ἅιδου ὡς ἀληθῶς, παρὰ τὸν
ἀγαθὸν καὶ φρόνιμον θεόν, οἷ, ἂν θεὸς ἐθέλῃ, αὐτίκα καὶ
τῇ ἐμῇ ψυχῇ ἰτέον, αὕτη δὲ δὴ ἡμῖν ἡ τοιαύτη καὶ οὕτω
πεφυκυῖα ἀπαλλαττομένη τοῦ σώματος εὐθύς διαπεφύσηται
καὶ ἀπόλωλεν, ὥς φασιν οἱ πολλοὶ ἄνθρωποι ; Πολλοῦ γε
δεῖ, ὦ φίλε Κέβης τε καὶ Σιμμία, ἀλλὰ πολλῷ μᾶλλον ὧδε e
ἔχει.

« Ἐὰν μὲν καθαρὰ ἀπαλλάττηται, μηδὲν τοῦ σώματος
συνεφέλκουσα, ἅτε οὐδὲν κοινωνοῦσα αὐτῷ ἐν τῷ βίῳ
ἑκοῦσα εἶναι, ἀλλὰ φεύγουσα αὐτὸ καὶ συνηθροισμένη
αὐτὴ εἰς ἑαυτήν, ἅτε μελετῶσα ἀεὶ τοῦτο, τὸ δὲ οὐδὲν
ἄλλο ἐστὶν ἢ ὀρθῶς φιλοσοφοῦσα καὶ τῷ ὄντι τεθνάναι

selbst gleich sich verhaltenden am ähnlichsten ist die Seele, dem menschlichen und sterblichen und unvernünftigen und vielgestaltigen und auflöslichen und nie einerlei und sich selbst gleich bleibenden diesem wiederum der Leib am ähnlichsten ist? Oder wissen wir hiegegen noch etwas anderes zu sagen, lieber Kebes, daß es sich nicht so verhalte? – Wir wissen nichts dergleichen. – Wie nun, wenn sich dieses so verhält, kommt nicht dem Leibe wohl zu leicht aufgelöst zu werden, der Seele hingegen ganz und gar unauflöslich zu sein oder wenigstens beinahe so? – Wie sollte es nicht? – Und du bemerkst doch,
sprach er, daß wenn der Mensch stirbt, auch seinem sichtbaren, c
dem Leibe, der noch im sichtbaren da liegt, den wir Leichnam nennen, und dem es zukommt aufgelöst zu werden und zu zerfallen und verweht zu werden, nicht gleich etwas hievon widerfährt, sondern er noch eine ganz geraume Zeit so bleibt, und wenn einer bei günstiger Leibesbeschaffenheit stirbt und zu eben solcher Zeit, dann gar lange. Und wenn der Leib zusammengefallen ist und getrocknet, wie sie in Ägypten aufgetrocknet werden, so hält er sich fast undenkliche Zeit. Ja einige
Teile des Leibes, wie Knochen, Sehnen und alle dergleichen, d
sind wenn er auch schon verfault ist so zu sagen doch fast unsterblich. Oder nicht? – Ja. – Und die Seele also, das unsichtbare und sich an einen andern eben solchen Ort begebende, der edel und rein und unsichtbar ist, nämlich in die wahre Geisterwelt zu dem guten und weisen Gott, wohin, wenn Gott will, alsbald auch meine Seele zu gehen hat, diese, die so beschaffen und geartet ist, sollte, wenn sie von dem Leibe getrennt ist, sogleich verweht und untergegangen sein, wie die meisten
Menschen sagen? Daran fehlt wohl viel, ihr lieben Kebes und e
Simmias!

3.4.2. Folgerungen für das unterschiedliche Schicksal der Seelen nach dem Tod

Sondern viel mehr verhält es sich so, wenn sie sich rein losmacht, und nichts von dem Leibe mit sich zieht, weil sie mit gutem Willen nichts mit ihm gemein hatte im Leben, sondern ihn floh und in sich selbst gesammelt blieb und dies immer im Sinn hatte, was nichts anders heißen will, als daß sie recht

μελετῶσα ῥᾳδίως· ἢ οὐ τοῦτ' ἂν εἴη μελέτη θανάτου ; — 81
Παντάπασί γε. — Οὐκοῦν οὕτω μὲν ἔχουσα εἰς τὸ ὅμοιον
αὐτῇ τὸ ἀιδὲς ἀπέρχεται, τὸ θεῖόν τε καὶ ἀθάνατον καὶ
φρόνιμον, οἷ ἀφικομένῃ ὑπάρχει αὐτῇ εὐδαίμονι εἶναι,
πλάνης καὶ ἀνοίας καὶ φόβων καὶ ἀγρίων ἐρώτων καὶ τῶν
ἄλλων κακῶν τῶν ἀνθρωπείων ἀπηλλαγμένῃ, ὥσπερ δὲ
λέγεται κατὰ τῶν μεμυημένων, ὡς ἀληθῶς τὸν λοιπὸν
χρόνον μετὰ θεῶν διάγουσα· οὕτω, φῶμεν, ὦ Κέβης, ἢ
ἄλλως ; — Οὕτω, νὴ Δία, ἔφη ὁ Κέβης. — Ἐὰν δέ γε
οἶμαι μεμιασμένη καὶ ἀκάθαρτος τοῦ σώματος ἀπαλλάτ- b
τηται, ἅτε τῷ σώματι ἀεὶ ξυνοῦσα καὶ τοῦτο θεραπεύουσα
καὶ ἐρῶσα καὶ γεγοητευμένη ὑπ' αὐτοῦ ὑπό τε τῶν
ἐπιθυμιῶν καὶ ἡδονῶν, ὥστε μηδὲν ἄλλο δοκεῖν εἶναι ἀληθὲς
ἀλλ' ἢ τὸ σωματοειδές, οὗ τις ἂν ἅψαιτο καὶ ἴδοι καὶ πίοι
καὶ φάγοι καὶ πρὸς τὰ ἀφροδίσια χρήσαιτο, τὸ δὲ τοῖς
ὄμμασι σκοτῶδες καὶ ἀιδές, νοητὸν δὲ καὶ φιλοσοφίᾳ
αἱρετόν, τοῦτο δὲ εἰθισμένη μισεῖν τε καὶ τρέμειν καὶ
φεύγειν, οὕτω δὴ ἔχουσαν οἴει ψυχὴν αὐτὴν καθ' αὑτὴν
εἰλικρινῆ ἀπαλλάξεσθαι ; — Οὐδ' ὁπωστιοῦν, ἔφη. — c
Ἀλλὰ διειλημμένην γε οἶμαι ὑπὸ τοῦ σωματοειδοῦς, ὃ αὐτῇ
ἡ ὁμιλία τε καὶ συνουσία τοῦ σώματος, διὰ τὸ ἀεὶ ξυνεῖναι
καὶ διὰ τὴν πολλὴν μελέτην, ἐνεποίησε ξύμφυτον ; —
Πάνυ γε. — Ἐμβριθὲς δέ τε, ὦ φίλε, τοῦτο οἴεσθαι χρὴ
εἶναι καὶ βαρὺ καὶ γεῶδες καὶ ὁρατόν. Ὃ δὴ καὶ ἔχουσα ἡ
τοιαύτη ψυχὴ βαρύνεταί τε καὶ ἕλκεται πάλιν εἰς τὸν
ὁρατὸν τόπον φόβῳ τοῦ ἀιδοῦς τε καὶ Ἅιδου ὥσπερ
λέγεται, περὶ τὰ μνήματά τε καὶ τοὺς τάφους κυλινδου- d
μένη, περὶ ἃ δὴ καὶ ὤφθη ἄττα ψυχῶν σκιοειδῆ φαν-
τάσματα, οἷα παρέχονται αἱ τοιαῦται ψυχαὶ εἴδωλα, αἱ μὴ
καθαρῶς ἀπολυθεῖσαι ἀλλὰ τοῦ ὁρατοῦ μετέχουσαι, διὸ καὶ
ὁρῶνται. — Εἰκός γε, ὦ Σώκρατες.

— Εἰκὸς μέντοι, ὦ Κέβης. Καὶ οὔ τί γε τὰς τῶν
ἀγαθῶν αὐτὰς εἶναι, ἀλλὰ τὰς τῶν φαύλων, αἳ περὶ τὰ

philosophierte und darauf dachte leicht zu sterben; oder hieß 81a
dies nicht auf den Tod bedacht sein? – Allerdings ja. – Also welche sich so verhält, die geht zu dem ihr ähnlichen dem unsichtbaren und zu dem göttlichen, unsterblichen, vernünftigen, wohin gelangt ihr dann zu Teil wird glückselig zu sein, von Irrtum und Unwissenheit, Furcht und wilder Liebe und allen andern menschlichen Übeln befreit, indem sie, wie es bei den Eingeweiheten heißt, wahrhaft die übrige Zeit mit Göttern lebt. Wollen wir so sagen, o Kebes, oder anders? – So, bei
Zeus, sprach Kebes. – Wenn sie aber, meine ich, befleckt und b
unrein von dem Leibe scheidet, weil sie eben immer mit dem Leibe verkehrt und ihn gepflegt und geliebt hat, und von ihm bezaubert gewesen ist und von den Lüsten und Begierden, so daß sie auch glaubte, es sei überall gar nichts anderes wahr als das körperliche, was man betastet und sieht, ißt und trinkt und zur Liebe gebraucht, und weil sie das für die Augen dunkle und unsichtbare, der Vernunft hingegen faßliche und mit Weisheitsliebe zu ergreifende gewohnt gewesen ist zu hassen und zu scheuen und zu fürchten, meinst du, daß eine so beschaffene
Seele sich werde rein für sich absondern können? – Wohl nicht c
im mindesten, sprach er. – Sondern durchzogen von dem körperlichen, womit sie durch den Umgang und Verkehr mit dem Leibe, wegen des ununterbrochenen Zusammenseins und der vielen Sorge um ihn, gleichsam zusammengewachsen ist. – Freilich. – Und dies, o Freund, muß man doch glauben, sei unbeholfen und schwerfällig, irdisch und sichtbar, so daß auch die Seele, die es an sich hat, schwerfällig ist, und wieder zurückgezogen wird in die sichtbare Gegend aus Furcht vor dem unsichtbaren und der Geisterwelt, wie man sagt an den Denk-
mälern und Gräbern umher schleichend, an denen daher auch d
allerlei dunkle Erscheinungen von Seelen sind gesehen worden, wie denn solche Seelen wohl Schattenbilder darstellen müssen, welche nicht rein abgelöset sind, sondern noch Teil haben an dem sichtbaren, weshalb sie denn auch gesehn werden. – Das leuchtet wohl ein, o Sokrates. – Und freilich leuchtet auch ein, o Kebes, daß dies nicht die Seelen der Guten sind, sondern der Schlechten, welche um dergleichen gezwungen

τοιαῦτα ἀναγκάζονται πλανᾶσθαι, δίκην τίνουσαι τῆς προτέρας τροφῆς κακῆς οὔσης. Καὶ μέχρι γε τούτου πλανῶνται, ἕως ἂν τῇ τοῦ συνεπακολουθοῦντος, τοῦ σωμα- e
τοειδοῦς, ἐπιθυμίᾳ, πάλιν ἐνδεθῶσιν εἰς σῶμα. Ἐνδοῦνται δέ, ὥσπερ εἰκός, εἰς τοιαῦτα ἤθη ὁποῖα ἄττ' ἂν καὶ μεμελετηκυῖαι τύχωσιν ἐν τῷ βίῳ. — Τὰ ποῖα δὴ ταῦτα λέγεις, ὦ Σώκρατες ; — Οἷον τοὺς μὲν γαστριμαργίας τε καὶ ὕβρεις καὶ φιλοποσίας μεμελετηκότας καὶ μὴ διευλαβουμένους εἰς τὰ τῶν ὄνων γένη καὶ τῶν τοιούτων θηρίων εἰκὸς ἐνδύεσθαι · ἢ οὐκ οἴει ; — Πάνυ μὲν οὖν εἰκὸς 82
λέγεις. — Τοὺς δέ γε ἀδικίας τε καὶ τυραννίδας καὶ ἁρπαγὰς προτετιμηκότας εἰς τὰ τῶν λύκων τε καὶ ἱεράκων καὶ ἰκτίνων γένη · ἢ ποῖ ἂν ἄλλοσέ φαμεν τὰς τοιαύτας ἰέναι ; — Ἀμέλει, ἔφη ὁ Κέβης, εἰς τὰ τοιαῦτα. — Οὐκοῦν, ἦ δ' ὅς, δῆλα δὴ καὶ τἆλλα, ᾗ ἂν ἕκαστα ἴοι, κατὰ τὰς αὐτῶν ὁμοιότητας τῆς μελέτης ; — Δῆλον δή, ἔφη · πῶς δ' οὔ ; — Οὐκοῦν εὐδαιμονέστατοι, ἔφη, καὶ τούτων εἰσὶ καὶ εἰς βέλτιστον τόπον ἰόντες οἱ τὴν δημοτικὴν καὶ πολιτικὴν ἀρετὴν ἐπιτετηδευκότες, ἣν δὴ καλοῦσι b
σωφροσύνην τε καὶ δικαιοσύνην, ἐξ ἔθους τε καὶ μελέτης γεγονυῖαν ἄνευ φιλοσοφίας τε καὶ νοῦ ; — Πῇ δὴ οὗτοι εὐδαιμονέστατοι ; — Ὅτι τούτους εἰκός [ἐστιν] εἰς τοιοῦτον πάλιν ἀφικνεῖσθαι πολιτικὸν καὶ ἥμερον γένος, ἤ που μελιττῶν ἢ σφηκῶν ἢ μυρμήκων, ἢ καὶ εἰς ταὐτόν γε πάλιν τὸ ἀνθρώπινον γένος καὶ γίγνεσθαι ἐξ αὐτῶν ἄνδρας μετρίους. — Εἰκός. — Εἰς δέ γε θεῶν γένος μὴ φιλοσοφήσαντι καὶ παντελῶς καθαρῷ ἀπιόντι οὐ θέμις ἀφικνεῖσθαι ἀλλ' ἢ τῷ φιλομαθεῖ. c

« Ἀλλὰ τούτων ἕνεκα, ὦ ἑταῖρε Σιμμία τε καὶ Κέβης, οἱ ὀρθῶς φιλόσοφοι ἀπέχονται τῶν κατὰ τὸ σῶμα ἐπιθυμιῶν ἁπασῶν καὶ καρτεροῦσι καὶ οὐ παραδιδόασιν αὐταῖς ἑαυτούς, οὔ τι οἰκοφθορίαν τε καὶ πενίαν φοβούμενοι ὥσπερ οἱ πολλοὶ καὶ φιλοχρήματοι, οὐδὲ αὖ ἀτιμίαν

sind herumzuirren, Strafe leidend für ihre frühere Lebenswei-
se, welche schlecht war. Und so lange irren sie, bis sie durch die e
Begierde des sie noch begleitenden körperlichen wieder ge-
bunden werden in einen Leib. Und natürlich werden sie in
einen von solchen Sitten gebunden, deren sie sich befleißiget
hatten im Leben. – Was meinst du für welche, o Sokrates? –
Wie, die sich ohne alle Scheu der Völlerei und des Übermuts
und Trunkes befleißigten, solche begeben sich wohl natürlich
in Esel und ähnliche Arten von Tieren. Oder meinst du nicht? – 82a
Das ist ganz wahrscheinlich. – Die aber Ungerechtigkeit,
Herrschsucht und Raub vorzogen, diese dagegen in die ver-
schiedenen Geschlechter der Wölfe, Habichte und Geier? oder
wohin anders sollen wir sagen daß solche gehen. – Ohne wei-
teres, sprach Kebes, in dergleichen. – Und gewiß so doch auch
mit den übrigen, daß jegliche der Ähnlichkeit mit ihren Be-
strebungen nachgeht? – Gewiß, wie sollte sie nicht. – Also,
sprach er, sind auch wohl die glücklichsten unter diesen die,
und kommen an den besten Ort, welche der gemeinen und
bürgerlichen Tugend nachgestrebt haben, die man dort auch b
Besonnenheit und Gerechtigkeit nennt, die aber nur aus Ge-
wöhnung und Übung entsteht ohne Philosophie und Ver-
nunft? – Wie sind diese die glückseligsten? – Weil doch natür-
lich ist, daß diese wiederum in eine solche gesellige und zahme
Gattung gehen etwa in Bienen oder Wespen oder Ameisen,
oder auch wieder in diese menschliche Gattung, und wieder
ganz leidliche Männer aus ihnen werden. – Das ist natürlich. –
In der Götter Geschlecht aber ist wohl keinem, der nicht phi-
losophiert hat und vollkommen rein abgegangen ist, vergönnt
zu gelangen, sondern nur dem lernbegierigen. c

3.4.3. Die prägende Bedeutung des Philosophierens

Eben deshalb nun, o lieber Simmias und Kebes, enthalten sich die wahrhaften Philosophen aller von dem Leibe herrührenden Begierden, und harren aus und geben sich ihnen nicht hin, noch auch nur weil sie Verderb des Hauswesens und Armut

τε καὶ ἀδοξίαν μοχθηρίας δεδιότες ὥσπερ οἱ φίλαρχοί τε
καὶ φιλότιμοι · ἔπειτα ἀπέχονται αὐτῶν. — Οὐ γὰρ ἂν
πρέποι, ἔφη, ὦ Σώκρατες, ὁ Κέβης. — Οὐ μέντοι, μὰ
Δία, ἦ δ' ὅς. Τοιγάρτοι τούτοις μὲν ἅπασιν, ὦ Κέβης, d
ἐκεῖνοι οἷς τι μέλει τῆς ἑαυτῶν ψυχῆς ἀλλὰ μὴ σώματα
πλάττοντες ζῶσι, χαίρειν εἰπόντες, οὐ κατὰ ταὐτὰ
πορεύονται αὐτοῖς ὡς οὐκ εἰδόσιν ὅπῃ ἔρχονται · αὐτοὶ δὲ
ἡγούμενοι οὐ δεῖν ἐναντία τῇ φιλοσοφίᾳ πράττειν καὶ τῇ
ἐκείνης λύσει τε καὶ καθαρμῷ, ταύτῃ δὴ τρέπονται ἐκείνῃ
ἑπόμενοι ᾗ ἐκείνη ὑφηγεῖται. — Πῶς, ὦ Σώκρατες ; —
Ἐγὼ ἐρῶ, ἔφη. Γιγνώσκουσι γάρ, ἦ δ' ὅς, οἱ φιλομαθεῖς
ὅτι, παραλαβοῦσα αὐτῶν τὴν ψυχὴν ἡ φιλοσοφία, ἀτεχνῶς
διαδεδεμένην ἐν τῷ σώματι καὶ προσκεκολλημένην, ἀναγκα- e
ζομένην δὲ ὥσπερ διὰ εἱργμοῦ διὰ τούτου σκοπεῖσθαι τὰ
ὄντα ἀλλὰ μὴ αὐτὴν δι' αὑτῆς, καὶ ἐν πάσῃ ἀμαθίᾳ κυλιν-
δουμένην · καὶ τοῦ εἱργμοῦ τὴν δεινότητα κατιδοῦσα ὅτι δι'
ἐπιθυμίας ἐστίν, ὡς ἂν μάλιστα αὐτὸς ὁ δεδεμένος
ξυλλήπτωρ εἴη τοῦ δεδέσθαι · ὅπερ οὖν λέγω, γιγνώσκουσιν 83
οἱ φιλομαθεῖς ὅτι, οὕτω παραλαβοῦσα ἡ φιλοσοφία ἔχουσαν
αὐτῶν τὴν ψυχήν, ἠρέμα παραμυθεῖται καὶ λύειν ἐπι-
χειρεῖ, ἐνδεικνυμένη ὅτι ἀπάτης μὲν μεστὴ ἡ διὰ τῶν
ὀμμάτων σκέψις, ἀπάτης δὲ ἡ διὰ τῶν ὤτων καὶ τῶν
ἄλλων αἰσθήσεων, πείθουσα δὲ ἐκ τούτων μὲν ἀναχωρεῖν
ὅσον μὴ ἀνάγκη αὐτοῖς χρῆσθαι, αὐτὴν δὲ εἰς αὑτὴν
ξυλλέγεσθαι καὶ ἁθροίζεσθαι παρακελευομένη, πιστεύειν
δὲ μηδενὶ ἄλλῳ ἀλλ' ἢ αὐτὴν αὑτῇ, ὅ τι ἂν νοήσῃ αὐτὴ
καθ' αὑτὴν αὐτὸ καθ' αὑτὸ τῶν ὄντων, ὅ τι δ' ἂν δι' ἄλλων b
σκοπῇ ἐν ἄλλοις ὂν ἄλλο μηδὲν ἡγεῖσθαι ἀληθές, εἶναι δὲ
τὸ μὲν τοιοῦτον αἰσθητόν τε καὶ ὁρατόν, ὃ δὲ αὐτὴ ὁρᾷ
νοητόν τε καὶ ἀιδές.

« Ταύτῃ οὖν τῇ λύσει οὐκ οἰομένη δεῖν ἐναντιοῦσθαι ἡ
τοῦ ὡς ἀληθῶς φιλοσόφου ψυχὴ οὕτως ἀπέχεται τῶν
ἡδονῶν τε καὶ ἐπιθυμιῶν καὶ λυπῶν [καὶ φόβων] καθ' ὅσον

fürchten wie die meisten Geldsüchtigen, oder die Ehrlosigkeit
und Schmach der Trägheit scheuen wie die Herrschsüchtigen
und Ehrsüchtigen, enthalten sie sich ihrer. – Das würde sich
auch für sie nicht ziemen, o Sokrates, sprach Kebes. – Freilich
nicht, beim Zeus, sagte er. Darum sagen auch allen solchen, o d
Kebes, jene alle, die irgend für ihre Seele Sorge tragen und
nicht für der Leiber Bildung und Bedienung leben, Fahrewohl,
und gehen nicht gleichen Schritt mit ihnen, die ja nicht wissen
wohin sie gehen. Sie selbst aber, feststellend daß sie nichts tun
dürfen was der Philosophie zuwider wäre und der Erlösung
und Reinigung durch sie, wenden sich dorthin, jener folgend
wie sie führt. – Wie das, o Sokrates? – Das will ich dir sagen,
sprach er. Es erkennen nämlich die Lehrbegierigen, daß die
Philosophie, indem sie ihre Seele findet, ordentlich gebunden
im Leibe und ihm anklebend, und gezwungen wie durch ein e
Gitter durch ihn das Sein zu betrachten, nicht aber für sich
allein, und daher in aller Torheit sich umherwälzend, und in
dem sie die Gewalt dieses Kerkers erkennt, wie er ordentlich
eine Lust ist, so daß der Gebundene selbst am meisten immer
mit angreift um gebunden zu werden; wie ich nun sage, die 83a
Lehrbegierigen erkennen, daß indem die Philosophie in sol-
cher Beschaffenheit ihre Seele annimmt, sie ihr gelinde zu-
spricht und versucht, sie zu erlösen, indem sie zeigt, daß alle
Betrachtung durch die Augen voll Betrug ist, voll Betrug auch
die durch die Ohren und die übrigen Sinne, und deshalb sie
überredet, sich von diesen zurückzuziehen, soweit es nicht not-
wendig ist, sich ihrer zu bedienen, und sie ermuntert, sich viel-
mehr in sich selbst zu sammeln und zusammenzuhalten; und
nichts anderem zu glauben als wiederum sich selbst, was sie für
sich selbst von den Dingen an und für sich anschaut; was sie b
aber vermittelst eines anderen betrachtet, dieses, weil es in jeg-
lichem anderen wieder ein anderes wird, für nichts wahres zu
halten, und solches sei ja eben das wahrnehmbare und sicht-
bare, was sie aber selbst sieht sei das gedenkbare und unsicht-
bare. Dieser Befreiung nun glaubt nicht widerstreben zu dür-
fen des wahrhaften Philosophen Seele, und enthält sich deshalb
der Lust und Begierde, der Unlust und Furcht soviel sie kann,

δύναται, λογιζομένη ὅτι, ἐπειδάν τις σφόδρα ἡσθῇ ἢ
λυπηθῇ ἢ φοβηθῇ ἢ ἐπιθυμήσῃ, οὐδὲν τοσοῦτον κακὸν
ἔπαθεν ἀπ' αὐτῶν ὧν ἄν τις οἰηθείη, οἷον ἢ νοσήσας ἤ τι
ἀναλώσας διὰ τὰς ἐπιθυμίας, ἀλλ' ὃ πάντων μέγιστόν τε c
κακῶν καὶ ἔσχατόν ἐστι, τοῦτο πάσχει καὶ οὐ λογίζεται
αὐτό. — Τί τοῦτο, ὦ Σώκρατες ; ἔφη ὁ Κέβης. — Ὅτι
ψυχὴ παντὸς ἀνθρώπου ἀναγκάζεται ἅμα τε ἡσθῆναι
σφόδρα ἢ λυπηθῆναι ἐπί τῳ καὶ ἡγεῖσθαι περὶ ὃ ἂν μάλιστα
τοῦτο πάσχῃ, τοῦτο ἐναργέστατόν τε εἶναι καὶ ἀληθέστα-
τον, οὐχ οὕτως ἔχον. Ταῦτα δὲ μάλιστα ὁρατὰ · ἢ οὔ ; —
Πάνυ γε. — Οὐκοῦν ἐν τούτῳ τῷ πάθει μάλιστα καταδεῖται
ψυχὴ ὑπὸ σώματος ; — Πῶς δή ; — Ὅτι ἑκάστη ἡδονὴ d
καὶ λύπη, ὥσπερ ἧλον ἔχουσα, προσηλοῖ αὐτὴν πρὸς τὸ
σῶμα καὶ προσπερονᾷ καὶ ποιεῖ σωματοειδῆ, δοξάζουσαν
ταῦτα ἀληθῆ εἶναι ἅπερ ἂν καὶ τὸ σῶμα φῇ. Ἐκ γὰρ τοῦ
ὁμοδοξεῖν τῷ σώματι καὶ τοῖς αὐτοῖς χαίρειν, ἀναγκάζεται
οἶμαι ὁμότροπός τε καὶ ὁμότροφος γίγνεσθαι καὶ οἵα
μηδέποτε εἰς Ἅιδου καθαρῶς ἀφικέσθαι, ἀλλ' ἀεὶ τοῦ
σώματος ἀναπλέα ἐξιέναι · ὥστε ταχὺ πάλιν πίπτειν εἰς
ἄλλο σῶμα καὶ ὥσπερ σπειρομένη ἐμφύεσθαι, καὶ ἐκ
τούτων ἄμοιρος εἶναι τῆς τοῦ θείου τε καὶ καθαροῦ καὶ e
μονοειδοῦς συνουσίας. — Ἀληθέστατα, ἔφη, λέγεις, ὁ
Κέβης, ὦ Σώκρατες. — Τούτων τοίνυν ἕνεκα, ὦ Κέβης,
οἱ δικαίως φιλομαθεῖς κόσμιοί εἰσι καὶ ἀνδρεῖοι, οὐχ ὧν οἱ
πολλοὶ ἕνεκά [φασιν] · ἢ σὺ οἴει ; — Οὐ δῆτα ἔγωγε.
— Οὐ γάρ · ἀλλ' οὕτω λογίσαιτ' ἂν ψυχὴ ἀνδρὸς φιλο- 84a
σόφου, καὶ οὐκ ἂν οἰηθείη τὴν μὲν φιλοσοφίαν χρῆναι
ἑαυτὴν λύειν, λυούσης δὲ ἐκείνης, αὐτὴν παραδιδόναι ταῖς
ἡδοναῖς καὶ λύπαις ἑαυτὴν πάλιν αὖ ἐγκαταδεῖν, καὶ
ἀνήνυτον ἔργον πράττειν Πηνελόπης τινὰ ἐναντίως ἱστὸν
μεταχειριζομένης. Ἀλλά γαλήνην τούτων παρασκευά-
ζουσα, ἑπομένη τῷ λογισμῷ καὶ ἀεὶ ἐν τούτῳ οὖσα, τὸ
ἀληθὲς καὶ τὸ θεῖον καὶ τὸ ἀδόξαστον θεωμένη καὶ ὑπ'

indem sie bedenkt, daß wenn jemand sehr heftig sich freut oder fürchtet, trauert oder begehrt, er nie ein so großes Übel hievon erleidet als er wohl glaubt, wenn er nun etwa erkrankt ist oder einen Verlust erlitten hat seiner Begierden wegen, was aber das c
größte und äußerste aller Übel ist, dieses wirklich erleidet und es nicht in Rechnung bringt. – Welches ist doch dieses, o Sokrates, sprach Kebes. – Daß nämlich jedes Menschen Seele, sobald sie über irgend etwas sich heftig erfreut oder betrübt, auch genötiget ist von demjenigen, womit ihr dieses begegnet zu glauben, es sei das wirksamste und das wahrste, da sich dies doch nicht so verhält. Und dies sind doch am meisten die sichtbaren Dinge, oder nicht? – Freilich. – In diesem Zustande also wird am meisten die Seele von dem Leibe gebunden. – Wie so? d
– Weil jegliche Lust und Unlust gleichsam einen Nagel hat und sie an den Leib annagelt und anheftet, und sie leibartig macht, wenn sie doch glaubt, daß das wahr sei, was auch der Leib dafür aussagt. Denn dadurch, daß sie gleiche Meinung hat mit dem Leibe und sich an dem nämlichen erfreut, wird sie, denke ich, genötigt, auch gleicher Sitte und gleicher Nahrung wie er teilhaftig zu werden, so daß sie nimmermehr rein in die Unterwelt kommen kann, sondern immer des Leibes voll von hinnen geht; daher sie auch bald wiederum in einen andern Leib fällt, und wie hineingesäet sich einwurzelt, und daher unteilhaftig bleibt des Umganges mit dem göttlichen und rei- e
nen und eingestaltigen. – Vollkommen wahr ist was du sagst, o Sokrates, sprach Kebes. – Dieser Ursachen wegen also, o Kebes, sind die wahrhaft lehrbegierigen sittsam und tapfer, und nicht weshalb die Leute sagen. Oder meinst du? – Nein, ich gewiß nicht. – Es geht auch nicht anders als daß die Seele eines 84a
philosophischen Mannes so rechnet und nicht glauben kann, sie müsse sich zwar von der Philosophie erlösen lassen, nachdem diese sie aber erlöset, sich selbst wiederum der Lust und Unlust hingeben um sich wieder festbinden und die vorige Arbeit vergeblich machen zu lassen, als wolle sie das Gegenstück treiben zu der Penelope Weberei; sondern Ruhe von dem Allen sich verschaffend, der Vernunft folgend und immer darin verharrend, daß sie das wahre und göttliche und der Meinung

ἐκείνου τρεφομένη, ζῆν τε οἴεται οὕτω δεῖν ἕως ἂν ζῇ, καὶ b ἐπειδὰν τελευτήσῃ, εἰς τὸ ξυγγενὲς καὶ εἰς τὸ τοιοῦτον ἀφικομένη, ἀπηλλάχθαι τῶν ἀνθρωπίνων κακῶν. Ἐκ δὴ τῆς τοιαύτης τροφῆς οὐδὲν δεινὸν μὴ φοβηθῇ, ταῦτα δ' ἐπιτηδεύσασα, ὦ Σιμμία τε καὶ Κέβης, ὅπως μὴ διασπασθεῖσα ἐν τῇ ἀπαλλαγῇ τοῦ σώματος ὑπὸ τῶν ἀνέμων διαφυσηθεῖσα καὶ διαπτομένη οἴχηται καὶ οὐδὲν ἔτι οὐδαμοῦ ᾖ. »

Σιγὴ οὖν ἐγένετο ταῦτα εἰπόντος τοῦ Σωκράτους ἐπὶ πολὺν χρόνον · καὶ αὐτός τε πρὸς τῷ εἰρημένῳ λόγῳ ἦν ὁ c Σωκράτης, ὡς ἰδεῖν ἐφαίνετο, καὶ ἡμῶν οἱ πλεῖστοι · Κέβης δὲ καὶ Σιμμίας σμικρὸν πρὸς ἀλλήλω διελεγέσθην. Καὶ ὁ Σωκράτης ἰδὼν αὐτὼ ἤρετο · « Τί ; ἔφη, ὑμῖν τὰ λεχθέντα μῶν μὴ δοκεῖ ἐνδεῶς λέγεσθαι ; Πολλὰς γὰρ δὴ ἔτι ἔχει ὑποψίας καὶ ἀντιλαβάς, εἴ γε δή τις αὐτὰ μέλλει ἱκανῶς διεξιέναι. Εἰ μὲν οὖν τι ἄλλο σκοπεῖσθον, οὐδὲν λέγω · εἰ δέ τι περὶ τούτων ἀπορεῖτον, μηδὲν ἀποκνήσητε καὶ αὐτοὶ εἰπεῖν καὶ διελθεῖν εἴ πῃ ὑμῖν φαίνεται βέλτιον ⟨ἂν⟩ d λεχθῆναι, καὶ αὖ καὶ ἐμὲ ξυμπαραλαβεῖν εἴ τι μᾶλλον οἴεσθε μετ' ἐμοῦ εὐπορήσειν. » Καὶ ὁ Σιμμίας ἔφη · « Καὶ μήν, ὦ Σώκρατες, τἀληθῆ σοι ἐρῶ. Πάλαι γὰρ ἡμῖν ἑκάτερος ἀπορῶν τὸν ἕτερον προωθεῖ καὶ κελεύει ἐρέσθαι, διὰ τὸ ἐπιθυμεῖν μὲν ἀκοῦσαι, ὀκνεῖν δὲ ὄχλον παρέχειν μή σοι ἀηδὲς ᾖ διὰ τὴν παροῦσαν ξυμφοράν. »

Καὶ ὃς ἀκούσας ἐγέλασέ τε ἠρέμα καί φησιν · « Βαβαί, ὦ Σιμμία · ἦ που χαλεπῶς ἂν τοὺς ἄλλους ἀνθρώπους πείσαιμι ὡς οὐ ξυμφορὰν ἡγοῦμαι τὴν παροῦσαν τύχην, ὅτε e γε μηδ' ὑμᾶς δύναμαι πείθειν, ἀλλὰ φοβεῖσθε μὴ δυσκολώτερόν τι νῦν διάκειμαι ἢ ἐν τῷ πρόσθεν βίῳ. Καί, ὡς ἔοικε, τῶν κύκνων δοκῶ φαυλότερος ὑμῖν εἶναι τὴν μαντικήν, οἳ

nicht unterworfene anschaut und sich davon nährt, glaubt sie, so lange sie lebt, so leben zu müssen, nach dem Tode aber zu dem verwandten und eben solchen gelangt von allen menschlichen Übeln erlöst zu werden. Hat sie sich so genährt, so ist wohl kein Wunder, wenn sie nicht fürchtet, ob sie nicht doch nach solchen Bestrebungen bei der Trennung von dem Leibe zerrissen, von ich weiß nicht welchen Winden verweht und zerstäubt umkommen und nirgend mehr sein werde. b

4. Erneute Diskussion, ob die Seele unsterblich ist

4.1. Die Einwände des Simmias und Kebes

4.1.1. Simmias wünscht eine gründlichere Behandlung der Unsterblichkeitsfrage; Sokrates ist dazu bereit

Eine Stille entstand nun, nachdem Sokrates dieses gesagt, auf lange Zeit, und er selbst, Sokrates, war ganz in das Vorgetragene vertieft, wie man ihm ansehn konnte, und auch die meisten von uns. Kebes und Simmias aber sprachen ein weniges mit einander. Da sah sie Sokrates an, und fragte, Wie? euch dünkt doch nicht etwa das Gesagte noch mangelhaft gesagt zu sein? Denn es gibt wohl noch viel Bedenken und Einwendungen dabei, wenn einer es ganz genau durchnehmen will. Hattet ihr nun etwas anderes untereinander, so will ich nichts gesagt haben; wenn ihr aber noch hierüber zweifeltet, so tragt nur ja kein Bedenken, es entweder allein zu sagen und anzuführen, wenn ihr glaubt, daß es so besser werde vorgetragen werden, oder auch mich mit dazu zu nehmen, wenn ihr meinet mit mir besser zu fahren. – Da sagte Simmias, Ich will dir die Wahrheit sagen, Sokrates. Wir beide haben schon lange zweifelnd einander angestoßen und aufgemuntert zu fragen, weil wir zwar gern hören möchten, aber doch Bedenken tragen, dir Unruhe zu machen, daß es dir nicht etwa zuwider wäre bei dem jetzigen Unglück. – Als er dies hörte, sagte er mit sanftem Lächeln, O weh, Simmias! wahrlich gar schwer werde ich die übrigen Menschen überzeugen, daß ich das jetzige Geschick für kein Unglück halte, da ich nicht einmal euch überzeugen kann, sondern ihr fürchtet, ich möchte jetzt unbequemer sein als sonst im Leben. Und wie es scheint haltet ihr mich in der Wahrsagung für schlechter als die Schwäne, welche,

ἐπειδὰν αἴσθωνται ὅτι δεῖ αὐτοὺς ἀποθανεῖν, ᾄδοντες καὶ
ἐν τῷ πρόσθεν χρόνῳ, τότε δὴ πλεῖστα καὶ μάλιστα ᾄδουσι, 85
γεγηθότες ὅτι μέλλουσι παρὰ τὸν θεὸν ἀπιέναι οὗπέρ εἰσι
θεράποντες. Οἱ δ' ἄνθρωποι, διὰ τὸ αὑτῶν δέος τοῦ θανάτου,
καὶ τῶν κύνκων καταψεύδονται, καί φασιν αὐτοὺς θρη-
νοῦντας τὸν θάνατον ὑπὸ λύπης ἐξᾴδειν, καὶ οὐ λογίζονται
ὅτι οὐδὲν ὄρνεον ᾄδει ὅταν πεινῇ ἢ ῥιγοῖ ἤ τινα ἄλλην
λύπην λυπῆται, οὐδὲ αὐτὴ ἥ τε ἀηδὼν καὶ χελιδὼν καὶ ὁ
ἔποψ, ἃ δή φασι διὰ λύπην θρηνοῦντα ᾄδειν. Ἀλλ' οὔτε
ταῦτά μοι φαίνεται λυπούμενα ᾄδειν οὔτε οἱ κύκνοι, ἀλλ'
ἅτε, οἶμαι, τοῦ Ἀπόλλωνος ὄντες μαντικοί τέ εἰσι καὶ b
προειδότες τὰ ἐν Ἅιδου ἀγαθὰ ᾄδουσι καὶ τέρπονται
ἐκείνην τὴν ἡμέραν διαφερόντως ἢ ἐν τῷ ἔμπροσθεν
χρόνῳ. Ἐγὼ δὲ καὶ αὐτὸς ἡγοῦμαι ὁμόδουλός τε εἶναι τῶν
κύκνων καὶ ἱερὸς τοῦ αὐτοῦ θεοῦ, καὶ οὐ χεῖρον ἐκείνων
τὴν μαντικὴν ἔχειν παρὰ τοῦ δεσπότου, οὐδὲ δυσθυμότερον
αὐτῶν τοῦ βίου ἀπαλλάττεσθαι. Ἀλλὰ τούτου γε ἕνεκα
λέγειν τε χρὴ καὶ ἐρωτᾶν ὅτι ἂν βούλησθε, ἕως ἂν Ἀθη-
ναίων ἐῶσιν ἄνδρες ἕνδεκα.

— Καλῶς, ἔφη, λέγεις, ὁ Σιμμίας · καὶ ἐγώ τέ σοι ἐρῶ ὃ
ἀπορῶ, καὶ αὖ ὅδε, ᾗ οὐκ ἀποδέχεται τὰ εἰρημένα. Ἐμοὶ c
γὰρ δοκεῖ, ὦ Σώκρατες, περὶ τῶν τοιούτων ἴσως ὥσπερ
καὶ σοί τὸ μὲν σαφὲς εἰδέναι ἐν τῷ νῦν βίῳ ἢ ἀδύνατον
εἶναι ἢ παγχάλεπόν τι, τὸ μέντοι αὖ τὰ λεγόμενα περὶ
αὐτῶν μὴ οὐχὶ παντὶ τρόπῳ ἐλέγχειν καὶ μὴ προαφίστασθαι
πρὶν ἂν πανταχῇ σκοπῶν ἀπείπῃ τις, πάνυ μαλθακοῦ
εἶναι ἀνδρός. Δεῖν γὰρ περὶ αὐτὰ ἕν γέ τι τούτων δια-
πράξασθαι, ἢ μαθεῖν ὅπῃ ἔχει ἢ εὑρεῖν ἤ, εἰ ταῦτα
ἀδύνατον, τὸν γοῦν βέλτιστον τῶν ἀνθρωπίνων λόγων
λαβόντα καὶ δυσεξελεγκτότατον ἐπὶ τούτου ὀχούμενον, d
ὥσπερ ἐπὶ σχεδίας κινδυνεύοντα διαπλεῦσαι τὸν βίον, εἰ μή
τις δύναιτο ἀσφαλέστερον καὶ ἀκινδυνότερον ἐπὶ βεβαιο-
τέρου ὀχήματος, ἢ λόγου θείου τινός, διαπορευθῆναι. Καὶ

wenn sie merken, daß sie sterben sollen, wie sie schon sonst
immer gesungen haben, dann am meisten und vorzüglich sin- 85a
gen, weil sie sich freuen, daß sie zu dem Gotte gehen sollen,
dessen Diener sie sind. Die Menschen aber wegen ihrer eigenen
Furcht vor dem Tode lügen auch auf die Schwäne, und sagen,
daß sie über den Tod jammernd aus Traurigkeit sängen, ohne
zu bedenken, daß kein Vogel singt, wenn ihn hungert oder
friert oder ihm sonst irgend etwas fehlt, auch nicht einmal die
Nachtigal selbst, oder die Schwalbe, und der Wiedehopf, von
denen sie sagen, daß sie aus Unlust klagend singen; aber weder
diese, glaube ich, singen aus Traurigkeit noch die Schwäne;
sondern weil sie, meine ich, dem Apollon angehören, sind sie b
wahrsagerisch; und da sie das Gute in der Unterwelt voraus
erkennen, so singen sie und sind fröhlich an jenem Tage, ausge-
zeichnet und mehr als sonst vorher. Ich halte aber auch mich
dafür, ein Dienerschaftsgenoß der Schwäne zu sein, und dem-
selben Gotte heilig, und nicht schlechter als sie das Wahrsagen
zu haben von meinem Gebieter, also auch nicht unmutiger als
sie aus dem Leben zu scheiden. Also deshalb mögt ihr immer
sagen und fragen was ihr wollt, so lange die eilf Männer der
Athener es gestatten. – Sehr schön, sagte Simmias; also will ich
dir sagen was für Zweifel ich habe, und dann auch dieser, wie- c
fern er das Gesagte nicht annimmt. Denn ich denke über diese
Dinge, o Sokrates, ohngefähr wie du, daß etwas sicheres davon
zu wissen in diesem Leben entweder unmöglich ist oder doch
gar schwer; aber was darüber gesagt wird nicht auf alle Weise
zu prüfen, ohne eher abzulassen bis einer ganz ermüdet wäre
vom Untersuchen nach allen Seiten, einen gar weichlichen
Menschen verrät. Denn Eines muß man doch in diesen Dingen
erreichen, entweder wie es damit steht lernen oder erfinden,
oder wenn dies unmöglich ist, die beste und unwiderleglichste
der menschlichen Meinungen darüber nehmen, und darauf wie d
auf einem Brette versuchen durch das Leben zu schwimmen,
wenn einer nicht sicherer und gefahrloser kann auf einem fe-
steren Fahrzeuge oder einer göttlichen Rede reisen. So will

δὴ καὶ νῦν ἔγωγε οὐκ ἐπαισχυνθήσομαι ἐρέσθαι, ἐπειδὴ καὶ
σὺ ταῦτα λέγεις, οὐδ' ἐμαυτὸν αἰτιάσομαι ἐν ὑστέρῳ
χρόνῳ ὅτι νῦν οὐκ εἶπον ἅ μοι δοκεῖ. Ἐμοὶ γάρ, ὦ Σώκρατες,
ἐπειδὴ καὶ πρὸς ἐμαυτὸν καὶ πρὸς τόνδε σκοπῶ τὰ εἰρη-
μένα, οὐ πάνυ φαίνεται ἱκανῶς εἰρῆσθαι. » Καὶ ὁ Σωκράτης·
« Ἴσως γάρ, ἔφη, ὦ ἑταῖρε, ἀληθῆ σοι φαίνεται. Ἀλλὰ e
λέγε ὅπῃ δὴ οὐχ ἱκανῶς.

— Ταύτῃ ἔμοιγε, ἦ δ' ὅς, ᾗ δὴ καὶ περὶ ἁρμονίας ἄν τις
καὶ λύρας τε καὶ χορδῶν τὸν αὐτὸν τοῦτον λόγον εἴποι· ὡς
ἡ μὲν ἁρμονία ἀόρατον καὶ ἀσώματον καὶ πάγκαλόν τι καὶ
θεῖόν ἐστιν ἐν τῇ ἡρμοσμένῃ λύρᾳ, αὐτὴ δ' ἡ λύρα καὶ 86
αἱ χορδαὶ σώματά τε καὶ σωματοειδῆ καὶ σύνθετα καὶ
γεώδη ἐστὶ καὶ τοῦ θνητοῦ ξυγγενῆ· ἐπειδὰν οὖν ἢ κατάξῃ
τις τὴν λύραν ἢ διατέμῃ καὶ διαρρήξῃ τὰς χορδάς, εἴ τις
διισχυρίζοιτο τῷ αὐτῷ λόγῳ ὥσπερ σύ, ὡς ἀνάγκη ἔτι εἶναι
τὴν ἁρμονίαν ἐκείνην καὶ μὴ ἀπολωλέναι· οὐδεμία γὰρ
μηχανὴ ἂν εἴη τὴν μὲν λύραν ἔτι εἶναι διερρωγυιῶν τῶν
χορδῶν καὶ τὰς χορδὰς θνητοειδεῖς οὔσας, τὴν δὲ ἁρμονίαν
ἀπολωλέναι τὴν τοῦ θείου τε καὶ ἀθανάτου ὁμοφυῆ τε καὶ
ξυγγενῆ, προτέραν τοῦ θνητοῦ ἀπολομένην, ἀλλὰ φαίη b
ἀνάγκη ἔτι που εἶναι αὐτὴν τὴν ἁρμονίαν, καὶ πρότερον τὰ
ξύλα καὶ τὰς χορδὰς κατασαπήσεσθαι πρίν τι ἐκείνην
παθεῖν. Καὶ γὰρ οὖν, ὦ Σώκρατες, οἶμαι ἔγωγε καὶ αὐτόν
σε τοῦτο ἐντεθυμῆσθαι, ὅτι τοιοῦτόν τι μάλιστα ὑπολαμ-
βάνομεν τὴν ψυχὴν εἶναι, ὥσπερ ἐντεταμένου τοῦ σώματος
ἡμῶν καὶ ξυνεχομένου ὑπὸ θερμοῦ καὶ ψυχροῦ καὶ ξηροῦ
καὶ ὑγροῦ καὶ τοιούτων τινῶν, κρᾶσιν εἶναι καὶ ἁρμονίαν
αὐτῶν τούτων τὴν ψυχὴν ἡμῶν, ἐπειδὰν ταῦτα καλῶς καὶ c
μετρίως κραθῇ πρὸς ἄλληλα. Εἰ οὖν τυγχάνει ἡ ψυχὴ οὖσα
ἁρμονία τις, δῆλον ὅτι, ὅταν χαλασθῇ τὸ σῶμα ἡμῶν
ἀμέτρως ἢ ἐπιταθῇ ὑπὸ νόσων καὶ ἄλλων κακῶν, τὴν μὲν

denn auch ich jetzt mich nicht schämen zu fragen, da ja auch du dasselbe sagst, und nicht hernach mir selbst Vorwürfe zu machen haben, daß ich jetzt nicht gesagt habe was ich denke. Mir nämlich, o Sokrates, sowohl wenn ich bei mir selbst als wenn ich mit diesem das Gesagte betrachte, erscheint es gar nicht gründlich genug. – Darauf sagte Sokrates, Vielleicht, o e
Freund, erscheint es dir ganz recht; aber sage nur, wiefern nicht gründlich.

4.1.2. Der Einwand des Simmias: als Harmonie des Leibes vergeht die Seele mit oder vor ihm

– Insofern, sprach er, als auch von der Stimmung und der Leier und den Saiten einer ganz auf diesellbe Weise reden könnte, daß nämlich die Stimmung etwas unsichtbares und unkörperliches und gar schönes und göttliches ist an der gestimmten 86a
Leier, die Leier selbst aber und die Saiten Körper sind und körperliches und zusammengesetzt und irdisch und dem sterblichen verwandt. Wenn nun einer die Leier zerbräche oder die Saiten zerschnitte oder zerrisse, so könnte einer mit derselben Rede wie du durchführen, jene Stimmung müsse notwendig noch da sein und nicht untergegangen. Denn es wäre doch keine Möglichkeit, daß die Leier noch da sein sollte, nachdem die Saiten zerrissen wären, und die Saiten selbst, die doch dem sterblichen ähnlich sind, die Stimmung aber sollte untergegangen sein, die doch dem göttlichen und unsterblichen gleichartig und verwandt ist, und zwar noch vor dem sterblichen; son- b
dern, würde er sagen, notwendig muß die Stimmung noch irgendwo sein, und eher werden die Hölzer verfaulen und die Saiten, als jener etwas begegnen wird. Nun aber glaube ich, o Sokrates, du selbst wirst auch dies schon erwogen haben, daß wir uns die Seele als so etwas vorzüglich vorstellen, wenn doch unser Leib eingespannt ist und zusammengehalten von warmem und kaltem, trocknem und feuchtem und dergleichen Dingen, daß unsere Seele die Mischung und Stimmung eben c
dieser Dinge sei, wenn sie schön und im rechten Verhältnis gegen einander gemischt sind. Ist nun die Seele eine Stimmung: so ist offenbar, daß wenn unser Leib unverhältnismäßig erschlafft oder angespannt wird von Krankheiten und anderen

ψυχὴν ἀνάγκη εὐθὺς ὑπάρχει ἀπολωλέναι καίπερ οὖσαν
θειοτάτην, ὥσπερ καὶ αἱ ἄλλαι ἁρμονίαι αἵ τ' ἐν τοῖς φθόγ-
γοις καὶ ἐν τοῖς τῶν δημιουργῶν ἔργοις πᾶσι · τὰ δὲ λείψανα
τοῦ σώματος ἑκάστου πολὺν χρόνον παραμένειν, ἕως ἂν ἢ
κατακαυθῇ ἢ κατασαπῇ. Ὅρα οὖν πρὸς τοῦτον τὸν λόγον τί d
φήσομεν, ἐάν τις ἀξιοῖ κρᾶσιν οὖσαν τὴν ψυχὴν τῶν ἐν
τῷ σώματι ἐν τῷ καλουμένῳ θανάτῳ πρώτην ἀπόλλυσθαι. »

Διαβλέψας οὖν ὁ Σωκράτης, ὥσπερ τὰ πολλὰ εἰώθει,
καὶ μειδιάσας · « Δίκαια μέντοι, ἔφη, λέγει ὁ Σιμμίας. Εἰ
οὖν τις ὑμῶν εὐπορώτερος ἐμοῦ, τί οὐκ ἀπεκρίνατο ; καὶ
γὰρ οὐ φαύλως ἔοικεν ἁπτομένῳ τοῦ λόγου. Δοκεῖ μέντοι
μοι χρῆναι πρὸ τῆς ἀποκρίσεως ἔτι πρότερον Κέβητος e
ἀκοῦσαι τί αὖ ὅδε ἐγκαλεῖ τῷ λόγῳ, ἵνα χρόνου ἐγγενο-
μένου βουλευσώμεθα τί ἐροῦμεν. Ἔπειτα δὲ ἀκούσαντας, ἢ
συγχωρεῖν αὐτοῖς ἐάν τι δοκῶσι προσᾴδειν, ἐὰν δὲ μή,
οὕτως ἤδη ὑπερδικεῖν τοῦ λόγου. Ἀλλ' ἄγε, ἦ δ' ὅς, ὦ
Κέβης, λέγε τί ἦν τὸ σέ αὖ θρᾶττον.

— Λέγω δή, ἦ δ' ὃς ὁ Κέβης. Ἐμοὶ γὰρ φαίνεται ἔτι ἐν
τῷ αὐτῷ ὁ λόγος εἶναι, καί, ὅπερ ἐν τοῖς πρόσθεν ἐλέγομεν,
ταὐτὸν ἔγκλημα ἔχειν. Ὅτι μὲν γὰρ ἦν ἡμῶν ἡ ψυχὴ καὶ 87
πρὶν εἰς τόδε τὸ εἶδος ἐλθεῖν, οὐκ ἀνατίθεμαι μὴ οὐχὶ πάνυ
χαριέντως καί, εἰ μὴ ἐπαχθές ἐστιν εἰπεῖν, πάνυ ἱκανῶς
ἀποδεδεῖχθαι · ὡς δὲ καὶ ἀποθανόντων ἡμῶν ἔτι που ἔστιν,
οὔ μοι δοκεῖ τῇδε. Ὡς μὲν οὐκ ἰσχυρότερον καὶ πολυ-
χρονιώτερον ψυχὴ σώματος, οὐ συγχωρῶ τῇ Σιμμίου ἀντι-
λήψει · δοκεῖ γάρ μοι πᾶσι τούτοις πάνυ πολὺ διαφέρειν.
« Τί οὖν, ἂν φαίη ὁ λόγος, ἔτι ἀπιστεῖς, ἐπειδὴ ὁρᾷς,
« ἀποθανόντος τοῦ ἀνθρώπου, τό γε ἀσθενέστερον ἔτι ὄν ;
« τὸ δὲ πολυχρονιώτερον οὐ δοκεῖ σοι ἀναγκαῖον εἶναι ἔτι b
« σῴζεσθαι ἐν τούτῳ τῷ χρόνῳ ; » Πρὸς δὴ τοῦτο τόδε

Übeln, die Seele dann notwendig sogleich umkommt, obgleich sie das göttlichste ist, eben wie alle andern Stimmungen in Tönen und in allen Werken der Künstler, die Überreste eines jeden Leibes aber noch lange Zeit bleiben, bis sie verbrannt werden oder verwesen. Sieh nun zu, was wir gegen diese Rede d
sagen wollen, wenn jemand behauptet, daß die Seele als die Mischung alles zum Leibe gehörigen in dem was wir Tod nennen zuerst untergehe. – Da sah sich Sokrates um, wie er oftmals tat, und sagte lächelnd, Simmias hat ganz recht gesprochen. Wenn nun einer besseren Rat weiß als ich, warum antwortet er nicht? denn er hat die Sache gewiß gar nicht schlecht angegriffen. Doch mich dünkt, ehe wir antworten, müssen wir erst e
auch den Kebes hören, was der wieder unserer Rede Schuld gibt, damit wir Zeit gewinnen und uns beraten können, was wir sagen wollen, und dann, wenn wir ausgehört haben, ihnen entweder einräumen, wenn sie etwas ordentliches scheinen angestimmt zu haben, oder wenn nicht, dann schon unsere Rede verfechten. Also, sagte er, sprich, o Kebes, was denn dich beunruhiget hat, daß du nicht glauben kannst.

4.1.3. Der Einwand des Kebes: Die Seele überdauert nur einige Körper; ihre Unsterblichkeit ist noch nicht bewiesen

– Ich will es also sagen, sprach Kebes. Mir scheint nämlich unsere Rede noch immer auf demselben Fleck zu sein, und an demselben Mangel, dessen wir schon vorher erwähnten, auch jetzt noch zu leiden. Denn daß unsere Seele schon war, ehe sie 87a
in diese Gestalt kam, das will ich nicht zurücknehmen, daß es nicht sehr artig, und wenn es nicht anmaßend ist zu sagen, ganz befriedigend bewiesen wäre; daß sie aber auch noch wenn wir tot sind irgendwo sei, dies scheint mir nicht eben so. Daß freilich die Seele nicht stärker und dauerhafter sein sollte als der Leib, dies gebe ich der Einwendung des Simmias nicht nach, denn in diesem allen scheint sie mir sich gar weit zu unterscheiden. Warum also, könnte die Rede wohl sagen, bist du noch ungläubig, wenn du doch siehst, daß nach des Menschen Tode das schwächere noch ist? dünkt dich dann nicht, daß das b
dauerhaftere sich gewiß noch erhalten müsse in eben dieser Zeit? Dagegen nun überlege, ob ich hiermit etwas sage. Denn

ἐπίσκεψαι εἴ τι λέγω · εἰκόνος γάρ τινος, ὡς ἔοικεν, κἀγὼ ὥσπερ Σιμμίας δέομαι · ἐμοὶ γὰρ δοκεῖ ὁμοίως λέγεσθαι ταῦτα ὥσπερ ἄν τις περὶ ἀνθρώπου ὑφάντου πρεσβύτου ἀποθανόντος λέγοι τοῦτον τὸν λόγον, ὅτι οὐκ ἀπόλωλεν ὁ ἄνθρωπος ἀλλ' ἔστι που σῶς · τεκμήριον δὲ παρέχοιτο θοἰμάτιον ὃ ἠμπείχετο αὐτὸς ὑφηνάμενος ὅτι ἐστι σῶν καὶ οὐκ ἀπόλωλεν. Καὶ εἴ τις ἀπιστοίη αὐτῷ, ἀνερωτῴη πότερον πολυχρονιώτερόν ἐστι τὸ γένος ἀνθρώπου ἢ c
ἱματίου ἐν χρείᾳ τε ὄντος καὶ φορουμένου · ἀποκριναμένου δή τινος ὅτι πολὺ τὸ τοῦ ἀνθρώπου, οἴοιτο ἀποδεδεῖχθαι ὅτι παντὸς ἄρα μᾶλλον ὅ γε ἄνθρωπος σῶς ἐστίν, ἐπειδὴ τό γε ὀλιγοχρονιώτερον οὐκ ἀπόλωλεν.

« Τὸ δ', οἶμαι, ὦ Σιμμία, οὐχ οὕτως ἔχει. Σκόπει γὰρ καὶ σὺ ἃ λέγω · πᾶς γὰρ ἂν ὑπολάβοι ὅτι εὔηθες λέγει ὁ τοῦτο λέγων. Ὁ γὰρ ὑφάντης οὗτος πολλὰ κατατρίψας τοιαῦτα ἱμάτια καὶ ὑφηνάμενος ἐκείνων μὲν ὕστερος ἀπόλωλε πολλῶν ὄντων, τοῦ δὲ τελευταίου, οἶμαι, πρό- d
τερος · καὶ οὐδέν τι μᾶλλον τούτου ἕνεκα ἄνθρωπός ἐστιν ἱματίου φαυλότερον οὐδ' ἀσθενέστερον. Τὴν αὐτὴν δὲ ταύτην, οἶμαι, εἰκόνα δέξαιτ' ἂν ψυχὴ πρὸς σῶμα, καί τις λέγων αὐτὰ ταῦτα περὶ αὐτῶν μέτρι' ἄν μοι φαίνοιτο λέγειν · ὡς ἡ μὲν ψυχὴ πολυχρόνιόν ἐστιν, τὸ δὲ σῶμα ἀσθενέστερον καὶ ὀλιγοχρονιώτερον · ἀλλὰ γὰρ ἂν φαίη ἑκάστην τῶν ψυχῶν πολλὰ σώματα κατατρίβειν, ἄλλως τε κἂν πολλὰ ἔτη βιῷ (εἰ γὰρ ῥέοι τὸ σῶμα καὶ ἀπολλύοιτο ἔτι ζῶντος τοῦ ἀνθρώπου, ἀλλ' ἡ ψυχὴ ἀεὶ τὸ κατατριβόμενον ἀνυφαίνοι) · ἀναγκαῖον μεντἂν εἴη, ὁπότε ἀπολλύοιτο ἡ e
ψυχή, τὸ τελευταῖον ὕφασμα τυχεῖν αὐτὴν ἔχουσαν καὶ τούτου μόνου προτέραν ἀπόλλυσθαι · ἀπολομένης δὲ τῆς ψυχῆς τότ' ἤδη τὴν φύσιν τῆς ἀσθενείας ἐπιδεικνύοι τὸ σῶμα καὶ ταχὺ σαπὲν διοίχοιτο. Ὥστε τούτῳ τῷ λόγῳ οὔπω ἄξιον πιστεύσαντα θαρρεῖν ὡς ἐπειδὰν ἀποθάνωμεν ἔτι που ἡμῶν ἡ ψυχὴ ἔστιν.

eines Bildes bedarf ich freilich auch, wie es scheint, eben so gut als Simmias. Mich dünkt nämlich dies grade eben so gesagt, wie wenn jemand, wenn ein alter Mann der ein Weber war gestorben wäre, diese Rede führen wollte. Der Mensch ist nicht umgekommen, sondern ist gewiß noch irgendwo, und zum Beweise dafür wollte er das Kleid anführen, was er anhatte und selbst gewebt hatte, daß das doch noch wohlbehalten wäre und nicht umgekommen; und wenn ihm einer nicht glauben wollte, er diesen dann fragte, was wohl seiner Natur nach c
dauerhafter wäre, ein Mensch oder ein Kleid, wenn es nämlich im Gebrauch wäre und getragen würde, und wenn der dann antworten müßte, der Mensch bei weitem, jener dann glaubte bewiesen zu haben, der Mensch also müsse wohl ganz gewiß wohlbehalten sein, da ja das vergänglichere nicht untergegangen wäre. Ich denke aber, o Simmias, das verhält sich nicht so. Sieh aber auch du zu, was ich meine. Denn jeder würde wohl der Meinung sein, daß das einfältig gesagt wäre, wenn es jemand sagen wollte. Denn dieser Weber hat schon gar viele solche Kleider verbraucht und gewebt, und ist zwar später umgekommen als jene vielen, aber als das letzte denke ich doch d
eher, und deshalb ist doch wohl ein Mensch immer nicht schlechter oder vergänglicher als ein Kleid. Und dieses selbige Bild, meine ich, läßt sich anwenden auf Seele und Leib; und wer eben dasselbige sagte von diesen, würde mir scheinen verständig zu reden, daß nämlich die Seele zwar dauerhafter ist, und der Leib schwächer und vergänglicher, doch aber, würde er hinzu setzen, verbrauche ja jede Seele viele Leiber, zumal wenn sie viele Jahre lebe. Denn wenn der Leib immer im Fluß ist und vergeht, so lange der Mensch lebt, die Seele aber das verbrauchte immer wieder webt: so muß ja die Seele wohl, e
wenn sie umkommt, diese ihre letzte Bekleidung noch haben, und eher freilich nur als diese einzige umkommen, und erst wenn die Seele umgekommen ist, kann dann der Leib die Natur seiner Schwachheit beweisen, indem er schnell durch Fäulnis vergeht. So daß man also diesem Satz noch nicht zuverlässig trauen darf, daß wenn wir tot sind unsere Seele noch ir-

« Εἰ γάρ τις καὶ πλέον ἔτι τῷ λέγοντι ἢ ἃ σὺ λέγεις 88
συγχωρήσειεν, δοὺς αὐτῷ μὴ μόνον ἐν τῷ πρὶν καὶ γενέσθαι ἡμᾶς χρόνῳ εἶναι ἡμῶν τὰς ψυχάς ἀλλὰ μηδὲν κωλύειν, καὶ ἐπειδὰν ἀποθάνωμεν, ἐνίων ἔτι εἶναι καὶ ἔσεσθαι καὶ πολλάκις γενήσεσθαι καὶ ἀποθανεῖσθαι αὖθις (οὕτω γὰρ αὐτὸ φύσει ἰσχυρὸν εἶναι, ὥστε πολλάκις γιγνομένην ψυχὴν ἀντέχειν) · δοὺς δὲ ταῦτα, ἐκεῖνο μηκέτι συγχωροῖ, μὴ οὐ πονεῖν αὐτὴν ἐν ταῖς πολλαῖς γενέσεσιν, καὶ τελευτῶσάν γε ἔν τινι τῶν θανάτων παντάπασιν ἀπόλλυσθαι · τοῦτον δὲ
τὸν θάνατον καὶ ταύτην τὴν διάλυσιν τοῦ σώματος ἣ τῇ b
ψυχῇ φέρει ὄλεθρον μηδένα φαίη εἰδέναι (ἀδύνατον γὰρ εἶναι ὁτῳοῦν αἰσθέσθαι ἡμῶν) · εἰ δὲ τοῦτο οὕτως ἔχει, οὐδενὶ προσήκει θάνατον θαρροῦντι μὴ οὐκ ἀνοήτως θαρρεῖν, ὃς ἂν μὴ ἔχῃ ἀποδεῖξαι ὅτι ἔστι ψυχὴ παντάπασιν ἀθάνατόν τε καὶ ἀνώλεθρον. Εἰ δὲ μή, ἀνάγκην εἶναι ἀεὶ τόν μέλλοντα ἀποθανεῖσθαι δεδιέναι ὑπὲρ τῆς αὑτοῦ ψυχῆς μὴ ἐν τῇ νῦν τοῦ σώματος διαζεύξει παντάπασιν ἀπόληται. »

Πάντες οὖν ἀκούσαντες εἰπόντων αὐτῶν ἀηδῶς διετέ-
θημεν, ὡς ὕστερον ἐλέγομεν πρὸς ἀλλήλους, ὅτι ὑπὸ τοῦ c
ἔμπροσθεν λόγου σφόδρα πεπεισμένους ἡμᾶς πάλιν ἐδόκουν ἀναταράξαι καὶ εἰς ἀπιστίαν καταβαλεῖν, οὐ μόνον τοῖς προειρημένοις λόγοις, ἀλλὰ καὶ εἰς τὰ ὕστερον μέλλοντα ῥηθήσεσθαι, μὴ οὐδενὸς ἄξιοι εἶμεν κριταὶ ἢ καὶ τὰ πράγματα αὐτὰ ἄπιστα ᾖ.

ΕΧ. Νὴ τοὺς θεούς, ὦ Φαίδων, συγγνώμην γε ἔχω ὑμῖν. Καὶ γὰρ αὐτόν με νῦν ἀκούσαντά σου τοιοῦτόν τι λέγειν
πρὸς ἐμαυτὸν ἐπέρχεται · « Τίνι οὖν ἔτι πιστεύσομεν λόγῳ, d
« ὡς γάρ, σφόδρα πιθανὸς ὢν ὃν ὁ Σωκράτης ἔλεγε λόγον, « νῦν εἰς ἀπιστίαν καταπέπτωκεν ; » Θαυμαστῶς γάρ μου ὁ λόγος οὗτος ἀντιλαμβάνεται καὶ νῦν καὶ ἀεί, τὸ ἁρμονίαν τινὰ ἡμῶν εἶναι τὴν ψυχήν. Καὶ ὥσπερ ὑπέμνησέ με ῥηθεὶς

gendwo ist. Denn wenn jemand auch dem, der deine Behauptung vorträgt, noch mehr einräumen wollte, und zugeben, unsere Seele sei nicht nur in der Zeit vor unserer Geburt gewesen, sondern es hindere auch nichts, daß nicht auch nach dem Tode Einiger Seelen noch wären und sein würden, und noch oft würden geboren werden und wieder sterben, denn so stark sei sie von Natur, daß sie dieses gar vielmal aushalten könne; nur aber, indem er dieses zugäbe, nicht auch noch jenes einräumte, daß sie in diesen vielen Geburten gar nicht von Kräften komme, und auch am Ende nicht in einem von diesen Toden gänzlich untergehe, sondern sagte, Diesen Tod aber und diese Auflösung des Leibes, welche der Seele den Untergang bringt, wisse nur keiner, denn es sei unmöglich, daß irgend einer von uns ihn fühlte; wenn sich nun dieses so verhält, so kann doch von keinem der über den Tod guten Mutes ist, gesagt werden, daß er nicht auf eine unverständige Weise mutig sei, wenn er nicht zu beweisen vermag, daß die Seele ganz und gar unsterblich und unvergänglich ist; wo nicht, so muß jeder, der im Begriff ist zu sterben, für seine eigene Seele in Sorgen sein, ob sie nicht grade in dieser Trennung von dem Leibe ganz und gar untergehn werde.

88a (gendwo ist …) · b (lich untergehe …)

4.1.4. Wirkung der Einwände auf die übrigen Anwesenden

Alle nun, als wir sie beide dieses hatten sagen gehört, waren wir, wie wir uns hernach gestanden, auf unangenehme Weise c
verstimmt, weil sie uns, die wir durch die vorigen Reden stark überzeugt waren, wieder unruhig zu machen und in Ungewißheit zurückzuwerfen schienen, nicht nur über das bereits gesagte, sondern auch wegen dessen, was nun noch würde gesagt werden, ob nicht wir ganz untaugliche Richter wären, oder auch die Sache selbst gar nicht zu entscheiden.

ECHEKRATES: Bei den Göttern, o Phädon, ich verzeihe euch das. Denn auch ich, da ich dies jetzt von dir gehört, habe so zu mir gesprochen, Welcher Rede soll man nun wohl noch d
glauben, denn die so sehr glaubliche, welche Sokrates vorgetragen, ist nun doch um allen Glauben gekommen. Denn gar wunderbar ergreift mich dieser Satz schon jetzt und immer, daß unsere Seele eine Stimmung ist; und wie er jetzt ausgesagt

ὅτι καὶ αὐτῷ μοι ταῦτα προυδέδοκτο, καὶ πάνυ δέομαι
πάλιν, ὥσπερ ἐξ ἀρχῆς, ἄλλου τινὸς λόγου ὅς με πείσει ὡς
τοῦ ἀποθανόντος οὐ συναποθνῄσκει ἡ ψυχή. Λέγε οὖν,
πρὸς Διός · πῇ ὁ Σωκράτης μετῆλθε τὸν λόγον ; καὶ
πότερον κἀκεῖνος, ὥσπερ ὑμᾶς φῄς, ἔνδηλός τι ἐγένετο e
ἀχθόμενος ἢ οὔ, ἀλλὰ πρᾴως ἐβοήθει τῷ λόγῳ ; ἢ καὶ
ἱκανῶς ἐβοήθησεν ἢ ἐνδεῶς ; Πάντα ἡμῖν δίελθε ὡς δύνασαι
ἀκριβέστατα.

ΦΑΙΔ. Καὶ μήν, ὦ Ἐχέκρατες, πολλάκις θαυμάσας
Σωκράτη, οὐ πώποτε μᾶλλον ἠγάσθην ἢ τότε παραγε-
νόμενος. Τὸ μὲν οὖν ἔχειν ὅτι λέγοι ἐκεῖνος, ἴσως οὐδὲν 89
ἄτοπον · ἀλλὰ ἔγωγε μάλιστα ἐθαύμασα αὐτοῦ πρῶτον μὲν
τοῦτο, ὡς ἡδέως καὶ εὐμενῶς καὶ ἀγαμένως τῶν νεανίσκων
τὸν λόγον ἀπεδέξατο, ἔπειτα ἡμῶν ὡς ὀξέως ᾔσθετο ὃ
πεπόνθειμεν ὑπὸ τῶν λόγων, ἔπειτα ὡς εὖ ἡμᾶς ἰάσατο ·
καὶ ὥσπερ πεφευγότας καὶ ἡττημένους ἀνεκαλέσατο
καὶ προύτρεψε πρὸς τὸ παρέπεσθαί τε καὶ συσκοπεῖν τὸν
λόγον.

ΕΧ. Πῶς δή ;

ΦΑΙΔ. Ἐγὼ ἐρῶ. Ἔτυχον γὰρ ἐν δεξιᾷ αὐτοῦ καθή-
μενος παρὰ τὴν κλίνην ἐπὶ χαμαιζήλου τινός, ὁ δὲ ἐπὶ b
πολὺ ὑψηλοτέρου ἢ ἐγώ. Καταψήσας οὖν μου τὴν κεφαλὴν
καὶ ξυμπιέσας τὰς ἐπὶ τῷ αὐχένι τρίχας (εἰώθει γάρ, ὁπότε
τύχοι, παίζειν μου εἰς τὰς τρίχας).

« Αὔριον δή, ἔφη, ἴσως, ὦ Φαίδων, τὰς καλὰς ταύτας
κόμας ἀποκερεῖ ; — Ἔοικεν, ἦν δ' ἐγώ, ὦ Σώκρατες. —
Οὔκ, ἄν γε ἐμοὶ πείθῃ. — Ἀλλὰ τί ; ἦν δ' ἐγώ. — Τήμερον,
ἔφη, κἀγὼ τὰς ἐμὰς καὶ σὺ ταύτας, ἐάνπερ γε ἡμῖν ὁ λόγος
τελευτήσῃ καὶ μὴ δυνώμεθα αὐτὸν ἀναβιώσασθαι. Καὶ
ἔγωγ' ἄν, εἰ σὺ εἴην καί με διαφεύγοι ὁ λόγος, ἔνορκον ἂν c
ποιησαίμην, ὥσπερ Ἀργεῖοι, μὴ πρότερον κομήσειν, πρὶν
ἂν νικήσω ἀναμαχόμενος τὸν Σιμμίου τε καὶ Κέβητος
λόγον. — Ἀλλ', ἦν δ' ἐγώ, πρὸς δύο λέγεται οὐδ' ὁ

worden, hat er mir in Erinnerung gebracht, daß auch mir das vorher schon so gedäucht hatte. Und so bedarf ich nun wieder wie anfangs einer andern Rede, um mich zu überzeugen, daß mit dem Sterbenden die Seele nicht mitstirbt. Sage nun, beim Zeus, wie Sokrates dieses verfolgt hat, und ob auch ihm, wie e
du von euch sagst, etwas verdrießliches anzumerken war oder nicht, sondern er seinen Satz ruhig verteidigte, und ob er es befriedigend getan hat oder unzureichend. Dies alles berichte uns so genau als möglich.

PHAIDON: Gewiß, o Echekrates, wie oft ich auch schon den Sokrates bewundert hatte, nie doch war ich mehr von ihm eingenommen, als damals. Denn daß er etwas zu erwidern 89a
wußte, ist wohl nichts besonderes; aber ich bewunderte ihn zuerst vorzüglich darüber, wie freundlich und sanft und beifällig er die Reden der jungen Männer aufnahm, dann wie scharf er bemerkte, was sie auf uns gewirkt hatten, und wie gut er uns heilte und gleichsam wie Flüchtlinge und Geschlagene zurückrief und uns zusprach, ihm zu folgen und die Rede mit ihm zu erwägen.

ECHEKRATES: Wie also?

4.1.5. Wie Sokrates die Situation meistert. Warnung vor Redefeindschaft; Bereitschaft zu weiterer Untersuchung

PHAIDON: Das will ich dir sagen. Ich saß nämlich zu seiner Rechten neben dem Bett auf einem Bänkchen, er aber saß weit b
höher als ich. Nun strich er mir über den Kopf, faßte die Haare im Nacken zusammen, denn er pflegte wohl oft in meinen Haaren zu spielen, und sagte, Morgen also, o Phädon, wirst du wohl diese schönen Locken abscheren? – So sieht es wohl aus, o Sokrates, sprach ich. – Nicht doch, wenn du mir folgst. – Was denn? fragte ich. – Heute noch, sagte er, wollen wir ich meine und du diese abscheren, wenn uns nämlich die Rede stirbt, und wir sie nicht wieder ins Leben rufen können. Und wenn ich du c
wäre und mir diese Rede abhanden käme, sollte ich, wie die Argeier, einen Eid darauf ablegen, nicht eher das Haar wachsen zu lassen, bis ich in ehrlichem Kampf die Rede des Simmias und Kebes besiegt hätte. – Aber, sagte ich, mit zweien kann es

Ἡρακλῆς οἷός τε εἶναι. — Ἀλλὰ καὶ ἐμέ, ἔφη, τὸν Ἰόλεων
παρακάλει, ἕως ἔτι φῶς ἐστιν. — Παρακαλῶ τοίνυν,
ἔφην, οὐχ ὡς Ἡρακλῆς, ἀλλ' ὡς Ἰόλεως τὸν Ἡρακλῆ.
— Οὐδὲν διοίσει, ἔφη. Ἀλλὰ πρῶτον εὐλαβηθῶμέν τι
πάθος μὴ πάθωμεν. — Τὸ ποῖον ; ἦν δ' ἐγώ.

— Μὴ γενώμεθα, ἦ δ' ὅς, μισόλογοι, ὥσπερ οἱ μισάνθρωποι d
γιγνόμενοι · ὡς οὐκ ἔστιν, ἔφη, ὅτι ἄν τις μεῖζον τούτου
κακὸν πάθοι ἢ λόγους μισήσας. Γίγνεται δὲ ἐκ τοῦ αὐτοῦ
τρόπου μισολογία τε καὶ μισανθρωπία. Ἥ τε γὰρ μισαν-
θρωπία ἐνδύεται ἐκ τοῦ σφόδρα τινὶ πιστεῦσαι ἄνευ τέχνης,
καὶ ἡγήσασθαι παντάπασί γε ἀληθῆ εἶναι καὶ ὑγιῆ καὶ
πιστὸν τὸν ἄνθρωπον, ἔπειτα ὀλίγον ὕστερον εὑρεῖν τοῦτον
πονηρόν τε καὶ ἄπιστον, καὶ αὖθις ἕτερον · καὶ ὅταν
τοῦτο πολλάκις πάθῃ τις καὶ ὑπὸ τούτων μάλιστα οὓς ἂν
ἡγήσαιτο οἰκειοτάτους τε καὶ ἑταιροτάτους, τελευτῶν δὴ
θαμὰ προσκρούων μισεῖ τε πάντας καὶ ἡγεῖται οὐδενὸς e
οὐδὲν ὑγιὲς εἶναι τὸ παράπαν. Ἢ οὐκ ᾔσθησαι σύ πω
τοῦτο γιγνόμενον ; — Πάνυ γε, ἦν δ' ἐγώ. — Οὐκοῦν, ἦ δ'
ὅς, αἰσχρόν, καὶ δῆλον ὅτι ἄνευ τέχνης τῆς περὶ
τἀνθρώπεια ὁ τοιοῦτος χρῆσθαι ἐπεχείρει τοῖς ἀνθρώποις ;
Εἰ γάρ που μετὰ τέχνης ἐχρῆτο ὥσπερ ἔχει, οὕτως ἂν
ἡγήσατο τοὺς μὲν χρηστοὺς καὶ πονηροὺς σφόδρα ὀλίγους
εἶναι ἑκατέρους, τοὺς δὲ μεταξὺ πλείστους. — Πῶς 90
λέγεις ; ἔφην ἐγώ. — Ὥσπερ, ἦ δ' ὅς, περὶ τῶν σφόδρα
σμικρῶν καὶ μεγάλων · οἴει τι σπανιώτερον εἶναι ἢ σφόδρα
μέγαν ἢ σφόδρα σμικρὸν ἐξευρεῖν ἄνθρωπον ἢ κύνα ἢ ἄλλο
ὁτιοῦν ; ἢ αὖ ταχὺν ἢ βραδὺν ἢ αἰσχρὸν ἢ καλὸν ἢ λευκὸν
ἢ μέλανα ; ἢ οὐκ ᾔσθησαι ὅτι πάντων τῶν τοιούτων τὰ μὲν
ἄκρα τῶν ἐσχάτων σπάνια καὶ ὀλίγα, τὰ δὲ μεταξὺ ἄφθονα
καὶ πολλά ; — Πάνυ γε, ἦν δ' ἐγώ. — Οὐκοῦν οἴει, ἔφη,
εἰ πονηρίας ἀγὼν προτεθείη, πάνυ ἂν ὀλίγους καὶ ἐνταῦθα b
τοὺς πρώτους φανῆναι ; — Εἰκός γε, ἦν δ' ἐγώ. — Εἰκὸς
γάρ, ἔφη.

ja auch Herakles nicht aufnehmen. – So rufe denn mich herbei, sprach er, als deinen Jolaos, so lange es noch Tag ist. – Das tue ich denn, sagte ich, aber nicht als Herakles, sondern wie Jolaos den Herakles. – Das ist gleichviel, sagte er. Aber daß wir uns ja zuerst hüten, daß uns nicht etwas gewisses begegne. – Was doch? fragte ich. – Daß wir ja nicht Redefeinde werden, sprach d
er, wie andere wohl Menschenfeinde. Denn unmöglich, sagte er, kann einem etwas ärgeres begegnen, als wenn er Reden haßt. Und die Redefeindschaft entsteht ganz auf dieselbe Weise wie die Menschenfeindschaft. Nämlich die Menschenfeindschaft entsteht, wenn man einem auf kunstlose Weise zu sehr vertraut, und einen Menschen für durchaus wahr, gesund und zuverlässig gehalten hat, bald darauf aber denselbigen als schlecht und unzuverlässig erfindet, und dann wieder einen, und wenn einem das öfter begegnet, und bei solchen, die man für die vertrautesten und besten Freunde hält, so haßt man denn endlich, wenn man immer wieder anstößt, Alle, und e
glaubt daß nirgend an keinem irgend etwas gesundes ist. Oder hast du nicht bemerkt, daß das so zu gehen pflegt? – Ja wohl, sagte ich. – Ist das nun nicht, sprach er, schändlich, und ist nicht offenbar, daß ein solcher sich ohne die Kunst, die sich auf Menschen versteht, an den Umgang mit den Menschen wagt? Denn wenn er dieser Kunst gemäß mit ihnen umginge: so würde er, wie es sich in der Tat verhält, so auch glauben, daß es der sehr guten und sehr schlechten beider immer nur wenige gibt, der 90a
mittelmäßigen aber am meisten. – Wie meinst du das, sprach ich. – Gerade, sagte er, wie mit dem sehr großen und sehr kleinen; glaubst du, daß es etwas seltneres gibt, als einen ganz ausgezeichnet großen oder ausgezeichnet kleinen Menschen oder Hund oder sonst etwas zu finden? und eben so mit schnell und langsam, häßlich und schön, weiß und schwarz? oder hast du nicht gemerkt, daß von alle dem das äußerste selten vorkommt und wenig, das mittlere aber unendlich häufig? – Freilich, sprach ich. – Und meinst du nicht, sagte er, wenn ein Wettstreit der Schlechtigkeit angestellt würde, daß auch da nur b
sehr wenige sich als die ersten zeigen würden? – Natürlich, sagte ich. – Freilich natürlich, sprach er; aber darin sind eigent-

« Ἀλλὰ ταύτῃ μὲν οὐχ ὅμοιοι οἱ λόγοι τοῖς ἀνθρώποις,
ἀλλὰ σοῦ νῦν δὴ προάγοντος ἐγὼ ἐφεσπόμην, ἀλλ' ἐκείνῃ
ᾗ, ἐπειδάν τις πιστεύσῃ λόγῳ τινὶ ἀληθεῖ εἶναι ἄνευ τῆς
περὶ τοὺς λόγους τέχνης, κἄπειτα ὀλίγον ὕστερον αὐτῷ
δόξῃ ψευδὴς εἶναι, ἐνίοτε μὲν ὤν, ἐνίοτε δ' οὐκ ὤν, καὶ
αὖθις ἕτερος καὶ ἕτερος · καὶ μάλιστα δὴ οἱ περὶ τοὺς
ἀντιλογικοὺς λόγους διατρίψαντες οἶσθ' ὅτι τελευτῶντες c
οἴονται σοφώτατοι γεγονέναι καὶ κατανενοηκέναι μόνοι ὅτι
οὔτε τῶν πραγμάτων οὐδενὸς οὐδὲν ὑγιὲς οὐδὲ βέβαιον,
οὔτε τῶν λόγων, ἀλλὰ πάντα τὰ ὄντα ἀτεχνῶς ὥσπερ ἐν
Εὐρίπῳ ἄνω κάτω στρέφεται καὶ χρόνον οὐδένα ἐν οὐδενὶ
μένει. — Πάνυ μὲν οὖν, ἔφην ἐγώ, ἀληθῆ λέγεις. —
Οὐκοῦν, ὦ Φαίδων, ἔφη, οἰκτρὸν ἂν εἴη τὸ πάθος εἰ, ὄντος
δή τινος ἀληθοῦς καὶ βεβαίου λόγου καὶ δυνατοῦ κατα-
νοῆσαι, ἔπειτα διὰ τὸ παραγίγνεσθαι τοιούτοις τισὶ λόγοις, d
τοῖς αὐτοῖς, τοτὲ μὲν δοκοῦσιν ἀληθέσιν εἶναι, τοτὲ δὲ μή,
μὴ ἑαυτόν τις αἰτιῷτο μηδὲ τὴν ἑαυτοῦ ἀτεχνίαν, ἀλλὰ
τελευτῶν διὰ τὸ ἀλγεῖν ἄσμενος ἐπὶ τοὺς λόγους ἀφ'
ἑαυτοῦ τὴν αἰτίαν ἀπώσαιτο · καὶ ἤδη τὸν λοιπὸν βίον
μισῶν τε καὶ λοιδορῶν τοὺς λόγους διατελοῖ, τῶν δὲ ὄντων
τῆς ἀληθείας τε καὶ ἐπιστήμης στερηθείη. — Νὴ τὸν Δία,
ἦν δ' ἐγώ, οἰκτρὸν δῆτα.

— Πρῶτον μὲν τοίνυν, ἔφη, τοῦτο εὐλαβηθῶμεν, καὶ μὴ
παρίωμεν εἰς τὴν ψυχὴν ὡς τῶν λόγων κινδυνεύει οὐδὲν e
ὑγιὲς εἶναι, ἀλλὰ πολὺ μᾶλλον ὅτι ἡμεῖς οὔπω ὑγιῶς
ἔχομεν, ἀλλὰ ἀνδριστέον καὶ προθυμητέον ὑγιῶς ἔχειν, σοὶ
μὲν οὖν καὶ τοῖς ἄλλοις καὶ τοῦ ἔπειτα βίου παντὸς
ἕνεκα, ἐμοὶ δὲ αὐτοῦ ἕνεκα τοῦ θανάτου, ὡς κινδυνεύω 91
ἔγωγε ἐν τῷ παρόντι περὶ αὐτοῦ τούτου οὐ φιλοσόφως
ἔχειν ἀλλ', ὥσπερ οἱ πάνυ ἀπαίδευτοι, φιλονίκως. Καὶ γὰρ
ἐκεῖνοι, ὅταν περί του ἀμφισβητῶσιν, ὅπῃ μὲν ἔχει περὶ
ὧν ἂν ὁ λόγος ᾖ, οὐ φροντίζουσιν, ὅπως δὲ ἃ αὐτοὶ ἔθεντο
ταῦτα δόξει τοῖς παροῦσιν, τοῦτο προθυμοῦνται. Καὶ ἐγώ

lich die Reden nicht den Menschen ähnlich, sondern nur weil du führtest bin ich dir hieher gefolgt, wohl aber darin, daß wenn jemand einer Rede getraut hat, daß sie wahr sei, ohne die Kunst, welche sich auf Reden versteht, und sie ihm dann bald darauf wieder falsch vorkommt, manchmal mit Recht, manchmal mit Unrecht, und so wieder eine und eine andere, und
vorzüglich gilt das, wie du wohl weißt, von denen, die sich mit c
Streitreden abgeben, daß sie am Ende glauben ganz weise geworden und allein zu der Einsicht gelangt zu sein, daß nicht nur an keinem Dinge irgend etwas gesundes und richtiges ist, sondern auch an den Reden nicht, vielmehr alles sich ordentlich wie im Euripos von oben nach unten dreht, und keine Zeit lang bei etwas bleibt. – Vollkommen richtig, sprach ich, redest du. – Und, o Phädon, wäre das nun nicht ein Jammer, wenn es doch wirklich wahre und sichere Reden gäbe, und die man
auch einsehen könnte, wenn einer, weil er auf solche Reden d
stößt, die ihm bald wahr zu sein scheinen bald wieder nicht, sich selbst nicht die Schuld geben wollte und seiner Kunstlosigkeit, sondern am Ende aus Mißmut die Schuld gern von sich selbst auf die Reden hinwälzte, und dann sein übriges Leben in Haß und Schmähungen gegen alle Reden hinbrächte, und so der Wahrheit und Erkenntnis der Dinge verlustig ginge? – Beim Zeus, sagte ich, ein großer Jammer. – So laß uns denn, sprach er, zuerst dafür uns hüten, und dem in unserer Seele
keinen Eingang verstatten, als ob an allen Reden am Ende e
wohl gar nichts tüchtiges wäre; sondern vielmehr, daß wir nur noch nicht recht tüchtig sind, aber tapfer sein und trachten müssen tüchtig zu werden, du und die übrigen des ganzen
künftigen Lebens wegen, ich aber eben des Todes wegen. So 91a
daß ich vielleicht gar jetzt nicht sonderlich philosophisch mich in dieser Sache verhalte, sondern wie die ganz ungebildeten rechthaberisch. Denn auch diese, wenn sie über etwas streiten, kümmern sich nicht darum, wie sich das wohl eigentlich verhält wovon die Rede ist, sondern nur daß den Anwesenden das annehmlich erscheine, was sie selbst festgestellt haben, danach

μοι δοκῶ ἐν τῷ παρόντι τοσοῦτον μόνον ἐκείνων διοίσειν· οὐ γὰρ ὅπως τοῖς παροῦσιν ἃ ἐγὼ λέγω δόξει ἀληθῆ εἶναι προθυμήσομαι, εἰ μὴ εἴη πάρεργον, ἀλλ' ὅπως αὐτῷ ἐμοὶ ὅτι μάλιστα δόξει οὕτως ἔχειν. Λογίζομαι γάρ, ὦ φίλε b ἑταῖρε (θέασαι ὡς πλεονεκτικῶς), εἰ μὲν τυγχάνει ἀληθῆ ὄντα ἃ λέγω, καλῶς δὴ ἔχει τὸ πεισθῆναι· εἰ δὲ μηδέν ἐστι τελευτήσαντι, ἀλλ' οὖν τοῦτόν γε τὸν χρόνον αὐτὸν τὸν πρὸ τοῦ θανάτου ἧττον τοῖς παροῦσιν ἀηδὴς ἔσομαι ὀδυρόμενος, ἡ δὲ ἄνοιά μοι αὕτη οὐ ξυνδιατελεῖ (κακὸν γὰρ ἂν ἦν), ἀλλ' ὀλίγον ὕστερον ἀπολεῖται. Παρεσκευασμένος δή, ἔφη, ὦ Σιμμία τε καὶ Κέβης, οὑτωσὶ ἔρχομαι ἐπὶ τὸν λόγον. Ὑμεῖς μέντοι, ἂν ἐμοὶ πείθησθε, σμικρὸν φροντίσαντες Σωκράτους, τῆς δὲ ἀληθείας πολὺ μᾶλλον, ἐὰν c μέν τι ὑμῖν δοκῶ ἀληθὲς λέγειν, συνομολογήσατε, εἰ δὲ μή, παντὶ λόγῳ ἀντιτείνετε, εὐλαβούμενοι ὅπως μὴ ἐγὼ ὑπὸ προθυμίας ἅμα ἐμαυτόν τε καὶ ὑμᾶς ἐξαπατήσας, ὥσπερ μέλιττα τὸ κέντρον ἐγκαταλιπὼν οἰχήσομαι.

«Ἀλλ' ἰτέον, ἔφη. Πρῶτόν με ὑπομνήσατε ἃ ἐλέγετε, ἐὰν μὴ φαίνωμαι μεμνημένος. Σιμμίας μὲν γάρ, ὡς ἐγᾦμαι, ἀπιστεῖ τε καὶ φοβεῖται μὴ ἡ ψυχὴ ὅμως καὶ θειότερον καὶ κάλλιον ὂν τοῦ σώματος προαπολλύηται, ἐν ἁρμονίας d εἴδει οὖσα· Κέβης δέ μοι ἔδοξε τοῦτο μὲν ἐμοὶ ξυγχωρεῖν, πολυχρονιώτερόν γε εἶναι ψυχὴν σώματος, ἀλλὰ τόδε ἄδηλον παντί, μὴ πολλὰ δὴ σώματα καὶ πολλάκις κατατρίψασα ἡ ψυχὴ τὸ τελευταῖον σῶμα καταλιποῦσα νῦν αὐτὴ ἀπολλύηται, καὶ ᾖ αὐτὸ τοῦτο θάνατος, ψυχῆς ὄλεθρος, ἐπεὶ σῶμά γε ἀεὶ ἀπολλύμενον οὐδὲν παύεται. Ἆρα ἄλλ' ἢ ταῦτ' ἐστίν, ὦ Σιμμία τε καὶ Κέβης, ἃ δεῖ ἡμᾶς ἐπισκοπεῖσθαι ; » Συνωμολογείτην δὴ ταῦτ' εἶναι ἄμφω. « Πότερον οὖν, ἔφη, πάντας τοὺς ἔμπροσθε λόγους οὐκ e ἀποδέχεσθε, ἢ τοὺς μέν, τοὺς δ' οὔ ; — Τούς μέν, ἐφάτην, τοὺς δ' οὔ. — Τί οὖν, ἦ δ' ὅς, περὶ ἐκείνου τοῦ λόγου λέγετε ἐν ᾧ ἔφαμεν τὴν μάθησιν ἀνάμνησιν εἶναι, καὶ

trachten sie. Und ich scheine gegenwärtig nur soviel mich von ihnen zu unterscheiden, daß ich nicht danach trachten will, daß den Anwesenden das was ich behaupte wahr erscheine, außer beiläufig, sondern daß es mir selbst nur recht gewiß sich so zu verhalten scheine. Ich berechne nämlich, lieber Freund, und b
siehe nur wie eigennützig, wenn das wahr ist, was ich behaupte, ist es doch vortrefflich, davon überzeugt zu sein; wenn es aber für die Toten nichts mehr gibt, werde ich doch wenigstens diese Zeit noch vor dem Tode den Anwesenden weniger unangenehm sein durch Klagen; dieser mein Irrtum aber dauert nicht mit aus, denn das wäre ein Übel, sondern wird in kurzem untergehn. So gerüstet also, sprach er, o Simmias und Kebes, mache ich mich an die Rede. Ihr aber, wenn ihr mir folgen wollt, kümmert euch wenig um den Sokrates, sondern weit c
mehr um die Wahrheit; und wenn ich euch dünke etwas richtiges zu sagen, so stimmt mir bei, wenn aber nicht, so widerstrebt mir auf alle Weise, damit ich nicht im Eifer mich und euch zugleich betrügend, euch wie eine Biene den Stachel zurücklassend davon gehe.

4.2. Widerlegung des Einwands von Simmias

4.2.1. Der Einwand widerspricht der Wiedererinnerungslehre

Wohlan denn, fuhr er fort, erinnert mich zuerst was ihr sagtet, wenn ihr vielleicht findet, daß ich es nicht recht behalten habe. Simmias, denke ich, ist ungewiß, und fürchtet, die Seele möchte, obwohl etwas göttlicheres und schöneres als der Leib, d
doch vor ihm untergehen, indem sie ihrer Natur nach eine Stimmung sei. Kebes aber schien dieses zwar mir zuzugeben, daß die Seele ja dauerhafter sei als der Leib, aber das könne doch niemand wissen, ob nicht die Seele, wenn sie nun viele Leiber oft verbraucht hat, den letzten Leib doch zurückläßt und nun selbst umkommt, und dieses dann eben der Tod ist, der Untergang der Seele, denn der Leib geht ja doch immer unter ohne Aufhören. Ist es dieses, o Simmias und Kebes, was wir jetzt zu betrachten haben? Sie gaben beide zu, dieses sei es. – Und die vorigen Reden, sprach er, nehmt ihr die alle nicht an, e
oder einige zwar, andere aber nicht? – Einige sprachen sie, andere aber nicht. – Was sagt ihr also von jener Rede, sprach er,

τούτου οὕτως ἔχοντος ἀναγκαίως ἔχειν ἄλλοθι πρότερον
ἡμῶν εἶναι τὴν ψυχήν, πρὶν ἐν τῷ σώματι ἐνδεθῆναι ; — 92
Ἐγὼ μέν, ἔφη ὁ Κέβης, καὶ τότε θαυμαστῶς ὡς ἐπείσθην ὑπ' αὐτοῦ, καὶ νῦν ἐμμένω ὡς οὐδενὶ λόγῳ. — Καὶ μήν, ἔφη ὁ Σιμμίας, καὶ αὐτὸς οὕτως ἔχω, καὶ πάνυ ἂν θαυμάζοιμι εἴ μοι περί γε τούτου ἄλλο ποτέ τι δόξειεν. »

Καὶ ὁ Σωκράτης · « Ἀλλὰ ἀνάγκη σοι, ἔφη, ὦ ξένε Θηβαῖε, ἄλλα δόξαι, ἐάνπερ μείνῃ ἥδε ἡ οἴησις, τὸ ἁρμονίαν μὲν εἶναι σύνθετον πρᾶγμα, ψυχὴν δὲ ἁρμονίαν τινὰ ἐκ τῶν κατὰ τὸ σῶμα ἐντεταμένων συγκεῖσθαι · οὐ γάρ που
ἀποδέξει γε σαυτοῦ λέγοντος ὡς πρότερον ἦν ἁρμονία b
συγκειμένη, πρὶν ἐκεῖνα εἶναι ἐξ ὧν ἔδει αὐτὴν ξυντεθῆναι. Ἢ ἀποδέξει ; — Οὐδαμῶς, ἔφη, ὦ Σώκρατες. — Αἰσθάνει οὖν, ἦ δ' ὅς, ὅτι ταῦτά σοι ξυμβαίνει λέγειν, ὅταν φῇς μὲν εἶναι τὴν ψυχὴν πρὶν καὶ εἰς ἀνθρώπου εἶδός τε καὶ σῶμα ἀφικέσθαι, εἶναι δὲ αὐτὴν ξυγκειμένην ἐκ τῶν οὐδέπω ὄντων ; Οὐ γὰρ δὴ ἁρμονία γέ σοι τοιοῦτόν ἐστιν ὃ ἀπεικάζεις · ἀλλὰ πρότερον καὶ ἡ λύρα καὶ αἱ χορδαὶ καὶ οἱ φθόγγοι ἔτι ἀνάρμοστοι ὄντες γίγνονται, τελευταῖον δὲ
πάντων ξυνίσταται ἡ ἁρμονία, καὶ πρῶτον ἀπόλλυται. c
Οὗτος οὖν σοι ὁ λόγος ἐκείνῳ πῶς ξυνᾴσεται ; — Οὐδαμῶς, ἔφη ὁ Σιμμίας. — Καὶ μήν, ἦ δ' ὅς, πρέπει γε εἴπερ τῳ ἄλλῳ λόγῳ ξυνῳδῷ εἶναι καὶ τῷ περὶ ἁρμονίας. — Πρέπει γάρ, ἔφη ὁ Σιμμίας. — Οὗτος τοίνυν, ἔφη, σοὶ οὐ ξυνῳδός. Ἀλλ' ὅρα πότερον αἱρεῖ τῶν λόγων, τὴν μάθησιν ἀνάμνησιν εἶναι, ἢ ψυχὴν ἁρμονίαν ; — Πολὺ μᾶλλον, ἔφη, ἐκεῖνον, ὦ Σώκρατες · ὅδε μὲν γάρ μοι γέγονεν ἄνευ ἀποδείξεως μετὰ εἰκότος τινὸς καὶ εὐπρεπείας, ὅθεν καὶ
τοῖς πολλοῖς δοκεῖ ἀνθρώποις · ἐγὼ δὲ τοῖς διὰ τῶν d
εἰκότων τὰς ἀποδείξεις ποιουμένοις λόγοις ξύνοιδα οὖσιν ἀλαζόσιν, καὶ ἄν τις αὐτοὺς μὴ φυλάττηται, εὖ μάλα ἐξαπατῶσι, καὶ ἐν γεωμετρίᾳ καὶ ἐν τοῖς ἄλλοις ἅπασιν.

in welcher wir behaupteten, alles Lernen sei Erinnerung, und wenn sich dies so verhalte, müsse notwendig unsere Seele anderswo vorher sein, ehe sie an den Leib gebunden worden? – 92a
Ich meines Teils, sprach Kebes, war damals wunderbar überzeugt davon, und bleibe auch jetzt dabei wie bei nichts anderem. – Und mir, sagte Simmias, geht es eben so, und es sollte mich wundern, wenn ich jemals hierüber anders dächte. – Aber du mußt doch anders denken, o thebischer Freund, sprach Sokrates, wenn nämlich jene Meinung bestehen soll, daß eine Stimmung ein zusammengesetztes Ding ist, und daß die Seele als eine Stimmung aus dem was in dem Leibe unter sich gespannt ist bestehe. Denn du wirst doch nicht sagen wollen, die b
Stimmung sei eher vorhanden als dasjenige da ist, woraus sie hervorgehen muß, oder willst du das? – Keinesweges, o Sokrates, sagte er. – Merkst du nun aber wohl, sagte er, daß dir dieses herauskommt, wenn du sagst, die Seele sei eher als sie in menschliche Gestalt und Leib komme, sie sei aber zusammengesetzt aus dem, was dann noch nicht ist? Die Stimmung wenigstens ist nicht so, der du sie vergleichst; sondern die Leier und die Saiten und die Töne sind vorher ungestimmt da, und zuletzt von allen entsteht die Stimmung, und geht zuerst wie- c
der unter. Wie kann dir nun diese Rede mit jener zusammenstimmen? – Gar nicht, sprach Simmias. – Und doch, sprach er, sollte ja wohl wenn irgend eine Rede die von der Stimmung gut zusammenstimmen. – Das sollte sie wohl, sagte Simmias. – Diese aber, sagte er, stimmt dir doch nicht; also sieh zu, welche von beiden du wählen willst, die daß das Lernen Erinnerung ist, oder die daß die Seele Stimmung ist. – Viel lieber jene, o Sokrates, sagte er. Denn diese letztere ist mir ohne allen Beweis gekommen nur aus einer gewissen Wahrscheinlichkeit und Angemessenheit, woher auch die meisten Menschen zu ihren Meinungen kommen; ich weiß aber, daß die Reden, die sich d
nur durch einen solchen Schein bewähren, leere Prahler sind, und wenn man sich nicht wohl mit ihnen vorsieht, einen gar leicht betrügen, in der Meßkunst und in allem andern. Jene

Ὁ δὲ περὶ τῆς ἀναμνήσεως καὶ μαθήσεως λόγος δι'
ὑποθέσεως ἀξίας ἀποδέξασθαι εἴρηται · ἐρρήθη γάρ που
οὕτως ἡμῶν εἶναι ἡ ψυχὴ καὶ πρὶν εἰς σῶμα ἀφικέσθαι,
ὥσπερ αὐτῆς ἐστιν ἡ οὐσία ἔχουσα τὴν ἐπωνυμίαν τὴν τοῦ
ὃ ἔστιν · ἐγὼ δὲ ταύτην, ὡς ἐμαυτὸν πείθω, ἱκανῶς τε e
καὶ ὀρθῶς ἀποδέδεγμαι. Ἀνάγκη οὖν μοι, ὡς ἔοικε, διὰ
ταῦτα μήτε ἐμαυτοῦ μήτε ἄλλου ἀποδέχεσθαι λέγοντος ὡς
ψυχή ἐστιν ἁρμονία.

— Τί δέ, ἦ δ' ὅς, ὦ Σιμμία ; Τῇδε δοκεῖ σοι ἁρμονίᾳ ἢ
ἄλλῃ τινὶ ξυνθέσει προσήκειν ἄλλως πως ἔχειν ἢ ὡς ἂν
ἐκεῖνα ἔχῃ ἐξ ὧν ἂν συγκέηται ; — Οὐδαμῶς. — Οὐδὲ μὴν 93
ποιεῖν τι, ὡς ἐγᾦμαι, οὐδέ τι πάσχειν ἄλλο παρ' ἃ ἂν
ἐκεῖνα ἢ ποιῇ ἢ πάσχῃ ; » Συνέφη. « Οὐκ ἄρα ἡγεῖσθαί
γε προσήκει ἁρμονίαν τούτων ἐξ ὧν ἂν συντεθῇ, ἀλλ'
ἕπεσθαι. » Συνεδόκει. « Πολλοῦ ἄρα δεῖ ἐναντία γε
ἁρμονία κινηθῆναι ἢ φθέγξασθαι ἤ τι ἄλλο ἐναντιωθῆναι
τοῖς αὑτῆς μέρεσιν. — Πολλοῦ μέντοι, ἔφη. — Τί δέ ;
οὐχ οὕτως ἁρμονία πέφυκεν εἶναι ἑκάστη ἁρμονία ὡς ἂν
ἁρμοσθῇ ; — Οὐ μανθάνω, ἔφη. — Ἦ οὐχί, ἦ δ' ὅς, ἂν
μὲν μᾶλλον ἁρμοσθῇ καὶ ἐπὶ πλέον, εἴπερ ἐνδέχεται τοῦτο
γίγνεσθαι, μᾶλλόν τε ἂν ἁρμονία εἴη καὶ πλείων, εἰ δ' b
ἧττόν τε καὶ ἐπ' ἔλαττον, ἥττων τε καὶ ἐλάττων ; —
Πάνυ γε. — Ἦ οὖν ἔστι τοῦτο περὶ ψυχήν, ὥστε καὶ
κατὰ τὸ σμικρότατον μᾶλλον ἑτέραν ἑτέρας ψυχῆς ἐπὶ
πλέον καὶ μᾶλλον ἢ ἐπ' ἔλαττον καὶ ἧττον αὐτὸ τοῦτο
εἶναι, ψυχήν ; — Οὐδ' ὁπωστιοῦν, ἔφη.

— Φέρε δή, ἔφη, πρὸς Διός. Λέγεται ψυχὴ ἡ μὲν νοῦν
τε ἔχειν καὶ ἀρετὴν καὶ εἶναι ἀγαθή, ἡ δὲ ἄνοιάν τε καὶ
μοχθηρίαν καὶ εἶναι κακή ; Καὶ ταῦτα ἀληθῶς λέγεται ;
— Ἀληθῶς μέντοι. — Τῶν οὖν θεμένων ψυχὴν ἁρμονίαν c
εἶναι τί τις φήσει ταῦτα ὄντα εἶναι ἐν ταῖς ψυχαῖς, τήν

Rede aber von dem Lernen und der Erinnerung beruht auf einem annehmungswürdigen Grunde; denn es war gesagt worden, daß unsere Seele auch ehe sie in den Leib komme eben so sei, wie jenes Wesen ihr eignet, welches den Beinamen führt dessen was ist. Und dieses habe ich, wie ich mich selbst über- e
zeuge, ganz mit Recht und mit gutem Grunde angenommen. Daher ist nun notwendig, wie ich sehe, daß ich es weder mir noch einem andern gelten lasse, welcher sagt, die Seele sei eine Stimmung.

4.2.2. *Als Stimmungen wären die Seelen alle gleichermaßen tugendhaft*

– Und was sprach er, o Simmias, sagst du hiezu? scheint dir wohl der Stimmung oder irgend einer andern Zusammensetzung zuzukommen, daß sie sich anders verhalten könne, wie jenes, woraus sie besteht? – Keinesweges. – Auch nicht irgend 93a
etwas anderes tun, wie ich denke, oder leiden außer dem, was jenes tut und leidet? – Er stimmte ein. – Also kommt auch wohl der Stimmung nicht zu, das anzuführen, woraus sie zusammengesetzt ist, sondern zu folgen? – Das dünkte ihn auch so. – Weit gefehlt also, daß die Stimmung entgegengesetzt sich bewegen oder klingen oder sonst wie entgegengesetzt sein könnte ihren Teilen. – Weit gefehlt, sagte er. – Und wie, ist nicht ihrer Natur nach jede Stimmung grade so Stimmung wie sie gestimmt ist? – Das verstehe ich nicht, sagte er. – Nicht, sagte er, wenn sie besser gestimmt ist oder in höherem Grade, falls dieses geschehen kann, wird sie dann nicht auch mehr Stim- b
mung sein und in höherem Grade? wenn aber in geringerem und weniger, dann auch nicht so sehr und weniger? – Freilich. – Findet nun das wohl auch bei der Seele statt, daß eine Seele auch nur im allergeringsten mehr und in höherem Grade oder weniger und in geringerem als die andere eben dieses, Seele, sein kann? – Nicht im mindesten, sagte er. – Wohlan denn, beim Zeus, sprach er, von der einen Seele sagt man doch, daß sie Vernunft hat und Tugend und gut ist, von der andern aber, daß sie Unvernunft und Verderben hat und schlecht ist, und das sagt man doch mit Recht? – Mit Recht freilich. – Die nun c
sagen, daß die Seele eine Stimmung ist, was werden die wohl sagen, daß dieses sei in den Seelen, die Tugend und das Laster?

τε ἀρετὴν καὶ τὴν κακίαν ; πότερον ἁρμονίαν αὖ τινα ἄλλην
καὶ ἀναρμοστίαν ; καὶ τὴν μὲν ἡρμόσθαι, τὴν ἀγαθήν, καὶ
ἔχειν ἐν αὐτῇ ἁρμονίᾳ οὔσῃ ἄλλην ἁρμονίαν, τὴν δὲ
ἀνάρμοστον αὐτήν τε εἶναι καὶ οὐκ ἔχειν ἐν αὐτῇ ἄλλην ;
— Οὐκ ἔχω ἔγωγ', ἔφη ὁ Σιμμίας, εἰπεῖν · δῆλον δ' ὅτι
τοιαῦτ' ἄττ' ἂν λέγοι ὁ ἐκεῖνο ὑποθέμενος. — Ἀλλὰ
προωμολόγηται, ἔφη, μηδὲν μᾶλλον μηδ' ἧττον ἑτέραν d
ἑτέρας ψυχὴν ψυχῆς εἶναι, τοῦτο δ' ἔστι τὸ ὁμολόγημα,
μηδὲν μᾶλλον μηδ' ἐπὶ πλέον μηδ' ἧττον μηδ' ἐπ' ἔλαττον
ἑτέραν ἑτέρας ἁρμονίαν ἁρμονίας εἶναι · ἦ γάρ ; — Πάνυ
γε. — Τὴν δέ γε, μηδὲν μᾶλλον μηδὲ ἧττον ἁρμονίαν
οὖσαν, μηδὲ μᾶλλον μηδὲ ἧττον ἡρμόσθαι · ἔστιν οὕτως ; —
Ἔστιν. — Ἡ δέ, μήτε μᾶλλον μήτε ἧττον ἡρμοσμένη,
ἔστιν ὅτι πλέον ἢ ἔλαττον ἁρμονίας μετέχει, ἢ τὸ ἴσον ; —
Τὸ ἴσον. — Οὐκοῦν ψυχή, ἐπειδὴ οὐδὲν μᾶλλον οὐδ' ἧττον
ἄλλη ἄλλης αὐτὸ τοῦτο, ψυχή, ἐστίν, οὐδὲ δὴ μᾶλλον οὐδὲ e
ἧττον ἥρμοσται ; — Οὕτω. — Τοῦτο δέ γε πεπονθυῖα,
οὐδὲν πλέον ἀναρμοστίας οὐδὲ ἁρμονίας μετέχοι ἄν ; —
Οὐ γὰρ οὖν. — Τοῦτο δ' αὖ πεπονθυῖα, ἆρ' ἄν τι πλέον
κακίας ἢ ἀρετῆς μετέχοι ἑτέρα ἑτέρας, εἴπερ ἡ μὲν
κακία ἀναρμοστία, ἡ δὲ ἀρετὴ ἁρμονία εἴη ; — Οὐδὲν
πλέον. — Μᾶλλον δέ γέ που, ὦ Σιμμία κατὰ τὸν ὀρθὸν
λόγον κακίας οὐδεμία ψυχὴ μεθέξει, εἴπερ ἁρμονία ἐστίν. 94
Ἁρμονία γὰρ δήπου παντελῶς αὐτὸ τοῦτο οὖσα, ἁρμονία,
ἀναρμοστίας οὔποτ' ἂν μετάσχοι. — Οὐ μέντοι. — Οὐδέ
γε δήπου ψυχή, οὖσα παντελῶς ψυχή, κακίας. — Πῶς
γὰρ ἔκ γε τῶν προειρημένων ; — Ἐκ τούτου ἄρα τοῦ λόγου
ἡμῖν πᾶσαι ψυχαὶ πάντων ζῴων ὁμοίως ἀγαθαὶ ἔσονται,
εἴπερ ὁμοίως ψυχαὶ πεφύκασιν αὐτὸ τοῦτο, ψυχαί, εἶναι ;
— Ἔμοιγε δοκεῖ, ἔφη, ὦ Σώκρατες. — Ἦ καὶ καλῶς
δοκεῖ, ἦ δ' ὅς, οὕτω λέγεσθαι, καὶ πάσχειν ἂν ταῦτα ὁ
λόγος εἰ ὀρθὴ ἡ ὑπόθεσις ἦν, τὸ ψυχὴν ἁρμονίαν εἶναι ; — b
Οὐδ' ὁπωστιοῦν, ἔφη.

etwa wiederum eine andere Stimmung und Verstimmtheit? so
daß die eine gestimmt ist, die gute, und in ihr selbst, die doch
Stimmung ist, eine andere Stimmung hat, die andere aber wie-
derum ungestimmt ist, und keine andere in sich hat? – Ich weiß
es nicht zu sagen, sprach Simmias; offenbar aber müßte so et-
was sagen, wer jenes voraussetzt. – Darüber aber sind wir ja
vorher einig geworden, daß keine Seele mehr oder weniger d
Seele ist als die andere, und dies ist doch eben so viel, als daß
keine Stimmung mehr oder weniger Stimmung ist als die an-
dere; nicht wahr? – Freilich. – Die aber weder mehr noch we-
niger Stimmung ist, ist auch weder mehr noch weniger ge-
stimmt. Ist es so? – So ist es. – Die aber weder mehr noch
weniger gestimmte, hat die wohl größeren oder geringeren
Anteil an dem Wesen der Stimmung oder gleichen? – Gleichen.
– Also auch die Seele, wenn die eine eben dieses, Seele, weder
mehr noch weniger ist als die andere, ist sie also auch weder e
mehr noch weniger gestimmt? – So ist es. – Und steht es so, so
hat auch die eine weder mehr noch weniger Anteil an Ver-
stimmtheit oder Stimmung? – Freilich nicht. – Und steht es
wiederum so: könnte dann wohl die eine mehr oder weniger
als die andere Anteil haben an Tugend und Laster, wenn doch
das Laster Verstimmtheit ist und die Tugend Stimmung? –
Nicht mehr. – Oder vielmehr, o Simmias, wenn wir es recht
genau nehmen, wird keine Seele irgend Anteil am Laster ha- 94a
ben, wenn sie Stimmung ist. Denn da die Stimmung immer
vollkommen eben dieses ist, Stimmung: so kann sie an der
Verstimmtheit gar niemals Anteil haben. – Freilich nicht. –
Dann also auch nicht die Seele, da sie vollkommen Seele ist, am
Laster. – Wie ginge das wohl nach dem gesagten? – Nach dieser
Rede also werden uns alle Seelen aller Lebendigen gleich gut
sein, wenn sie doch ihrer Natur nach gleich sehr dieses sind,
Seelen. – So dünkt mich auch, Sokrates, sprach er. – Dünkt es
dich aber auch recht so gesagt zu sein, und daß der Rede dieses
begegne, wenn die Annahme richtig wäre, daß die Seele Stim- b
mung sei? – Ganz und gar nicht, sagte er.

— Τί δέ ; ἦ δ' ὅς. Τῶν ἐν ἀνθρώπῳ πάντων ἔσθ' ὅτι ἄλλο λέγεις ἄρχειν ἢ ψυχὴν ἄλλως τε καὶ φρόνιμον ; — Οὐκ ἔγωγε. — Πότερον συγχωροῦσαν τοῖς κατὰ τὸ σῶμα πάθεσιν ἢ καὶ ἐναντιουμένην ; Λέγω δὲ τὸ τοιόνδε, οἷον καύματος ἐνόντος καὶ δίψους ἐπὶ τοὐναντίον ἕλκειν, τὸ μὴ πίνειν, καὶ πείνης ἐνούσης ἐπὶ τὸ μὴ ἐσθίειν, καὶ ἄλλα μυρία που ὁρῶμεν ἐναντιουμένην τὴν ψυχὴν τοῖς κατὰ τὸ σῶμα. Ἢ οὔ ; — Πάνυ μὲν οὖν. — c
Οὐκοῦν αὖ ὡμολογήσαμεν ἐν τοῖς πρόσθεν μήποτ' ἂν αὐτήν, ἁρμονίαν γε οὖσαν, ἐναντία ᾄδειν οἷς ἐπιτείνοιτο καὶ χαλῷτο καὶ ψάλλοιτο καὶ ἄλλο ὁτιοῦν πάθος πάσχοι ἐκεῖνα ἐξ ὧν τυγχάνοι οὖσα, ἀλλ' ἕπεσθαι ἐκείνοις καὶ οὔποτ' ἂν ἡγεμονεύειν ; — Ὡμολογήσαμεν, ἔφη · πῶς γὰρ οὔ ; — Τί οὖν ; νῦν οὐ πᾶν τοὐναντίον ἡμῖν φαίνεται ἐργαζομένη, ἡγεμονεύουσά τε ἐκείνων πάντων ἐξ ὧν φησί τις αὐτὴν εἶναι καὶ ἐναντιουμένη ὀλίγου πάντα διὰ παντὸς τοῦ βίου καὶ δεσπόζουσα πάντας τρόπους, τὰ μὲν χαλεπώ- d
τερον κολάζουσα καὶ μετ' ἀλγηδόνων, τά τε κατὰ τὴν γυμναστικὴν καὶ τὴν ἰατρικήν, τὰ δὲ πρᾳότερον, καὶ τὰ μὲν ἀπειλοῦσα, τὰ δὲ νουθετοῦσα, ταῖς ἐπιθυμίαις καὶ ὀργαῖς καὶ φόβοις ὡς ἄλλη οὖσα ἄλλῳ πράγματι διαλεγομένη ; οἷόν που καὶ Ὅμηρος ἐν Ὀδυσσείᾳ πεποίηκεν, οὗ λέγει τὸν Ὀδυσσέα ·

στῆθος δὲ πλήξας κραδίην ἠνίπαπε μύθῳ ·
τέτλαθι δή, κραδίη · καὶ κύντερον ἄλλο ποτ' ἔτλης.

ἆρ' οἴει αὐτὸν ταῦτα ποιῆσαι διανοούμενον ὡς ἁρμονίας e
αὐτῆς οὔσης καὶ οἵας ἄγεσθαι ὑπὸ τῶν τοῦ σώματος παθημάτων, ἀλλ' οὐχ οἵας ἄγειν τε ταῦτα καὶ δεσπόζειν, καὶ οὔσης αὐτῆς πολὺ θειοτέρου τινὸς πράγματος ἢ καθ' ἁρμονίαν ; — Νὴ Δία, ὦ Σώκρατες, ἔμοιγε δοκεῖ. — Οὐκ ἄρα, ὦ ἄριστε, ἡμῖν οὐδαμῇ καλῶς ἔχει ψυχὴν ἁρμονίαν τινὰ φάναι εἶναι · οὔτε γὰρ ἄν, ὡς ἔοικεν, Ὁμήρῳ θείῳ ποιητῇ
ὁμολογοῖμεν οὔτε αὐτοὶ ἡμῖν αὐτοῖς. — Ἔχει οὕτως, ἔφη. 95

4.2.3. Als Stimmung könnte die Seele nicht über den Leib herrschen

– Und wie, über alles was an dem Menschen ist, sagst du nicht, daß eben die Seele herrsche, zumal noch die vernünftige? – Gewiß nichts anderes. – Und etwa immer nachgebend den Zuständen des Leibes, oder auch ihnen widerstrebend? ich meine nämlich so, wenn dieser Hitze hat oder Durst, daß sie doch auf die entgegengesetzte Seite zieht, zum Nichttrinken, und wenn Hunger zum Nichtessen, und in tausend andern Dingen sehen wir doch die Seele dem leiblichen widerstreben? Oder nicht? – c
Allerdings. – Haben wir aber nicht im vorigen zugegeben, daß sie niemals, wenn sie Stimmung ist, entgegengesetzt klingen kann, wie jenes gespannt und nachgelassen und geschwungen wird, oder was sonst dem widerfährt, woraus sie hervorgeht? sondern daß sie jenem folgen muß und niemals anführen? – Das haben wir zugegeben; wie sollten wir nicht? – Und wie? scheint sie uns nun nicht doch ganz das Gegenteil zu tun, alles jenes zu regieren, woraus man doch sagt daß sie bestehe, und dem fast überall das ganze Leben hindurch zu widerstreben und es zu beherrschen auf alle Weise, bald härter im Zaum d
haltend und auf schmerzhafte Weise, wie in Sachen der Gymnastik und Heilkunst, bald wieder gelinder? und bald drohend bald verweisend mit den Begierden, dem Zorn, der Furcht, als eine andere mit einem andern redend, wie auch Homeros in der Odyssee gedichtet hat, wo er vom Odysseus sagt, Aber er schlug an die Brust und strafte das Herz mit den Worten, Dulde nun aus mein Herz, noch härteres hast du geduldet. Meinst du e
wohl, er habe dies gedichtet in der Meinung, sie sei eine Stimmung, und eigne sich geleitet zu werden von den Zuständen des Leibes, und nicht selbst sie zu leiten und zu beherrschen, weil sie nämlich etwas weit göttlicheres ist als einer Stimmung zu vergleichen? – Beim Zeus, Sokrates, so kommt es mir nicht vor. – Also, mein Bester, mag es wohl auf keine Weise recht sein von uns, zu sagen, die Seele sei eine Stimmung. Denn wir würden, wie wir sehen, weder mit dem Homeros, dem göttlichen Dichter, eins sein, noch mit uns selbst. – So verhalte es 95a
sich allerdings, sagte er.

— Εἶεν δή, ἦ δ' ὃς ὁ Σωκράτης · τὰ μὲν Ἁρμονίας ἡμῖν τῆς Θηβαϊκῆς ἵλεά πως, ὡς ἔοικε, μετρίως γέγονεν · τί δὲ δὴ τά Κάδμου, ἔφη, ὦ Κέβης, πῶς ἱλασόμεθα καὶ τίνι λόγῳ ; — Σύ μοι δοκεῖς, ἔφη ὁ Κέβης, ἐξευρήσειν · τουτονὶ γοῦν τὸν λόγον τὸν πρὸς τὴν ἁρμονίαν θαυμαστῶς μοι εἶπες ὡς παρὰ δόξαν. Σιμμίου γὰρ λέγοντος ὅ τι ἠπόρει, πάνυ ἐθαύμαζον εἴ τι ἕξει τις χρήσασθαι τῷ λόγῳ αὐτοῦ · πάνυ οὖν μοι ἀτόπως ἔδοξεν εὐθὺς τὴν πρώτην ἔφοδον οὐ b
δέξασθαι τοῦ σοῦ λόγου. Ταὐτὰ δὴ οὐκ ἂν θαυμάσαιμι καὶ τὸν τοῦ Κάδμου λόγον εἰ πάθοι.

— Ὠγαθέ, ἔφη ὁ Σωκράτης, μὴ μέγα λέγε, μή τις ἡμῶν βασκανία περιτρέψῃ τὸν λόγον τὸν μέλλοντα ἔσεσθαι. Ἀλλὰ δὴ ταῦτα μὲν τῷ θεῷ μελήσει, ἡμεῖς δὲ Ὁμηρικῶς ἐγγὺς ἰόντες πειρώμεθα εἰ ἄρα τι λέγεις. Ἔστι δὲ δὴ τὸ κεφάλαιον ὧν ζητεῖς · ἀξιοῖς ἐπιδειχθῆναι ἡμῶν τὴν ψυχὴν ἀνώλεθρόν τε καὶ ἀθάνατον οὖσαν, εἰ φιλόσοφος ἀνὴρ c
μέλλων ἀποθανεῖσθαι, θαρρῶν τε καὶ ἡγούμενος ἀποθανὼν ἐκεῖ εὖ πράξειν διαφερόντως ἢ εἰ ἐν ἄλλῳ βίῳ βιοὺς ἐτελεύτα, μὴ ἀνόητόν τε καὶ ἠλίθιον θάρρος θαρρήσει. Τὸ δὲ ἀποφαίνειν ὅτι ἰσχυρόν τί ἐστιν ἡ ψυχὴ καὶ θεοειδές, καὶ ἦν ἔτι πρότερον πρὶν ἡμᾶς ἀνθρώπους γενέσθαι, οὐδὲν κωλύειν φῂς πάντα ταῦτα μηνύειν ἀθανασίαν μὲν μή, ὅτι δὲ πολυχρόνιόν τέ ἐστιν ψυχὴ καὶ ἦν που πρότερον ἀμήχανον ὅσον χρόνον καὶ ᾔδει τε καὶ ἔπραττε πολλὰ ἄττα · ἀλλὰ γὰρ οὐδέν τι μᾶλλον ἦν ἀθάνατον, ἀλλὰ καὶ αὐτὸ τὸ εἰς ἀνθρώπου σῶμα ἐλθεῖν ἀρχὴ ἦν αὐτῇ ὀλέθρου, ὥσπερ d
νόσος · καὶ ταλαιπωρουμένη τε δὴ τοῦτον τὸν βίον ζῴη καὶ τελευτῶσά γε ἐν τῷ καλουμένῳ θανάτῳ ἀπολλύοιτο.

4.3. Stellungnahme zum Einwand des Kebes

4.3.1. Ausführlichere Formulierung des Einwands, und was er zu bedenken verlangt

Gut denn, sagte Sokrates, mit der Thebischen Harmonia sind wir, wie es scheint, noch so leidlich fertig geworden. Wie werden wir uns nun aber, o Kebes, auch mit dem Kadmos einigen und auf welche Weise? – Das denke ich, sprach Kebes, wirst du schon auffinden. Diese Rede wenigstens gegen die Stimmung hast du ganz wunderbar über meine Erwartung durchgeführt. Denn als Simmias sagte, was für Zweifel er hätte, verwunderte es mich gar sehr, was wohl jemand mit seiner Rede würde anfangen können, und doch konnte sie hernach b
nicht einmal den ersten Anlauf der deinigen aushalten, wie mir schien. So würde ich mich also auch nicht wundern, wenn dasselbige auch der Rede des Kadmos begegnete. – O Guter, sprach Sokrates, nur nicht großsprechen, damit uns nicht ein Zauber das was gesagt werden soll verrufe und verdrehe. Doch das soll bei Gott stehen, wir aber wollen nun auf gut homerisch näher tretend hieran versuchen, ob du wohl etwas sagst. Was du aber suchst, scheint mir der Hauptsache nach zu sein, du verlangst, es soll gezeigt werden, daß unsere Seele unvergänglich und unsterblich ist, wenn doch ein philosophi- c
scher Mann, der im Begriff zu sterben gutes Mutes ist, und der Meinung, daß er nach seinem Tode sich dort vorzüglich wohl befinden werde, mehr als wenn er einer andern Lebensweise folgend gestorben wäre, wenn ein solcher nicht ganz unverständig und töricht sein soll bei seinem guten Mut. Zu zeigen aber, daß die Seele etwas starkes und göttliches ist, und daß sie war ehe wir geboren wurden, dies alles behauptest du könne gar füglich auch keine Unsterblichkeit andeuten, sondern daß die Seele zwar etwas lange beharrendes ist, und wer weiß wie lange Zeit vorher irgendwo gewesen ist, und vielerlei gewußt und getan hat, aber deshalb doch noch nicht unsterblich wäre, sondern eben dieses, daß sie in menschlichen Leib gekommen, d
könne schon der Anfang ihres Unterganges gewesen sein, gleichsam als eine Krankheit, und so könne sie in Jammer und Not dieses Leben leben, und am Ende desselben in dem was man Tod nennt untergehn. Und ob sie einmal in den Leib

Διαφέρειν δὲ δὴ φῂς οὐδὲν εἴτε ἅπαξ εἰς σῶμα ἔρχεται
εἴτε πολλάκις, πρός γε τὸ ἕκαστον ἡμῶν φοϐεῖσθαι ·
προσήκει γὰρ φοϐεῖσθαι, εἰ μὴ ἀνόητος εἴη, τῷ μὴ εἰδότι
μηδὲ ἔχοντι λόγον διδόναι ὡς ἀθάνατόν ἐστιν. Τοιαῦτ'
ἄττα ἐστίν, οἶμαι, ὦ Κέϐης, ἃ λέγεις · καὶ ἐξεπίτηδες e
πολλάκις ἀναλαμϐάνω, ἵνα μή τι διαφύγῃ ἡμᾶς, εἴ τέ τι
βούλει, προσθῇς ἢ ἀφέλῃς. » Καὶ ὁ Κέϐης · « Ἀλλ' οὐδὲν
ἔγωγε ἐν τῷ παρόντι, ἔφη, οὔτε ἀφελεῖν οὔτε προσθεῖναι
δέομαι · ἔστι δὲ ταῦτα ἃ λέγω. »

Ὁ οὖν Σωκράτης συχνὸν χρόνον ἐπισχὼν καὶ πρὸς
ἑαυτόν τι σκεψάμενος · « Οὐ φαῦλον πρᾶγμα, ἔφη, ὦ
Κέϐης, ζητεῖς · ὅλως γὰρ δεῖ περὶ γενέσεως καὶ φθορᾶς τὴν
αἰτίαν διαπραγματεύσασθαι. Ἐγὼ οὖν σοι δίειμι περὶ 96
αὐτῶν, ἐὰν βούλῃ, τά γε ἐμὰ πάθη · ἔπειτα ἐάν τί σοι
χρήσιμον φαίνηται ὧν ἂν λέγω, πρὸς τὴν πειθὼ περὶ ὧν
λέγεις χρήσει. — Ἀλλὰ μήν, ἔφη ὁ Κέϐης, βούλομαί γε.
— Ἄκουε τοίνυν ὡς ἐροῦντος. Ἐγὼ γάρ, ἔφη, ὦ
Κέϐης, νέος ὢν θαυμαστῶς ὡς ἐπεθύμησα ταύτης τῆς
σοφίας ἣν δὴ καλοῦσι περὶ φύσεως ἱστορίαν · ὑπερήφανος
γάρ μοι ἐδόκει εἶναι, εἰδέναι τὰς αἰτίας ἑκάστου, διὰ τί
γίγνεται ἕκαστον καὶ διὰ τί ἀπόλλυται καὶ διὰ τί ἔστιν.
Καὶ πολλάκις ἐμαυτὸν ἄνω κάτω μετέϐαλλον, σκοπῶν
πρῶτον τὰ τοιάδε · Ἆρ' ἐπειδὰν τὸ θερμὸν καὶ τὸ ψυχρὸν b
σηπεδόνα τινὰ λάϐῃ, ὥς τινες ἔλεγον, τότε δὴ τὰ ζῷα
συντρέφεται ; καὶ πότερον τὸ αἷμά ἐστιν ᾧ φρονοῦμεν, ἢ ὁ
ἀήρ, ἢ τὸ πῦρ ; ἢ τούτων μὲν οὐδέν, ὁ δ' ἐγκέφαλός ἐστιν
ὁ τὰς αἰσθήσεις παρέχων τοῦ ἀκούειν καὶ ὁρᾶν καὶ ὀσφραί-
νεσθαι, ἐκ τούτων δὲ γίγνοιτο μνήμη καὶ δόξα, ἐκ δὲ
μνήμης καὶ δόξης, λαϐούσης τὸ ἠρεμεῖν, κατὰ ταῦτα
γίγνεσθαι ἐπιστήμην ; Καὶ αὖ τούτων τὰς φθορὰς σκοπῶν,

kommt oder oft, dies behauptest du könne keinen Unterschied
darin machen, daß doch jeder von uns müsse besorgt sein.
Denn es gehöre sich gar wohl, daß jeder, wer nicht unverstän-
dig sein wolle, sich fürchte, der nicht wisse und keine Rechen-
schaft davon geben könne, daß sie unsterblich ist. Dies ist es
ohngefähr, glaube ich, o Kebes, was du meinst, und absichtlich e
wiederhole ich es öfter, damit uns nichts davon entgeht, und
auch du wenn du willst etwas hinzusetzen und davon tun
kannst. – Darauf sagte Kebes, für jetzt habe ich wohl nichts
davon zu tun oder hinzuzusetzen; sondern dies ist es was ich
sagen will.

Darauf hielt Sokrates einige Zeit inne, als ob er etwas bei
sich bedächte, und sagte dann, Es ist keine schlechte Sache, o
Kebes, welche du aufregst. Denn wir müssen nun im Allge-
meinen vom Entstehen und Vergehen die Ursache behandeln.
Ich also will dir, wenn du willst, darlegen, wie es mir damit 96a
ergeht. Dünkt dich dann etwas von dem was ich sage brauch-
bar zu sein zur Überzeugung von dem, wonach du fragst; so
brauche es. – Allerdings, sprach Kebes, das will ich.

4.3.2. Die Ursachen von Entstehen und Vergehen bei den Naturphilosophen

– So höre denn was ich sagen werde. In meiner Jugend näm-
lich, o Kebes, hatte ich ein wundergroßes Bestreben nach jener
Weisheit, welche man die Naturkunde nennt; denn es dünkte
mich gar etwas herrliches, die Ursachen von allem zu wissen,
wodurch jegliches entsteht und wodurch es vergeht und wo-
durch es besteht, und hundertmal wendete ich mich bald hier
bald dort hin, indem ich bei mir selbst zuerst dergleichen
überlegte, ob wenn das Warme und Kalte in Fäulnis gerät, wie b
einige gesagt haben, dann Tiere sich bilden? und ob es wohl das
Blut ist, wodurch wir denken, oder die Luft oder das Feuer?
oder wohl keines von diesen, sondern das Gehirn uns alle
Wahrnehmungen hervorbringt, des Sehens und Hörens und
Riechens, und aus diesen dann Gedächtnis und Vorstellung
entsteht, und aus Erinnerung und Vorstellung, wenn sie zur
Ruhe kommen, dann auf dieselbe Weise Erkenntnis entsteht?
Und wenn ich wiederum das Vergehen von alle diesem be-

καὶ τὰ περὶ τὸν οὐρανόν τε καὶ τὴν γῆν πάθη, τελευτῶν c
οὕτως ἐμαυτῷ ἔδοξα πρὸς ταύτην τὴν σκέψιν ἀφυὴς εἶναι
ὡς οὐδὲν χρῆμα.

« Τεκμήριον δέ σοι ἐρῶ ἱκανόν. Ἐγὼ γάρ, ἃ καὶ πρότερον σαφῶς ἠπιστάμην ὥς γε ἐμαυτῷ καὶ τοῖς ἄλλοις ἐδόκουν, τότε ὑπὸ ταύτης τῆς σκέψεως οὕτω σφόδρα ἐτυφλώθην, ὥστε ἀπέμαθον καὶ ταῦτα ἃ πρὸ τοῦ ᾤμην εἰδέναι, περὶ ἄλλων τε πολλῶν καὶ διὰ τί ἄνθρωπος αὐξάνεται. Τοῦτο γὰρ ᾤμην πρὸ τοῦ παντὶ δῆλον εἶναι, ὅτι διὰ τὸ ἐσθίειν καὶ πίνειν · ἐπειδὰν γὰρ ἐκ τῶν σιτίων
ταῖς μὲν σαρξὶ σάρκες προσγένωνται, τοῖς δὲ ὀστοῖς ὀστᾶ, d
καὶ οὕτω κατὰ τὸν αὐτὸν λόγον καὶ τοῖς ἄλλοις τὰ αὐτῶν οἰκεῖα ἑκάστοις προσγένηται, τότε δὴ τὸν ὀλίγον ὄγκον ὄντα ὕστερον πολὺν γεγονέναι · καὶ οὕτω γίγνεσθαι τὸν σμικρὸν ἄνθρωπον μέγαν. Οὕτω τότε ᾤμην · οὐ δοκῶ σοι μετρίως ; — Ἔμοιγε, ἔφη ὁ Κέβης. — Σκέψαι δὴ καὶ τάδε ἔτι. Ὤμην γὰρ ἱκανῶς μοι δοκεῖν, ὁπότε τις φαίνοιτο ἄνθρωπος παραστὰς μέγας σμικρῷ μείζων εἶναι αὐτῇ τῇ
κεφαλῇ, καὶ ἵππος ἵππου · καὶ ἔτι γε τούτων ἐναργέστερα, e
τὰ δέκα μοι ἐδόκει τῶν ὀκτὼ πλέονα εἶναι διὰ τὸ δύο αὐτοῖς προσεῖναι, καὶ τὸ δίπηχυ τοῦ πηχυαίου μεῖζον εἶναι διὰ τὸ ἡμίσει αὐτοῦ ὑπερέχειν. — Νῦν δὲ δή, ἔφη ὁ Κέβης, τί σοι δοκεῖ περὶ αὐτῶν ; — Πόρρω που, ἔφη, νὴ Δία, ἐμὲ εἶναι τοῦ οἴεσθαι περὶ τούτων του τὴν αἰτίαν εἰδέναι ὅς γε οὐκ ἀποδέχομαι ἐμαυτοῦ οὐδὲ ὡς ἐπειδὰν ἑνί τις προσθῇ ἕν, ἢ τὸ ἓν ᾧ προσετέθη δύο γέγονεν, ἢ τὸ
προστεθὲν καὶ ᾧ προσετέθη διὰ τὴν πρόσθεσιν τοῦ ἑτέρου 97
τῷ ἑτέρῳ δύο ἐγένετο. Θαυμάζω γὰρ εἰ, ὅτε μὲν ἑκάτερον αὐτῶν χωρὶς ἀλλήλων ἦν, ἓν ἄρα ἑκάτερον ἦν καὶ οὐκ ἤστην τότε δύο, ἐπεὶ δ᾽ ἐπλησίασαν ἀλλήλοις, αὕτη ἄρα αἰτία αὐτοῖς ἐγένετο τοῦ δύο γενέσθαι, ἡ ξύνοδος τοῦ πλησίον ἀλλήλων τεθῆναι. Οὐδέ γε ὡς, ἐάν τις ἓν διασχίσῃ, δύναμαι ἔτι πείθεσθαι ὡς αὕτη αὖ αἰτία γέγονεν, ἡ σχίσις,

trachtete, und die Veränderungen am Himmel und auf der Er- c
de, so kam ich mir am Ende zu dieser ganzen Untersuchung so
untauglich vor, daß gar nichts darüber geht. Und davon will
ich dir hinreichenden Beweis geben. Nämlich was ich vorher
auch ganz genau wußte, wie es mir und den Andern vorkam,
darüber erblindete ich nun bei dieser Untersuchung so gewal-
tig, daß ich auch das verlernte, was ich vorher zu wissen glaub-
te von vielen andern Dingen, und so auch davon, wodurch der
Mensch wächst. Denn dies, glaubte ich vorher, wisse jeder, daß
es vom Essen und Trinken herkäme. Denn wenn aus den Spei-
sen zum Fleische Fleisch hinzukommt und zu den Knochen d
Knochen, und eben so nach demselben Verhältnis auch zu al-
lem übrigen das Verwandte sich hinzufindet, dann würde na-
türlich die Masse, die vorher wenig gewesen war, hernach viel,
und so der kleine Mensch groß. So glaubte ich damals; dünkt
dich nicht das ganz leidlich? – Ei wohl, sagte Kebes. – Bedenke
auch noch dies. Ich glaubte genug daran zu haben, wenn ein
Mensch neben einem andern kleinen stehend groß schien, daß
er um einen Kopf größer wäre, und so auch ein Pferd neben
dem andern, und was noch deutlicher ist als dieses, Zehn schien e
mir mehr als Achte zu sein, weil noch zwei dabei sind, und das
zweifüßige größer als das einfüßige, weil es um die Hälfte
herüberragt. – Und jetzt, sprach Kebes, was dünkt dich hie-
von? – Daß ich, sagte er, bei Zeus, gar weit entfernt bin, auch
nur zu glauben, daß ich zu irgend etwas hievon die Ursache
wisse, da ich mir ja das nicht einmal gelten lasse, daß wenn
jemand Eins zu Einem hinzunimmt, dann entweder das Eine,
zu welchem hinzugenommen worden, zwei geworden ist, oder
das hinzugenommene und das zu welchem hinzugenommen
worden, eben weil eins zu dem andern hinzugekommen, zwei 97a
geworden sind. Denn ich wundere mich wie doch als jedes für
sich war, jedes von ihnen soll Eines gewesen sein, und sie
damals nicht zwei waren, nun sie aber einander nahe gekom-
men, dieses die Ursache gewesen ist, daß sie Zweie geworden
sind, die Vereinigung, daß man sie neben einander gestellt hat.
Und eben so wenig, wenn jemand Eines zerspaltet, kann ich
mich noch überreden, daß wiederum dieses, die Spaltung, Ur-
sache geworden ist, daß Zwei geworden sind. Denn dies wäre

τοῦ δύο γεγονέναι · ἐναντία γὰρ γίγνεται ἡ τότε αἰτία τοῦ
δύο γίγνεσθαι · τότε μὲν γὰρ ὅτι συνήγετο πλησίον ἀλλήλων b
καὶ προσετίθετο ἕτερον ἑτέρῳ, νῦν δ' ὅτι ἀπάγεται καὶ
χωρίζεται ἕτερον ἀφ' ἑτέρου. Οὐδέ γε διότι ἓν γίγνεται
ὡς ἐπίσταμαι, ἔτι πείθω ἐμαυτόν, οὐδ' ἄλλο οὐδὲν ἑνὶ λόγῳ
διότι γίγνεται ἢ ἀπόλλυται ἢ ἔστι, κατὰ τοῦτον τὸν
τρόπον τῆς μεθόδου · ἀλλά τιν' ἄλλον τρόπον αὐτὸς εἰκῇ
φύρω, τοῦτον δὲ οὐδαμῇ προσίεμαι.

« Ἀλλ' ἀκούσας μέν ποτε ἐκ βιβλίου τινός, ὡς ἔφη,
Ἀναξαγόρου ἀναγιγνώσκοντος, καὶ λέγοντος ὡς ἄρα νοῦς
ἐστιν ὁ διακοσμῶν τε καὶ πάντων αἴτιος, ταύτῃ δὴ τῇ c
αἰτίᾳ ἥσθην τε καὶ ἔδοξέ μοι τρόπον τινὰ εὖ ἔχειν τὸ τὸν
νοῦν εἶναι πάντων αἴτιον · καὶ ἡγησάμην, εἰ τοῦθ' οὕτως
ἔχει, τόν γε νοῦν κοσμοῦντα πάντα κοσμεῖν καὶ ἕκαστον
τιθέναι ταύτῃ ὅπῃ ἂν βέλτιστα ἔχῃ · εἰ οὖν τις βούλοιτο
τὴν αἰτίαν εὑρεῖν περὶ ἑκάστου ὅπῃ γίγνεται ἢ ἀπόλλυται
ἢ ἔστι, τοῦτο δεῖν περὶ αὐτοῦ εὑρεῖν, ὅπῃ βέλτιστον αὐτῷ
ἐστιν ἢ εἶναι ἢ ἄλλο ὁτιοῦν πάσχειν ἢ ποιεῖν. Ἐκ δὲ δὴ τοῦ
λόγου τούτου οὐδὲν ἄλλο σκοπεῖν προσήκειν ἀνθρώπῳ, καὶ d
περὶ αὐτοῦ ἐκείνου καὶ περὶ τῶν ἄλλων, ἀλλ' ἢ τὸ ἄριστον
καὶ τὸ βέλτιστον · ἀναγκαῖον δὲ εἶναι τὸν αὐτὸν τοῦτον
καὶ τὸ χεῖρον εἰδέναι · τὴν αὐτὴν γὰρ εἶναι ἐπιστήμην περὶ
αὐτῶν. Ταῦτα δὴ λογιζόμενος ἅσμενος εὑρηκέναι ᾤμην
διδάσκαλον τῆς αἰτίας περὶ τῶν ὄντων κατὰ νοῦν ἐμαυτῷ,
τὸν Ἀναξαγόραν, καί μοι φράσειν πρῶτον μὲν πότερον ἡ
γῆ πλατεῖά ἐστιν ἢ στρογγύλη, ἐπειδὴ δὲ φράσειεν,
ἐπεκδιηγήσεσθαι τὴν αἰτίαν καὶ τὴν ἀνάγκην, λέγοντα τὸ e
ἄμεινον καὶ ὅτι αὐτὴν ἄμεινον ἦν τοιαύτην εἶναι · καὶ εἰ ἐν
μέσῳ φαίη εἶναι αὐτήν, ἐπεκδιηγήσεσθαι ὡς ἄμεινον ἦν
αὐτὴν ἐν μέσῳ εἶναι · καὶ εἴ μοι ταῦτα ἀποφαίνοι, παρε-
σκευάσμην ὡς οὐκέτι ποθεσόμενος αἰτίας ἄλλο εἶδος. Καὶ

ja eine ganz entgegengesetzte Ursache des Zweiwerdens als damals. Damals nämlich, weil sie einander näher gebracht wur- b den, und eines zum andern hinzugesetzt, nun aber weil eines vom andern hinweggeführt und getrennt wird. Auch nicht, warum Eines wird, getraue ich mich noch zu wissen, noch sonst irgend etwas mit einem Wort warum es wird oder vergeht oder ist, nämlich nach dieser Art und Weise der Untersuchung, sondern ich mische mir eine andere auf gut Glück zusammen, diese aber lasse ich auf keine Weise gelten.

4.3.3. Die Vernunft-Ursache des Anaxagoras

Sondern als ich einmal einen hörte, aus einem Buche, wie er sagte vom Anaxagoras, lesen, daß die Vernunft das anordnende ist, und aller Dinge Ursache, an dieser Ursache erfreute ich c mich, und es schien mir auf gewisse Weise sehr richtig, daß die Vernunft von allem die Ursache ist, und ich gedachte, wenn sich dies so verhält, so werde die ordnende Vernunft auch alles ordnen, und jegliches stellen, so wie es sich am besten befindet. Wenn nun einer die Ursache von jeglichem finden wollte, wie es entsteht oder vergeht oder besteht, so dürfe er nur dieses daran finden, wie es grade diesem am besten sei zu bestehen oder irgend sonst etwas zu tun oder zu leiden. Und dem zufolge dann gezieme es dem Menschen nicht nach irgend etwas d anderem zu fragen, sowohl in Bezug auf sich als auf alles andere, als nach dem trefflichsten und besten, und derselbe werde dann notwendig auch das schlechtere wissen, denn die Erkenntnis von beiden sei dieselbe. Dieses nun bedenkend freute ich mich, daß ich glauben konnte, über die Ursache der Dinge einen Lehrer gefunden zu haben, der recht nach meinem Sinne wäre, an dem Anaxagoras, der mir nun auch sagen werde, zuerst ob die Erde flach ist oder rund, und wenn er es mir gesagt, mir dann auch die Notwendigkeit der Sache und ihre e Ursache dazu erklären werde, indem er auf das bessere zurückginge, und mir zeigte, daß es ihr besser wäre, so zu sein. Und wenn er behauptete, sie stände in der Mitte, werde er mir dabei erklären, daß es ihr besser wäre in der Mitte zu stehn; und wenn er mir dies deutlich machte, war ich schon ganz entschlossen, daß ich nie mehr eine andere Art von Ursache be-

δὴ καὶ περὶ ἡλίου οὕτω παρεσκευάσμην ὡσαύτως πευσό-
μενος, καὶ σελήνης καὶ τῶν ἄλλων ἄστρων, τάχους τε 98
πέρι πρὸς ἄλληλα καὶ τροπῶν καὶ τῶν ἄλλων παθημάτων,
πῇ ποτε ταῦτ' ἄμεινόν ἐστιν ἕκαστον καὶ ποιεῖν καὶ
πάσχειν ἃ πάσχει. Οὐ γὰρ ἄν ποτε αὐτὸν ᾤμην, φάσκοντά
γε ὑπὸ νοῦ αὐτὰ κεκοσμῆσθαι, ἄλλην τινὰ αὐτοῖς αἰτίαν
ἐπενεγκεῖν ἢ ὅτι βέλτιστον αὐτὰ οὕτως ἔχειν ἐστὶν ὥσπερ
ἔχει · ἑκάστῳ οὖν αὐτῶν ἀποδιδόντα τὴν αἰτίαν καὶ κοινῇ b
πᾶσι, τὸ ἑκάστῳ βέλτιστον ᾤμην καὶ τὸ κοινὸν πᾶσιν
ἐπεκδιηγήσεσθαι ἀγαθόν. Καὶ οὐκ ἂν ἀπεδόμην πολλοῦ τὰς
ἐλπίδας, ἀλλά, πάνυ σπουδῇ λαβὼν τὰς βίβλους, ὡς τάχιστα
οἷός τ' ἦ ἀνεγίγνωσκον, ἵν' ὡς τάχιστα εἰδείην τὸ βέλτιστον
καὶ τὸ χεῖρον.

« Ἀπὸ δὴ θαυμαστῆς ἐλπίδος, ὦ ἑταῖρε, ᾠχόμην φερό-
μενος, ἐπειδὴ προϊὼν καὶ ἀναγιγνώσκων ὁρῶ ἄνδρα τῷ
μὲν νῷ οὐδὲν χρώμενον οὐδέ τινας αἰτίας ἐπαιτιώμενον εἰς
τὸ διακοσμεῖν τὰ πράγματα, ἀέρας δὲ καὶ αἰθέρας καὶ c
ὕδατα αἰτιώμενον καὶ ἄλλα πολλὰ καὶ ἄτοπα. Καί μοι
ἔδοξεν ὁμοιότατον πεπονθέναι ὥσπερ ἂν εἴ τις λέγων ὅτι
Σωκράτης πάντα ὅσα πράττει νῷ πράττει, κἄπειτα
ἐπιχειρήσας λέγειν τὰς αἰτίας ἑκάστων ὧν πράττω, λέγοι
πρῶτον μὲν ὅτι διὰ ταῦτα νῦν ἐνθάδε κάθημαι, ὅτι σύγκειταί
μου τὸ σῶμα ἐξ ὀστῶν καὶ νεύρων, καὶ τὰ μὲν ὀστᾶ ἐστι
στερεὰ καὶ διαφυὰς ἔχει χωρὶς ἀπ' ἀλλήλων, τὰ δὲ νεῦρα
οἷα ἐπιτείνεσθαι καὶ ἀνίεσθαι, περιαμπέχοντα τὰ ὀστᾶ d
μετὰ τῶν σαρκῶν καὶ δέρματος ὃ συνέχει αὐτά · αἰωρου-
μένων οὖν τῶν ὀστῶν ἐν ταῖς αὐτῶν ξυμβολαῖς χαλῶντα καὶ
συντείνοντα τὰ νεῦρα κάμπτεσθαί που ποιεῖ οἷόν τ' εἶναι
ἐμὲ νῦν τὰ μέλη · καὶ διὰ ταύτην τὴν αἰτίαν συγκαμφθεὶς
ἐνθάδε κάθημαι. Καὶ αὖ περὶ τοῦ διαλέγεσθαι ὑμῖν, ἑτέρας
τοιαύτας αἰτίας λέγοι, φωνάς τε καὶ ἀέρας καὶ ἀκοὰς καὶ
ἄλλα μυρία τοιαῦτα αἰτιώμενος, ἀμελήσας τὰς ὡς ἀληθῶς

gehren wollte. Eben so war ich entschlossen, mich nach der Sonne gleichermaßen zu erkundigen, und dem Monde und den 98a übrigen Gestirnen wegen ihrer verhältnismäßigen Geschwindigkeit und ihrer Umwälzungen und was ihnen sonst begegnet, woher es doch jedem besser ist, das zu verrichten und zu erleiden, was jeder erleidet. Denn ich glaubte ja nicht, nachdem er einmal behauptet, alles sei von der Vernunft geordnet, daß er irgend einen anderen Grund mit hineinziehen werde, als daß es das Beste sei, daß sie sich so verhalten wie sie sich verhalten; und also glaubte ich, indem er für jedes einzelne und b alles insgemein den Grund nachwiese, werde er das Beste eines jeglichen darstellen, und das für alles insgesamt Gute. Und für vieles hätte ich diese Hoffnung nicht weggegeben; sondern ganz emsig griff ich zu den Büchern, und las sie durch so schnell ich nur konnte um nur aufs schnellste das Beste zu erkennen und das Schlechtere. Und von dieser wunderbaren Hoffnung, o Freund, fiel ich ganz herunter, als ich fortschritt und las, und sah, wie der Mann mit der Vernunft gar nichts anfängt, und auch sonst gar nicht Gründe anführt, die sich beziehen auf das Anordnen der Dinge, dagegen aber allerlei Luft und Äther und c Wasser vorschiebt und sonst vieles zum Teil wunderliches. Und mich dünkte, es sei ihm so gegangen, als wenn jemand zuerst sagte, Sokrates tut alles was er tut mit Vernunft, dann aber, wenn er sich daran machte, die Gründe anzuführen von jeglichem, was ich tue, dann sagen wollte, zuerst daß ich jetzt deswegen hier säße, weil mein Leib aus Knochen und Sehnen besteht, und die Knochen dicht sind und durch Gelenke von einander geschieden, die Sehnen aber so eingerichtet, daß sie angezogen und nachgelassen werden können, und die Kno- d chen umgeben nebst dem Fleisch und der Haut, welche sie zusammenhält. Da nun die Knochen in ihren Gelenken schweben, so machten die Sehnen, wenn ich sie nachlasse und anziehe, daß ich jetzt im Stande sei meine Glieder zu bewegen, und aus diesem Grunde säße ich jetzt hier mit gebogenen Knien. Eben so wenn er von unserm Gespräch andere dergleichen Ursachen anführen wollte, die Töne nämlich und die Luft und das Gehör und tausenderlei dergleichen herbeibringen, ganz vernachlässigend die wahren Ursachen anzuführen, daß näm-

αἰτίας λέγειν, ὅτι, ἐπειδὴ Ἀθηναίοις ἔδοξε βέλτιον εἶναι e
ἐμοῦ καταψηφίσασθαι, διὰ ταῦτα δὴ καὶ ἐμοὶ βέλτιον αὖ δέδοκται ἐνθάδε καθῆσθαι, καὶ δικαιότερον παραμένοντα ὑπέχειν τὴν δίκην ἣν ἂν κελεύσωσιν. Ἐπεί, νὴ τὸν κύνα, ὡς ἐγῷμαι, πάλαι ἂν ταῦτα τὰ νεῦρα καὶ τὰ ὀστᾶ ἢ περὶ Μέ- 99
γαρα ἢ Βοιωτοὺς ἦν, ὑπὸ δόξης φερόμενα τοῦ βελτίστου, εἰ μὴ δικαιότερον ᾤμην καὶ κάλλιον εἶναι, πρὸ τοῦ φεύγειν τε καὶ ἀποδιδράσκειν, ὑπέχειν τῇ πόλει δίκην ἥντιν' ἂν τάττῃ. Ἀλλ' αἴτια μὲν τὰ τοιαῦτα καλεῖν λίαν ἄτοπον. Εἰ δέ τις λέγοι ὅτι, ἄνευ τοῦ τὰ τοιαῦτα ἔχειν καὶ ὀστᾶ καὶ νεῦρα καὶ ὅσα ἄλλα ἔχω, οὐκ ἂν οἷός τ' ἦ ποιεῖν τὰ δόξαντά μοι, ἀληθῆ ἂν λέγοι. Ὡς μέντοι διὰ ταῦτα ποιῶ ἃ ποιῶ, καὶ ταῦτα νῷ πράττω, ἀλλ' οὐ τῇ τοῦ βελτίστου αἱρέσει, πολλὴ ἂν καὶ μακρὰ ῥᾳθυμία εἴη τοῦ λόγου· τὸ b
γὰρ μὴ διελέσθαι οἷόν τ' εἶναι ὅτι ἄλλο μέν τί ἐστι τὸ αἴτιον τῷ ὄντι, ἄλλο δὲ ἐκεῖνο ἄνευ οὗ τὸ αἴτιον οὐκ ἄν ποτ' εἴη αἴτιον· ὃ δή μοι φαίνονται ψηλαφῶντες οἱ πολλοὶ ὥσπερ ἐν σκότει, ἀλλοτρίῳ ὀνόματι προσχρώμενοι, ὡς αἴτιον αὐτὸ προσαγορεύειν. Διὸ δὴ καὶ ὁ μέν τις, δίνην περιτιθεὶς τῇ γῇ, ὑπὸ τοῦ οὐρανοῦ μένειν δὴ ποιεῖ τὴν γῆν· ὁ δὲ ὥσπερ καρδόπῳ πλατείᾳ βάθρον τὸν ἀέρα ὑπερείδει. Τὴν δὲ τοῦ ὡς οἷόν τε βέλτιστα αὐτὰ τεθῆναι c
δύναμιν οὕτω νῦν κεῖσθαι, ταύτην οὔτε ζητοῦσιν οὔτε τινὰ οἴονται δαιμονίαν ἰσχὺν ἔχειν, ἀλλὰ ἡγοῦνται τούτου Ἄτλαντα ἄν ποτε ἰσχυρότερον καὶ ἀθανατώτερον καὶ μᾶλλον ἅπαντα ξυνέχοντα ἐξευρεῖν, καὶ ὡς ἀληθῶς τὸ ἀγαθὸν καὶ δέον ξυνδεῖν καὶ συνέχειν οὐδὲν οἴονται. Ἐγὼ μὲν οὖν τῆς τοιαύτης αἰτίας ὅπῃ ποτὲ ἔχει μαθητὴς ὁτουοῦν ἥδιστ' ἂν γενοίμην. Ἐπειδὴ δὲ ταύτης ἐστερήθην καὶ οὔτ' αὐτὸς εὑρεῖν οὔτε παρ' ἄλλου μαθεῖν οἷός τε ἐγενόμην, τὸν δεύτερον πλοῦν ἐπὶ τὴν τῆς αἰτίας ζήτησιν d
ᾗ πεπραγμάτευμαι βούλει σοι, ἔφη, ἐπίδειξιν ποιήσωμαι, ὦ Κέβης; — Ὑπερφυῶς μὲν οὖν, ἔφη, ὡς βούλομαι.

lich weil es den Athenern besser gefallen hat mich zu verdam- e
men, deshalb es auch mir besser geschienen hat hier sitzen zu
bleiben, und gerechter die Strafe geduldig anzustehen, welche
sie angeordnet haben. Denn, beim Hunde, schon lange, glaube
ich wenigstens, wären diese Sehnen und Knochen in Megara 99a
oder bei den Böotiern, durch die Vorstellung des Besseren in
Bewegung gesetzt, hätte ich es nicht für gerechter und schöner
gehalten, lieber als daß ich fliehen und davongehn sollte, dem
Staate die Strafe zu büßen die er ordnet. Also dergleichen Ur-
sachen zu nennen ist gar zu wunderlich; wenn aber einer sagte,
daß ohne dergleichen zu haben, Sehnen und Knochen und was
ich sonst habe, ich nicht im Stande sein würde, das auszuführen
was mir gefällt, der würde richtig reden. Daß ich aber deshalb
täte was ich tue, und es in sofern mit Vernunft täte, nicht wegen
der Wahl des Besten, das wäre doch gar eine große und breite b
Untauglichkeit der Rede, wenn sie nicht im Stande wäre zu
unterscheiden, daß bei einem jeden Dinge etwas anderes ist, die
Ursache, und etwas anderes jenes, ohne welches die Ursache
nicht Ursache sein könnte; und eben dies scheinen mir wie im
Dunkeln tappend die Meisten mit einem ungehörigen Namen,
als wäre es selbst die Ursache, zu benennen. Darum legt dann
der eine einen Wirbel um die Erde, und läßt sie dadurch unter
dem Himmel stehen bleiben, der andere stellt ihr, wie einem
breiten Troge einen Fußschemel, die Luft unter. Daß sie aber
nun so liege, wie es am besten war sie zu legen, die Bedeutung c
davon suchen sie gar nicht auf, und glauben auch gar nicht, daß
darin eine besondere höhere Kraft liege, sondern meinen, sie
hätten wohl einen Atlas aufgefunden, der stärker wäre und
unsterblicher, als dieser, und alles besser zusammenhielte; das
Gute und Richtige aber, glauben sie, könne überall gar nichts
verbinden und zusammenhalten. Ich nun wäre, um zu wissen
wie es sich mit dieser Ursache verhält, gar zu gern jedermanns
Schüler geworden; da es mir aber so gut nicht wurde, und ich
dies weder selbst zu finden noch von einem andern zu lernen
vermochte, willst du, daß ich dir von der zweitbesten Fahrt wie d
ich sie durchgeführt habe zur Erforschung der Ursache, eine
Beschreibung gebe, o Kebes? – Ganz über die Maßen, sprach
er, will ich das.

— Ἔδοξε τοίνυν μοι, ἦ δ᾽ ὅς, μετὰ ταῦτα, ἐπειδὴ
ἀπειρήκη τὰ ὄντα σκοπῶν, δεῖν εὐλαβηθῆναι μὴ πάθοιμι
ὅπερ οἱ τὸν ἥλιον ἐκλείποντα θεωροῦντες καὶ σκοπούμενοι·
διαφθείρονται γάρ που ἔνιοι τὰ ὄμματα, ἐὰν μὴ ἐν ὕδατι ἤ
τινι τοιούτῳ σκοπῶνται τὴν εἰκόνα αὐτοῦ. Τοιοῦτόν τι καὶ e
ἐγὼ διενοήθην, καὶ ἔδεισα μὴ παντάπασι τὴν ψυχὴν τυφλω-
θείην βλέπων πρὸς τὰ πράγματα τοῖς ὄμμασι καὶ ἑκάστῃ
τῶν αἰσθήσεων ἐπιχειρῶν ἅπτεσθαι αὐτῶν. Ἔδοξε δή μοι
χρῆναι εἰς τοὺς λόγους καταφυγόντα ἐν ἐκείνοις σκοπεῖν
τῶν ὄντων τὴν ἀλήθειαν. Ἴσως μὲν οὖν ᾧ εἰκάζω τρόπον
τινὰ οὐκ ἔοικεν· οὐ γὰρ πάνυ συγχωρῶ τὸν ἐν λόγοις 100
σκοπούμενον τὰ ὄντα ἐν εἰκόσι μᾶλλον σκοπεῖν ἢ τὸν ἐν
ἔργοις. Ἀλλ᾽ οὖν δὴ ταύτῃ γε ὥρμησα, καὶ ὑποθέμενος
ἑκάστοτε λόγον ὃν ἂν κρίνω ἐρρωμενέστατον εἶναι, ἃ μὲν
ἄν μοι δοκῇ τούτῳ συμφωνεῖν τίθημι ὡς ἀληθῆ ὄντα, καὶ
περὶ αἰτίας καὶ περὶ τῶν ἄλλων ἁπάντων· ἃ δ᾽ ἂν μή, ὡς
οὐκ ἀληθῆ. Βούλομαι δέ σοι σαφέστερον εἰπεῖν ἃ λέγω·
οἶμαι γάρ σε νῦν οὐ μανθάνειν. — Οὐ, μὰ τόν Δία, ἔφη ὁ
Κέβης, οὐ σφόδρα. — Ἀλλ᾽, ἦ δ᾽ ὅς, ὧδε λέγω οὐδὲν
καινόν, ἀλλ᾽ ἅπερ ἀεί τε ἄλλοτε καὶ ἐν τῷ παρεληλυθότι b
λόγῳ οὐδὲν πέπαυμαι λέγων. Ἔρχομαι γὰρ δὴ ἐπιχειρῶν
σοι ἐπιδείξασθαι τῆς αἰτίας τὸ εἶδος ὃ πεπραγμάτευμαι,
καὶ εἶμι πάλιν ἐπ᾽ ἐκεῖνα τὰ πολυθρύλητα καὶ ἄρχομαι ἀπ᾽
ἐκείνων, ὑποθέμενος εἶναί τι καλὸν αὐτὸ καθ᾽ αὑτὸ καὶ
ἀγαθὸν καὶ μέγα καὶ τἆλλα πάντα. Ἃ εἴ μοι δίδως τε καὶ
ξυγχωρεῖς εἶναι ταῦτα, ἐλπίζω σοι ἐκ τούτων τὴν αἰτίαν
ἐπιδείξειν καὶ ἀνευρήσειν ὡς ἀθάνατον ἡ ψυχή. — Ἀλλὰ
μήν, ἔφη ὁ Κέβης, ὡς διδόντος σοι οὐκ ἂν φθάνοις περαίνων. c
— Σκόπει δή, ἔφη, τὰ ἑξῆς ἐκείνοις ἐάν σοι ξυνδοκῇ
ὥσπερ ἐμοί· φαίνεται γάρ μοι, εἴ τί ἐστιν ἄλλο καλὸν πλὴν
αὐτὸ τὸ καλόν, οὐδὲ δι᾽ ἓν ἄλλο καλὸν εἶναι ἢ διότι
μετέχει ἐκείνου τοῦ καλοῦ· καὶ πάντα δὴ οὕτως λέγω. Τῇ

4.3.4. Die Alternative des Sokrates: seine Ideenlehre

– Es bedünkte mich nämlich nach diesem, da ich aufgegeben
die Dinge zu betrachten, ich müsse mich hüten, daß mir nicht
begegne, was denen, welche die Sonnenfinsternis betrachten
und anschauen, begegnet. Viele nämlich verderben sich die
Augen, wenn sie nicht im Wasser oder sonst worin nur das Bild
der Sonne anschauen. So etwas merkte ich auch, und befürch- e
tete, ich möchte ganz und gar an der Seele geblendet werden,
wenn ich mit den Augen nach den Gegenständen sähe, sie zu
treffen. Sondern mich dünkt, ich müsse zu den Gedanken mei-
ne Zuflucht nehmen, und in diesen das wahre Wesen der Dinge
anschauen. Doch vielleicht ähnelt das Bild auf gewisse Weise
nicht so, wie ich es aufgestellt habe. Denn das möchte ich gar 100a
nicht zugeben, daß wer das Seiende in Gedanken betrachtet, es
mehr in Bildern betrachte, als wer in den Dingen. Also dahin
wendete ich mich, und indem ich jedesmal den Gedanken zum
Grunde lege, den ich für den stärksten halte: so setze ich, was
mir scheint mit diesem übereinzustimmen, als wahr, es mag
nun von Ursachen die Rede sein oder von was nur sonst, was
aber nicht, als nicht wahr. Ich will dir aber noch deutlicher
sagen, wie ich es meine; denn ich glaube, daß du es jetzt nicht
verstehst. – Nein, beim Zeus, sagte Kebes, nicht eben sonder-
lich. – Ich meine es eben so, fuhr er fort, gar nichts Neues,
sondern was ich schon sonst immer und so auch in der eben b
durchgeführten Rede gar nicht aufgehört habe zu sagen. Ich
will nämlich gleich versuchen dir den Begriff der Ursache auf-
zuzeigen, womit ich mich beschäftigt habe, und komme wie-
derum auf jenes abgedroschene zurück, und fange davon an,
daß ich voraussetze, es gebe ein Schönes an und für sich, und
ein Gutes und Großes und so alles andere, woraus, wenn du
mir zugibst und einräumst daß es sei, ich dann hoffe, dir die
Ursache zu zeigen und nachzuweisen, daß die Seele unsterblich
ist. – So säume nur ja nicht, sprach Kebes, es durchzuführen, c
als hätte ich dir dies längst zugegeben. – So betrachte denn,
fuhr er fort, was daran hängt, ob dir das eben so vorkommt wie
mir. Mir scheint nämlich, wenn irgend etwas anderes schön ist
außer jenem, selbstschönen, es wegen gar nichts anderem
schön sei, als weil es Teil habe an jenem Schönen, und eben so

τοιᾷδε αἰτίᾳ συγχωρεῖς ; — Συγχωρῶ, ἔφη. — Οὐ τοίνυν, ἦ δ' ὅς, ἔτι μανθάνω οὐδὲ δύναμαι τὰς ἄλλας αἰτίας τὰς σοφὰς ταύτας γιγνώσκειν · ἀλλ' ἐάν τίς μοι λέγῃ διότι καλόν ἐστιν ὁτιοῦν, ἢ χρῶμα εὐανθὲς ἔχον ἢ σχῆμα ἢ ἄλλο d
ὁτιοῦν τῶν τοιούτων, τὰ μὲν ἄλλα χαίρειν ἐῶ, ταράττομαι γὰρ ἐν τοῖς ἄλλοις πᾶσι · τοῦτο δὲ ἁπλῶς καὶ ἀτέχνως καὶ ἴσως εὐήθως ἔχω παρ' ἐμαυτῷ, ὅτι οὐκ ἄλλο τι ποιεῖ αὐτὸ καλὸν ἢ ἡ ἐκείνου τοῦ καλοῦ εἴτε παρουσία εἴτε κοινωνία, εἴτε ὅπῃ δὴ καὶ ὅπως προσγενομένη, οὐ γὰρ ἔτι τοῦτο δυσχυρίζομαι, ἀλλ' ὅτι τῷ καλῷ πάντα τὰ καλὰ γίγνεται καλά · τοῦτο γάρ μοι δοκεῖ ἀσφαλέστατον εἶναι καὶ ἐμαυτῷ ἀποκρίνασθαι καὶ ἄλλῳ. Καὶ τούτου ἐχόμενος ἡγοῦμαι οὐκ ἄν ποτε πεσεῖν, ἀλλ' ἀσφαλὲς εἶναι καὶ ἐμοὶ καὶ ὁτῳοῦν e
ἄλλῳ ἀποκρίνασθαι ὅτι τῷ καλῷ τὰ καλὰ καλά · ἢ οὐ καὶ σοὶ δοκεῖ ; — Δοκεῖ. — Καὶ μεγέθει ἄρα τὰ μεγάλα μεγάλα καὶ τὰ μείζω μείζω, καὶ σμικρότητι τὰ ἐλάττω ἐλάττω ; — Ναί. — Οὐδὲ σὺ ἄρα ἂν ἀποδέχοιο εἴ τίς τινα φαίη ἕτερον ἑτέρου τῇ κεφαλῇ μείζω εἶναι, καὶ τὸν ἐλάττω τῷ αὐτῷ τούτῳ ἐλάττω, ἀλλὰ διαμαρτύροιο ἂν ὅτι σὺ μὲν οὐδὲν ἄλλο 101
λέγεις ἢ ὅτι τὸ μεῖζον πᾶν ἕτερον ἑτέρου οὐδενὶ ἄλλῳ μεῖζόν ἐστιν ἢ μεγέθει, καὶ διὰ τοῦτο μεῖζον, διὰ τὸ μέγεθος, τὸ δὲ ἔλαττον οὐδενὶ ἄλλῳ ἔλαττον ἢ σμικρότητι, καὶ διὰ τοῦτο ἔλαττον, διὰ τὴν σμικρότητα, φοβούμενος οἶμαι μή τίς σοι ἐναντίος λόγος ἀπαντήσῃ, ἐὰν τῇ κεφαλῇ μείζονά τινα φῇς εἶναι καὶ ἐλάττω, πρῶτον μὲν τῷ αὐτῷ τὸ μεῖζον μεῖζον εἶναι καὶ τὸ ἔλαττον ἔλαττον, ἔπειτα τῇ κεφαλῇ, σμικρᾷ οὔσῃ, τὸν μείζω μείζω εἶναι · καὶ τοῦτο δὴ b
τέρας εἶναι, τὸ σμικρῷ τινι μέγαν τινὰ εἶναι. Ἦ οὐκ ἂν φοβοῖο ταῦτα ; » Καὶ ὁ Κέβης γελάσας · « Ἔγωγε, ἔφη. — Οὐκοῦν, ἦ δ' ὅς, τὰ δέκα τῶν ὀκτὼ δυοῖν πλείω εἶναι καὶ διὰ ταύτην τὴν αἰτίαν ὑπερβάλλειν, φοβοῖο ἂν λέγειν, ἀλλὰ μὴ πλήθει καὶ διὰ τὸ πλῆθος ; καὶ τὸ δίπηχυ τοῦ

sage ich von allem. Räumst du diese Ursache ein? – Die räume ich ein, sprach er. – Und so verstehe ich denn gar nicht mehr und begreife nicht jene andern gelehrten Gründe; sondern wenn mir jemand sagt, daß irgend etwas schön ist entweder weil es eine blühende Farbe hat oder Gestalt oder sonst etwas d
dieser Art, so lasse ich das andere, denn durch alles übrige werde ich nur verwirrt gemacht, und halte mich ganz einfach und kunstlos und vielleicht einfältig bei mir selbst daran, daß nichts anderes es schön macht als eben jenes Schöne, nenne es nun Anwesenheit oder Gemeinschaft, wie nur und woher sie auch komme, denn darüber möchte ich nichts weiter behaupten, sondern nur, daß vermöge des Schönen alle schönen Dinge schön werden. Denn dies dünkt mich das allersicherste zu antworten, mir und jedem andern; und wenn ich mich daran halte, glaube ich, daß ich gewiß niemals fallen werde, sondern e
daß es mir und jedem andern sicher ist zu antworten, daß vermöge des Schönen die schönen Dinge schön werden. Oder dünkt dich das nicht auch? – Das dünkt mich. – Also auch vermöge der Größe das große groß und das größere größer, und vermöge der Kleinheit das kleinere kleiner? – Ja. – Also du würdest es auch nicht annehmen, wenn jemand von einem sagen wollte, er sei größer als ein anderer vermöge des Kopfes, und der Kleinere vermöge desselbigen auch kleiner, sondern 101a
würdest darauf beharren, daß du gar nichts anderes meinst, als daß alles, größere als ein anderes, nur vermöge der Größe größer ist und wegen sonst nichts, und eben um deswillen, um der Größe willen, und das kleinere vermöge sonst nichts kleiner als der Kleinheit, und eben um deswillen kleiner um der Kleinheit. Und das aus Furcht, glaube ich, daß dir nicht eine andere Rede entgegentrete, wenn du sagtest, einer sei des Kopfes wegen größer und kleiner, zuerst nämlich, daß wegen des nämlichen das größere größer sei und das kleinere kleiner, und dann, daß des Kopfes wegen, der doch selbst klein ist, das b
größere größer sei, und daß das doch ein Wunder sei, daß wegen etwas kleinem einer groß sein soll. Oder würdest du das nicht fürchten? – Da lachte Kebes und sagte, Freilich wohl. – Also, fuhr er fort, daß zehn mehr ist als acht, um zwei, und um dieser Ursache willen es übertreffe, der zwei wegen, und nicht

πηχυαίου ἡμίσει μεῖζον εἶναι ἀλλ' οὐ μεγέθει ; ὁ αὐτὸς
γάρ που φόβος. — Πάνυ γ', ἔφη. — Τί δέ ; ἑνὶ ἑνὸς προσ-
τεθέντος τὴν πρόσθεσιν αἰτίαν εἶναι τοῦ δύο γενέσθαι ἢ
διασχισθέντος τὴν σχίσιν οὐκ εὐλαβοῖο ἂν λέγειν ; Καὶ c
μέγα ἂν βοῴης ὅτι οὐκ οἶσθα ἄλλως πως ἕκαστον γιγνό-
μενον ἢ μετασχὸν τῆς ἰδίας οὐσίας ἑκάστου οὗ ἂν
μετάσχῃ, καὶ ἐν τούτοις οὐκ ἔχεις ἄλλην τινὰ αἰτίαν τοῦ
δύο γενέσθαι ἀλλ' ἢ τὴν τῆς δυάδος μετάσχεσιν · καὶ δεῖν
τούτου μετασχεῖν τὰ μέλλοντα δύο ἔσεσθαι, καὶ μονάδος ὃ
ἂν μέλλῃ ἓν ἔσεσθαι. Τὰς δὲ σχίσεις ταύτας καὶ προσθέσεις
καὶ τὰς ἄλλας τὰς τοιαύτας κομψείας ἐῴης ἂν χαίρειν,
παρεὶς ἀποκρίνασθαι τοῖς σεαυτοῦ σοφωτέροις.

« Σὺ δὲ δεδιὼς ἄν, τὸ λεγόμενον, τὴν σαυτοῦ σκιὰν καὶ d
τὴν ἀπειρίαν, ἐχόμενος ἐκείνου τοῦ ἀσφαλοῦς τῆς ὑπο-
θέσεως, οὕτως ἀποκρίναιο ἄν. Εἰ δέ τις αὐτῆς τῆς
ὑποθέσεως ἔχοιτο, χαίρειν ἐῴης ἄν, καὶ οὐκ ἀποκρίναιο
ἕως ἂν τὰ ἀπ' ἐκείνης ὁρμηθέντα σκέψαιο εἴ σοι ἀλλήλοις
ξυμφωνεῖ ἢ διαφωνεῖ. Ἐπειδὴ δὲ ἐκείνης αὐτῆς δέοι σε
διδόναι λόγον, ὡσαύτως ἂν διδοίης, ἄλλην αὖ ὑπόθεσιν
ὑποθέμενος ἥτις τῶν ἄνωθεν βελτίστη φαίνοιτο, ἕως ἐπί
τι ἱκανὸν ἔλθοις. Ἅμα δὲ οὐκ ἂν φύροιο, ὥσπερ οἱ ἀντι- e
λογικοί, περί τε τῆς ἀρχῆς διαλεγόμενος καὶ τῶν ἐξ
ἐκείνης ὡρμημένων, εἴπερ βούλοιό τι τῶν ὄντων εὑρεῖν ·
ἐκείνοις μὲν γὰρ ἴσως οὐδὲ εἷς περὶ τούτου λόγος οὐδὲ
φροντίς · ἱκανοὶ γὰρ ὑπὸ σοφίας ὁμοῦ πάντα κυκῶντες
ὅμως δύνασθαι αὐτοὶ αὑτοῖς ἀρέσκειν · σὺ δ', εἴπερ εἶ τῶν
φιλοσόφων, οἶμαι ἂν ὡς ἐγὼ λέγω ποιοῖς. — Ἀληθέστατα, 102
ἔφη, λέγεις, ὅ τε Σιμμίας ἅμα καὶ ὁ Κέβης. »

ΕΧ. Νὴ Δία, ὦ Φαίδων, εἰκότως γε · θαυμαστῶς γάρ

der Vielheit wegen und durch die Vielheit, das würdest du dich
fürchten zu sagen. So auch daß das zweifüßige größer wäre als
das einfüßige, vermöge der Hälfte, und nicht vermöge der
Größe? Denn dabei ist doch diese Besorgnis. – Allerdings,
antwortete er. – Und wie, wenn Eines zu Einem hinzugesetzt
worden, daß dann die Hinzufügung Ursache sei, daß zwei ge-
worden sind, und wenn gespalten worden, dann die Spaltung, c
würdest du dich nicht scheuen das zu sagen, und vielmehr laut
erklären, du wüßtest nicht, daß irgend wie anders jegliches
werde, als indem es Teil nähme an dem eigentümlichen Wesen
eines jeglichen, woran es Teil hat, und so fändest du gar keine
andere Ursache des Zweigewordenseins, als eben die Teilneh-
mung an der Zweiheit, an welcher alles teilnehmen müsse, was
zwei sein solle, so wie an der Einheit, was Eins sein solle? Die
Spaltungen aber und Hinzufügungen und andere solche Herr-
lichkeiten, würdest du die nicht liegen lassen und Andern an-
heimstellen, damit zu antworten, die gelehrter sind als du; du
selbst aber aus Furcht, wie man sagt, vor deinem eigenen d
Schatten und deiner Ungeschickteit, an jener sicheren Voraus-
setzung dich haltend, immer so antworten? Wenn sich aber
einer an die Voraussetzung selbst hielte, würdest du den nicht
gehn lassen und nicht eher antworten, bis du, was von ihr
abgeleitet wird, betrachtet hättest, ob es mit einander stimmt
oder nicht stimmt? und solltest du dann von jener selbst Re-
chenschaft geben, würdest du sie nicht auf die gleiche Weise
geben, nämlich eine andere Voraussetzung wieder vorausset-
zend, welche dir eben von den höherliegenden die beste dünk-
te, bis du auf etwas befriedigendes kämest, nicht aber unterein- e
ander mischend wie die Streitkünstler bald von dem ersten
Grunde reden und bald von dem daraus abgeleiteten, wenn du
nämlich irgend etwas, wie es wirklich ist, finden wolltest. Denn
jene freilich haben hieran vielleicht gar keinen Gedanken und
keine Sorge, sondern sind im Stande, wenn sie auch in ihrer
Weisheit alles durcheinander rühren, doch noch sich selbst zu
gefallen. Gehörst du aber zu den Philosophen: so, denke ich,
wirst du es so machen, wie ich sage. – Ganz vollkommen wahr, 102a
redest du, sagten Simmias und Kebes zugleich.

ECHEKRATES: Beim Zeus, o Phaidon, mit Recht. Denn gar

μοι δοκεῖ ὡς ἐναργῶς τῷ καὶ σμικρὸν νοῦν ἔχοντι εἰπεῖν ἐκεῖνος ταῦτα.

ΦΑΙΔ. Πάνυ μὲν οὖν, ὦ Ἐχέκρατες, καὶ πᾶσι τοῖς παροῦσιν ἔδοξεν.

ΕΧ. Καὶ γὰρ ἡμῖν τοῖς ἀποῦσι, νῦν δὲ ἀκούουσιν. Ἀλλὰ τίνα δὴ ἦν τὰ μετὰ ταῦτα λεχθέντα ;

ΦΑΙΔ. Ὡς μὲν ἐγὼ οἶμαι, ἐπεὶ αὐτῷ ταῦτα συνεχωρήθη,
καὶ ὡμολογεῖτο εἶναι τι ἕκαστον τῶν εἰδῶν καὶ τούτων
τἆλλα μεταλαμβάνοντα αὐτῶν τούτων τὴν ἐπωνυμίαν b
ἴσχειν, τὸ δὴ μετὰ ταῦτα ἠρώτα · « Εἰ δή, ἦ δ' ὅς, ταῦτα
οὕτως λέγεις, ἆρ' οὐχ, ὅταν Σιμμίαν Σωκράτους φῇς μείζω
εἶναι, Φαίδωνος δὲ ἐλάττω, λέγεις τότ' εἶναι ἐν τῷ
Σιμμίᾳ ἀμφότερα, καὶ μέγεθος καὶ σμικρότητα ; — Ἔγωγε.
— Ἀλλὰ γάρ, ἦ δ' ὅς, ὁμολογεῖς τὸ « τὸν Σιμμίαν ὑπερέχειν
Σωκράτους » οὐχ ὡς τοῖς ῥήμασι λέγεται οὕτω καὶ τὸ
ἀληθὲς ἔχειν ; Οὐ γάρ που πεφυκέναι Σιμμίαν ὑπερέχειν
τούτῳ, τῷ Σιμμίαν εἶναι, ἀλλὰ τῷ μεγέθει ὃ τυγχάνει c
ἔχων · οὐδ' αὖ Σωκράτους ὑπερέχειν, ὅτι Σωκράτης ὁ
Σωκράτης ἐστίν, ἀλλ' ὅτι σμικρότητα ἔχει ὁ Σωκράτης
πρὸς τὸ ἐκείνου μέγεθος ; — Ἀληθῆ. — Οὐδέ γε αὖ ὑπὸ
Φαίδωνος ὑπερέχεσθαι τῷ ὅτι Φαίδων ὁ Φαίδων ἐστίν,
ἀλλ' ὅτι μέγεθος ἔχει ὁ Φαίδων πρὸς τὴν Σιμμίου σμικρό-
τητα ; — Ἔστι ταῦτα. — Οὕτως ἄρα ὁ Σιμμίας ἐπωνυμίαν
ἔχει σμικρός τε καὶ μέγας εἶναι, ἐν μέσῳ ὢν ἀμφοτέρων, τοῦ
μὲν τῷ μεγέθει ὑπερέχειν τὴν σμικρότητα ὑπέχων, τῷ δὲ d
τὸ μέγεθος τῆς σμικρότητος παρέχων ὑπερέχον. » Καὶ ἅμα
μειδιάσας · « Ἔοικα, ἔφη, καὶ ξυγγραφικῶς ἐρεῖν · ἀλλ'
οὖν ἔχει γέ που ὡς λέγω. » Ξυνέφη. « Λέγω δὲ τοῦδ'
ἕνεκα, βουλόμενος δόξαι σοὶ ὅπερ ἐμοί. Ἐμοὶ γὰρ φαίνεται
οὐ μόνον αὐτὸ τὸ μέγεθος οὐδέποτ' ἐθέλειν ἅμα μέγα καὶ
σμικρὸν εἶναι, ἀλλὰ καὶ τὸ ἐν ἡμῖν μέγεθος οὐδέποτε
προσδέχεσθαι τὸ σμικρόν, οὐδ' ἐθέλειν ὑπερέχεσθαι · ἀλλὰ

wunderbar einleuchtend scheint mir der Mann dieses gesagt zu haben für jeden, der auch nur ein wenig Vernunft hat.

PHAIDON: Allerdings, o Echekrates, und so schien es auch allen Anwesenden.

ECHEKRATES: Und auch uns den Abwesenden, die es jetzt hören. Aber was war nur, was hiernächst gesagt wurde?

4.4. Dritter Beweis für die Unsterblichkeit der Seele, geführt auf der Grundlage der Ideenlehre

4.4.1. Teilhabe und Ausschließung bei gegensätzlichen Ideen

PHAIDON: Wie ich glaube, nachdem ihm dieses eingeräumt und zugestanden war, daß jeglicher Begriff etwas sei an sich,
und durch Teilnahme an ihnen die andern Dinge den Beinamen b
von ihnen erhalten: so fragte er hierauf, Wenn du nun dieses so annimmst, mußt du dann nicht wenn du behauptest, Simmias sei größer als Sokrates, als Phaidon aber kleiner, sagen, daß in dem Simmias beides sei, Größe und Kleinheit? – Freilich. – Und so gestehst du doch, daß Simmias den Sokrates überragt, damit verhalte es sich nicht in der Tat so, wie es buchstäblich ausgedrückt wird. Denn es ist nicht des Simmias Natur, schon
dadurch daß er Simmias ist zu überragen, sondern durch die c
Größe, die er zufällig hat, auch nicht den Sokrates zu überragen deshalb weil Sokrates Sokrates ist, sondern nur weil Sokrates Kleinheit hat in Bezug auf jenes Größe. – Richtig. – Auch nicht vom Phaidon überragt zu werden deshalb weil Phaidon Phaidon ist, sondern weil er Größe hat in Vergleich mit Simmias Kleinheit. – So ist es. – So hat also Simmias den Beinamen klein zu sein und groß, selbst in der Mitte stehend zwischen beiden, indem er vermittelst des Übertreffens durch
Größe des Einen Kleinheit übertrifft, dem Andern aber Größe d
zugesteht, welche seine Kleinheit übertrifft. Dabei lächelte er und sagte, Ich werde wohl noch gar wie ein Gerichtsschreiber so genau reden; aber es verhält sich denn doch wie ich sage. – Jener stimmte bei. – Ich sage dies aber, weil ich möchte, du wärest derselben Meinung wie ich. Denn mir leuchtet ein, daß nicht nur die Größe selbst niemals will zugleich groß und klein sein, sondern daß auch die Größe in uns niemals das Kleine aufnimmt oder will übertroffen werden, sondern eines von

δυοῖν τὸ ἕτερον, ἢ φεύγειν καὶ ὑπεκχωρεῖν ὅταν αὐτῷ
προσίῃ τὸ ἐναντίον, τὸ σμικρόν, ἢ προσελθόντος ἐκείνου e
ἀπολωλέναι · ὑπομένον δὲ καὶ δεξάμενον τὴν σμικρότητα
οὐκ ἐθέλειν εἶναι ἕτερον ἢ ὅπερ ἦν. Ὥσπερ ἐγώ, δεξάμενος
καὶ ὑπομείνας τὴν σμικρότητα καὶ ἔτι ὢν ὅσπερ εἰμί, οὗτος
ὁ αὐτὸς σμικρός εἰμι · ἐκεῖνο δὲ οὐ τετόλμηκεν, μέγα ὄν,
σμικρὸν εἶναι. Ὡς δ' αὔτως καὶ τὸ σμικρὸν τὸ ἐν ἡμῖν οὐκ
ἐθέλει ποτὲ μέγα γίγνεσθαι οὐδὲ εἶναι, οὐδ' ἄλλο οὐδὲν τῶν
ἐναντίων, ἔτι ὂν ὅπερ ἦν, ἅμα τοὐναντίον γίγνεσθαί τε καὶ
εἶναι, ἀλλ' ἤτοι ἀπέρχεται ἢ ἀπόλλυται ἐν τούτῳ τῷ 103
παθήματι. — Παντάπασιν, ἔφη ὁ Κέβης, οὕτω φαίνεταί
μοι. »

Καί τις εἶπε τῶν παρόντων ἀκούσας, ὅστις δ' ἦν οὐ
σαφῶς μέμνημαι · « Πρὸς θεῶν, οὐκ ἐν τοῖς πρόσθεν ὑμῖν
λόγοις αὐτὸ τὸ ἐναντίον τῶν νυνὶ λεγομένων ὡμολογεῖτο,
ἐκ τοῦ ἐλάττονος τὸ μεῖζον γίγνεσθαι καὶ ἐκ τοῦ μείζονος
τὸ ἔλαττον, καὶ ἀτεχνῶς αὕτη εἶναι ἡ γένεσις τοῖς
ἐναντίοις ἐκ τῶν ἐναντίων ; Νῦν δέ μοι δοκεῖ λέγεσθαι ὅτι
τοῦτο οὐκ ἄν ποτε γένοιτο. » Καὶ ὁ Σωκράτης παρα-
βαλὼν τὴν κεφαλὴν καὶ ἀκούσας · « Ἀνδρικῶς, ἔφη,
ἀπεμνημόνευκας · οὐ μέντοι ἐννοεῖς τὸ διαφέρον τοῦ τε b
νῦν λεγομένου καὶ τοῦ τότε. Τότε μὲν γὰρ ἐλέγετο ἐκ τοῦ
ἐναντίου πράγματος τὸ ἐναντίον πρᾶγμα γίγνεσθαι · νῦν
δέ, ὅτι αὐτὸ τὸ ἐναντίον ἑαυτῷ ἐναντίον οὐκ ἄν ποτε γένοιτο,
οὔτε τὸ ἐν ἡμῖν οὔτε τὸ ἐν τῇ φύσει. Τότε μὲν γάρ, ὦ
φίλε, περὶ τῶν ἐχόντων τὰ ἐναντία ἐλέγομεν, ἐπονο-
μάζοντες αὐτὰ τῇ ἐκείνων ἐπωνυμίᾳ · νῦν δὲ περὶ ἐκείνων
αὐτῶν ὧν ἐνόντων ἔχει τὴν ἐπωνυμίαν τὰ ὀνομαζόμενα,
αὐτὰ δ' ἐκεῖνα οὐκ ἄν ποτέ φαμεν ἐθελῆσαι γένεσιν
ἀλλήλων δέξασθαι. »

Καὶ ἅμα βλέψας εἰς τὸν Κέβητα εἶπεν · « Ἆρα μή που, c
ὦ Κέβης, ἔφη, καὶ σέ τι τούτων ἐτάραξεν ὧν ὅδε εἶπεν ;

beiden, daß sie entweder flieht und aus dem Wege geht, wenn ihr Gegenteil das Kleine sich nähert, oder wenn es da ist un- e
tergeht, niemals aber bleibend und die Kleinheit aufnehmend etwas anders sein will als sie war; so wie ich allerdings aushaltend und die Kleinheit aufnehmend derselbige bin der ich war, und nur eben dieser selbige klein bin. Jene aber hat nicht das Herz, indem sie groß ist, auch klein zu sein. So auch das Kleine in uns will niemals groß werden oder sein; noch auch sonst eins von zwei entgegengesetzten will dasselbe bleibend was es war zugleich auch sein Gegenteil werden oder sein, sondern entweder geht es davon oder es geht unter wenn ihm dies begeg- 103a
net. – Auf alle Weise, sprach Kebes, leuchtet mir das auch ein. – Da sagte einer von den Anwesenden, wer es aber war erinnere ich mich nicht mehr genau, Bei den Göttern, war uns nicht in unsern vorigen Reden grade das Gegenteil von dem was jetzt gesagt wird herausgekommen, daß nämlich aus dem kleineren das größere werde und aus dem größeren das kleinere, und daß grade dies die Art sei, wie entgegengesetztes wird aus entgegengesetztem? Nun aber scheint mir gesagt zu werden, daß das gar nicht möglich ist. – Sokrates hatte sich hingeneigt und zugehört, und sagte, Das hast du wacker erinnert, nur be- b
merkst du nicht den Unterschied zwischen dem jetzt gesagten und dem damaligen. Damals nämlich wurde gesagt, aus dem entgegengesetzten Dinge werde das entgegengesetzte Ding: jetzt aber, daß das entgegengesetzte selbst sein entgegengesetztes niemals werden will, weder das in uns noch das in der Natur. Damals nämlich, o Freund, redeten wir von den Dingen, die das entgegengesetzte an sich haben, und benannten sie mit den Namen von jenen, jetzt aber von jenen selbst, durch deren Einwohnung die so genannten Dinge ihre Benennung erhalten. Und von diesen selbst behaupten wir doch wohl nicht, daß sie einen Übergang in einander zulassen. Zugleich sah er den Kebes an, und fragte, hat auch dich vielleicht, o c
Kebes, irre gemacht, was dieser sagte? – Nein, sagte Kebes, so

— Οὐδ' αὖ, ἔφη ὁ Κέβης, οὕτως ἔχω · καίτοι οὔτι λέγω ὡς οὐ πολλά με ταράττει. — Συνωμολογήκαμεν ἄρα, ἦ δ' ὅς, ἁπλῶς τοῦτο, μηδέποτε ἐναντίον ἑαυτῷ τὸ ἐναντίον ἔσεσθαι. — Παντάπασιν, ἔφη. — Ἔτι δή μοι καὶ τόδε σκέψαι, ἔφη, εἰ ἄρα ξυνομολογήσεις. Θερμόν τι καλεῖς καὶ ψυχρόν ; — Ἔγωγε. — Ἆρ' ὅπερ χιόνα καὶ πῦρ ; — Μὰ Δί', οὐκ ἔγωγε. — Ἀλλ' ἕτερόν τι πυρὸς τὸ θερμόν, καὶ ἕτερόν τι χιόνος τὸ ψυχρόν ; — Ναί. — d
Ἀλλὰ τόδε γ' οἶμαι δοκεῖ σοι, οὐδέποτε χιόνα οὖσαν, δεξαμένην τὸ θερμὸν ὥσπερ ἐν τοῖς ἔμπροσθεν ἐλέγομεν, ἔτι ἔσεσθαι ὅπερ ἦν, χιόνα, καὶ θερμόν · ἀλλά, προσιόντος τοῦ θερμοῦ, ἢ ὑπεκχωρήσειν αὐτῷ ἢ ἀπολεῖσθαι. — Πάνυ γε. — Καὶ τὸ πῦρ γε αὖ, προσιόντος τοῦ ψυχροῦ αὐτῷ, ἢ ὑπεξιέναι ἢ ἀπολεῖσθαι · οὐ μέντοι ποτὲ τολμήσειν, δεξάμενον τὴν ψυχρότητα, ἔτι εἶναι ὅπερ ἦν, πῦρ καὶ ψυχρόν. — Ἀληθῆ, ἔφη, λέγεις. — Ἔστιν ἄρα, ἦ e
δ' ὅς, περὶ ἔνια τῶν τοιούτων ὥστε μὴ μόνον αὐτὸ τὸ εἶδος ἀξιοῦσθαι τοῦ αὐτοῦ ὀνόματος εἰς τὸν ἀεὶ χρόνον, ἀλλὰ καὶ ἄλλο τι ὃ ἔστι μὲν οὐκ ἐκεῖνο, ἔχει δὲ τὴν ἐκείνου μορφὴν ἀεὶ ὅτανπερ ᾖ. Ἔτι δὲ ἐν τοῖσδε ἴσως ἔσται σαφέστερον ὃ λέγω. Τὸ γὰρ περιττὸν ἀεί που δεῖ τούτου τοῦ ὀνόματος τυγχάνειν ὅπερ νῦν λέγομεν · ἢ οὔ ; — Πάνυ γε. — Ἆρα μόνον τῶν ὄντων (τοῦτο γὰρ ἐρωτῶ) ἢ καὶ ἄλλο τι ὃ ἔστι μὲν οὐχ ὅπερ τὸ περιττόν, ὅμως δὲ δεῖ αὐτὸ μετὰ τοῦ ἑαυτοῦ ὀνόματος καὶ τοῦτο καλεῖν ἀεὶ διὰ 104
τὸ οὕτω πεφυκέναι ὥστε τοῦ περιττοῦ μηδέποτε ἀπολείπεσθαι ; Λέγω δὲ αὐτὸ εἶναι οἷον καὶ ἡ τριὰς πέπονθε καὶ ἄλλα πολλά. Σκόπει δὲ περὶ τῆς τριάδος · ἆρα οὐ δοκεῖ σοι τῷ τε αὑτῆς ὀνόματι ἀεὶ προσαγορευτέα εἶναι καὶ τῷ τοῦ περιττοῦ, ὄντος οὐχ ὅπερ τῆς τριάδος ; Ἀλλ' ὅμως οὕτω πως πέφυκε καὶ ἡ τριὰς καὶ ἡ πεμπτὰς καὶ ὁ

steht es nicht mit mir; wiewohl ich nicht sagen will, daß nicht vieles mich irre macht. – Darüber also sind wir eins geworden, fuhr Sokrates fort, ganz unbedingt, daß das entgegengesetzte niemals sein entgegengesetztes sein wird. – Auf alle Weise.

4.4.2. Wesenseigenschaften schließen auch die Gegensätze der ihnen notwendig folgenden Eigenschaften aus

– So betrachte denn auch noch dieses, ob du auch darüber mit mir einig sein wirst. Du nennst doch etwas warm und kalt? – Das tue ich. – Etwa dasselbe was auch Schnee und Feuer? – Nein, beim Zeus, ich nicht. – Sondern etwas anderes als das Feuer ist das Warme, und etwas anderes als der Schnee das d
Kalte? – Ja. – Aber das, denke ich, glaubst du doch, daß niemals der Schnee als Schnee das Warme aufnehmen, und wie wir im vorigen sagten, noch sein wird was er war, Schnee und zugleich warm; sondern wenn das Warme sich nähert, wird er ihm entweder aus dem Wege gehn oder verschwinden. – Freilich. – Und so das Feuer wiederum, wenn ihm das Kalte naht, wird entweder darunter weggehn oder verschwinden, nie aber das Herz haben, die Kälte aufzunehmen, und noch sein zu wollen was es war, Feuer und kalt. – Wohl gesprochen, sagte e
er. – Diese Bewandtnis also, fuhr er fort, hat es mit einigen Dingen, daß nicht nur der Begriff selbst sich seinen Namen aneignen will für alle Zeit, sondern auch noch etwas anderes, welches zwar nicht er selbst ist, aber doch immer seine Gestalt an sich trägt, so lange es ist. Vielleicht wird hieran noch deutlicher werden, was ich meine. Das Ungerade muß doch immer diesen Namen bekommen, den wir jetzt genannt haben; oder nicht? – Allerdings. – Aber dieses allein, denn danach frage ich, oder auch noch etwas anderes, welches zwar nicht das Ungerade selbst ist, aber was man doch immer auch mit dem 104a
Namen desselben nennen muß, weil es so geartet ist, daß es das Ungerade nie kann fahren lassen? Ich meine damit das, was auch der Dreiheit begegnet und noch vielem anderen. Denn überlege dir nur wegen der drei, glaubst du nicht, daß sie immer muß sowohl mit ihrem Namen genannt werden, als mit dem des Ungeraden, ohnerachtet dieses nicht dasselbe ist, wie die Dreiheit; aber dennoch ist dies die natürliche Beschaffen-

ἥμισυς τοῦ ἀριθμοῦ ἅπας, ὥστε, οὐκ ὢν ὅπερ τὸ περιττόν, ἀεὶ ἕκαστος αὐτῶν ἐστι περιττός. Καὶ αὖ τὰ δύο καὶ τὰ b τέτταρα καὶ ἅπας ὁ ἕτερος αὖ στίχος τοῦ ἀριθμοῦ, οὐκ ὢν ὅπερ τὸ ἄρτιον, ὅμως ἕκαστος αὐτῶν ἄρτιός ἐστιν ἀεί · ξυγχωρεῖς ἢ οὔ ; — Πῶς γὰρ οὔκ ; ἔφη. — Ὃ τοίνυν, ἔφη, βούλομαι δηλῶσαι, ἄθρει. Ἔστι δὲ τόδε, ὅτι φαίνεται οὐ μόνον ἐκεῖνα τὰ ἐναντία ἄλληλα οὐ δεχόμενα, ἀλλὰ καὶ ὅσα οὐκ ὄντ' ἀλλήλοις ἐναντία ἔχει ἀεὶ τἀναντία, οὐδὲ ταῦτα ἔοικε δεχομένοις ἐκείνην τὴν ἰδέαν ἣ ἂν τῇ ἐν αὐτοῖς οὔσῃ ἐναντία ᾖ, ἀλλ' ἐπιούσης αὐτῆς ἤτοι ἀπολλύμενα ἢ ὑπεκχωροῦντα. Ἦ οὐ φήσομεν c τὰ τρία καὶ ἀπολεῖσθαι πρότερον καὶ ἄλλο ὁτιοῦν πείσεσθαι, πρὶν ὑπομεῖναι ἔτι τρία ὄντα ἄρτια γενέσθαι ; — Πάνυ μὲν οὖν, ἔφη ὁ Κέβης. — Οὐδὲ μήν, ἦ δ' ὅς, ἐναντίον γέ ἐστι δυὰς τριάδι. — Οὐ γὰρ οὖν. — Οὐκ ἄρα μόνον τὰ εἴδη τὰ ἐναντία οὐχ ὑπομένει ἐπιόντα ἄλληλα, ἀλλὰ καὶ ἄλλ' ἄττα τὰ ἐναντία οὐχ ὑπομένει ἐπιόντα. — Ἀληθέστατα, ἔφη, λέγεις. — Βούλει οὖν, ἦ δ' ὅς, ἐὰν οἷοί τ' ὦμεν, ὁρισώμεθα ὁποῖα ταῦτά ἐστιν ; — Πάνυ γε. — Ἆρ' οὖν, ἔφη, ὦ Κέβης, τάδε εἴη ἄν, ἃ ὅτι ἂν κατάσχῃ μὴ μόνον ἀναγκάζει d τὴν αὐτοῦ ἰδέαν αὐτὸ ἴσχειν, ἀλλὰ καὶ ἐναντίου τῳ ἀεί τινος ; — Πῶς λέγεις ; — Ὥσπερ ἄρτι ἐλέγομεν · οἶσθα γὰρ δήπου ὅτι ἃ ἂν ἡ τῶν τριῶν ἰδέα κατάσχῃ, ἀνάγκη αὐτοῖς οὐ μόνον τρισὶν εἶναι ἀλλὰ καὶ περιττοῖς. — Πάνυ γε. — Ἐπὶ τὸ τοιοῦτον δή, φαμέν, ἡ ἐναντία ἰδέα ἐκείνῃ τῇ μορφῇ ἣ ἂν τοῦτο ἀπεργάζηται οὐδέποτ' ἂν ἔλθοι. — Οὐ γάρ. — Εἰργάζετο δέ γε ἡ περιττή ; — Ναί. — Ἐναντία δὲ ταύτῃ ἡ τοῦ ἀρτίου ; — Ναί. — Ἐπὶ τὰ τρία ἄρα ἡ τοῦ ἀρτίου ἰδέα οὐδέποτε ἥξει. — Οὐ δῆτα. — e Ἄμοιρα δὴ τοῦ ἀρτίου τὰ τρία. — Ἄμοιρα. — Ἀνάρτιος ἄρα ἡ τριάς. — Ναί. — Ὃ τοίνυν ἔλεγον ὁρίσασθαι ποῖα, οὐκ ἐναντία τινὶ ὄντα, ὅμως οὐ δέχεται αὐτό [τὸ ἐναντίον] ·

heit der Drei und der Fünf, und überhaupt der einen ganzen Hälfte der Zahl, daß ohnerachtet sie nicht dasselbe ist wie das Ungerade, doch jede von ihnen ungerade ist. Und wiederum b
die Zwei und die Vier, und die andere Reihe der Zahlen ist nicht dasselbe wie das Gerade, aber doch ist jede von ihnen immer gerade. Gibst du das zu oder nicht? – Wie sollte ich nicht, sprach er. – So siehe nun zu, was ich eigentlich deutlich machen will. Es ist nämlich dieses, daß nicht nur jenes entgegengesetzte selbst sich einander nicht annimmt; sondern auch alles das, was einander eigentlich nicht entgegengesetzt ist, doch aber das entgegengesetzte immer in sich hat, auch dieses scheint jene Idee nicht annehmen zu wollen, die der in ihm wohnenden entgegengesetzt ist, sondern wenn sie kommt entweder unterzugehn oder sich davon zu machen. Oder wollen c
wir nicht sagen, die Drei werde eher untergehen, und sich alles andere gefallen lassen, als aushalten Drei zu sein, und zugleich gerade zu werden? – Allerdings, sagte Kebes. – Nun ist doch die Zwei der Drei nicht entgegengesetzt. – Freilich nicht. – Also nicht nur die entgegengesetzten Begriffe lassen einander nicht zu, sondern auch noch einiges andere läßt das entgegengesetzte nicht an sich kommen. – Vollkommen richtig, sprach er, redest du. – Sollen wir nun, fuhr jener fort, wenn wir es können, bestimmen, welcherlei diese sind? – Wohl. – Werden es nun nicht diejenigen sein, o Kebes, welche dasjenige, wovon d
sie Besitz nehmen, nicht nur nötigen, ihre eigene Idee immer fest zu halten, sondern auch immer die eines gewissen entgegengesetzten? – Wie meinst du das? – Wie wir eben sagten. Denn du weißt doch, Alles wovon die Idee der Dreiheit Besitz nimmt, ist notwendig nicht nur Drei, sondern auch ungerade? – Freilich. – Zu einem solchen nun, sagen wir, kann die Idee, welche der Form entgegengesetzt ist, die dies bewirkt, niemals kommen? – Freilich nicht. – Bewirkt hat dies aber die Form des Ungeraden. – Ja. – Und entgegengesetzt dieser ist die des Geraden? – Ja. – Also kann zu Gedrittem niemals die Form des e
Geraden kommen. – Offenbar nicht. – Ohne allen Anteil an dem Geraden ist also das Gedritte? – Ohne Anteil. – Also ist die Drei ungerade? – Ja. – Was ich also bestimmen wollte, welche Dinge nämlich, ohne einem gewissen entgegengesetzt

οἷον νῦν ἡ τριάς, τῷ ἀρτίῳ οὐκ οὖσα ἐναντία, οὐδέν τι
μᾶλλον αὐτὸ δέχεται, τὸ γὰρ ἐναντίον ἀεὶ αὐτῷ ἐπιφέρει,
καὶ ἡ δυὰς τῷ περιττῷ καὶ τὸ πῦρ τῷ ψυχρῷ καὶ ἄλλα
πάμπολλα. Ἀλλ' ὅρα δὴ εἰ οὕτως ὁρίζει, μὴ μόνον τὸ 105
ἐναντίον τὸ ἐναντίον μὴ δέχεσθαι, ἀλλὰ καὶ ἐκεῖνο, ὃ ἂν
ἐπιφέρῃ τι ἐναντίον ἐκείνῳ, ἐφ' ὅ τι ἂν αὐτὸ ἴῃ, αὐτὸ τὸ
ἐπιφέρον τὴν τοῦ ἐπιφερομένου ἐναντιότητα μηδέποτε
δέξασθαι. Πάλιν δὲ ἀναμιμνῄσκου (οὐ γὰρ χεῖρον πολλάκις
ἀκούειν) · τὰ πέντε τὴν τοῦ ἀρτίου οὐ δέξεται, οὐδὲ τὰ
δέκα τὴν τοῦ περιττοῦ, τὸ διπλάσιον · τοῦτο μὲν οὖν καὶ
αὐτὸ ἄλλῳ ἐναντίον, ὅμως δὲ τὴν τοῦ περιττοῦ οὐ δέξεται ·
οὐδὲ δὴ τὸ ἡμιόλιον οὐδὲ τἆλλα τὰ τοιαῦτα, τὸ ἥμισυ, τὴν b
τοῦ ὅλου · καὶ τριτημόριον αὖ καὶ πάντα τὰ τοιαῦτα, εἴπερ
ἕπῃ τε καὶ συνδοκεῖ σοι οὕτως. — Πάνυ σφόδρα καὶ
ξυνδοκεῖ, ἔφη, καὶ ἕπομαι.

— Πάλιν δή μοι, ἔφη, ἐξ ἀρχῆς λέγε, καὶ μή μοι ὃ ἂν
ἐρωτῶ ἀποκρίνου, ἀλλὰ μιμούμενος ἐμέ. Λέγω δή, παρ' ἣν
τὸ πρῶτον ἔλεγον ἀπόκρισιν τὴν ἀσφαλῆ ἐκείνην, ἐκ τῶν
νῦν λεγομένων ἄλλην ὁρῶν ἀσφάλειαν. Εἰ γὰρ ἔροιό με
ᾧ ἂν τί ἐν τῷ σώματι ἐγγένηται θερμὸν ἔσται, οὐ τὴν
ἀσφαλῆ σοι ἐρῶ ἀπόκρισιν ἐκείνην τὴν ἀμαθῆ, ὅτι ᾧ ἂν c
θερμότης, ἀλλὰ κομψοτέραν ἐκ τῶν νῦν, ὅτι ᾧ ἂν πῦρ · οὐδὲ
ἂν ἔρῃ ᾧ ἂν σώματι τί ἐγγένηται νοσήσει, οὐκ ἐρῶ ὅτι ᾧ ἂν
νόσος, ἀλλ' ᾧ ἂν πυρετός · οὐδ' ᾧ ἂν ἀριθμῷ τί ἐγγένηται
περιττὸς ἔσται, οὐκ ἐρῶ ᾧ ἂν περιττότης, ἀλλ' ᾧ ἂν
μονάς · καὶ τἆλλα οὕτως · Ἀλλ' ὅρα εἰ ἤδη ἱκανῶς οἶσθ' ὅ τι
βούλομαι. — Ἀλλὰ πάνυ ἱκανῶς, ἔφη. — Ἀποκρίνου δή,
ἦ δ' ὅς, ᾧ ἂν τί ἐγγένηται σώματι ζῶν ἔσται ; — Ὧι ἂν
ψυχή, ἔφη. — Οὐκοῦν ἀεὶ τοῦτο οὕτως ἔχει ; — Πῶς γὰρ

zu sein, doch dessen Gegenteil nicht annehmen, wie jetzt die Drei dem Geraden nicht entgegengesetzt ist, es aber demohnerachtet doch nicht aufnimmt; denn immer bringt sein Gegenteil mit sowohl die Zwei dem Ungeraden, als das Feuer dem Kalten, und vieles andere, dieses nun siehe zu, ob du es 105a
wohl so bestimmst, daß nicht nur ein entgegengesetztes das andere nicht aufnimmt, sondern auch, wenn etwas allem woran es sich macht, den einen Gegensatz zubringt, so kann eben dieses zubringende den Gegensatz des Zugebrachten niemals annehmen. Rufe es dir nur noch einmal zurück, denn es ist nicht übel, es oft zu hören. Die Fünf wird nie die Form der Geraden annehmen, noch die Zehn die des Ungeraden als das zwiefache. Auch dieses selbst ist einem andern entgegengesetzt, aber dennoch nimmt es die Form des Ungeraden nicht an. Eben so wenig das anderthalbe und alles dergleichen als b
halbes die des Ganzen, oder das Dritteil und alles dergleichen, wenn du folgst und einstimmst. – Gar sehr, sprach er, stimme ich ein und folge auch.

4.4.3. Anwendung auf die Seele: Sie bringt Leben mit sich, schließt den Tod von sich aus, ist also unvergänglich und auch unsterblich

– So sage mir denn, sprach er, noch einmal von Anfang an, und antworte mir, nicht das gerade was ich frage, sondern mich nachahmend ein anderes. Ich sage das nämlich, weil ich außer jener vorher gegebenen sicheren Antwort vermittelst des jetzt gesagten noch eine andere Sicherheit absehe. Denn wenn du mich fragtest, wem was doch in dem Leibe einwohnt, wird dieser warm sein: so würde ich dir nicht jene einfältige sichere c
Antwort geben, wem Wärme; sondern eine feinere vermöge des jetzt gesagten, nämlich wem Feuer. Noch auch wenn du fragtest, welchem Leibe was doch einwohnt, der wird krank sein, werde ich sprechen, welchem Krankheit, sondern welchem Fieber. Noch auch, wenn was doch einer Zahl einwohnt, wird sie ungerade sein, werde ich antworten, wenn Ungeradigkeit, sondern wenn Einheit, und so überall. Siehe nun zu, ob du schon zur Genüge verstehst, was ich will. – Vollkommen zur Genüge, sagte er. – Antworte also, sprach er, wenn was doch dem Leibe einwohnt, wird er lebend sein? – Wenn Seele,

οὐχί ; ἦ δ' ὅς. — Ψυχὴ ἄρα ὅ τι ἂν αὐτὴ κατάσχῃ, ἀεὶ d
ἥκει ἐπ' ἐκεῖνο φέρουσα ζωήν ; — Ἥκει μέντοι, ἔφη. — Πότερον δ' ἔστι τι ζωῇ ἐναντίον ἢ οὐδέν ; — Ἔστιν, ἔφη. — Τί ; — Θάνατος. — Οὐκοῦν ψυχὴ τὸ ἐναντίον ᾧ αὐτὴ ἐπιφέρει ἀεὶ οὐ μή ποτε δέξηται, ὡς ἐκ τῶν πρόσθεν ὡμολόγηται ; — Καὶ μάλα σφόδρα, ἔφη ὁ Κέϐης.

— Τί οὖν ; τὸ μὴ δεχόμενον τὴν τοῦ ἀρτίου ἰδέαν τί νῦν δὴ ὠνομάζομεν ; — Ἀνάρτιον, ἔφη. — Τὸ δὲ δίκαιον μὴ δεχόμενον, καὶ ὃ ἂν μουσικὸν μὴ δέχηται ; — Ἄμουσον, ἔφη, τὸ δὲ ἄδικον. — Εἶεν · ὃ δ' ἂν θάνατον μὴ δέχηται τί e
καλοῦμεν ; — Ἀθάνατον, ἔφη. — Οὐκοῦν ψυχὴ οὐ δέχεται θάνατον ; — Οὔ. — Ἀθάνατον ἄρα ψυχή ; — Ἀθάνατον. — Εἶεν, ἔφη · τοῦτο μὲν δὴ ἀποδεδεῖχθαι φῶμεν · ἢ πῶς δοκεῖ ; — Καὶ μάλα γε ἱκανῶς, ὦ Σώκρατες. — Τί οὖν, ἦ δ' ὅς, ὦ Κέϐης ; Εἰ τῷ ἀναρτίῳ ἀναγκαῖον ἦν ἀνωλέθρῳ εἶναι, ἄλλο τι τὰ τρία ἢ ἀνώλεθρα ἂν ἦν ; — Πῶς γὰρ οὔ ; 106
— Οὐκοῦν, εἰ καὶ τὸ ἄθερμον ἀναγκαῖον ἦν ἀνώλεθρον εἶναι, ὁπότε τις ἐπὶ χιόνα θερμὸν ἐπάγοι, ὑπεξῄει ἂν ἡ χιών, οὖσα σῶς καὶ ἄτηκτος ; Οὐ γὰρ ἂν ἀπώλετό γε, οὐδ' αὖ ὑπομένουσα ἐδέξατο ἂν τὴν θερμότητα. — Ἀληθῆ, ἔφη, λέγεις. — Ὡς δ' αὔτως, οἶμαι, κἂν εἰ τὸ ἄψυκτον ἀνώλεθρον ἦν, ὁπότε ἐπὶ τὸ πῦρ ψυχρόν τι ἐπῄει, οὔποτ' ἂν ἀπεσϐέννυτο οὐδ' ἀπώλλυτο, ἀλλὰ σῶν ἂν ἀπελθὸν ᾤχετο. — Ἀνάγκη, ἔφη. — Οὐκοῦν καὶ ὧδε, ἔφη, ἀνάγκη περὶ τοῦ ἀθανάτου εἰπεῖν ; Εἰ μὲν τὸ ἀθάνατον καὶ b
ἀνώλεθρόν ἐστιν, ἀδύνατον ψυχῇ, ὅταν θάνατος ἐπ' αὐτὴν ἴῃ, ἀπόλλυσθαι · θάνατον μὲν γὰρ δή, ἐκ τῶν προειρημένων, οὐ δέξεται οὐδ' ἔσται τεθνηκυῖα · ὥσπερ τὰ τρία οὐκ ἔσται, ἔφαμεν, ἄρτιον, οὐδὲ γ' αὖ τὸ περιττόν, οὐδὲ δὴ πῦρ ψυχρόν, οὐδέ γε ἡ ἐν τῷ πυρὶ θερμότης.

« Ἀλλὰ τί κωλύει, φαίη ἄν τις, ἄρτιον μὲν τὸ περιττὸν « μὴ γίγνεσθαι, ἐπιόντος τοῦ ἀρτίου, ὥσπερ ὡμολόγηται,

antwortete er. – Und verhält sich dies auch immer so? – Wie
sollte es nicht, sagte er. – Die Seele also, wessen sie sich be- d
mächtiget, zu dem kommt sie immer Leben mitbringend. –
Das tut sie freilich. – Ist nun wohl etwas dem Leben entgegen-
gesetzt, oder nichts? – Es ist. – Und was? – Der Tod. – Also
wird wohl die Seele das Gegenteil dessen, was sie immer mit-
bringt, nie annehmen, wie wir aus dem vorigen festgesetzt
haben. – Und gar sehr festgesetzt. – Wie nun? was die Idee des
Geraden nie aufnimmt, wie nannten wir das eben? – Ungerade.
– Und was das Gerechte nie annimmt, und das künstlerische
nie annimmt? – Unkünstlerisch, sprach er, und jenes unge- e
recht. – Wohl. Und was den Tod nie annimmt, wie nennen wir
das? – Unsterblich, sagte er. – Und die Seele nimmt doch den
Tod nie an? – Nein. – Unsterblich also ist die Seele? – Unsterb-
lich. – Wohl, sprach er. Wollen wir also sagen, dies sei erwiesen,
oder wie dünkt dich? – Und zwar ganz vollständig, o Sokrates.
– Wie nun, sprach er, o Kebes; wenn das ungerade notwendig
unvergänglich wäre, würde dann die Drei nicht auch unver- 106a
gänglich sein? – Wie sollte sie nicht? – Und nicht wahr, wenn
auch das unwarme notwendig unvergänglich wäre, so müßte,
wenn jemand an den Schnee Wärme brächte, der Schnee sich
davon machen, aber wohlbehalten und ungeschmolzen? Denn
vergehn könnte er ja nicht, aber auch nicht bleiben und die
Wärme aufnehmen. – Wohl gesprochen, sagte er. – Und eben
so, denke ich, wenn das unkalte unvergänglich wäre, und je-
mand an das Feuer kaltes brächte, so würde es nicht verlöschen
und auch nicht vergehen, sondern nur wohlbehalten sich ent-
fernen. – Notwendig. – Muß man nun nicht eben so auch von
dem unsterblichen sagen, daß wenn das Unsterbliche auch un- b
vergänglich ist, die Seele unmöglich, wenn der Tod an sie
kommt, untergehn kann. Denn den Tod, vermöge des vorher-
gesagten, kann sie nicht annehmen und gestorben sein, wie die
Drei niemals kann gerade sein, eben so wenig als das ungerade
selbst, noch auch das Feuer kalt, eben so wenig als die Wärme
in dem Feuer. Aber was hindert, könnte jemand sagen, daß das
Ungerade zwar niemals gerade wird, wenn das Grade ihm an-
kommt, wie auch eingestanden ist, aber wohl daß es um-
kommt, und statt seiner uns ein gerades entsteht? Wer nun das c

« ἀπολομένου δὲ αὐτοῦ, ἀντ' ἐκείνου ἄρτιον γεγονέναι ; » c Τῷ ταῦτα λέγοντι οὐκ ἂν ἔχοιμεν διαμαχέσασθαι ὅτι οὐκ ἀπόλλυται · τὸ γὰρ ἀνάρτιον οὐκ ἀνώλεθρόν ἐστιν, ἐπεί, εἰ τοῦτο ὡμολόγητο ἡμῖν, ῥᾳδίως ἂν διεμαχόμεθα ὅτι, ἐπελθόντος τοῦ ἀρτίου, τὸ περιττὸν καὶ τὰ τρία οἴχεται ἀπιόντα. Καὶ περὶ πυρὸς καὶ θερμοῦ καὶ τῶν ἄλλων οὕτως ἂν διεμαχόμεθα. Ἢ οὔ ; — Πάνυ μὲν οὖν. — Οὐκοῦν καὶ νῦν περὶ τοῦ ἀθανάτου, εἰ μὲν ἡμῖν ὁμολογεῖται καὶ ἀνώλεθρον εἶναι, ψυχὴ ἂν εἴη, πρὸς τῷ ἀθάνατος εἶναι, καὶ ἀνώλεθρος · εἰ δὲ μή, ἄλλου ἂν δέοι λόγου. — Ἀλλ' d οὐδὲν δεῖ, ἔφη, τούτου γε ἕνεκα · σχολῇ γὰρ ἄν τι ἄλλο φθορὰν μὴ δέχοιτο, εἴ γε τὸ ἀθάνατον, ἀίδιον ὄν, φθορὰν δέξεται. — Ὁ δέ γε θεός, οἶμαι, ἔφη ὁ Σωκράτης, καὶ αὐτὸ τὸ τῆς ζωῆς εἶδος καὶ εἴ τι ἄλλο ἀθάνατόν ἐστιν, παρὰ πάντων ἂν ὁμολογηθείη μηδέποτε ἀπόλλυσθαι. — Παρὰ πάντων μέντοι, νὴ Δί', ἔφη, ἀνθρώπων τέ γε καὶ ἔτι μᾶλλον, ὡς ἐγᾦμαι, παρὰ θεῶν. — Ὁπότε δὴ τὸ ἀθάνατον καὶ ἀδιάφθορόν ἐστιν, ἄλλο τι ψυχὴ ἤ, εἰ e ἀθάνατος τυγχάνει οὖσα, καὶ ἀνώλεθρος ἂν εἴη ; — Πολλὴ ἀνάγκη. — Ἐπιόντος ἄρα θανάτου ἐπὶ τὸν ἄνθρωπον τὸ μὲν θνητόν, ὡς ἔοικεν, αὐτοῦ ἀποθνῄσκει, τὸ δ' ἀθάνατον σῶν καὶ ἀδιάφθορον οἴχεται ἀπιόν, ὑπεκχωρῆσαν τῷ θανάτῳ. — Φαίνεται. — Παντὸς μᾶλλον ἄρα, ἔφη, ὦ Κέβης, ψυχὴ ἀθάνατον καὶ ἀνώλεθρον · καὶ τῷ ὄντι ἔσονται 107 ἡμῶν αἱ ψυχαὶ ἐν Ἅιδου.

— Οὔκουν ἔγωγε, ὦ Σώκρατες, ἔφη, ἔχω παρὰ ταῦτα ἄλλο τι λέγειν οὐδέ πῃ ἀπιστεῖν τοῖς λόγοις. Ἀλλ' εἰ δή τι Σιμμίας ὅδε ἤ τις ἄλλος ἔχει λέγειν, εὖ ἔχει μὴ κατασιγῆσαι · ὡς οὐκ οἶδα εἰς ὅντινά τις ἄλλον καιρὸν ἀναβάλλοιτο ἢ τὸν νῦν παρόντα, περὶ τῶν τοιούτων βουλόμενος ἤ τι εἰπεῖν ἢ ἀκοῦσαι. — Ἀλλὰ μήν, ἦ δ' ὃς ὁ Σιμμίας, οὐδ' αὐτός ἔχω ἔτι ὅπῃ ἀπιστῶ ἔκ γε τῶν λεγομένων. Ὑπὸ

sagte, dem könnten wir nicht abstreiten, daß es nicht umkom-
me. Denn das Ungerade ist nicht unvergänglich. Wenn aber
dies erst eingestanden wäre, dann könnten wir leicht durch-
fechten, daß wenn das Gerade kommt, das Ungerade und die
Drei nur davon gehn, und vom Feuer und dem Warmen und
allem andern würden wir es eben so durchfechten. Oder nicht?
– Gewiß. – Nicht so auch jetzt von dem unsterblichen, wenn
uns nur erst eingestanden wäre, daß es zugleich auch unver-
gänglich ist, wäre uns die Seele außerdem daß sie unsterblich
ist auch unvergänglich; wo aber nicht, so müßte man es anders d
anfangen. – Dessen bedarf es nun wohl nicht, sprach er, was
dies betrifft. Denn gute Wege hätte es, daß irgend etwas sich
dem Untergang entziehen könnte, wenn auch das unsterbliche
und immer seiende den Untergang annähme. – Gott wenig-
stens, sprach Sokrates, und die Idee des Lebens selbst wird
wohl, wenn überhaupt etwas unsterblich ist, von jedem einge-
standen werden, daß es niemals untergehe. – Beim Zeus, sagte
er, von jedem Menschen ja schon, und noch mehr denke ich
von den Göttern. – Wenn also das unsterbliche auch unver- e
gänglich ist, wäre dann nicht die Seele, wenn sie doch unsterb-
lich ist, zugleich auch unvergänglich? – Ganz notwendig. –
Tritt also der Tod den Menschen an: so stirbt, wie es scheint,
das sterbliche an ihm, das unsterbliche aber und unvergängli-
che zieht wohlbehalten ab, dem Tode aus dem Wege. – Das
leuchtet ein. – Ganz sicher also, o Kebes, ist die Seele unsterb-
lich und unvergänglich, und in Wahrheit werden unsere Seelen 107a
sein in der Unterwelt.

4.4.4. Die Voraussetzungen des Beweises sind weiter zu erwägen. Was die Unsterblichkeit der Seele für die Lebensführung bedeutet

– Ich wenigstens, o Sokrates, sagte er, vermag weder etwas anderes hiegegen vorzubringen, noch deinen Reden den Glauben zu versagen; weiß aber unser Simmias oder sonst ein Anderer etwas, so wird es wohlgetan sein, es nicht zu verschweigen. Denn ich wüßte nicht, auf welche andere Gelegenheit als die jetzt noch vorhandene es jemand verschieben könnte, der etwas über diese Gegenstände sagen oder hören will. – Allerdings, sagte Simmias, weiß auch ich nicht, wie ich nicht bei-

μέντοι τοῦ μεγέθους περὶ ὧν οἱ λόγοι εἰσὶ καὶ τὴν ἀνθρωπίνην ἀσθένειαν ἀτιμάζων, ἀναγκάζομαι ἀπιστίαν b ἔτι ἔχειν παρ' ἐμαυτῷ περὶ τῶν εἰρημένων. — Οὐ μόνον γ', ἔφη, ὦ Σιμμία, ὁ Σωκράτης, ἀλλὰ ταῦτά τε εὖ λέγεις καὶ τάς γε ὑποθέσεις τὰς πρώτας καὶ εἰ πισταὶ ὑμῖν εἰσιν, ὅμως ἐπισκεπτέαι σαφέστερον · καὶ ἐὰν αὐτὰς ἱκανῶς διέλητε, ὡς ἐγᾦμαι ἀκολουθήσετε τῷ λόγῳ καθ' ὅσον δυνατὸν μάλιστ' ἀνθρώπῳ ἐπακολουθῆσαι · κἂν τοῦτο αὐτὸ σαφὲς γένηται, οὐδὲν ζητήσετε περαιτέρω. — Ἀληθῆ, ἔφη, λέγεις.

— Ἀλλὰ τόδε γ', ἔφη, ὦ ἄνδρες, δίκαιον διανοηθῆναι, ὅτι, εἴπερ ἡ ψυχὴ ἀθάνατος, ἐπιμελείας δὴ δεῖται, οὐχ c ὑπὲρ τοῦ χρόνου τούτου μόνον ἐν ᾧ καλοῦμεν τὸ ζῆν, ἀλλ' ὑπὲρ τοῦ παντός, καὶ ὁ κίνδυνος νῦν δὴ καὶ δόξειεν ἂν δεινὸς εἶναι εἴ τις αὐτῆς ἀμελήσει. Εἰ μὲν γὰρ ἦν ὁ θάνατος τοῦ παντὸς ἀπαλλαγή, ἕρμαιον ἂν ἦν τοῖς κακοῖς ἀποθανοῦσι τοῦ τε σώματος ἅμ' ἀπηλλάχθαι καὶ τῆς αὐτῶν κακίας μετὰ τῆς ψυχῆς. Νῦν δέ, ἐπειδὴ ἀθάνατος φαίνεται οὖσα, οὐδεμία ἂν εἴη αὐτῇ ἄλλη ἀποφυγὴ κακῶν οὐδὲ σωτηρία πλὴν τοῦ ὡς βελτίστην τε καὶ φρονιμωτάτην d γενέσθαι · οὐδὲν γὰρ ἄλλο ἔχουσα εἰς Ἅιδου ἡ ψυχὴ ἔρχεται πλὴν τῆς παιδείας τε καὶ τροφῆς, ἃ δὴ καὶ μέγιστα λέγεται ὠφελεῖν ἢ βλάπτειν τὸν τελευτήσαντα, εὐθὺς ἐν ἀρχῇ τῆς ἐκεῖσε πορείας.

« Λέγεται δὲ οὕτως, ὡς ἄρα τελευτήσαντα ἕκαστον ὁ ἑκάστου δαίμων, ὅσπερ ζῶντα εἰλήχει, οὗτος ἄγειν ἐπιχειρεῖ εἰς δή τινα τόπον, οἷ δεῖ τοὺς ξυλλεγέντας διαδικασαμένους εἰς Ἅιδου πορεύεσθαι μετὰ ἡγεμόνος ἐκείνου ᾧ δὴ προστέτακται τοὺς ἐνθένδε ἐκεῖσε πορεῦσαι. e Τυχόντας δὲ ἐκεῖ ὧν δεῖ τυχεῖν καὶ μείναντας ὃν χρὴ χρόνον, ἄλλος δεῦρο πάλιν ἡγεμὼν κομίζει, ἐν πολλαῖς

stimmen soll, dem Gesagten zufolge; jedoch wegen der Größe
der Gegenstände, worauf die Reden sich beziehen, und wie ich
auf die menschliche Schwachheit wenig halte, bin ich gedrun- b
gen, bei mir selbst noch einen Unglauben zu behalten über das
Gesagte. – Nicht nur das, o Simmias, sagte Sokrates, sondern
wie du hierin ganz recht gesprochen hast, müßt ihr auch in alle
Wege unsere ersten Voraussetzungen, wenn sie euch auch zu-
verlässig sind, doch noch genauer in Erwägung ziehen; und
wenn ihr sie euch befriedigend auseinandergesetzt habt; dann,
denke ich, werdet ihr auch der Rede folgen, so weit nur irgend
ein Mensch sie verfolgen kann. Und wenn eben dieses gewiß
geworden ist, dann werdet ihr nichts weiter suchen. – Voll-
kommen richtig. – Und so ist denn dieses, ihr Männer, wohl
wert bemerkt zu werden, daß wenn die Seele unsterblich ist, sie c
auch der Sorgfalt bedarf nicht für diese Zeit allein, welche wir
das Leben nennen, sondern für die ganze Zeit, und das Wagnis
zeigt sich nun eben erst recht furchtbar, wenn jemand sie ver-
nachlässigen wollte. Denn wenn der Tod eine Erledigung von
allem wäre: so wäre es ein Fund für die Schlechten, wenn sie
sterben, ihren Leib los zu werden, aber auch ihre Schlechtig-
keit mit der Seele zugleich. Nun aber diese sich als unsterblich
zeigt, kann es ja für sie keine Sicherheit vor dem Übel geben
und kein Heil, als nur wenn sie so gut und vernünftig gewor- d
den ist als möglich. Denn nichts anderes kann sie doch mit sich
haben, wenn sie in die Unterwelt kommt, als nur ihre Bildung
und Nahrung, die ihr ja auch wie man sagt gleich so wie sie
gestorben ist den größten Nutzen oder Schaden bringt, gleich
am Anfang der Wanderung dorthin.

5. Mythos über das Schicksal der Seele nach dem Tod

5.1. Die verschiedenen Wege in die Unterwelt

Denn man sagt ja, daß jeden Gestorbenen sein Dämon, der ihn
schon lebend zu besorgen hatte, dieser ihn auch dann an einen
Ort zu führen sucht, von wo aus mehrere zusammen, nachdem
sie gerichtet sind, in die Unterwelt gehen mit jenem Führer,
dem es aufgetragen ist, die von hier dorthin zu führen. Nach- e
dem ihnen dann dort geworden was ihnen gebührt, und sie die
gehörige Zeit dageblieben, bringt ein anderer Führer sie wie-

χρόνου καὶ μακραῖς περιόδοις. Ἔστι δὲ ἄρα ἡ πορεία οὐχ ὡς ὁ Αἰσχύλου Τήλεφος λέγει· ἐκεῖνος μὲν γὰρ ἁπλῆν οἶμόν 108 φησιν εἰς Ἅιδου φέρειν· ἡ δ' οὔτε ἁπλῆ οὔτε μία φαίνεταί μοι εἶναι· οὐδὲ γὰρ ἂν ἡγεμόνων ἔδει, οὐ γάρ πού τις ἂν διαμάρτοι οὐδαμόσε μιᾶς ὁδοῦ οὔσης. Νῦν δὲ ἔοικε σχίσεις τε καὶ τριόδους πολλὰς ἔχειν· ἀπὸ τῶν ὁσίων τε καὶ νομίμων τῶν ἐνθάδε τεκμαιρόμενος λέγω. Ἡ μὲν οὖν κοσμία τε καὶ φρόνιμος ψυχὴ ἕπεταί τε καὶ οὐκ ἀγνοεῖ τὰ παρόντα· ἡ δ' ἐπιθυμητικῶς τοῦ σώματος ἔχουσα, ὅπερ ἐν τῷ ἔμπροσθεν εἶπον, περὶ ἐκεῖνο πολὺν χρόνον ἐπτοημένη καὶ περὶ τὸν ὁρατὸν τόπον, πολλὰ ἀντιτείνασα καὶ πολλὰ παθοῦσα βίᾳ b καὶ μόγις ὑπὸ τοῦ προστεταγμένου δαίμονος οἴχεται ἀγομένη. Ἀφικομένην δὲ ὅθιπερ αἱ ἄλλαι, τὴν μὲν ἀκάθαρτον καί τι πεποιηκυῖαν τοιοῦτον ἢ φόνων ἀδίκων ἡμμένην, ἢ ἄλλ' ἄττα τοιαῦτα εἰργασμένην ἃ τούτων ἀδελφά τε καὶ ἀδελφῶν ψυχῶν ἔργα τυγχάνει ὄντα, ταύτην μὲν ἅπας φεύγει τε καὶ ὑπεκτρέπεται καὶ οὔτε ξυνέμπορος οὔτε ἡγεμὼν ἐθέλει γίγνεσθαι· αὐτὴ δὲ πλανᾶται ἐν πάσῃ ἐχομένη ἀπορίᾳ ἕως ἂν δή τινες χρόνοι γένωνται, ὧν c ἐλθόντων ὑπ' ἀνάγκης φέρεται εἰς τὴν αὐτῇ πρέπουσαν οἴκησιν. Ἡ δὲ καθαρῶς τε καὶ μετρίως τὸν βίον διεξελθοῦσα, καὶ ξυνεμπόρων καὶ ἡγεμόνων θεῶν τυχοῦσα, ᾤκησε τὸν αὐτῇ ἑκάστῃ τόπον προσήκοντα.

« Εἰσὶ δὲ πολλοὶ καὶ θαυμαστοὶ τῆς γῆς τόποι, καὶ αὐτὴ οὔτε οἵα οὔτε ὅση δοξάζεται ὑπὸ τῶν περὶ γῆς εἰωθότων λέγειν, ὡς ἐγὼ ὑπό τινος πέπεισμαι. » Καὶ ὁ Σιμμίας· « Πῶς ταῦτα, ἔφη, λέγεις, ὦ Σώκρατες ; Περὶ d γάρ τοι γῆς καὶ αὐτὸς πολλὰ δὴ ἀκήκοα, οὐ μέντοι ταῦτα ἃ σὲ πείθει· ἡδέως οὖν ἂν ἀκούσαιμι. — Ἀλλὰ μέντοι, ὦ Σιμμία, οὐχ ἡ Γλαύκου τέχνη γέ μοι δοκεῖ εἶναι διηγήσασθαι ἅ γ' ἐστιν· ὡς μέντοι ἀληθῆ, χαλεπώτερόν μοι φαίνεται ἢ

der von dort hieher zurück nach vielen und großen Zeitabschnitten. Und diese Reise ist wohl nicht so, wie der Telephos des Aischylos sie beschreibt. Denn jener sagt, es führe nur ein 108a
einfacher Fußsteig in die Unterwelt; ich aber glaube, daß es weder einer ist noch ein einfacher. Sonst würde es ja keines Führers bedürfen, denn nirgends hin kann man ja fehlen, wo nur Ein Weg geht. Nun aber mag er sich wohl oftmals teilen und winden. Dies schließe ich aus dem, was bei uns als heilige Feier eingeführt und gebräuchlich ist. Die sittige und vernünftige Seele nun folgt und verkennt nicht, was ihr widerfährt; die aber begehrlich an dem Leibe sich hält, wie ich auch vorher sagte, drängt sich lange Zeit immer um ihn herum und in dem sichtbaren Ort umher, und nach vielem Sträuben und vielen b
Versuchen wird sie endlich mit Mühe und gewaltsam von dem angeordneten Dämon abgeführt. Kommt sie nun dahin, wo auch die Andern sich befinden, so wird der unreinen und die etwas dergleichen verübt hat, habe sie sich nun mit ungerechtem Morde befaßt oder anderes dergleichen begangen, was dem verschwistert und verschwisterter Seelen Werk ist, diese meidet jeder und weicht ihr aus, und will weder ihr Reisegefährte, noch ihr Führer werden; sie aber irrt in gänzlicher Unsicherheit befangen, bis gewisse Zeiten um sind, nach deren c
Verlauf die Notwendigkeit sie in die ihr angemessene Wohnung bringt. Die aber rein und mäßig ihr Leben verbracht und Götter zu Reisegefährten und Führern bekommen hat, bewohnt jede den ihr gebührenden Ort.

5.2. Die Gestalt der Erde

5.2.1. Lage und Größe der Erde. Was von den bewohnten Gebieten aus zu erkennen ist

Es hat aber die Erde viele und wunderbare Orte, und ist weder an Größe noch Beschaffenheit so, wie von denen, die über die Erde zu reden pflegen, geglaubt wird, nach dem was mir einer glaublich gemacht hat. – Darauf sagte Simmias, Wie meinst du d
das, o Sokrates? Denn über die Erde habe ich auch schon vielerlei gehört, wohl aber nicht das, was dich befriediget; darum möchte ich es gern hören. – Das ist ja wohl keine große Kunst, o Simmias, sagte er, zu erzählen was ist; aber freilich daß es so

κατὰ τὴν Γλαύκου τέχνην · καὶ ἅμα μὲν ἐγὼ ἴσως οὐδ' ἂν
οἷός τε εἴην, ἅμα δέ, εἰ καὶ ἠπιστάμην, ὁ βίος μοι δοκεῖ ὁ
ἐμός, ὦ Σιμμία, τῷ μήκει τοῦ λόγου οὐκ ἐξαρκεῖν. Τὴν
μέντοι ἰδέαν τῆς γῆς οἵαν πέπεισμαι εἶναι, καὶ τοὺς e
τόπους αὐτῆς οὐδέν με κωλύει λέγειν. — Ἀλλ', ἔφη ὁ
Σιμμίας, καὶ ταῦτα ἀρκεῖ. — Πέπεισμαι τοίνυν, ἦ δ' ὅς,
ἐγὼ ὡς πρῶτον μέν, εἰ ἔστιν ἐν μέσῳ τῷ οὐρανῷ περι-
φερὴς οὖσα, μηδὲν αὐτῇ δεῖν μήτε ἀέρος πρὸς τὸ μὴ
πεσεῖν μήτε ἄλλης ἀνάγκης μηδεμιᾶς τοιαύτης · ἀλλὰ 109
ἱκανὴν εἶναι αὐτὴν ἴσχειν τὴν ὁμοιότητα τοῦ οὐρανοῦ
αὐτοῦ ἑαυτῷ πάντῃ καὶ τῆς γῆς αὐτῆς τὴν ἰσορροπίαν ·
ἰσόρροπον γὰρ πρᾶγμα ὁμοίου τινὸς ἐν μέσῳ τεθὲν οὐχ
ἕξει μᾶλλον οὐδ' ἧττον οὐδαμόσε κλιθῆναι, ὁμοίως δ' ἔχον
ἀκλινὲς μενεῖ. Πρῶτον μὲν δή, ἦ δ' ὅς, τοῦτο πέπεισμαι.
— Καὶ ὀρθῶς γε, ἔφη ὁ Σιμμίας.

— Ἔτι τοίνυν, ἔφη, πάμμεγά τι εἶναι αὐτό, καὶ ἡμᾶς
οἰκεῖν, τοὺς μέχρι Ἡρακλείων στηλῶν ἀπὸ Φάσιδος, ἐν
σμικρῷ τινι μορίῳ, ὥσπερ περὶ τέλμα μύρμηκας ἢ b
βατράχους περὶ τὴν θάλατταν οἰκοῦντας · καὶ ἄλλους
ἄλλοθι πολλοὺς ἐν πολλοῖσι τοιούτοις τόποις οἰκεῖν. Εἶναι
γὰρ πανταχῇ περὶ τὴν γῆν πολλὰ κοῖλα καὶ παντοδαπὰ καὶ
τὰς ἰδέας καὶ τὰ μεγέθη, εἰς ἃ ξυνερρυηκέναι τό τε ὕδωρ
καὶ τὴν ὁμίχλην καὶ τὸν ἀέρα. Αὐτὴν δὲ τὴν γῆν καθαρὰν ἐν
καθαρῷ κεῖσθαι τῷ οὐρανῷ ἐν ᾧπέρ ἐστι τὰ ἄστρα, ὃν δὴ
αἰθέρα ὀνομάζειν τοὺς πολλοὺς τῶν περὶ τὰ τοιαῦτα c
[εἰωθότων λέγειν] · οὗ δὴ ὑποστάθμην ταῦτα εἶναι καὶ
ξυρρεῖν ἀεὶ εἰς τὰ κοῖλα τῆς γῆς. Ἡμᾶς οὖν οἰκοῦντας ἐν
τοῖς κοίλοις αὐτῆς λεληθέναι καὶ οἴεσθαι ἄνω ἐπὶ τῆς γῆς
οἰκεῖν, ὥσπερ ἂν εἴ τις ἐν μέσῳ τῷ πυθμένι τοῦ πελάγους
οἰκῶν οἴοιτό τε ἐπὶ τῆς θαλάττης οἰκεῖν καί, διὰ τοῦ
ὕδατος ὁρῶν τὸν ἥλιον καὶ τὰ ἄλλα ἄστρα, τὴν θάλατταν
ἡγοῖτο οὐρανὸν εἶναι · διὰ δὲ βραδυτῆτά τε καὶ ἀσθένειαν
μηδεπώποτε ἐπὶ τὰ ἄκρα τῆς θαλάττης ἀφιγμένος μηδὲ d

wahr ist, das möchte wieder schwerer sein als schwer; und teils möchte ich es vielleicht nicht können, teils auch wenn ich es verstände, möchte doch mein Leben wenigstens, o Simmias, für die Größe der Sache nicht mehr hinreichen. Doch die Gestalt der Erde, wie ich belehrt bin daß sie sei, und ihre ver- e
schiedenen Orte hindert mich nichts zu beschreiben. – Auch das, sprach Simmias, soll uns genug sein. – Zuerst also bin ich belehrt worden, daß wenn sie rund inmitten des Himmels steht, sie weder Luft brauche um nicht zu fallen, noch irgend einen andern solchen Grund, sondern um sie zu halten hinrei- 109a
chend sei die durchgängige Einerleiheit des Himmels und das Gleichgewicht der Erde selbst. Denn ein im Gleichgewicht befindliches Ding in die Mitte eines anderen solchen gesetzt wird keinen Grund haben sich irgend wohin mehr oder weniger zu neigen, und daher auf gleiche Weise zu allem sich verhaltend, wird es ohne Neigung bleiben. Dieses, sagte er, habe ich zuerst angenommen. – Und sehr mit Recht, sprach Simmias. – Dann auch, daß sie sehr groß sei, und daß wir, die vom Phasis bis an die Säulen des Herakles reichen, nur in einem sehr kleinen Teile, wie Ameisen oder Frösche um einen b
Sumpf, so wir um das Meer herum wohnen, viele andere aber anderwärts an vielen solchen Orten. Denn es gebe überall um die Erde her viele Höhlungen und mannigfaltige von Gestalt und Größe, in welchen Wasser und Nebel und Luft zusammengeflossen sind, die Erde selbst aber liege rein in dem reinen Himmel, an welchem auch die Sterne sind, und den die meisten, welche über dergleichen zu reden pflegen, Äther nennen, c
dessen Bodensatz nun eben dieses ist, und immer in den Höhlungen der Erde zusammenfließt. Wir nun merkten es nicht, daß wir nur in diesen Höhlungen der Erde wohnten, und glaubten oben auf der Erde zu wohnen, wie wenn ein mitten im Grunde der See wohnender glaubte, oben an dem Meere zu wohnen, und weil er durch das Wasser die Sonne und die andern Sterne sähe, das Meer für den Himmel hielte, aus Trägheit aber und Schwachheit niemals bis an den Saum des Meeres d

ἑωρακὼς εἴη, ἐκδὺς καὶ ἀνακύψας ἐκ τῆς θαλάττης εἰς
τὸν ἐνθάδε τόπον, ὅσῳ καθαρώτερος καὶ καλλίων τυγχάνει
ὢν τοῦ παρὰ σφίσι, μηδὲ ἄλλου ἀκηκοὼς εἴη τοῦ ἑωρακότος.
Ταὐτὸν δὴ τοῦτο καὶ ἡμᾶς πεπονθέναι · οἰκοῦντας γὰρ ἔν
τινι κοίλῳ τῆς γῆς, οἴεσθαι ἐπάνω αὐτῆς οἰκεῖν, καὶ τὸν
ἀέρα οὐρανὸν καλεῖν, ὡς διὰ τούτου οὐρανοῦ ὄντος τὰ
ἄστρα χωροῦντα · τὸ δὲ εἶναι ταὐτόν, ὑπ' ἀσθενείας καὶ
βραδυτῆτος οὐχ οἵους τε εἶναι ἡμᾶς διεξελθεῖν ἐπ' e
ἔσχατον τὸν ἀέρα · ἐπεί, εἴ τις αὐτοῦ ἐπ' ἄκρα ἔλθοι ἢ
πτηνὸς γενόμενος ἀνάπτοιτο, κατιδεῖν ⟨ἂν⟩ ἀνακύψαντα,
ὥσπερ ἐνθάδε οἱ ἐκ τῆς θαλάττης ἰχθύες ἀνακύπτοντες
ὁρῶσι τὰ ἐνθάδε, οὕτως ἄν τινα καὶ τὰ ἐκεῖ κατιδεῖν ·
καὶ εἰ ἡ φύσις ἱκανὴ εἴη ἀνασχέσθαι θεωροῦσα, γνῶναι ἂν
ὅτι ἐκεῖνός ἐστιν ὁ ἀληθῶς οὐρανὸς καὶ τὸ ἀληθινὸν φῶς
καὶ ἡ ὡς ἀληθῶς γῆ. Ἥδε μὲν γὰρ ἡ γῆ καὶ οἱ λίθοι καὶ 110
ἅπας ὁ τόπος ὁ ἐνθάδε διεφθαρμένα ἐστὶ καὶ καταβεβρωμένα, ὥσπερ τὰ ἐν τῇ θαλάττῃ ὑπὸ τῆς ἅλμης · καὶ οὔτε
φύεται ἄξιον λόγου οὐδὲν ἐν τῇ θαλάττῃ, οὔτε τέλειον ὡς
ἔπος εἰπεῖν οὐδέν ἐστιν, σήραγγες δὲ καὶ ἄμμος καὶ πηλὸς
ἀμήχανος καὶ βόρβοροί εἰσιν ὅπου ἂν καὶ γῆ ᾖ, καὶ πρὸς
τὰ παρ' ἡμῖν κάλλη κρίνεσθαι οὐδ' ὁπωστιοῦν ἄξια.
Ἐκεῖνα δὲ αὖ τῶν παρ' ἡμῖν πολὺ ἂν ἔτι πλέον φανείη διαφέρειν. Εἰ γὰρ δὴ καὶ μῦθον λέγειν καλόν, ἄξιον ἀκοῦσαι, b
ὦ Σιμμία, οἷα τυγχάνει τὰ ἐπὶ τῆς γῆς ὑπὸ τῷ οὐρανῷ
ὄντα. — Ἀλλὰ μήν, ἔφη ὁ Σιμμίας, ὦ Σώκρατες, ἡμεῖς γε
τούτου τοῦ μύθου ἡδέως ἂν ἀκούσαιμεν.

— Λέγεται τοίνυν, ἔφη, ὦ ἑταῖρε, πρῶτον μὲν εἶναι
τοιαύτη ἡ γῆ αὐτὴ ἰδεῖν, εἴ τις ἄνωθεν θεῷτο, ὥσπερ αἱ
δωδεκάσκυτοι σφαῖραι ποικίλη, χρώμασι διειλημμένη, ὧν
καὶ τὰ ἐνθάδε εἶναι χρώματα ὥσπερ δείγματα, οἷς δὴ οἱ
γραφεῖς καταχρῶνται. Ἐκεῖ δὲ πᾶσαν τὴν γῆν ἐκ τοιούτων c
εἶναι, καὶ πολὺ ἔτι ἐκ λαμπροτέρων καὶ καθαρωτέρων ἢ
τούτων · τὴν μὲν γὰρ ἁλουργῆ εἶναι καὶ θαυμαστὴν τὸ

gekommen wäre, noch über das Meer aufgetaucht und hervorgekrochen, um diesen Ort zu schauen, wie viel reiner und schöner er ist als der bei ihm, noch auch von einem Andern, der ihn gesehen, dies gehört hätte; grade so erginge es auch uns. Denn wir wohnten in irgend einer Höhlung der Erde, und glaubten oben darauf zu wohnen, und nennten die Luft Himmel, als ob diese der Himmel wäre durch welchen die Sterne wandeln. Damit aber sei es grade so, daß wir aus Trägheit und Schwachheit nicht vermöchten hervorzukommen bis an den e
äußersten Saum der Luft. Denn wenn jemand zur Grenze der Luft gelangte oder Flügel bekäme und hinaufflöge: so würde er dann hervortauchen und sehen, wie hier die Fische, wenn sie einmal aus dem Meer herauftauchen, was hier ist sehen, so würde dann ein solcher auch das dortige sehen, und wenn seine Natur die Betrachtung auszuhalten vermöchte, dann erkennen, daß jenes der wahre Himmel ist und das wahre Licht und die wahre Erde. Denn die Erde hier bei uns und die Steine und der 110a
ganze Ort hier ist zerfressen und verwittert, wie was im Meere liegt vom Salz angefressen ist, und nichts der Rede wertes im Meere wächst, noch es irgend etwas vollkommenes darin gibt, sondern nur Klüfte und Sand und unendlichen Kot und Schlamm, wo es noch Erde gibt, und nichts was irgend mit unsern Schönheiten könnte verglichen werden; jenes aber würde wiederum noch weit vorzüglicher sich zeigen vor dem unsrigen. Und darf man auch wohl eine schöne Erzählung vor- b
bringen, Simmias: so lohnt es wohl zu hören, wie das auf der Erde unter dem Himmel beschaffen ist. – Gewiß, sprach Simmias, werden wir diese Erzählung gern hören, o Sokrates.

5.2.2. Ein Blick auf die wahre Erde

– Man sagt also zuerst, o Freund, diese Erde sei so anzusehen, wenn sie jemand von obenherab betrachtete, wie die zwölfteiligen ledernen Bälle, in so bunte Farben geteilt, von denen unsere Farben hier gleichsam Proben sind, alle die, deren sich die Maler bedienen. Dort aber bestehe die ganze Erde aus sol- c
chen und noch weit glänzendern und reineren als diese. Denn ein Teil sei purpurrot und wunderbar schön, ein anderer gold-

κάλλος, τὴν δὲ χρυσοειδῆ, τὴν δέ ὅση λευκὴ γύψου ἢ
χιόνος λευκοτέραν, καὶ ἐκ τῶν ἄλλων χρωμάτων συγκει-
μένην ὡσαύτως, καὶ ἔτι πλειόνων καὶ καλλιόνων ἢ ὅσα
ἡμεῖς ἑωράκαμεν. Καὶ γὰρ αὐτὰ ταῦτα τὰ κοῖλα αὐτῆς,
ὕδατός τε καὶ ἀέρος ἔκπλεα ὄντα, χρώματός τι εἶδος
παρέχεσθαι στίλβοντα ἐν τῇ τῶν ἄλλων χρωμάτων ποικιλίᾳ, d
ὥστε ἕν τι αὐτῆς εἶδος συνεχὲς ποικίλον φαντάζεσθαι.
Ἐν δὲ ταύτῃ οὔσῃ τοιαύτῃ ἀνὰ λόγον τὰ φυόμενα
φύεσθαι, δένδρα τε καὶ ἄνθη καὶ τοὺς καρπούς. Καὶ αὖ τὰ
ὄρη ὡσαύτως · καὶ τοὺς λίθους ἔχειν ἀνὰ τὸν αὐτὸν λόγον
τήν τε λειότητα καὶ τὴν διαφάνειαν καὶ τὰ χρώματα
καλλίω · ὧν καὶ τὰ ἐνθάδε λιθίδια εἶναι ταῦτα τὰ ἀγαπώ-
μενα μόρια, σάρδιά τε καὶ ἰάσπιδας καὶ σμαράγδους καὶ
πάντα τὰ τοιαῦτα · ἐκεῖ δὲ οὐδὲν ὅ τι οὐ τοιοῦτον εἶναι καὶ e
ἔτι τούτων καλλίω. Τὸ δ' αἴτιον τούτου εἶναι, ὅτι ἐκεῖνοι
οἱ λίθοι εἰσὶ καθαροὶ καὶ οὐ κατεδηδεσμένοι οὐδὲ διεφθαρ-
μένοι ὥσπερ οἱ ἐνθάδε ὑπὸ σηπεδόνος καὶ ἅλμης ὑπὸ τῶν
δεῦρο ξυνερρυηκότων · ἃ καὶ λίθοις καὶ γῇ καὶ τοῖς ἄλλοις
ζῴοις τε καὶ φυτοῖς αἴσχη τε καὶ νόσους παρέχει. Τὴν δὲ
γῆν αὐτὴν κεκοσμῆσθαι τούτοις τε ἅπασι, καὶ ἔτι χρυσῷ
τε καὶ ἀργύρῳ καὶ τοῖς ἄλλοις αὖ τοῖς τοιούτοις. Ἐκφανῆ
γὰρ αὐτὰ πεφυκέναι, ὄντα πολλὰ πλήθει καὶ μεγάλα καὶ 111
πανταχοῦ τῆς γῆς, ὥστε αὐτὴν ἰδεῖν εἶναι θέαμα εὐδαι-
μόνων θεατῶν.

« Ζῷα δ' ἐπ' αὐτῇ εἶναι ἄλλα τε πολλὰ καὶ ἀνθρώπους,
τοὺς μὲν ἐν μεσογαίᾳ οἰκοῦντας, τοὺς δὲ περὶ τὸν ἀέρα
ὥσπερ ἡμεῖς περὶ τὴν θάλατταν, τοὺς δ' ἐν νήσοις ἃς
περιρρεῖν τὸν ἀέρα πρὸς τῇ ἠπείρῳ οὔσας. Καὶ ἑνὶ λόγῳ,
ὅπερ ἡμῖν τὸ ὕδωρ τε καὶ ἡ θάλαττά ἐστι πρὸς τὴν ἡμε-
τέραν χρείαν, τοῦτο ἐκεῖ τὸν ἀέρα · ὃ δὲ ἡμῖν ἀήρ, ἐκείνοις b
τὸν αἰθέρα. Τὰς δὲ ὥρας αὐτοῖς κρᾶσιν ἔχειν τοιαύτην
ὥστε ἐκείνους ἀνόσους εἶναι καὶ χρόνον τε ζῆν πολὺ πλείω
τῶν ἐνθάδε. Καὶ ὄψει καὶ ἀκοῇ καὶ φρονήσει καὶ πᾶσι τοῖς

farbig, ein anderer weiß, aber viel weißer als Alabaster oder
Schnee, und eben so aus jeder anderen Farbe bestehe einer, und
aus noch mehreren und schöneren als wir gesehen haben. Denn
selbst diese Höhlungen der Erde, welche mit Wasser und Luft
angefüllt sind, bilden eine eigene Art von Farbe, welche in der d
Vermischung aller anderen Farben glänzt, so daß sie ganz und
gar als ein ununterbrochenes Bunt erscheint. Auf dieser so
beschaffenen nun wachsen verhältnismäßig eben solche Ge-
wächse, Bäume, Blumen und Früchte. Eben so haben auch die
Gebirge und die Steine nach demselben Verhältnis ihre Voll-
endung und Durchsichtigkeit und schönere Farben, von denen
aber auch unsere so sehr gesuchten Steinchen hier Teile sind,
die Karneole und Jaspisse und Smaragden und alle derglei-
chen; dort aber sei nichts, was nicht so wäre und noch schöner e
als diese. Die Ursache hievon aber sei, daß jene Steine rein sind
und nicht angefressen noch verwittert, wie die hiesigen von
Fäulnis und Schärfe alles dessen, was hier zusammenfließt, und
Steinen und Erden und allen Gewächsen und Tieren Entstel-
lungen und Krankheiten verursacht. Die Erde also sei mit alle
diesem geschmückt, und außerdem noch mit Gold und Silber
und dem übrigen der Art, welches glänzend dort zu finden sei, 111a
und in großer Menge wachse, und überall auf der Erde, so daß
sie zu schauen ein beseligendes Schauspiel sei. Tiere aber gebe
es auf ihr vielerlei andere und auch Menschen, welche teils
mitten im Lande wohnen, teils so um die Luft herum, wie wir
um das Meer herum, teils auch auf luftumflossenen Inseln um
das feste Land her. Und mit einem Worte, was uns Wasser und
Meer ist für unsere Bedürfnisse, das sei jenen dort die Luft, und b
was uns die Luft, das jenen der Äther. Und die Witterung habe
eine solche Mischung bei ihnen, daß sie ohne Krankheit wären,
und weit längere Zeit lebten als die hiesigen, und ihr Gesicht,
Gehör, Geruch und was dahin gehört von dem unsrigen in

τοιούτοις ἡμῶν ἀφεστάναι τῇ αὐτῇ ἀποστάσει ᾗπερ ἀήρ τε ὕδατος ἀφέστηκεν καὶ αἰθὴρ ἀέρος πρὸς καθαρότητα. Καὶ δὴ καὶ θεῶν ἄλση τε καὶ ἱερὰ αὐτοῖς εἶναι, ἐν οἷς τῷ ὄντι οἰκητὰς θεοὺς εἶναι, καὶ φήμας τε καὶ μαντείας καὶ c
αἰσθήσεις τῶν θεῶν καὶ τοιαύτας συνουσίας γίγνεσθαι αὐτοῖς πρὸς αὐτούς. Καὶ τόν γε ἥλιον καὶ σελήνην καὶ ἄστρα ὁρᾶσθαι ὑπ' αὐτῶν οἷα τυγχάνει ὄντα. Καὶ τὴν ἄλλην εὐδαιμονίαν τούτων ἀκόλουθον εἶναι.

Καὶ ὅλην μὲν δὴ τὴν γῆν οὕτω πεφυκέναι καὶ τὰ περὶ τὴν γῆν. Τόπους δ' ἐν αὐτῇ εἶναι κατὰ τὰ ἔγκοιλα αὐτῆς κύκλῳ περὶ ὅλην πολλούς, τοὺς μὲν βαθυτέρους καὶ ἀναπεπταμένους μᾶλλον ἢ ἐν ᾧ ἡμεῖς οἰκοῦμεν, τοὺς δὲ βαθυτέρους ὄντας τὸ χάσμα αὐτοὺς ἔλαττον ἔχειν τοῦ παρ' ἡμῖν τόπου · ἔστι δ' οὓς καὶ βραχυτέρους τῷ βάθει τοῦ ἐνθάδε d
εἶναι καὶ πλατυτέρους. Τούτους δὲ πάντας ὑπὸ γῆν εἰς ἀλλήλους συντετρῆσθαί τε πολλαχῇ καὶ κατὰ στενότερα καὶ εὐρύτερα καὶ διεξόδους ἔχειν. Ἧ πολὺ μὲν ὕδωρ ῥεῖν ἐξ ἀλλήλων εἰς ἀλλήλους ὥσπερ εἰς κρατῆρας, καὶ ἀενάων ποταμῶν ἀμήχανα μεγέθη ὑπὸ τὴν γῆν καὶ θερμῶν ὑδάτων καὶ ψυχρῶν · πολὺ δὲ πῦρ καὶ πυρὸς μεγάλους ποταμούς · πολλοὺς δὲ ὑγροῦ πηλοῦ καὶ καθαρωτέρου καὶ βορβορωδεστέρου, ὥσπερ ἐν Σικελίᾳ οἱ πρὸ τοῦ ῥύακος πηλοῦ ῥέοντες e
ποταμοὶ καὶ αὐτὸς ὁ ῥύαξ. Ὧν δὴ καὶ ἑκάστους τοὺς τόπους πληροῦσθαι, ὡς ἂν ἑκάστοις τύχῃ ἑκάστοτε ἡ περιρροὴ γιγνομένη · ταῦτα δὲ πάντα κινεῖν ἄνω καὶ κάτω ὥσπερ αἰώραν τινὰ ἐνοῦσαν ἐν τῇ γῇ · ἔστι δὲ ἄρα αὕτη ἡ αἰώρα διὰ φύσιν τοιάνδε τινά.

« Ἕν τι τῶν χασμάτων τῆς γῆς ἄλλως τε μέγιστον τυγχάνει ὂν καὶ διαμπερὲς τετρημένον δι' ὅλης τῆς γῆς, τοῦτο ὅπερ Ὅμηρος εἶπε, λέγων αὐτό 112

τῆλε μάλ', ἧχι βάθιστον ὑπὸ χθονός ἐστι βέρεθρον ·

ὃ καὶ ἄλλοθι καὶ ἐκεῖνος καὶ ἄλλοι πολλοὶ τῶν ποιητῶν Τάρταρον κεκλήκασιν. Εἰς γὰρ τοῦτο τὸ χάσμα συρρέουσί

demselben Maß abstände, wie die Luft vom Wasser absteht, und der Äther von der Luft in Absicht der Reinheit. Auch haben sie weiter Tempel und Heiligtümer für die Götter, in denen aber die Götter wahrhaft wohnen, und Stimmen, Weis- c
sagungen, Erscheinungen der Götter und mehr dergleichen Verkehr mit ihnen; und Sonne, Mond und Sterne sähen sie wie sie wirklich sind und dem sei auch ihre übrige Glückseligkeit gemäß.

5.2.3. Das System der unterirdischen Ströme; die vier Hauptströme

So demnach sei die ganze Erde geartet, und was sie umgibt; rund umher auf ihr aber gebe es nach Maßgabe ihrer Höhlung viele Orte, einige tiefer und weiter geöffnet, als der in welchem wir wohnen, andere wiederum tiefer, aber mit einer engeren Öffnung als die unser Ort hat; und welche sind wohl auch d
flacher, und dabei doch breiter als der hiesige. Alle diese nun wären unter der Erde vielfältig gegen einander durchgebohrt, enger und weiter, so daß sie Durchgänge haben unter sich, durch welche denn vieles Wasser aus einem in den andern fließt, wie in Becher, und daß es unversiegliche Ströme von unübersehbarer Größe unter der Erde gebe von warmen Wassern und kalten, und vieles Feuer und große Ströme von Feuer, viele auch von feuchtem Schlamm, teils reinerem teils schmutzigerem, wie in Sikilien die vor dem Feuerstrome sich e
ergießenden Ströme von Schlamm und der Feuerstrom selbst, von denen denn alle Örter erfüllt werden, je nachdem jedesmal jeder seinen Umlauf nimmt. Und dieses alles bewege hinauf und hinunter gleichsam eine in der Erde befindliche Schaukel; diese Schaukel aber bestehe durch folgende Einrichtung ohngefähr. Einer nämlich von diesen Erdspalten ist auch sonst der größte und quer durch die ganze Erde gebohrt. Dieser ist nun, wie Homeros davon singt, Ferne wo tief sich öffnet der Ab- 112a
grund unter der Erde, derselbe, den anderwärts er und auch sonst viele andere Dichter den Tartaros genannt haben. In die-

τε πάντες οἱ ποταμοὶ καὶ ἐκ τούτου πάλιν ἐκρέουσιν, γίγνονται δὲ ἕκαστοι τοιοῦτοι δι' οἵας ἂν καὶ τῆς γῆς ῥέωσιν. Ἡ δὲ αἰτία ἐστὶ τοῦ ἐκρεῖν τε ἐντεῦθεν καὶ εἰσρεῖν πάντα τὰ ῥεύματα, ὅτι πυθμένα οὐκ ἔχει οὐδὲ b
βάσιν τὸ ὑγρὸν τοῦτο · αἰωρεῖται δὴ καὶ κυμαίνει ἄνω καὶ κάτω. Καὶ ὁ ἀὴρ καὶ τὸ πνεῦμα τὸ περὶ αὐτὸ ταὐτὸν ποιεῖ · ξυνέπεται γὰρ αὐτῷ καὶ ὅταν εἰς τὸ ἐπ' ἐκεῖνα τῆς γῆς ὁρμήσῃ καὶ ὅταν εἰς τὸ ἐπὶ τάδε · καί, ὥσπερ τῶν ἀναπνεόντων ἀεὶ ἐκπνεῖ τε καὶ ἀναπνεῖ ῥέον τὸ πνεῦμα, οὕτω καὶ ἐκεῖ ξυναιωρούμενον τῷ ὑγρῷ τὸ πνεῦμα δεινούς τινας ἀνέμους καὶ ἀμηχάνους παρέχεται καὶ εἰσιὸν καὶ ἐξιόν. Ὅταν τε οὖν ὑποχωρήσῃ τὸ ὕδωρ εἰς τὸν τόπον c
τὸν δὴ κάτω καλούμενον, τοῖς κατ' ἐκεῖνα τὰ ῥεύματα διὰ τῆς γῆς εἰσρεῖ τε καὶ πληροῖ αὐτά ὥσπερ οἱ ἐπαντλοῦντες · ὅταν τε αὖ ἐκεῖθεν μὲν ἀπολίπῃ, δεῦρο δὲ ὁρμήσῃ, τὰ ἐνθάδε πληροῖ αὖθις. Τὰ δὲ πληρωθέντα ῥεῖ διὰ τῶν ὀχετῶν καὶ διὰ τῆς γῆς, καὶ εἰς τοὺς τόπους ἕκαστα ἀφικνούμενα εἰς οὓς ἑκάστους ὁδοποιεῖται, θαλάττας τε καὶ λίμνας καὶ ποταμοὺς καὶ κρήνας ποιεῖ. Ἐντεῦθεν δὲ πάλιν δυόμενα κατὰ τῆς γῆς, τὰ μὲν μακροτέρους τόπους περιελθόντα καὶ πλείους, τὰ δὲ ἐλάττους καὶ βραχυτέρους, d
πάλιν εἰς τὸν Τάρταρον ἐμβάλλει · τὰ μὲν πολὺ κατωτέρω ᾗ ἐπηντλεῖτο, τὰ δὲ ὀλίγον, πάντα δέ ὑποκάτω εἰσρεῖ τῆς ἐκροῆς · καὶ ἔνια μὲν καταντικρὺ ᾗ εἰσρεῖ ἐξέπεσεν, ἔνια δὲ κατὰ τὸ αὐτὸ μέρος · ἔστιν δὲ ἃ παντάπασι κύκλῳ περιελθόντα, ἢ ἅπαξ ἢ καὶ πλεονάκις περιελιχθέντα περὶ τὴν γῆν ὥσπερ οἱ ὄφεις, εἰς τὸ δυνατὸν κάτω καθέντα πάλιν ἐμβάλλει · δυνατὸν δέ ἐστιν ἑκατέρωσε μέχρι τοῦ μέσου e
καθιέναι, πέρα δ' οὔ · πρὸς ἄναντες γὰρ ἀμφοτέροις τοῖς ῥεύμασι τὸ ἑτέρωθεν γίγνεται μέρος.

« Τὰ μὲν οὖν δὴ ἄλλα πολλά τε καὶ μεγάλα καὶ παντοδαπὰ ῥεύματά ἐστιν · τυγχάνει δ' ἄρα ὄντα ἐν τούτοις τοῖς πολλοῖς τέτταρ' ἄττα ῥεύματα, ὧν τὸ μὲν μέγιστον καὶ

sen Spalt nun strömen alle diese Flüsse zusammen, und strömen auch wieder von ihm aus; und alle werden so wie der Boden durch welchen sie strömen. Die Ursache aber, warum alle Ströme von hier ausfließen und auch wieder hinein, ist, daß b
diese Flüssigkeit keinen Boden hat und keinen Grund. Daher schwebt sie und wogt immer auf und ab, und die Luft und der Hauch um sie her tut dasselbe. Denn dieser begleitet sie, sowohl wenn sie in die jenseitigen Gegenden der Erde strömt, als wenn in die diesseitigen. Und so wie der Hauch der atmenden in beständiger Bewegung immer einströmt und ausströmt: so auch dort bildet der mit der Flüssigkeit wogende Hauch heftige und gewaltige Winde sowohl im Hineingehen als im Herausgehen. Wenn nun strömend das Wasser nach der Gegend c
hin ausweicht, welche unten genannt wird: so fließt es in das Gebiet der dortigen Ströme, und füllt es an wie beim Pumpen. Wenn es aber von dort wiederum sich wegzieht und hieher strömt, so erfüllt es dann die hiesigen. Diese, wenn sie erfüllt sind, strömen durch die Kanäle und durch die Erde; und wenn sie jeder in die Gegenden kommen, wohin sie jedesmal geleitet werden, so bilden sie Meere und Seen und Flüsse und Quellen. Von da tauchen sie nun wieder unter die Erde, und teils längere und mehrere Gegenden durchziehend, teils wenigere und kür- d
zere, ergießen sie sich alle wieder in den Tartaros, einige viel weiter unten als wo sie ausgepumpt wurden, andere nicht soviel, aber unterhalb ihres Ausflusses fließen sie alle ein; und einige strömen wieder aus, grade gegenüber der Stelle, wo sie eingeflossen sind, andere auf der nämlichen Seite. Ja es gibt auch welche, die im Kreise herumziehen, ein oder mehrere Male sich um die Erde winden wie Schlangen, und dann möglichst tief gesenkt sich wieder hinein ergießen. Möglich ist aber e
von beiden Seiten nur, sich bis zur Mitte herabzusenken, weiter nicht. Denn für beiderlei Ströme geht das jenseitige wiederum aufwärts. So gibt es nun gar viele andere große und verschiedene Ströme, unter diesen vielen aber gibt es vorzüglich viere, von denen der größte und der am äußersten rund

ἐξωτάτω ῥέον περὶ κύκλῳ ὁ καλούμενος Ὠκεανός ἐστιν. Τούτου δὲ καταντικρὺ καὶ ἐναντίως ῥέων Ἀχέρων, ὃς δι' ἐρήμων τε τόπων ῥεῖ ἄλλων καὶ δὴ καὶ ὑπὸ γῆν ῥέων εἰς τὴν λίμνην ἀφικνεῖται τὴν Ἀχερουσιάδα, οὗ αἱ τῶν τετε- 113
λευτηκότων ψυχαὶ τῶν πολλῶν ἀφικνοῦνται καί τινας εἱμαρμένους χρόνους μείνασαι, αἱ μὲν μακροτέρους, αἱ δὲ βραχυτέρους πάλιν ἐκπέμπονται εἰς τὰς τῶν ζῴων γενέσεις. Τρίτος δὲ ποταμὸς τούτων κατὰ μέσον ἐκβάλλει, καὶ ἐγγὺς τῆς ἐκβολῆς εἰσπίπτει εἰς τόπον μέγαν πυρὶ πολλῷ καιόμενον, καὶ λίμνην ποιεῖ μείζω τῆς παρ' ἡμῖν θαλάττης, ζέουσαν ὕδατος καὶ πηλοῦ · ἐντεῦθεν δὲ χωρεῖ κύκλῳ θολερὸς καὶ πηλώδης, περιελιττόμενος δὲ τῇ γῇ b
ἄλλοσέ τε ἀφικνεῖται καὶ παρ' ἔσχατα τῆς Ἀχερουσιάδος λίμνης οὐ ξυμμιγνύμενος τῷ ὕδατι · περιελιχθεὶς δὲ πολλάκις ὑπὸ γῆς ἐμβάλλει κατωτέρω τοῦ Ταρτάρου · οὗτος δ' ἐστὶν ὃν ἐπονομάζουσι Πυριφλεγέθοντα, οὗ καὶ οἱ ῥύακες ἀποσπάσματα ἀναφυσῶσιν ὅπῃ ἂν τύχωσι τῆς γῆς. Τούτου δὲ αὖ καταντικρὺ ὁ τέταρτος ἐκπίπτει εἰς τόπον πρῶτον, δεινόν τε καὶ ἄγριον ὡς λέγεται, χρῶμα δ' ἔχοντα ὅλον οἷον ὁ κυανός, ὃν δὴ ἐπονομάζουσι Στύγιον, καὶ τὴν c
λίμνην ποιεῖ ὁ ποταμὸς ἐμβάλλων Στύγα · ὁ δ' ἐμπεσὼν ἐνταῦθα καὶ δεινὰς δυνάμεις λαβὼν ἐν τῷ ὕδατι, δὺς κατὰ τῆς γῆς, περιελιττόμενος χωρεῖ ἐναντίος τῷ Πυριφλεγέθοντι καὶ ἀπαντᾷ ἐν τῇ Ἀχερουσιάδι λίμνῃ ἐξ ἐναντίας · καὶ οὐδὲ τὸ τούτου ὕδωρ οὐδενὶ μίγνυται, ἀλλὰ καὶ οὗτος κύκλῳ περιελθὼν ἐμβάλλει εἰς τὸν Τάρταρον ἐναντίος τῷ Πυριφλεγέθοντι · ὄνομα δὲ τούτῳ ἐστίν, ὡς οἱ ποιηταὶ λέγουσιν, Κωκυτός.

« Τούτων δὲ οὕτως πεφυκότων, ἐπειδὰν ἀφίκωνται οἱ d
τετελευτηκότες εἰς τὸν τόπον οἷ ὁ δαίμων ἕκαστον κομίζει, πρῶτον μὲν διεδικάσαντο οἵ τε καλῶς καὶ ὁσίως βιώσαντες καὶ οἱ μή. Καὶ οἳ μὲν ἂν δόξωσι μέσως βεβιωκέναι, πορευ-

herum fließende, der sogenannte Okeanos ist; diesem gegen-
über und in entgegengesetzter Richtung fließend ist der Ache-
ron, welcher durch viele andere wüste Gegenden fließt, vor-
züglich aber auch unter der Erde fortfließend in den Acheru-
sischen See kommt, wohin auch der meisten Verstorbenen See- 113a
len gelangen, und nachdem sie gewisse bestimmte Zeiten dort
geblieben, einige länger andere kürzer, dann wieder ausgesen-
det werden zu den Erzeugungen der Lebendigen. Der dritte
Fluß strömt aus zwischen diesen beiden, und ergießt sich ohn-
weit seiner Quelle in eine weite mit einem gewaltigen Feuer
brennende Gegend, wo er einen See bildet größer als unser
Meer, und siedend von Wasser und Schlamm. Von hieraus be-
wegt er sich dann im Kreise herum trübe und schlammig, und b
indem er sich um die Erde herumwälzt, kommt er nächst an-
deren Orten auch an die Grenzen des Acherusischen Sees, je-
doch ohne daß ihre Gewässer sich vermischten. Und nachdem
er sich oftmals unter der Erde umhergewälzt, ergießt er sich zu
allerunterst in den Tartaros. Dies ist der, den man Pyriphle-
gethon nennt, von welchem auch die feuerspeienden Berge, wo
sie deren auf der Erde finden, kleine Teilchen heraufblasen.
Diesem wiederum gegenüber strömt der vierte aus, zuerst in
eine furchtbare und wilde Gegend, wie man sagt, und die von
Farbe ganz und gar dunkelblau ist, welche sie die stygische c
nennen, und den See, welchen der Fluß bildet, den Styx. Nach-
dem sich dieser nun hier hineinbegeben, und gewaltige Kräfte
aufgenommen in sein Wasser, geht er unter die Erde, wälzt sich
herum, kommt dem Pyriphlegethon gegenüber wieder hervor,
und trifft auf den Acherusischen See an der gegenüberliegen-
den Seite. Und auch dieser vermischt sein Wasser mit keinem
andern, sondern geht ebenfalls im Kreise herum, und ergießt
sich wieder in den Tartaros gegenüber dem Pyriphlegethon.
Sein Namen aber heißt wie die Dichter sagen Kokytos.

5.3. Das Schicksal der verschiedenen Seelen

Da nun dieses so ist, so werden, sobald die Verstorbenen an d
dem Orte angelangt sind, wohin der Dämon jeden bringt,
zuerst diejenigen ausgesondert, welche schön und heilig gelebt
haben, und welche nicht. Die nun dafür erkannt werden, einen

θέντες ἐπὶ τὸν Ἀχέροντα, ἀναβάντες ἃ δὴ αὐτοῖς ὀχήματά
ἐστιν, ἐπὶ τούτων ἀφικνοῦνται εἰς τὴν λίμνην, καὶ ἐκεῖ
οἰκοῦσί τε καὶ καθαιρόμενοι τῶν τε ἀδικημάτων διδόντες
δίκας ἀπολύονται εἴ τίς τι ἠδίκηκεν, τῶν τε εὐεργεσιῶν
τιμὰς φέρονται κατὰ τὴν ἀξίαν ἕκαστος. Οἳ δ' ἂν δόξωσιν e
ἀνιάτως ἔχειν διὰ τὰ μεγέθη τῶν ἁμαρτημάτων, ἢ ἱερο-
συλίας πολλὰς καὶ μεγάλας ἢ φόνους ἀδίκους καὶ παρα-
νόμους πολλοὺς ἐξειργασμένοι, ἢ ἄλλα ὅσα τοιαῦτα
τυγχάνει ὄντα, τούτους δὲ ἡ προσήκουσα μοῖρα ῥίπτει εἰς
τὸν Τάρταρον, ὅθεν οὔποτε ἐκβαίνουσιν. Οἳ δ' ἂν ἰάσιμα
μὲν μεγάλα δὲ δόξωσιν ἡμαρτηκέναι ἁμαρτήματα, οἷον
πρὸς πατέρα ἢ μητέρα ὑπ' ὀργῆς βίαιόν τι πράξαντες, καὶ
μεταμέλον αὐτοῖς τὸν ἄλλον βίον βιῶσιν, ἢ ἀνδροφόνοι 114
τοιούτῳ τινὶ ἄλλῳ τρόπῳ γένωνται, τούτους δὲ ἐμπεσεῖν
μὲν εἰς τὸν Τάρταρον ἀνάγκη · ἐμπεσόντας δὲ αὐτοὺς καὶ
ἐνιαυτὸν ἐκεῖ γενομένους ἐκβάλλει τὸ κῦμα, τοὺς μὲν
ἀνδροφόνους κατὰ τὸν Κωκυτόν, τοὺς δὲ πατραλοίας καὶ
μητραλοίας κατὰ τὸν Πυριφλεγέθοντα · ἐπειδὰν δὲ φερό-
μενοι γένωνται κατὰ τὴν λίμνην τὴν Ἀχερουσιάδα, ἐνταῦθα
βοῶσί τε καὶ καλοῦσιν, οἱ μὲν οὓς ἀπέκτειναν, οἱ δὲ οὓς
ὕβρισαν, καλέσαντες δ' ἱκετεύουσι καὶ δέονται ἐᾶσαι σφᾶς
ἐκβῆναι εἰς τὴν λίμνην καὶ δέξασθαι · καὶ ἐὰν μὲν πείσωσιν, b
ἐκβαίνουσί τε καὶ λήγουσι τῶν κακῶν · εἰ δὲ μή, φέρονται
αὖθις εἰς τὸν Τάρταρον καὶ ἐκεῖθεν πάλιν εἰς τοὺς ποτα-
μούς, καὶ ταῦτα πάσχοντες οὐ πρότερον παύονται πρὶν ἂν
πείσωσιν οὓς ἠδίκησαν · αὕτη γὰρ ἡ δίκη ὑπὸ τῶν δικαστῶν
αὐτοῖς ἐτάχθη. Οἳ δὲ δὴ ἂν δόξωσι διαφερόντως πρὸς τὸ
ὁσίως βιῶναι, οὗτοί εἰσιν οἱ τῶνδε μὲν τῶν τόπων τῶν ἐν
τῇ γῇ ἐλευθερούμενοί τε καὶ ἀπαλλαττόμενοι ὥσπερ δεσμω-
τηρίων, ἄνω δὲ εἰς τὴν καθαρὰν οἴκησιν ἀφικνούμενοι καὶ c
ἐπὶ γῆς οἰκιζόμενοι. Τούτων δὲ αὐτῶν οἱ φιλοσοφίᾳ ἱκανῶς
καθηράμενοι ἄνευ τε σωμάτων ζῶσι τὸ παράπαν εἰς τὸν

mittelmäßigen Wandel geführt zu haben, begeben sich auf den Acheron, besteigen die Fahrzeuge, die es da für sie gibt, und gelangen auf diesen zu dem See. Hier wohnen sie und reinigen sich, büßen ihre Vergehungen ab, wenn einer sich wie vergangen hat, und werden losgesprochen, wie sie auch eben so für ihre guten Taten den Lohn erlangen, jeglicher nach Verdienst. e
Deren Zustand aber für unheilbar erkannt wird wegen der Größe ihrer Vergehungen, weil sie häufigen und bedeutenden Raub an den Heiligtümern begangen, oder viele ungerechte und gesetzwidrige Mordtaten vollbracht, oder anderes was dem verwandt ist, diese wirft ihr gebührendes Geschick in den Tartaros, aus dem sie nie wieder heraussteigen. Die hingegen heilbare zwar aber doch große Vergehungen begangen zu haben erfunden werden, wie die gegen Vater oder Mutter im Zorn etwas gewalttätiges ausgeübt, oder die auf diese oder 114a
andere Weise Mörder geworden sind, diese müssen zwar auch in den Tartaros stürzen, aber wenn sie hineingestürzt und ein Jahr darin gewesen sind, wirft die Welle sie wieder aus, die Mörder auf der Seite des Kokytos, die aber gegen Vater und Mutter sich versündiget, auf der des Pyriphlegethon. Wenn sie nun auf diesen fortgetrieben an den Acherusischen See kommen: so schreien sie da, und rufen die, welche von ihnen getötet worden sind oder frevelhaft behandelt. Haben sie sie nun herbeigerufen, so flehen sie und bitten, sie möchten sie lassen in den See aussteigen, und sie dort aufnehmen. Wenn sie sie b
nun überreden, so steigen sie aus, und ihre Übel sind am Ende; wo nicht, so werden sie wieder in den Tartaros getrieben, und aus diesem wieder in die Flüsse, und so hört es nicht auf ihnen zu ergehen, bis sie diejenigen überreden, welchen sie Unrecht getan haben; denn diese Strafe ist ihnen von den Richtern angeordnet. Die aber ausgezeichnete Fortschritte in heiligem Leben gemacht zu haben erfunden werden, dies endlich sind diejenigen, welche von allen diesen Orten im innern der Erde befreit und losgesprochen von allem Gefängnis, hinaus in die c
reine Behausung gelangen, und auf der Erde wohnhaft werden. Welche nun unter diesen durch Weisheitsliebe sich schon gehörig gereiniget haben, diese leben für alle künftigen Zeiten gänzlich ohne Leiber, und kommen in noch schönere Woh-

ἔπειτα χρόνον, καὶ εἰς οἰκήσεις ἔτι τούτων καλλίους ἀφικνοῦνται, ἃς οὔτε ῥᾴδιον δηλῶσαι οὔτε ὁ χρόνος ἱκανὸς ἐν τῷ παρόντι.

« Ἀλλὰ τούτων δὴ ἕνεκα χρὴ ὧν διεληλύθαμεν, ὦ Σιμμία, πᾶν ποιεῖν ὥστε ἀρετῆς καὶ φρονήσεως ἐν τῷ βιῷ μετασχεῖν · καλὸν γὰρ τὸ ἆθλον καὶ ἡ ἐλπὶς μεγάλη. Τὸ
μὲν οὖν ταῦτα διισχυρίσασθαι οὕτως ἔχειν ὡς ἐγὼ διελή- d
λυθα, οὐ πρέπει νοῦν ἔχοντι ἀνδρί · ὅτι μέντοι ἢ ταῦτ᾽ ἐστὶν ἢ τοιαῦτ᾽ ἄττα περὶ τὰς ψυχὰς ἡμῶν καὶ τὰς οἰκήσεις, ἐπείπερ ἀθάνατόν γε ἡ ψυχὴ φαίνεται οὖσα, τοῦτο καὶ πρέπειν μοι δοκεῖ καὶ ἄξιον κινδυνεῦσαι οἰομένῳ οὕτως ἔχειν. Καλὸς γὰρ ὁ κίνδυνος, καὶ χρὴ τὰ τοιαῦτα ὥσπερ ἐπᾴδειν ἑαυτῷ · διὸ δὴ ἔγωγε καὶ πάλαι μηκύνω τὸν μῦθον. Ἀλλὰ τούτων δὴ ἕνεκα θαρρεῖν χρὴ περὶ τῇ ἑαυτοῦ ψυχῇ ἄνδρα ὅστις ἐν τῷ βίῳ τὰς μὲν ἄλλας ἡδονὰς τὰς
περὶ τὸ σῶμα καὶ τοὺς κόσμους εἴασε χαίρειν ὡς ἀλλοτρίους e
τε ὄντας καὶ πλέον θάτερον ἡγησάμενος ἀπεργάζεσθαι · τὰς δὲ περὶ τὸ μανθάνειν ἐσπούδασέ τε καὶ κοσμήσας τὴν ψυχὴν οὐκ ἀλλοτρίῳ ἀλλὰ τῷ αὐτῆς κόσμῳ, σωφροσύνῃ τε καὶ δικαιοσύνῃ καὶ ἀνδρείᾳ καὶ ἐλευθερίᾳ καὶ ἀληθείᾳ,
οὕτω περιμένει τὴν εἰς Ἅιδου πορείαν ὡς πορευσόμενος 115
ὅταν ἡ εἱμαρμένη καλῇ. Ὑμεῖς μὲν οὖν, ἔφη, ὦ Σιμμία τε καὶ Κέβης καὶ οἱ ἄλλοι, εἰς αὖθις ἔν τινι χρόνῳ ἕκαστοι πορεύσεσθε · ἐμὲ δὲ νῦν ἤδη καλεῖ, φαίη ἂν ἀνὴρ τραγικός, ἡ εἱμαρμένη. Καὶ σχεδόν τί μοι ὥρα τραπέσθαι πρὸς τὸ λουτρόν · δοκεῖ γὰρ δὴ βέλτιον εἶναι λουσάμενον πιεῖν τὸ φάρμακον, καὶ μὴ πράγματα ταῖς γυναιξὶ παρέχειν νεκρὸν λούειν. »

Ταῦτα δὴ εἰπόντος αὐτοῦ, ὁ Κρίτων · « Εἶεν, ἔφη, ὦ
Σώκρατες. Τί δὲ τούτοις ἢ ἐμοὶ ἐπιστέλλεις, ἢ περὶ τῶν b

nungen als diese, welche weder leicht wären zu beschreiben, noch würde die Zeit für diesmal zureichen.

5.4. Die moralische Bedeutung des Mythos

Aber schon um deswillen, was wir jetzt auseinandergesetzt haben, o Simmias, muß man ja wohl alles tun, um der Tugend und Vernunft im Leben teilhaftig zu werden. Denn schön ist der Preis und die Hoffnung groß.

Daß sich nun dies alles grade so verhalte, wie ich es ausein- d
andergesetzt, das ziemt wohl einem vernünftigen Mann nicht zu behaupten; daß es jedoch, sei es nun diese oder eine ähnliche Bewandtnis haben muß mit unseren Seelen und ihren Wohnungen, wenn doch die Seele offenbar etwas unsterbliches ist, dies dünkt mich zieme sich gar wohl, und lohne auch es darauf zu wagen, daß man glaube, es verhalte sich so. Denn es ist ein schönes Wagnis, und man muß mit solcherlei gleichsam sich selbst besprechen. Darum spinne ich auch schon so lange an der Erzählung. Also um deswillen muß ein Mann gutes Mutes sein seiner Seele wegen, der im Leben die andern Lüste, die es mit
dem Leibe zu tun haben, und dessen Schmuck und Pflege hat e
fahren gelassen, als etwas ihn selbst nicht angehendes, und wodurch er nur Übel ärger zu machen befürchtete, jener Lust hingegen an der Forschung nachgestrebt, und seine Seele geschmückt hat nicht mit fremdem, sondern mit dem ihr eigentümlichen Schmuck, Besonnenheit, Gerechtigkeit, Tapfer-
keit, Edelmut und Wahrheit, so seine Fahrt nach der Unterwelt 115a
erwartend, um sie anzutreten, sobald das Schicksal rufen wird. – Ihr nun, setzte er hinzu, o Simmias und Kebes und ihr übrigen, werdet ein andermal jeder zu seiner Zeit abgehn; mich aber ruft jetzt schon, würde ein tragischer Mann sagen, das Geschick, und es ist wohl beinahe Zeit, sich nach dem Bade umzusehen. Denn es dünkt mich doch besser zu baden, ehe ich den Trank nehme, und nicht hernach den Weibern Mühe zu machen mit dem Waschen des Leichnams.

6. Die letzten Worte und Handlungen des Sokrates und sein Tod

Als er dieses gesagt, sprach Kriton, Wohl, o Sokrates! Was
trägst du aber diesen auf oder mir deiner Kinder wegen, oder b

παίδων ἢ περὶ ἄλλου του, ὅ τι ἄν σοι ποιοῦντες ἡμεῖς ἐν χάριτι μάλιστα ποιοῖμεν ; — Ἅπερ ἀεὶ λέγω, ἔφη, ὦ Κρίτων, οὐδὲν καινότερον · ὅτι ὑμῶν αὐτῶν ἐπιμελούμενοι ὑμεῖς καὶ ἐμοὶ καὶ τοῖς ἐμοῖς καὶ ὑμῖν αὐτοῖς ἐν χάριτι ποιήσετε ἅττ' ἂν ποιῆτε, κἂν μὴ νῦν ὁμολογήσητε · ἐὰν δὲ ὑμῶν μὲν αὐτῶν ἀμελῆτε καὶ μὴ θέλητε ὥσπερ κατ' ἴχνη κατὰ τὰ νῦν τε εἰρημένα καὶ τὰ ἐν τῷ ἔμπροσθεν χρόνῳ ζῆν, οὐδὲ ἐὰν πολλὰ ὁμολογήσητε ἐν τῷ παρόντι καὶ
σφόδρα οὐδὲν πλέον ποιήσετε. — Ταῦτα μὲν τοίνυν c
προθυμηθησόμεθα, ἔφη, οὕτω ποιεῖν. Θάπτωμεν δέ σε τίνα τρόπον ; — Ὅπως ἄν, ἔφη, βούλησθε, ἐάνπερ γε λάβητέ με καὶ μὴ ἐκφύγω ὑμᾶς. » Γελάσας δὲ ἅμα ἡσυχῇ καὶ πρὸς ἡμᾶς ἀποβλέψας εἶπεν · « Οὐ πείθω, ὦ ἄνδρες, Κρίτωνα, ὡς ἐγώ εἰμι οὗτος Σωκράτης, ὁ νυνὶ διαλεγόμενος καὶ διατάττων ἕκαστον τῶν λεγομένων. Ἀλλ' οἴεταί με ἐκεῖνον εἶναι ὃν ὄψεται ὀλίγον ὕστερον νεκρόν, καὶ
ἐρωτᾷ δὴ πῶς με θάπτῃ. Ὅ τι δὲ ἐγὼ πάλαι πολὺν λόγον d
πεποίημαι, ὡς ἐπειδὰν πίω τὸ φάρμακον οὐκέτι ὑμῖν παραμενῶ, ἀλλ' οἰχήσομαι ἀπιὼν εἰς μακάρων δή τινας εὐδαιμονίας, ταῦτά μοι δοκῶ αὐτῷ ἄλλως λέγειν, παραμυθούμενος ἅμα μὲν ὑμᾶς, ἅμα δ' ἐμαυτόν. Ἐγγυήσασθε οὖν με πρὸς Κρίτωνα, ἔφη, τὴν ἐναντίαν ἐγγύην ἢ ἣν οὗτος πρὸς τοὺς δικαστὰς ἠγγυᾶτο · οὗτος μὲν γὰρ ἦ μὴν παραμενεῖν · ὑμεῖς δὲ ἦ μὴν μὴ παραμενεῖν ἐγγυήσασθε
ἐπειδὰν ἀποθάνω, ἀλλὰ οἰχήσεσθαι ἀπιόντα, ἵνα Κρίτων e
ῥᾷον φέρῃ, καὶ μὴ ὁρῶν μου τὸ σῶμα ἢ καιόμενον ἢ κατορυττόμενον ἀγανακτῇ ὑπὲρ ἐμοῦ ὡς δεινὰ πάσχοντος, μηδὲ λέγῃ ἐν τῇ ταφῇ ὡς ἢ προτίθεται Σωκράτη ἢ ἐκφέρει ἢ κατορύττει. Εὖ γὰρ ἴσθι, ἦ δ' ὅς, ὦ ἄριστε Κρίτων, τὸ μὴ καλῶς λέγειν οὐ μόνον εἰς αὐτὸ τοῦτο πλημμελές, ἀλλὰ καὶ κακόν τι ἐμποιεῖ ταῖς ψυχαῖς. Ἀλλὰ θαρρεῖν τε χρή καὶ φάναι τοὐμὸν σῶμα θάπτειν, καὶ θάπτειν οὕτως ὅπως
ἄν σοι φίλον ᾖ καὶ μάλιστα ἡγῇ νόμιμον εἶναι. » 116

was wir sonst dir noch recht zu Dank machen könnten, wenn wir es täten? – Was ich immer sage, sprach er, o Kriton, nichts besonderes weiter, daß nämlich, wenn ihr eurer selbst recht wahrnehmt, ihr mir und den meinigen und euch selbst alles zu Dank machen werdet, was ihr nur tut, und wenn ihr es auch jetzt nicht versprecht; wenn ihr aber euch selbst vernachlässiget, und nicht wollt gleichsam den Spuren des jetzt und sonst schon gesagten nachgehen im Leben, ihr dann, wenn ihr jetzt noch so vieles und noch so heilig versprächet, doch nichts weiter damit ausrichten werdet. – Dieses also wollen wir uns be- c
streben, so zu machen, sagte Kriton. Aber auf welche Weise sollen wir dich begraben? – Wie ihr wollt, sprach er, wenn ihr mich nur wirklich haben werdet und ich euch nicht entwischt bin. Dabei lächelte er ganz ruhig, und sagte, indem er uns ansah, Diesen Kriton, ihr Männer, überzeuge ich nicht, daß ich der Sokrates bin, dieser, der jetzt mit euch redet und euch das Gesagte einzeln vorlegt, sondern er glaubt, ich sei jener, den er nun bald tot sehen wird, und fragt mich deshalb, wie er mich d
begraben soll. Daß ich aber schon so lange eine große Rede darüber gehalten habe, daß wenn ich den Trank genommen habe, ich dann nicht länger bei euch bleiben sondern fortgehen werde zu irgend welchen Herrlichkeiten der Seligen, das, meint er wohl, sage ich alles nur so, um euch zu beruhigen und mich mit. So leget ihr denn eine Bürgschaft für mich ein beim Kriton, und zwar eine ganz entgegengesetzte, als er bei den Richtern eingelegt hat. Denn er hat sich verbürgt, ich würde ganz gewiß bleiben, ihr aber verbürgt euch dafür, daß ich ganz gewiß nicht bleiben werde, wenn ich tot bin, sondern abge- e
zogen und fort sein, damit Kriton es leichter trage, und wenn er meinen Leib verbrennen oder begraben sieht, sich nicht ereifere meinetwegen, als ob mir arges begegne; und damit er nicht beim Begräbnis sage, er stelle den Sokrates aus, oder trage ihn heraus oder begrabe ihn. Denn wisse nur, sagte er, o bester Kriton, sich unschön ausdrücken ist nicht nur eben in so fern sündlich, sondern bildet auch etwas böses ein in die Seele. Sondern du mußt mutig sein, und sagen, daß du meinen Leib begräbst, und diesen begrabe nur wie es dir eben recht ist, und wie du es am meisten für schicklich hältst. Dieses gesagt stand 116a

Ταῦτ' εἰπών, ἐκεῖνος μὲν ἀνίστατο εἰς οἴκημά τι ὡς
λουσόμενος, καὶ ὁ Κρίτων εἵπετο αὐτῷ ἡμᾶς δ' ἐκέλευε
περιμένειν. Περιεμένομεν οὖν πρὸς ἡμᾶς αὐτοὺς διαλεγό-
μενοι περὶ τῶν εἰρημένων καὶ ἀνασκοποῦντες, τότε δ' αὖ
περὶ τῆς συμφορᾶς διεξιόντες ὅση ἡμῖν γεγονυῖα εἴη,
ἀτεχνῶς ἡγούμενοι ὥσπερ πατρὸς στερηθέντες διάξειν
ὀρφανοὶ τὸν ἔπειτα βίον. Ἐπειδὴ δὲ ἐλούσατο καὶ ἠνέχθη
παρ' αὐτὸν τὰ παιδία (δύο γὰρ αὐτῷ υἱεῖς σμικροὶ ἦσαν, εἷς b
δὲ μέγας), καὶ αἱ οἰκεῖαι γυναῖκες ἀφίκοντο, ἐκείναις
ἐναντίον τοῦ Κρίτωνος διαλεχθείς τε καὶ ἐπιστείλας ἅττα
ἐϐούλετο, τὰς μὲν γυναῖκας καὶ τὰ παιδία ἀπιέναι ἐκέ-
λευσεν, αὐτὸς δὲ ἧκε παρ' ἡμᾶς.

Καὶ ἦν ἤδη ἐγγὺς ἡλίου δυσμῶν · χρόνον γὰρ πολὺν
διέτριψεν ἔνδον. Ἐλθὼν δ' ἐκαθέζετο λελουμένος, καὶ οὐ
πολλὰ ἄττα μετὰ ταῦτα διελέχθη. Καὶ ἧκεν ὁ τῶν ἕνδεκα
ὑπηρέτης καὶ στὰς παρ' αὐτόν · « Ὦ Σώκρατες, ἔφη, οὐ
καταγνώσομαί γε σοῦ ὅπερ ἄλλων καταγιγνώσκω, ὅτι μοι c
χαλεπαίνουσι καὶ καταρῶνται ἐπειδὰν αὐτοῖς παραγγείλω
πίνειν τὸ φάρμακον ἀναγκαζόντων τῶν ἀρχόντων. Σὲ δὲ
ἐγὼ καὶ ἄλλως ἔγνωκα ἐν τούτῳ τῷ χρόνῳ γενναιότατον
καὶ πρᾳότατον καὶ ἄριστον ἄνδρα ὄντα τῶν πώποτε δεῦρο
ἀφικομένων · καὶ δὴ καὶ νῦν εὖ οἶδ' ὅτι οὐκ ἐμοὶ χαλεπαί-
νεις, γιγνώσκεις γὰρ τοὺς αἰτίους, ἀλλὰ ἐκείνοις. Νῦν οὖν,
οἶσθα γὰρ ἃ ἦλθον ἀγγέλλων · χαῖρέ τε καὶ πειρῶ ὡς ῥᾷστα
φέρειν τὰ ἀναγκαῖα. » Καί, ἅμα δακρύσας, μεταστρε- d
φόμενος ἀπῄει. Καὶ ὁ Σωκράτης, ἀναϐλέψας πρὸς
αὐτόν · « Καὶ σύ, ἔφη, χαῖρε · καὶ ἡμεῖς ταῦτα ποιήσομεν. »
Καὶ ἅμα πρὸς ἡμᾶς · « Ὡς ἀστεῖος, ἔφη, ὁ ἄνθρωπος ·
καὶ παρὰ πάντα μοι τὸν χρόνον προσῄει καὶ διελέγετο
ἐνίοτε, καὶ ἦν ἀνδρῶν λῷστος · καὶ νῦν ὡς γενναίως με
ἀποδακρύει. Ἀλλ' ἄγε δή, ὦ Κρίτων, πειθώμεθα αὐτῷ, καὶ
ἐνεγκάτω τις τὸ φάρμακον, εἰ τέτριπται · εἰ δὲ μή, τριψάτω
ὁ ἄνθρωπος. »

er auf, und ging in ein Gemach um zu baden, und Kriton begleitete ihn, uns aber hieß er dableiben. Wir blieben also und redeten unter einander über das Gesagte und überdachten es noch einmal; dann aber auch klagten wir wieder über das Unglück, welches uns getroffen hätte, ganz darüber einig, daß wir nun gleichsam des Vaters beraubt als Waisen das übrige Leben hinbringen würden. Nachdem er nun gebadet, und man seine Kinder zu ihm gebracht hatte – er hatte nämlich zwei kleine b
Söhne und einen größern – und die ihm angehörigen Frauen gekommen waren, sprach er mit ihnen in Kritons Beisein, und nachdem er ihnen aufgetragen, was er wollte, hieß er die Weiber und Kinder wieder gehen, er aber kam zu uns. Und es war schon nahe am Untergange der Sonne, denn er war lange drinnen geblieben. – Als er nun gekommen war, setzte er sich nieder nach dem Bade, und hatte noch nicht viel seitdem gesprochen, so kam der Diener der Eilfmänner, stellte sich zu ihm, und sagte, O Sokrates, über dich werde ich mich nicht zu beklagen haben, wie über Andere, daß sie mir böse werden c
und mir fluchen, wenn ich ihnen ansage, das Gift zu trinken auf Befehl der Oberen. Dich aber habe ich auch sonst schon in dieser Zeit erkannt als den edelsten, sanftmütigsten und trefflichsten von Allen, die sich jemals hier befunden haben, und auch jetzt weiß ich sicher, daß du mir nicht böse sein wirst, denn du weißt wohl wer Schuld daran ist, sondern jenen. Nun also, denn du weißt wohl was ich dir zu sagen gekommen bin, lebe wohl, und such so leicht als möglich zu tragen, was nicht zu ändern ist. Da weinte er, wendete sich um, und ging. – d
Sokrates aber sah ihm nach, und sprach, Auch du lebe wohl, und wir wollen so tun. Und zu uns sagte er, Wie fein der Mensch ist. So ist er die ganze Zeit mit mir umgegangen, hat sich bisweilen mit mir unterredet und war der beste Mensch; und nun wie aufrichtig beweint er mich! Aber wohlan denn, o Kriton, laßt uns ihm gehorchen, und bringe einer den Trank,

Καὶ ὁ Κρίτων · « Ἀλλ' οἶμαι, ἔφη, ἔγωγε, ὦ Σώκρατες, e
ἔτι ἥλιον εἶναι ἐπὶ τοῖς ὄρεσι καὶ οὔπω δεδυκέναι. Καὶ
ἅμα ἐγὼ οἶδα καὶ ἄλλους πάνυ ὀψὲ πίνοντας ἐπειδὰν
παραγγελθῇ αὐτοῖς, δειπνήσαντάς τε καὶ πιόντας εὖ μάλα
καὶ συγγενομένους γ' ἐνίους ὧν ἂν τύχωσιν ἐπιθυμοῦντες.
Ἀλλὰ μηδὲν ἐπείγου · ἔτι γὰρ ἐγχωρεῖ. » Καὶ ὁ Σωκράτης ·
« Εἰκότως γε, ἔφη, ὦ Κρίτων, ἐκεῖνοί τε ταῦτα ποιοῦσιν
οὓς σὺ λέγεις, οἴονται γὰρ κερδαίνειν ταῦτα ποιήσαντες.
Καὶ ἔγωγε ταῦτα εἰκότως οὐ ποιήσω · οὐδὲν γὰρ οἶμαι
κερδαίνειν ὀλίγον ὕστερον πιὼν ἄλλο γε ἢ γέλωτα ὀφλή- 117
σειν παρ' ἐμαυτῷ, γλιχόμενος τοῦ ζῆν καὶ φειδόμενος οὐδε-
νὸς ἔτι ἐνόντος. Ἀλλ' ἴθι, ἔφη, πείθου καὶ μὴ ἄλλως ποίει. »

Καὶ ὁ Κρίτων ἀκούσας ἔνευσε τῷ παιδὶ πλησίον ἑστῶτι.
Καὶ ὁ παῖς ἐξελθὼν καὶ συχνὸν χρόνον διατρίψας ἧκεν
ἄγων τὸν μέλλοντα διδόναι τὸ φάρμακον, ἐν κύλικι φέροντα
τετριμμένον. Ἰδὼν δὲ ὁ Σωκράτης τὸν ἄνθρωπον · « Εἶεν,
ἔφη, ὦ βέλτιστε, σὺ γὰρ τούτων ἐπιστήμων, τί χρὴ ποιεῖν ;
— Οὐδὲν ἄλλο, ἔφη, ἢ πιόντα περιιέναι ἕως ἄν σου βάρος
ἐν τοῖς σκέλεσι γένηται, ἔπειτα κατακεῖσθαι · καὶ οὕτως b
αὐτὸ ποιήσει. » Καὶ ἅμα ὤρεξε τὴν κύλικα τῷ Σωκράτει.
Καὶ ὃς λαβὼν καὶ μάλα ἵλεως, ὦ Ἐχέκρατες, οὐδὲν τρέσας
οὐδὲ διαφθείρας οὔτε τοῦ χρώματος οὔτε τοῦ προσώπου,
ἀλλ' ὥσπερ εἰώθει ταυρηδὸν ὑποβλέψας πρὸς τὸν ἄνθρω-
πον · « Τί λέγεις, ἔφη, περὶ τοῦδε τοῦ πώματος πρὸς τὸ
ἀποσπεῖσαί τινι ; ἔξεστιν ἢ οὔ ; — Τοσοῦτον, ἔφη, ὦ
Σώκρατες, τρίβομεν ὅσον οἰόμεθα μέτριον εἶναι πιεῖν. —
Μανθάνω, ἦ δ' ὅς. Ἀλλ' εὔχεσθαί γέ που τοῖς θεοῖς ἔξεστί
τε καὶ χρή, τήν μετοίκησιν τὴν ἐνθένδε ἐκεῖσε εὐτυχῆ γενέ- c
σθαι · ἃ δὴ καὶ ἐγὼ εὔχομαί τε καὶ γένοιτο ταύτῃ. » Καὶ
ἅμ' εἰπὼν ταῦτα, ἐπισχόμενος καὶ μάλα εὐχερῶς καὶ
εὐκόλως ἐξέπιεν.

Καὶ ἡμῶν οἱ πολλοὶ τέως μὲν ἐπιεικῶς οἷοί τε ἦσαν
κατέχειν τὸ μὴ δακρύειν · ὡς δὲ εἴδομεν πίνοντά τε καὶ

wenn er schon ausgepreßt ist, wo nicht, so soll ihn der Mensch
bereiten. – Da sagte Kriton, Aber mich dünkt, o Sokrates, die e
Sonne scheint noch an die Berge, und ist noch nicht untergegangen. Und ich weiß, daß auch Andere erst ganz spät getrunken haben, nachdem es ihnen ist angesagt worden, und haben noch gut gegessen und getrunken, ja einige haben gar noch Schöne zu sich kommen lassen, nach denen sie Verlangen hatten. Also übereile dich nicht; denn es hat noch Zeit. – Da sagte Sokrates, Gar Recht, o Kriton, hatten jene so zu tun, wie du sagst, denn sie meinten etwas zu gewinnen, wenn sie so täten, und gar Recht habe auch ich, nicht so zu tun. Denn ich meine
nichts zu gewinnen, wenn ich um ein weniges später trinke, als 117a
nur, daß ich mir selbst lächerlich vorkommen würde, wenn ich am Leben klebte, und sparen wollte, wo nichts mehr ist. Also geh, sprach er, folge mir und tue nicht anders. – Darauf winkte denn Kriton dem Knaben, der ihm zunächst stand, und der Knabe ging heraus, und nachdem er eine Weile weggeblieben, kam er und führte den herein, der ihm den Trank reichen sollte, welchen er schon zubereitet im Becher brachte. – Als nun Sokrates den Menschen sah, sprach er, Wohl, Bester, denn du verstehst es ja, wie muß man es machen? – Nichts weiter, sagte er, als wenn du getrunken hast, herumgehn bis dir die Schen-
kel schwer werden, und dann dich niederlegen, so wird es b
schon wirken. Damit reichte er dem Sokrates den Becher, und dieser nahm ihn, und ganz getrost, o Echekrates, ohne im mindesten zu zittern oder Farbe oder Gesichtszüge zu verändern, sondern, wie er pflegte, ganz grade den Menschen ansehend, fragte er ihn, Was meinst du von dem Trank wegen einer Spendung? darf man eine machen oder nicht? – Wir bereiten nur soviel, o Sokrates, antwortete er, als wir glauben daß hinreichend sein wird. – Ich verstehe, sagte Sokrates. Beten aber
darf man doch zu den Göttern, und muß es, daß die Wande- c
rung von hier dorthin glücklich sein möge, worum denn auch ich hiermit bete, und so möge es geschehen. Und wie er dies gesagt, setzte er an, und ganz frisch und unverdrossen trank er aus. Und von uns waren die meisten bis dahin ziemlich im Stande gewesen sich zu halten, daß sie nicht weinten; als wir

πεπωκότα, οὐκέτι · ἀλλ' ἐμοῦ γε βίᾳ καὶ αὐτοῦ ἀστακτὶ
ἐχώρει τὰ δάκρυα, ὥστε ἐγκαλυψάμενος ἀπέκλαιον ἐμαυτόν,
οὐ γὰρ δὴ ἐκεῖνόν γε, ἀλλὰ τὴν ἐμαυτοῦ τύχην, οἵου
ἀνδρὸς ἑταίρου ἐστερημένος εἴην. Ὁ δὲ Κρίτων ἔτι πρό- d
τερος ἐμοῦ, ἐπειδὴ οὐχ οἷός τ' ἦν κατέχειν τὰ δάκρυα,
ἐξανέστη. Ἀπολλόδωρος δὲ καὶ ἐν τῷ ἔμπροσθεν χρόνῳ,
οὐδὲν ἐπαύετο δακρύων, καὶ δὴ καὶ τότε ἀναβρυχησάμενος
κλαίων καὶ ἀγανακτῶν οὐδένα ὅντινα οὐ κατέκλασε τῶν
παρόντων πλήν γε αὐτοῦ Σωκράτους. Ἐκεῖνος δέ · « Οἷα,
ἔφη, ποιεῖτε, ὦ θαυμάσιοι. Ἐγὼ μέντοι οὐχ ἥκιστα τούτου
ἕνεκα τὰς γυναῖκας ἀπέπεμψα, ἵνα μὴ τοιαῦτα πλημμ-
μελοῖεν · καὶ γὰρ ἀκήκοα ὅτι ἐν εὐφημίᾳ χρὴ τελευτᾶν.
Ἀλλ' ἡσυχίαν τε ἄγετε καὶ καρτερεῖτε. » Καὶ ἡμεῖς ἀκού- e
σαντες ᾐσχύνθημέν τε καὶ ἐπέσχομεν τοῦ δακρύειν.

Ὁ δὲ περιελθών, ἐπειδή οἱ βαρύνεσθαι ἔφη τὰ σκέλη,
κατεκλίθη ὕπτιος · οὕτω γὰρ ἐκέλευεν ὁ ἄνθρωπος καὶ ἅμα
ἐφαπτόμενος αὐτοῦ οὗτος διαλιπὼν χρόνον ἐπεσκόπει
τοὺς πόδας καὶ τὰ σκέλη · κἄπειτα σφόδρα πιέσας αὐτοῦ
τὸν πόδα ἤρετο εἰ αἰσθάνοιτο. Ὁ δ' οὐκ ἔφη. Καὶ μετὰ
τοῦτο αὖθις τὰς κνήμας, καὶ ἐπανιὼν οὕτως ἡμῖν ἐπε- 118
δείκνυτο ὅτι ψύχοιτό τε καὶ πήγνυτο. Καὶ αὐτὸς ἥπτετο
καὶ εἶπεν ὅτι, ἐπειδὰν πρὸς τῇ καρδίᾳ γένηται αὐτῷ, τότε
οἰχήσεται. Ἤδη οὖν σχεδόν τι αὐτοῦ ἦν τὰ περὶ τὸ
ἦτρον ψυχόμενα · καὶ ἐκκαλυψάμενος, ἐνεκεκάλυπτο γάρ,
εἶπεν, ὃ δὴ τελευταῖον ἐφθέγξατο · « Ὦ Κρίτων, ἔφη, τῷ
Ἀσκληπιῷ ὀφείλομεν ἀλεκτρυόνα · ἀλλὰ ἀπόδοτε καὶ μὴ
ἀμελήσητε. — Ἀλλὰ ταῦτα, ἔφη, ἔσται, ὁ Κρίτων · ἀλλ'
ὅρα εἴ τι ἄλλο λέγεις. » Ταῦτα ἐρομένου αὐτοῦ, οὐδὲν ἔτι
ἀπεκρίνατο · ἀλλ' ὀλίγον χρόνον διαλιπὼν ἐκινήθη τε καὶ ὁ
ἄνθρωπος ἐξεκάλυψεν αὐτόν. Καὶ ὃς τὰ ὄμματα ἔστησεν·
ἰδὼν δὲ ὁ Κρίτων συνέλαβε τὸ στόμα καὶ τοὺς ὀφθαλμούς.

Ἥδε ἡ τελευτή, ὦ Ἐχέκρατες, τοῦ ἑταίρου ἡμῖν ἐγένετο,
ἀνδρός, ὡς ἡμεῖς φαῖμεν ἄν, τῶν τότε ὧν ἐπειράθημεν
ἀρίστου καὶ ἄλλως φρονιμωτάτου καὶ δικαιοτάτου.

aber sahen, daß er trank und getrunken hatte, nicht mehr. Son-
dern auch mir selbst flossen Tränen mit Gewalt, und nicht
tropfenweise, so daß ich mich verhüllen mußte, und mich aus-
weinen, nicht über ihn jedoch, sondern über mein eigenes
Schicksal, was für eines Freundes ich nun sollte beraubt wer- d
den. Kriton war noch eher als ich, weil er nicht vermochte die
Tränen zurückzuhalten, aufgestanden. Apollodoros aber hatte
schon früher nicht aufgehört zu weinen, und nun brach er völ-
lig aus, weinend und unwillig sich gebärdend, und es war kei-
ner, den er nicht durch sein Weinen erschüttert hätte, von allen
Anwesenden, als nur Sokrates selbst, der aber sagte, Was
macht ihr doch, ihr wunderbaren Leute! ich habe vorzüglich
deswegen die Weiber weggeschickt, daß sie dergleichen nicht
begehen möchten; denn ich habe immer gehört, man müsse
stille sein, wenn einer stirbt. Also haltet euch ruhig und e
wacker. Als wir das hörten, schämten wir uns und hielten inne
mit Weinen. Er aber ging unher, und als er merkte, daß ihm die
Schenkel schwer wurden, legte er sich gerade hin auf den
Rücken, denn so hatte es ihn der Mensch geheißen. Darauf
berührte ihn eben dieser, der ihm das Gift gegeben hatte, von
Zeit zu Zeit, und untersuchte seine Füße und Schenkel. Dann
drückte er ihm den Fuß stark, und fragte, ob er es fühle; er
sagte nein. Und darauf die Knie, und so ging er immer höher 118a
hinauf, und zeigte uns, wie er erkaltete und erstarrte. Darauf
berührte er ihn noch einmal, und sagte, wenn ihm das bis ans
Herz käme, dann würde er hin sein. Als ihm nun schon der
Unterleib fast ganz kalt war, da enthüllte er sich, denn er lag
verhüllt, und sagte, und das waren seine letzten Worte, O Kri-
ton, wir sind dem Asklepios einen Hahn schuldig, entrichtet
ihm den, und versäumt es ja nicht. – Das soll geschehen, sagte
Kriton, sieh aber zu, ob du noch sonst etwas zu sagen hast. Als
Kriton dies fragte, antwortete er aber nichts mehr, sondern
bald darauf zuckte er, und der Mensch deckte ihn auf; da waren
seine Augen gebrochen. Als Kriton das sah, schloß er ihm
Mund und Augen. Dies, o Echekrates, war das Ende unseres
Freundes, des Mannes, der unserm Urteil nach, von den da-
maligen mit denen wir es versucht haben, der trefflichste war,
und auch sonst der vernünftigste und gerechteste.

HINWEISE DES HERAUSGEBERS

Die Gesichtspunkte, nach denen diese Platon-Ausgabe gestaltet ist, werden in der Einleitung zum 1. Band dargestellt. Zum vorliegenden 4. Band sind die folgenden speziellen Angaben nachzutragen: a) Der griechische Text des Dialogs *Hippias minor*, für die Ausgabe von „Les Belles Lettres" erarbeitet von M. Croiset, erschien dort in Bd. 1, S. 26–45 (Paris 1920, 12. Aufl. 1985); der Text des *Symposion*, von P. Vicaire, in Bd. 4,2, S. 1–92 (Paris 1989); und der des *Phaidon*, ebenfalls von P. Vicaire, in Bd. 4,1, S. 1–110 (Paris 1983). – b) Der deutsche Text aller drei Dialoge stammt von F. Schleiermacher. Bei ihm stand der *Hippias minor* in Bd. I,2, S. 297–320 (2. verbess. Aufl., Berlin 1818), das *Symposion* in Bd. II,2, S. 384–468 (2. verbess. Aufl., Berlin 1824) und der *Phaidon* in Bd. II,3, S. 22–124 (2. verbess. Aufl., Berlin 1826).

Platon
Sämtliche Werke

Griechisch und Deutsch

Nach der Übersetzung Friedrich Schleiermachers, ergänzt durch Übersetzungen von Franz Susemihl u.a.. Griechischer Text nach der letztgültigen Gesamtausgabe der Association Guillaume Budé.
Herausgegeben von Karlheinz Hülser.
Zehn Bände in Kassette it 1401-1410

PROTAGORAS · APOLOGIE. Sämtliche Werke I
Ion. Protagoras. Apologie. Kriton. Laches. Lysis. Charmides. it 1401

EUTHYPHRON · GORGIAS. Sämtliche Werke II
Euthyphron. Alkibiades I. Gorgias. Menexenos. it 1402

MENON · KRATYLOS. Sämtliche Werke III
Menon. Kratylos. Euthydemos. Hippias maior. it 1403

SYMPOSION · PHAIDON. Sämtliche Werke IV
Hippias minor. Symposion. Phaidon. it 1404

POLITEIA. Sämtliche Werke V
Politeia. it 1405

PHAIDROS · THEAITETOS. Sämtliche Werke VI
Phaidros. Theaitetos. it 1406

Platon
Sämtliche Werke

SOPHISTES · POLITIKOS. Sämtliche Werke VII
Parmenides. Sophistes. Politikos. it 1407

TIMAIOS · KRITIAS. Sämtliche Werke VIII
Philebos. Timaios. Kritias. it 1408

NOMOI. Sämtliche Werke IX
Nomoi. it 1409

BRIEFE. Sämtliche Werke X
Briefe. Unechtes. it 1410